中国热带地区"一村一品"发展研究

ZHONGGUO REDAI DIQU
"YICUNYIPIN" FAZHAN YANJIU

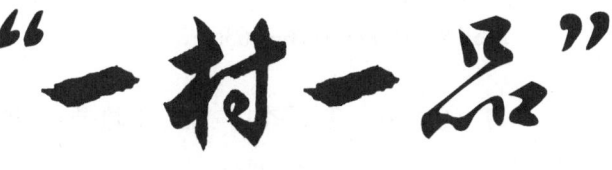

李玉萍　宋启道　邓春梅　刘燕群　叶　露　梁伟红　胡盈盈　主编

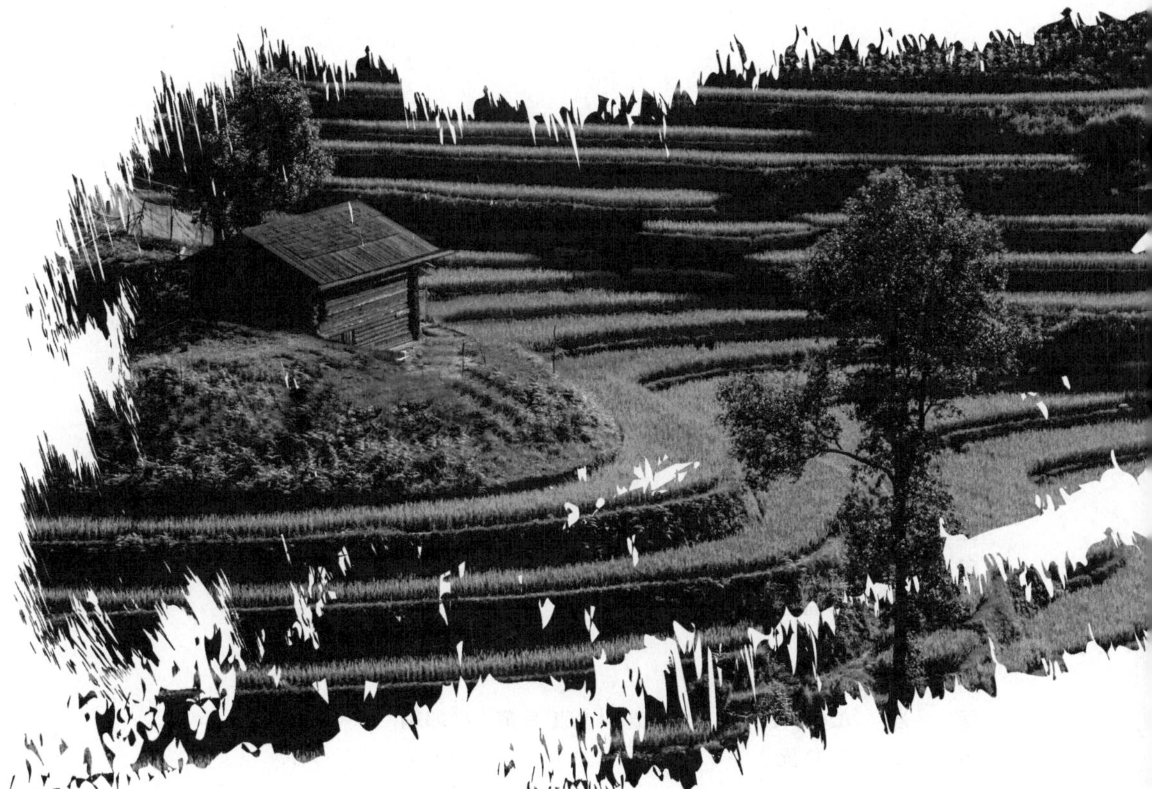

中国农业科学技术出版社

图书在版编目(CIP)数据

中国热带地区"一村一品"发展研究 / 李玉萍等主编 . --北京：中国农业科学技术出版社，2024.1

ISBN 978-7-5116-6635-2

Ⅰ.①中… Ⅱ.①李… Ⅲ.①热带-乡镇-农业经济发展-研究-中国 Ⅳ.①F327

中国国家版本馆 CIP 数据核字（2024）第 014811 号

责任编辑	马雪峰　姚　欢
责任校对	马广洋
责任印制	姜义伟　王思文

出 版 者	中国农业科学技术出版社
	北京市中关村南大街 12 号　邮编：100081
电　　话	（010）82106630（编辑室）　　（010）82106624（发行部）
	（010）82109709（读者服务部）
网　　址	https://castp.caas.cn
经 销 者	各地新华书店
印 刷 者	北京建宏印刷有限公司
开　　本	185 mm×260 mm　1/16
印　　张	15.75
字　　数	370 千字
版　　次	2024 年 1 月第 1 版　2024 年 1 月第 1 次印刷
定　　价	80.00 元

◀━━ 版权所有·翻印必究 ━━▶

《中国热带地区"一村一品"发展研究》
编委会

主　编　李玉萍　宋启道　邓春梅　刘燕群
　　　　　叶　露　梁伟红　胡盈盈
副主编　尹　峰　王丹阳　郭照康　蒲湛云
　　　　　宋姣锦　丰　明
编　委　李玉萍　宋启道　邓春梅　刘燕群
　　　　　叶　露　梁伟红　胡盈盈　尹　峰
　　　　　王丹阳　郭照康　蒲湛云　宋姣锦
　　　　　丰　明　李海亮　李汉棠　罗红霞
　　　　　朱有才　金荣华　唐智英　郑　倩
　　　　　禹　萱　阿普前　陈光晶　罗晓庆
　　　　　何思翀　李世岚　孙　涛　巴慧兰

前　言

"一村一品"是壮大县域经济、促进乡村产业振兴的重要手段，得到党中央、国务院高度重视。2006年中央一号文件首次把"一村一品"写入文件，从国家层面正式提出推进"一村一品"，此后连续多个中央一号文件也明确提出，要大力推进"一村一品"发展，并将"一村一品"发展纳入国家强农惠农政策的重要内容。习近平总书记视察山东、新疆、福建、陕西等地时也曾指出，"一招鲜，吃遍天，一村一业、一乡一品，农民就会受益于此""要因地制宜发展现代养殖业、林果业、园艺业，发展一村一品、多村一品、一乡一业、一县一业优势主导产业"。由此可见，大力发展"一村一品"特色乡村产业成为带动乡村振兴的重要经济引擎。在政策的支持指引下，自2011年农业部开展全国"一村一品"示范村镇认定工作以来，我国各镇各村着力建设一批批"小而精、特而美"的"一村一品"示范村镇，截至2022年底，共有4 181个村镇获得全国"一村一品"示范村镇认定，其中产值超10亿元的示范镇464个、超亿元的示范村691个。通过发展"一村一品"示范村镇，辐射带动周边区域，促进了优势特色产业聚集，形成了"多村一品""一县一业"的发展格局，优化了农业结构和区域布局，"一村一品"建设也成为实现乡村产业化、规模化、标准化发展的重要途径，成为促进农民增收、农村经济健康发展和乡村产业振兴的重要战略。

中国热区是我国居民"糖罐子""果盘子""菜篮子"的重要供给区域，主要分布在海南全省，以及广东、广西、云南、福建、湖南、四川、贵州、西藏、台湾等部分地区。热区也是少数民族聚居地，如全国56个民族，热区就有36个。热区人口2.1亿，其中农业人口1.3亿。目前，全国热区总面积54万平方千米，占全球热区陆地面积的1%，热作品种资源丰富、种类繁多，全球主要热作几乎都有在我国种植，热作产业已成为我国热区1.3亿农业人口的主要经济来源。热区光、温、水、热和物种资源十分丰富，名优产品和特色产品众多，具有发展"一村一品"得天独厚的优势。因此，通过大力发展热区"一村一品"示范村镇，将资源优势转化为经济优势，是不断提升热区县域经济整体竞争力、促进乡村产业振兴的重要途径。

本书内容分为三章：第一章为中国"一村一品"发展报告；第二章为中国热区"一村一品"发展总报告；第三章为中国热区"一村一品"发展区域报告。从不同角度对"一村一品"发展的政策环境、"一村一品"示范村镇数量、区域分布、主导产业和产品类型、年度获批等方面进行系统分析，研究探讨热区获批的全国"一村一品"与地理标志农产品、全国名特优新农产品名录产品、全国乡村特色产品目录产品、中国特色农产品优势区产品、中国农业品牌目录产品之间的品牌关系；通过典型案例展示热区各省（区）"一村一品"的发展成效，形成专题报告，为"一村一品"战略实施及赋能热区乡村产业振兴提供参考和科学依据。

  本书的出版得到了中国热带农业科学院基本科研业务费专项资金（1630072023002）、海南省海口市横向委托项目"海口市'十四五'生态循环农业发展规划（2021—2025年）"、海南省哲学社会规划课题（HNSK［ZC］21-128）、海南省基础与应用基础研究计划高层次人才项目（2019RC286）和海南省热带作物信息技术应用研究重点实验室的资助，在编写过程中也得到了热带农业研究领域专家的指导和帮助，在此一并表示感谢！

  本书中的"一村一品"相关统计数据主要来源于2011年起农业部（现农业农村部）发布的全国"一村一品"示范村镇认定的公告信息。在数据收集过程中，由于时间仓促，加之作者水平有限，书中可能存在部分数据遗漏或分析不全面等问题，恳请专家和读者不吝指教。

编 者

2023 年 10 月

目 录

第一章 中国"一村一品"发展报告 (1)
第一节 "一村一品"的含义及起源 (1)
第二节 中国"一村一品"发展的政策环境 (2)
第三节 中国"一村一品"发展现状 (6)

第二章 中国热区"一村一品"发展总报告 (35)
第一节 中国热区发展"一村一品"的资源优势 (35)
第二节 中国热区"一村一品"发展总体情况 (35)
第三节 中国热区"一村一品"品牌关联分析 (43)
第四节 中国热区"一村一品"发展存在的突出问题 (50)
第五节 中国热区"一村一品"发展路径 (53)

第三章 中国热区"一村一品"发展区域报告 (57)
第一节 海南省"一村一品"发展报告 (57)
第二节 广西壮族自治区"一村一品"发展报告 (69)
第三节 广东省"一村一品"发展报告 (90)
第四节 福建省"一村一品"发展报告 (111)
第五节 云南省"一村一品"发展报告 (130)
第六节 贵州省"一村一品"发展报告 (148)
第七节 四川省"一村一品"发展报告 (168)
第八节 重庆市"一村一品"发展报告 (190)
第九节 湖南省"一村一品"发展报告 (208)
第十节 西藏自治区"一村一品"发展报告 (228)

第一章 中国"一村一品"发展报告

第一节 "一村一品"的含义及起源

"一村一品"是在一定区域范围内,以村或乡镇为基本单位,按照国内外市场需求,充分发挥当地资源优势、传统优势和区位优势,通过大力推进规模化、标准化、市场化和品牌化建设,形成一个(或几个)市场潜力大、区域特色明显、附加值高的主导产品、产业或品牌,从而大幅度提升农村经济整体实力和综合竞争力的农业农村经济发展模式。发展"一村一品"特色经济,对于"村""镇"来说,不是简单意义上的一个行政村、镇,而是一个经济区域的概念;对于"品"来说,不是简单的一个产品,可以是多品,更注重的是品质提高、品牌打造和产业链的延伸。发展"一村一品",就是由资源变产品、产品变商品、商品变名品的过程,带动产品开发、产业发展、农民富裕,振兴一方经济。

"一村一品"运动起源于日本,20世纪70年代,日本大分县为扭转当地人才资金外流、产业萎缩的局面,发动了"一村一品"运动,依托当地优势资源,通过大力发展特色产品,推进规模化、市场化、标准化建设,发展出一个或数个区域特色明显、市场潜力较大、附加值高的主导产业,提升当地经济整体实力和综合竞争力。通过"一村一品"运动,成功使地方特色农产品进入日本国内与国际市场,极大程度上推动了大分县农村区域经济的发展。"一村一品"是一种充分利用本地潜在资源和资本开展地方特色经济的模式,是一种将地方资源优势转化为特色产业优势,大力发展当地特色经济,并使农村生命力得到有效提升的内发型的发展模式,该模式加速日本农业产业化发展,也推进了日本农业现代化的进程。随着"一村一品"运动的深入开展,作为振兴当地农村经济的成功典范,"一村一品"运动引起了周边乃至欧洲国家和地区的关注,其成功的发展经验吸引马来西亚、菲律宾、泰国、法国、比利时、英国等20多个国家和地区的领导纷纷前往大分县考察学习。许多国家都开始从自身国情的实际出发,在全国开展具有本国鲜明特色的"一村一品"运动,如泰国、韩国、马来西亚等国家,纷纷通过开展"一村一品"使国内的农村经济重新焕发出新的活力,"一村一品"已成为振兴地方经济、消除贫困和城乡差距的重要措施。

20世纪80年代,我国开始引入日本"一村一品"的概念,并积极探索"一村一品"发展路径。20世纪90年代末,全国各地开始积极参与到"一村一品"的开展浪潮中,"一村一品"逐步形成规模,东部地区涌现大量以产业融合为主的专业村镇,中西部地区也出现许多专业化水平和规模化程度均较高的种养业专业村镇，目前"一村一品"已成为我国新阶段推进现代农业发展的一种重要模式。通过"一村一品"建设，形成了很多具有地方特色的知名产品，如新疆的葡萄、陕西的苹果、云南的普洱茶、内蒙古的奶制品、山东的蔬菜、江苏的水产品、四川的柑橘、海南的热带水果、黑龙江的皮货制品等。这其中有些产品不仅走向了全国，而且冲出国门走向了世界，扬名四海。

第二节　中国"一村一品"发展的政策环境

农村稳则天下安，农业兴则基础牢，农民富则国家盛。解决好"三农"问题是全党工作的重中之重。2004—2023 年，中央连续 20 年把"三农"工作作为中央一号文件主题，显示出"三农"工作重中之重的地位。党的二十大报告中明确提出，"全面建设社会主义现代化国家，最艰巨最繁重的任务仍然在农村"，把"全面推进乡村振兴"作为新时代新征程"三农"工作的主题，强调"加快建设农业强国""发展乡村特色产业，拓宽农民增收致富渠道"。实施乡村振兴战略，产业振兴是基础，产业兴催生百业兴。习近平总书记多次指出，"要因地制宜发展现代养殖业、林果业、园艺业，发展一村一品、多村一品、一乡一业、一县一业优势主导产业"。理论和实践均表明，发展"一村一品"是培育发展乡村特色产业、促进产业振兴的重要举措；发展"一村一品"特色产业，增加农民收入，符合现代农业发展方向和人民对美好生活的需求，是推动实现全体人民共同富裕的有效手段。大力发展"一村一品"特色乡村产业已成为带动乡村振兴的重要经济引擎，作为我国"三农"发展中的一项重要政策和战略，也越来越受到党中央和国务院、国家各部委及各省区市的高度重视，并出台了相关的政策法规来推进相关工作的开展。

一、国家层面的政策推动

中央高度重视发展"一村一品"，历年来中央一号文件多次强调要大力推进"一村一品"发展。在 2006 年的中央一号文件中，第一次提到了"一村一品"，从国家层面正式提出了推进"一村一品"，文件中提到要充分挖掘农业内部增收潜力，按照国内外市场需求，积极发展品质优良、特色明显、附加值高的优势农产品，推进"一村一品"，实现增值增效。这对进一步加快"一村一品"发展，起到了重要的指导和推动作用。此后在 2007 年、2008 年、2010 年、2015—2019 年的 8 个中央一号文件中也明确提出，要大力推进"一村一品"发展（表 1-1）。此外，中央还出台多个政策文件对"一村一品"发展做了重要的战略部署，助推"一村一品"快速发展。例如，2012 年，国务院印发的《关于支持农业产业化龙头企业发展的意见》中提出，深入实施"一村一品"强村富民工程，支持专业示范村镇建设。2015 年 11 月，《中共中央　国务院关于打赢脱贫攻坚战的决定》中提出，实施贫困村"一村一品"产业推进行动，扶持建设一批贫困人口参与度高的特色农业基地；同年 12 月，国务院办公厅发布《关于推进农村一二三产业融合发展的指导意见》提出，扶持发展一乡（县）一业、一村一品，加快培育乡村手工艺品和农村土特产品品牌，推进农产品品牌建设。2016 年 10 月，《全国农业现代化规划（2016—2020 年）》在协调惠农重大工程中提到，改善农产品初加工、深加工、休闲农业和乡村旅游设施条件，建设规模化、标准化原料生产基地及农产品加工技术集成基地，打造 1 500 个 "一村一品" 示范村镇。2018 年 1 月，国务院针对乡村振兴战略的实施发布的《中共中央 国务院关于实施乡村振兴战略的意见》中提到，实施产业兴村强县行动，推行标准化生产，培育农产品品牌，保护地理标志农产品，打造一村一品、一县一业发展新格局。同年 9 月，中共中央 国务院印发的《乡村振兴战略规划（2018—2022 年）》，明确要加快农业现代化步伐，壮大特色优势产业，实施产业兴村强县行动，培育农业产业强镇，打造一乡一业、一村一品的发展格局。由此可见，我国中央政府对 "一村一品" 产业发展的重视和支持，并将其作为促进农村产业发展的重要措施之一。

表 1-1　2006—2023 年中央一号文件提到与 "一村一品" 相关内容

年份	中央一号文件	提到与 "一村一品" 相关部分
2006 年	《关于推进社会主义新农村建设的若干意见》	要充分挖掘农业内部增收潜力，按照国内外市场需求，积极发展品质优良、特色明显、附加值高的优势农产品，推进 "一村一品"，实现增值增效
2007 年	《中共中央 国务院关于积极发展现代农业扎实推进社会主义新农村建设的若干意见》	通过规划引导、政策支持、示范带动等办法，支持 "一村一品" 发展
2008 年	《中共中央 国务院关于切实加强农业基础建设进一步促进农业发展农民增收的若干意见》	支持发展 "一村一品"
2010 年	《中共中央 国务院关于加大统筹城乡发展力度进一步夯实农业农村发展基础的若干意见》	推进 "一村一品" 强村富民工程和专业示范村镇建设
2015 年	《中共中央 国务院关于加大改革创新力度加快农业现代化建设的若干意见》	立足资源优势，以市场需求为导向，大力发展特色种养业、农产品加工业、农村服务业，扶持发展一村一品、一乡（县）一业，壮大县域经济，带动农民就业致富
2016 年	《中共中央 国务院关于落实发展新理念加快农业现代化实现全面小康目标的若干意见》	加强乡村生态环境和文化遗存保护，发展具有历史记忆、地域特点、民族风情的特色小镇，建设一村一品、一村一景、一村一韵的魅力村庄和宜游宜养的森林景区
2017 年	《中共中央 国务院关于深入推进农业供给侧结构性改革加快培育农业农村发展新动能的若干意见》	支持各地加强特色村镇产业支撑、基础设施、公共服务、环境风貌等建设。打造 "一村一品" 升级版，发展各具特色的专业村
2018 年	《中共中央 国务院关于实施乡村振兴战略的意见》	实施产业兴村强县行动，推行标准化生产，培育农产品品牌，保护地理标志农产品，打造一村一品、一县一业发展新格局
2019 年	《中共中央 国务院关于坚持农业农村优先发展做好 "三农" 工作的若干意见》	因地制宜发展多样性特色农业，倡导 "一村一品" "一县一业"

二、国家各部委的政策举措

为贯彻落实中央的要求和部署，国家各部委特别是农业农村部（原农业部）将发展"一村一品"作为建设新农村、发展现代农业的一项重要工作来抓，加强组织领导，出台政策措施，加强指导和扶持，推进"一村一品"发展的工作机制逐步形成。2007年，农业部发布《农业部关于加快发展一村一品的指导意见》，明确了推进"一村一品"发展的工作思路和目标任务。同年8月，农业部发布《特色农产品区域布局规划（2006—2015年）》，明确将"一村一品"建设当作一项长期、重要的工作。2010年9月，农业部发布《农业部关于推进一村一品强村富民工程的意见》，提出要实施"一村一品"强村富民工程。2017年12月，为充分发挥"一村一品"在产业扶贫精准脱贫中的重要作用，农业部发布《关于深入实施贫困村"一村一品"产业推进行动的意见》，将"一村一品"作为产业扶贫、精准脱贫的重要思路与方法。2020年7月，农业农村部印发《全国乡村产业发展规划（2020—2025年）》，提出要打造"一县一业""多县一带"，在更大范围、更高层次上培育产业集群，形成"一村一品"微型经济圈、农业产业强镇小型经济圈、现代农业产业园中型经济圈、优势特色产业集群大型经济圈，构建乡村产业"圈"状发展格局；同时提出要依托资源优势，选择主导产业，建设一批"小而精、特而美"的"一村一品"示范村镇，形成一村带数村、多村连成片的发展格局；用3~5年的时间，培育一批产值超1亿元的特色产业专业村。2021年10月，农业农村部发布《全国"一村一品"示范村镇认定监测管理办法（试行）》，以加快推动"一村一品"发展，规范全国"一村一品"示范村镇认定监测工作。2022年4月，农业农村部办公厅、国家乡村振兴局综合司联合印发《社会资本投资农业农村指引（2022年）》，提到鼓励社会资本开发特色农业农村资源，支持农业现代化示范区主导产业全产业链升级，发展国家农村产业融合发展示范园，支持建设"一村一品"示范村镇。除了以上提到的部分政策，在农业农村部其他很多涉农政策中也多次提到，尤其是在每年的《农村经营管理工作要点》中，更是将"一村一品"建设纳入农业农村重点工作当中。

三、主要省域的政策举措

除国家政策外，我国多个省份相继出台有关"一村一品"的扶持政策措施，坚持把发展"一村一品"作为强村富民的重要举措，制定发展规划，加大资金投入，加强示范引导。

陕西省是"一村一品"起步最早的省份之一。早在2005年，陕西省就和日本大分县结为友好省、县，该省在农村广泛推广"一村一品"活动。陕西省高度重视"一村一品"发展，坚持多措并举，强力推进。陕西省人民政府先后以"一号文件"的形式印发了《陕西省实施一村一品千村示范万村推进工程规划》《陕西省实施七大工程促进农民增收规划纲要》《陕西省贫困县发展优势特色"小众"产业指导意见》等文件，明确了陕西省发展"一村一品"的指导思想、基本原则、主要任务目标和关键措施。此外，陕西省还列设资金保障"一村一品"的发展。在省财政农业专项中设立"一村一品"休闲农业项目资金，每年列支 4 000 万~6 000 万元，支持"一村一品"发展。10年来，省财政累计投入近 5 亿元，带动各级财政及社会资本累计投资超 18 亿元。

江西省自 2002 年开始引入"一村一品"发展理念后，也先后出台一系列政策扶持，为"一村一品"工程实施奠定良好的基础。2005 年，江西省专门成立了"一村一品"引智工作协调小组；2006 年，农业部在江西省召开首届全国"一村一品"经验交流会；2007 年，江西省代表中国在马来西亚"一村一品"国际研讨会上作典型发言。2014 年，江西省人力资源和社会保障厅、省财政厅联合印发《江西省农业产业化"一村一品"专项资金监督暂行办法》，以切实加强农业产业化"一村一品"专项资金的监督，防范和化解资金风险，确保资金安全有效运行。2020 年，江西省人民政府出台《关于促进乡村产业振兴的实施意见》，倡导"一村一品""一乡一特""一县一业"，因地制宜发展特色产业，打造特色产业集群。2021 年，江西省财政厅下达省级现代农业专项（一村一品）资金 1 000 万元，用于推动"一村一品"产业发展。2022 年出台的《江西省"十四五"农业农村现代化规划》中提到，优化乡村产业发展布局，加快"一村一品"和农业产业强镇建设，发掘乡村特色优势资源，拓展乡村特色产业，建设"一村一品"示范村镇。2023 年江西省委一号文件发布，提出大力推行"一县一业""一村一品"，引导各县围绕有机稻米、多功能油菜、特色水果、设施蔬菜、有机茶叶、中药材、草地畜牧业、特色水产等优势特色产业，因地制宜选准 1~2 个作为主导产业，长期扶持培育、重点突破，健全一二三产业融合发展利益联结机制，让农民更多分享产业增值收益。

山西省委在 2010 年全省干部大会上提出"一村一品""一县一业"的发展战略，为山西的农业现代化找准了道路，2017 年出台《山西省人民政府办公厅关于推进"一村一品一主体"产业扶贫的实施意见》，提出把"一村一品一主体"作为产业扶贫的主要抓手，积极培育发展优势明显的主导产业和主导产品。

此外，其他省份也先后出台促进"一村一品"发展的相关政策措施，如山东省发布《关于实施贫困村"一村一品"产业推进行动的通知》；江苏省人民政府办公厅印发《全省大力发展农业农村电子商务全面推进"一村一品一店"建设行动计划（2017—2020 年）》；甘肃省出台《关于加快促进一村一品发展的指导意见》；吉林省出台《关于推进一村一品提档升级发展的意见》；安徽省农业委员会、省林业厅联合发布《关于推广"四带一自"产业扶贫模式 实施"一村一品"产业推进行动 扎实做好 2018—2020 年特色种养业扶贫工作的意见》；广东省农业农村厅、林业厅、海洋与渔业厅共同编制《广东省"一村一品、一镇一业"富民兴村三年行动方案（2018—2020 年）》等。

在政策引导下，"一村一品"用新的发展理念引导我国贫困地区做好特色产业，助力贫困地区实现弯道超车，在政策支持下，"一村一品"发展乡村特色产业及产品，开发文化传承、休闲观光、生态保护等农业多种功能，积极发展新产业、新业态，推动了农业的产业化经营和农村产业的融合发展，使农村焕发出更大的活力。

第三节　中国"一村一品"发展现状

一、全国"一村一品"整体发展情况

农业部为了贯彻落实2010年中央一号文件中提到的"推进'一村一品'强村富民工程和专业示范村镇建设",同年正式开始"一村一品"的推荐和认定工作,并于2011年公布了共322个村镇成为第一批全国"一村一品"示范村镇。此后,各地依托资源优势,选择主导产业,坚持因地制宜、因村施策,开展"一村一品"建设,着力建设一批"小而精、特而美"的"一村一品"示范村镇。截至2022年底,农业农村部公布了12批全国"一村一品"示范村镇,共有4 181个村镇获得全国"一村一品"示范村镇认定,其中示范村2 814个,示范镇1 367个,分别占全国认定总数的67.30%、32.70%,逐渐形成一村带数村、多村连成片的发展格局,壮大了乡村产业的队伍,有效推动了乡村振兴战略的实施。在持续推进"一村一品"建设的同时,农业农村部引导相关主体在现有基础上继续做大做强。从2020年起,农业农村部在示范村镇监测统计认定的基础上,开始推介发布全国特色产业亿元村、十亿元镇名单。近3年推介发布亿元村691个、十亿元镇464个。其中,2020年推介136个亿元村、91个十亿元镇;2021年推介249个亿元村、174个十亿元镇;2022年推介306个亿元村、199个十亿元镇。随着"一村一品"建设持续推进,乡村产业体系逐步完善,"一村一品"建设成为实现乡村产业化、规模化、标准化发展的重要途径,"一村一品"正朝着集约化、品牌化方向发展,开始形成跨区域、大规模、集群式发展势头,也成为提升农民收入的重要手段。

二、全国"一村一品"示范村镇地域分布情况

(一) 全国"一村一品"示范村镇在省域分布情况

从省域分布来看,我国4 181个"一村一品"示范村镇分布在31个省、自治区、直辖市(未统计港澳台地区)(表1-2),平均数达134个,在平均数以上的有14个省、自治区、直辖市,占总数的60.18%,在平均数以下的有17个,占总数的39.82%。全国认定数量200个以上"一村一品"示范村镇的有4个省,总占比为21.63%,排在第一位的是山东277个,占比为6.63%(图1-1);第二位是四川220个,占比为5.26%;第三位是陕西204个,占比为4.88%;第四位是江苏203个,占比为4.86%。全国认定数量在150~200个的省、自治区有6个,分别为河南、湖北、河北、新疆、广东、安徽,总占比为25.11%;认定数量100~150个的省、自治区、直辖市有14个,总占比为42.29%;认定数量在30~100个的省、自治区有7个,总占比为10.98%,其中在全国末位的4个省、自治区、直辖市分别为上海39个、海南42个、西藏和天津各54个。

表1-2　全国"一村一品"示范村镇在各省、自治区、直辖市数量分布

序号	地区	数量/个	序号	地区	数量/个	序号	地区	数量/个
1	北京	94	12	湖北	184	23	上海	39
2	天津	54	13	湖南	135	24	贵州	131
3	河北	182	14	广东	161	25	云南	140
4	山西	118	15	广西	149	26	西藏	54
5	江苏	203	16	海南	42	27	陕西	204
6	浙江	133	17	重庆	138	28	甘肃	118
7	安徽	160	18	四川	220	29	青海	95
8	福建	118	19	内蒙古	115	30	宁夏	81
9	江西	130	20	辽宁	118	31	新疆	176
10	山东	277	21	吉林	108			
11	河南	187	22	黑龙江	122			

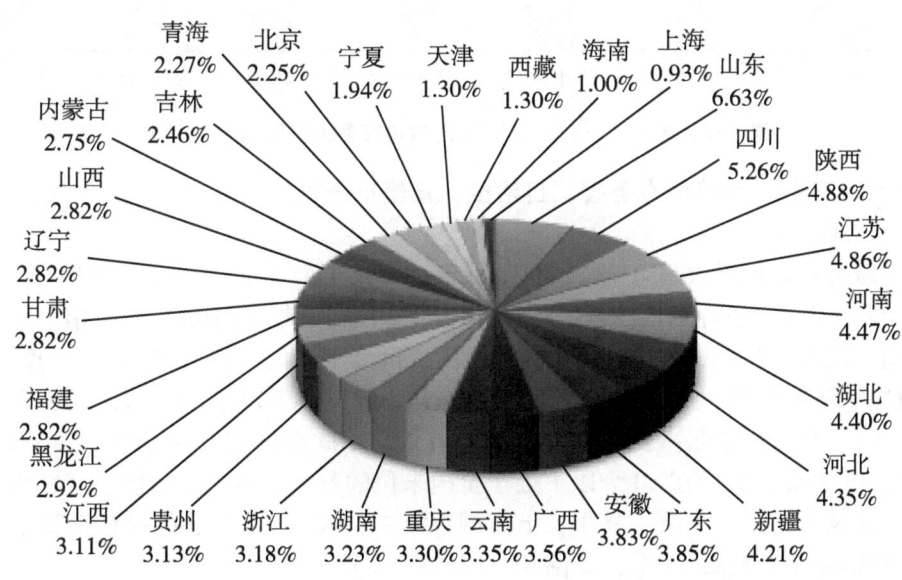

图1-1　各省、自治区、直辖市全国"一村一品"示范村镇数量占比情况

(二) 全国"一村一品"示范村镇在各大区域的分布情况

按中国地理大区域划分，我国可分为八大区域，分别为华东地区（包括上海、江苏、浙江、山东、安徽）、华南地区（包括广东、广西、海南、福建）、华中地区（包括湖北、湖南、河南、江西）、华北地区（包括北京、天津、河北、山西、内蒙古）、西北地区（包括陕西、甘肃、新疆、青海、宁夏）、西南地区（包括四川、重庆、贵州、云南、西藏）、东北地区（包括辽宁、吉林、黑龙江）、港澳台地区（包括香港、

澳门、台湾，本报告"一村一品"数量未统计）。从图1-2看，全国"一村一品"示范村镇认定数量在各大区域分布数量由多到少依次为：西南地区、西北地区、华东地区、华中地区、华北地区、华南地区、东北地区。其中，认定数量在600个以上的有华东地区、华中地区、西北地区、西南地区，四大区域数量差距不大。西南地区是认定数量最多的区域，占总数的比例为16.36%；位于第二的西北地区，占比16.12%；位于第三的华东地区，占比15.59%；东北地区在七大区域中数量最少，有343个，占比8.20%。在各大区域内部各省、自治区、直辖市平均"一村一品"示范村镇数量最多的是华东地区，为162个，其他从多到少依次为华中地区159个，西南地区137个，西北地区135个，华南地区118个，东北地区114个，华北地区113个。

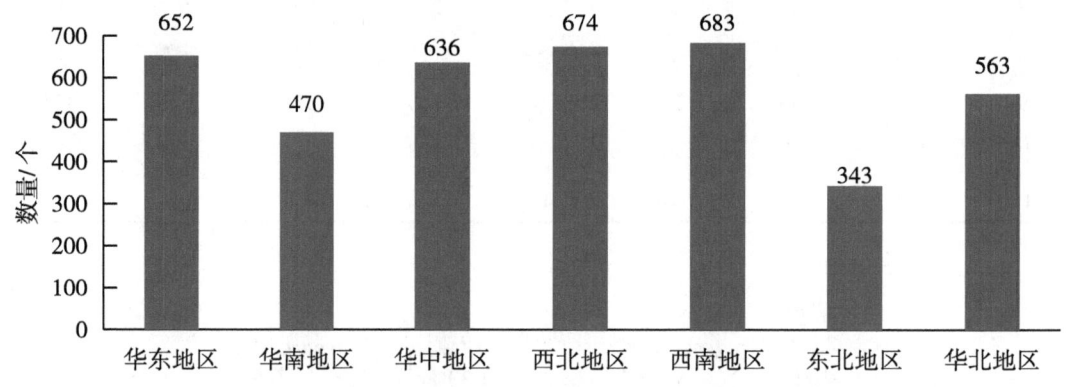

图1-2 全国"一村一品"示范村镇在各大区域的分布情况

（三）示范村、示范镇在各省、自治区、直辖市分布情况

1. 示范村分布

从省域分布情况看（图1-3），获得认定的2 814个全国"一村一品"示范村中，数量在100个及以上的省、自治区、直辖市有11个，占比46.41%，数量由多到少依次为：河南、河北、江苏、四川、陕西、安徽、湖北、广西、山东、贵州、山西。其中，名列首位的河南认定的示范村数量为139个，占比4.94%，位于第二的河北占比4.76%，位于第三的江苏占比4.73%。数量在50~100个的省、自治区、直辖市有16个，占比55.87%；数量在50个以下处于全国末位的有4个省、自治区、直辖市，分别为天津、西藏、海南、上海。其中，上海倒数第一，仅有30个示范村获得认定，其他分别为天津49个，西藏43个，海南35个。

从各大区域分布看（图1-4），示范村数量排名从多到少依次为华东地区、西南地区、西北地区、华北地区、华中地区、华南地区、东北地区，占比分别为16.77%、16.28%、15.92%、15.74%、14.96%、10.84%、9.49%。

2. 示范镇分布

从示范镇情况看（图1-3），获得认定的1 367个全国"一村一品"示范镇中，数量在100个以上的省、自治区、直辖市仅有山东，认定数为173个，位居全国第一，占比12.66%。数量在50~100个的省、自治区、直辖市有8个，占比42.36%，数量由多到少依次为：新疆、四川、陕西、江苏、湖北、广东、云南、湖南。其中新疆居全国第

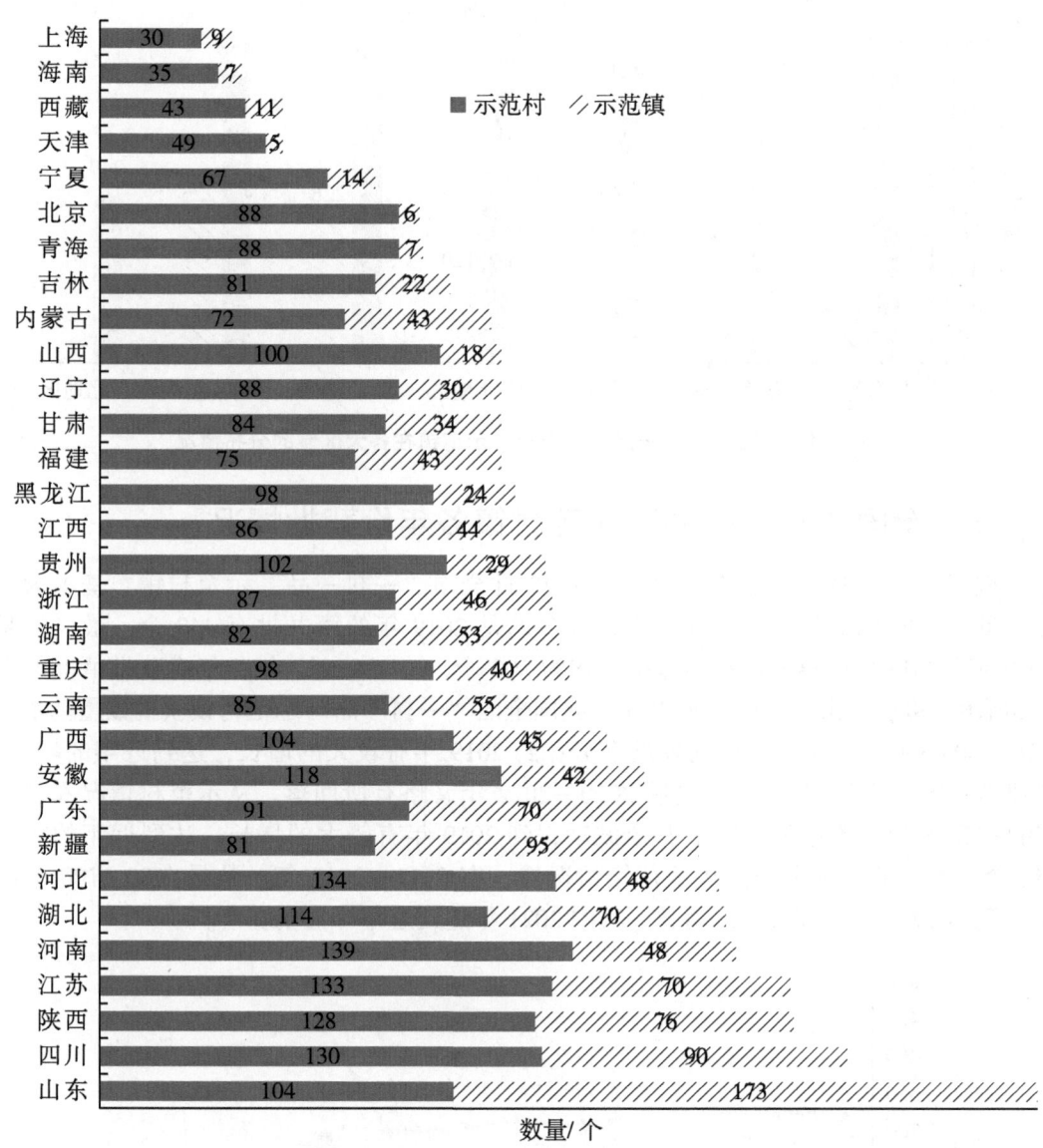

图 1-3 全国"一村一品"示范村、示范镇在各省、自治区、直辖市的分布情况

二位,示范镇认定数量为95个,占比为6.95%,四川居全国第三位,占比6.58%。数量在20~50个的省、自治区、直辖市有14个,占比39.36%;数量在20个以下的省、自治区、直辖市有8个,其中认定数量不满10个的有上海、青海、海南、北京、天津,天津最少,仅有5个。

从各大区域分布看(图1-4),示范镇数量排名从多到少依次为华东地区、西北地区、西南地区、华中地区、华南地区、华北地区、东北地区,占比分别为24.87%、16.53%、16.46%、15.73%、12.07%、8.78%、5.56%。

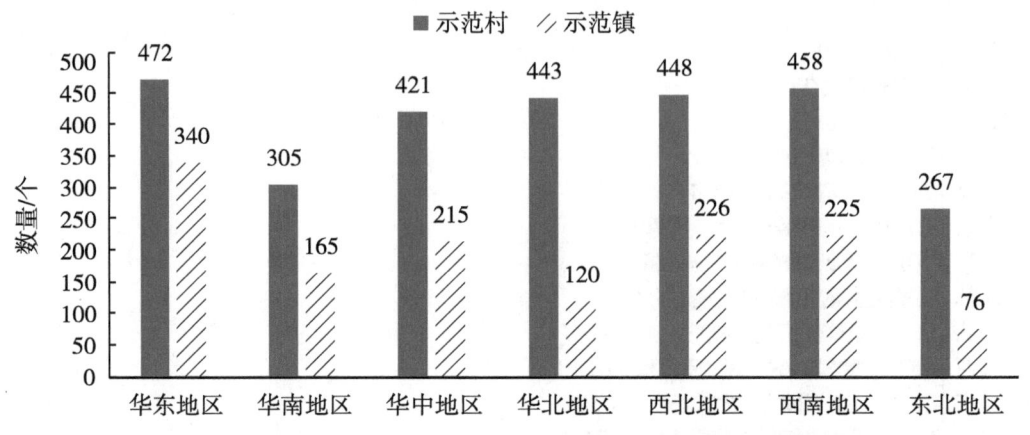

图 1-4 全国"一村一品"示范村、示范镇在各大区域的分布情况

三、全国"一村一品"示范村镇各年份获批情况

截至 2022 年底,农业农村部已认定 12 批全国"一村一品"示范村镇,基本为一年一批。每批次总数在 300~450 个,最多的是 2019 年的第九批有 442 个,最少的是 2017 年、2018 年的第七批和第八批,均为 300 个,2011—2022 年各年度获批情况如图 1-5 所示。可以看出,2011—2018 年,我国全国"一村一品"示范村镇获批数量基本稳定在 300~330 个,呈较平稳的发展态势;到 2019 年有较大的增长,达到近年的峰值,获批数量同比增长 47.33%,之后 2020—2022 年又略有所回落。从示范村情况看,在 2011—2018 年,数量在 210~250 个波动,到 2019 年有较大的增长,达到近年的峰值 290 个,之后又有所回落;从示范镇情况看,在 2011—2018 年,数量在 80~100 个波动,到 2019 年后有较大幅度增长,其中 2021 年达到近年峰值 180 个。

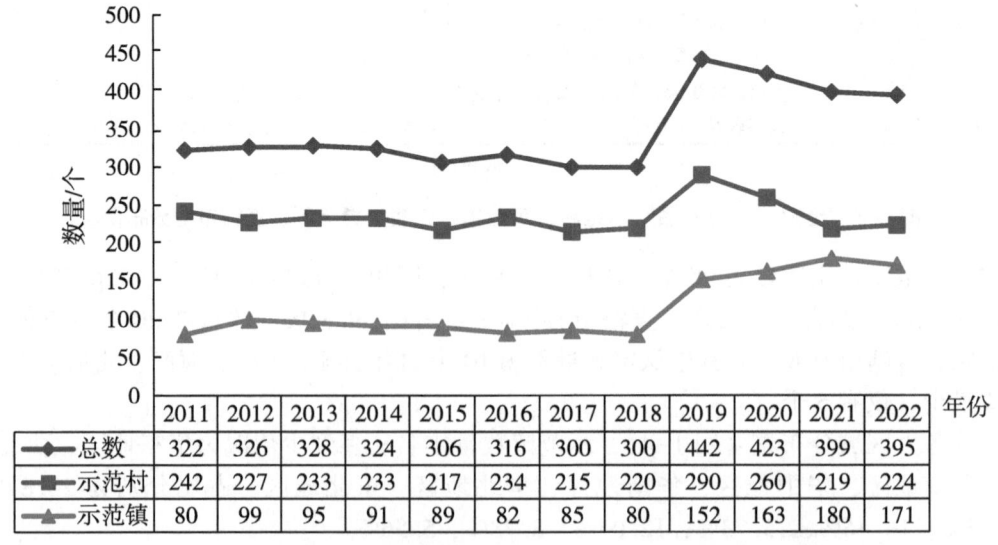

图 1-5 2011—2022 各年度获批全国"一村一品"示范村镇数量情况

第一章 中国"一村一品"发展报告

从省域看（表1-3），2011—2019年，山东获批的全国"一村一品"示范村镇数量，每年始终保持第一位；2020年，广东、四川、河南赶超山东，分别跃居第一位、第二位、第三位；2021年，广东继续保持第一位，山东、四川、河南并列第二位；2022年，四川获批数量最多，位居第一，山东、河南并列第二位。

表1-3　2011—2022年度各省、自治区、直辖市获批全国"一村一品"示范村镇数量情况

单位：个

地区	2011	2012	2013	2014	2015	2016	2017	2018	2019	2020	2021	2022
安徽	11	14	13	13	13	13	12	13	17	14	14	13
北京	8	7	9	11	12	10	8	9	9	4	4	3
福建	14	12	10	4	6	5	7	7	15	14	12	12
甘肃	8	8	8	9	8	9	9	9	10	13	13	14
广东	9	11	14	10	6	7	6	6	24	26	24	18
广西	8	11	11	11	11	11	9	9	17	16	17	18
贵州	7	10	11	8	7	10	7	9	14	15	15	18
海南	5	3		2	3	4	5	6	5	5	4	
河北	11	11	11	13	13	12	15	14	22	20	20	20
河南	13	10	13	13	14	14	9	11	20	24	23	23
黑龙江	10	9	8	10	6	10	9	9	10	14	14	13
湖北	13	12	13	15	13	16	15	14	18	19	18	18
湖南	11	8	6	5		11	11	11	16	19	18	19
吉林	10	10	9	9	7	8	8	8	10	8	8	8
江苏	13	17	18	20	16	13	17	13	19	22	20	15
江西	11	10	8	9	10	10	11	11	19	11	10	10
辽宁	18	14	10	6	10	5	7	6	10	11	11	10
内蒙古	9	8	8	8	9	9	11	10	10	10	10	13
宁夏	10	7	7	7	7	7	7	7	9	4	4	5
青海	6	10	12	12	7	8	6	6	8	6	6	8
山东	22	24	24	25	27	24	20	19	24	22	23	23
山西	7	14	16	16	12	7	5	7	9	8	8	10
陕西	14	16	17	16	18	20	19	19	23	14	14	14
上海	5	5	4	4	4	1			4	5	4	3
四川	12	12	14	15	18	17	19	18	23	25	23	24
天津	6	5	4	6	6	5	3	3	3	6	5	2
西藏	5	4	3	3	4	7	4	5	6	5	6	2

（续表）

地区	2011	2012	2013	2014	2015	2016	2017	2018	2019	2020	2021	2022
新疆	18	15	16	16	16	15	12	7	16	16	14	15
云南	4	6	9	9	8	12	10	11	19	18	15	19
浙江	17	16	15	9	6	6	7	11	12	12	11	11
重庆	7	7	7	12	10	11	13	14	20	17	10	10

四、全国"一村一品"产业结构分析

近年来，我国"一村一品"示范村镇紧紧依托资源禀赋，将独具特色的优势产业作为发展的突破口，挖掘当地具有潜力的产业，使产业的链条得到有效延伸，进一步扩大产业规模，提升产品品牌的影响力，大力发展特色种植、特色养殖、特色食品、特色文化等，以主导产业集结资源要素，进一步做特做精，打造知名村镇。部分村镇还发展有农产品精深加工，延伸了产业链条，电子商务、休闲体验、文化传承、生态涵养等农村一二三产业深度融合的新产业新业态发展，提高了产品附加值，增加了农民收入。目前，全国"一村一品"示范村镇主导产业涵盖了种植业、养殖业、林业、涉农服务业（含农产品加工业、流通服务业、新业态等）、非农产业（工艺品、文化产品等）五大类型（图1-6）。其中，种植业"一村一品"占主导地位，数量最多，达3 076个，占比73.57%，其次为养殖业"一村一品"占比10.40%；林业"一村一品"占比9.86%；涉农服务业"一村一品"占比4.04%；非农产业"一村一品"占比2.13%，可以看出我国"一村一品"具有明显的产业聚集效应。通过对全国"一村一品"五大类主导产业细分，还可以分为果品、蔬菜、粮油、茶叶、畜禽蛋奶、中草药材、水产、休闲农业、花卉苗木、工艺品、传统食品、调味品及香料、棉麻蚕桑、糖类、传统文化、其他类的地方优势特色产业。

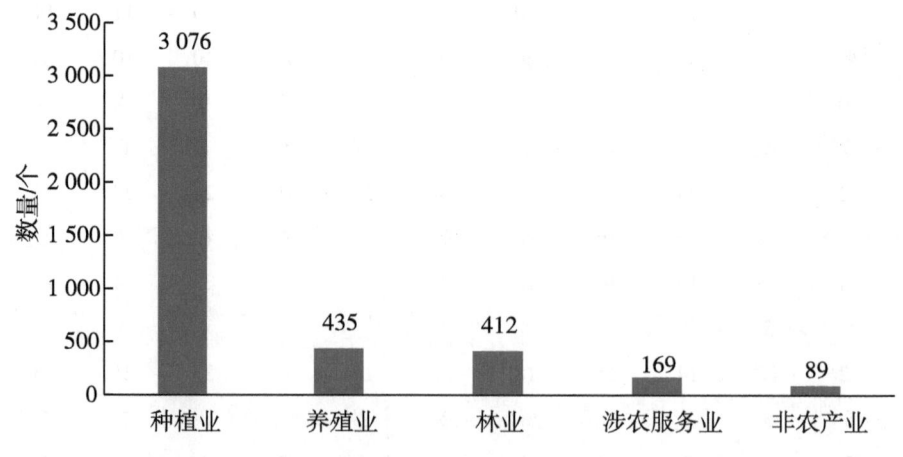

图1-6 全国"一村一品"示范村镇主导产业的分布情况

(一) 种植业 "一村一品" 发展情况

1. 地区分布情况

我国 3 076 个种植业"一村一品"示范村镇在 31 个省、自治区、直辖市（不含港澳台地区）均有分布（图 1-7），其中示范村 2 095 个、示范镇 981 个，分别占 68.11%、31.89%。从省域分布来看，位于前五的为山东、陕西、四川、湖北、河北，其中山东省获批数量最多，有 224 个，占全国种植业总数的 7.28%；第二是陕西 171

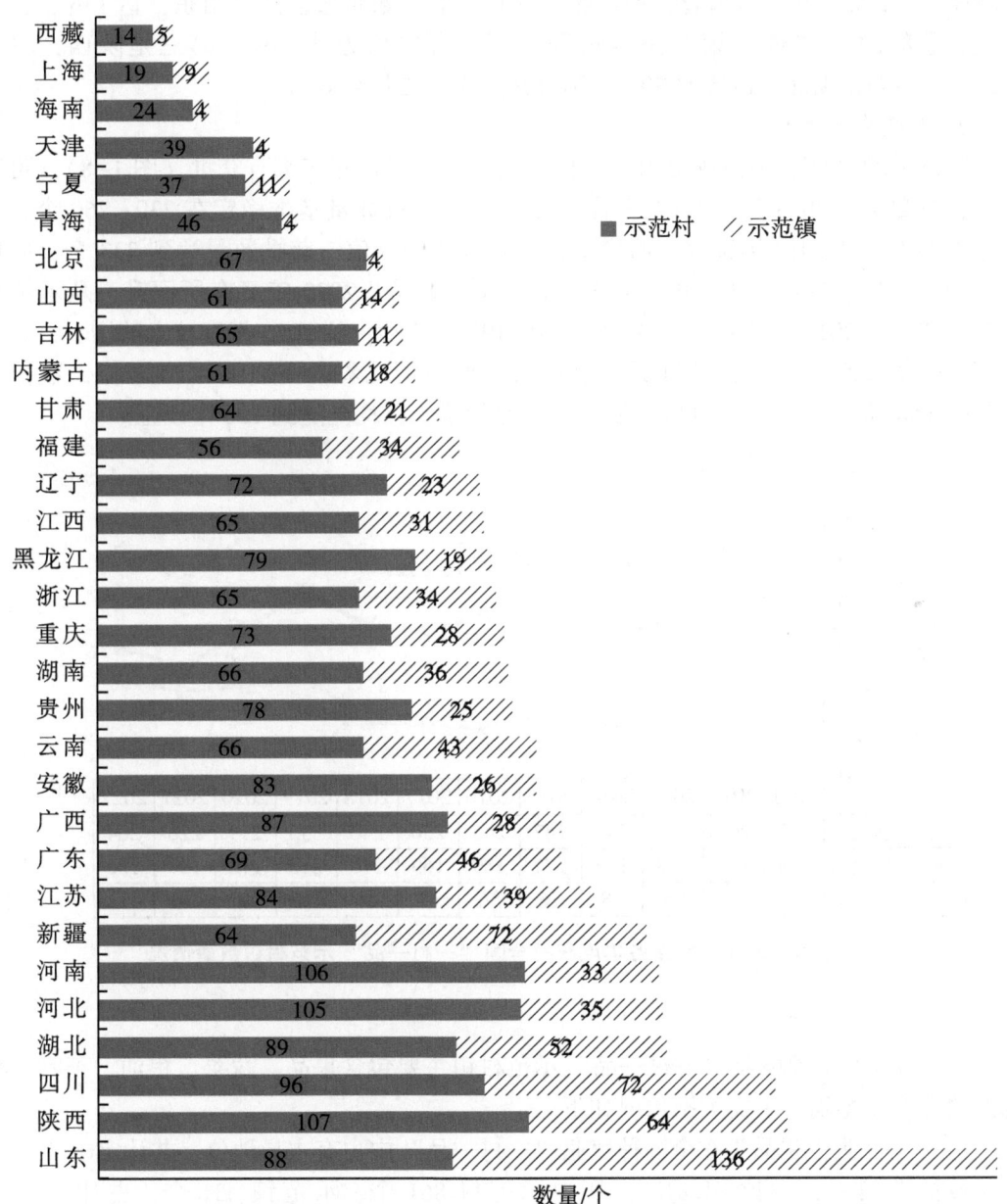

图 1-7 种植业"一村一品"示范村示范镇在各省、自治区、直辖市的分布情况

个,占比5.56%;第三是四川168个,占比5.46%;第四是湖北141个,占比4.58%;第五是河北140个,占比4.55%。数量在200个以上的仅有山东;数量在100个及以上的省、自治区、直辖市有15个,占比64.89%;数量在50~100个的省、自治区、直辖市有11个,占比29.71%;数量在50个以下的省、自治区、直辖市有5个,其中处于全国末位的是西藏,仅有19个,占比0.62%。从示范村看,种植业"一村一品"位于前五的是陕西、河南、河北、四川、湖北,占比分别为5.11%、5.06%、5.01%、4.58%、4.25%;从示范镇看,种植业"一村一品"数量最多的是山东,达136个,占示范镇总数的13.86%;第二是四川和新疆,占比均为7.34%;第三是陕西,占比6.52%;第四是湖北,占比5.30%;第五是广东,占比4.69%。

2. 年度获批情况

2011—2022年,种植业全国"一村一品"示范村镇每年都有获批(图1-8)。可以看出,在2011—2018年,"一村一品"示范村镇获批数量基本稳定在230~260个,波动幅度不大;到2019年有较大的增长,达到近年的峰值,获批数量达到333个,同比增长38.75%,之后2020—2021年两年又呈下降趋势,2022年又有所回升。从示范村情况来看,在2011—2018年,数量在170~190个波动,到2019年有较大的增长,达到近年的峰值215个,之后又有所回落;从示范镇情况看,在2011—2018年,数量在55~80个波动,到2019—2022年后,有一定的增长,均能达到100个以上。

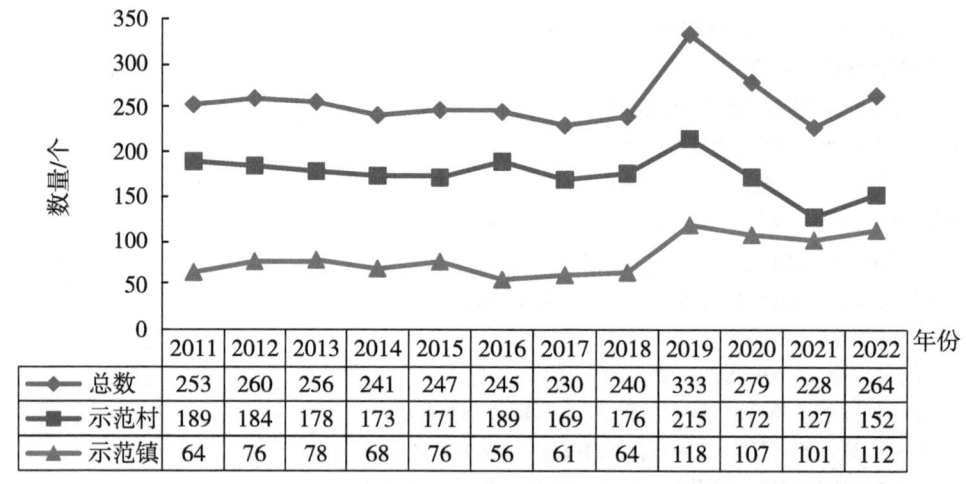

图1-8 2011—2022各年度获批全国"一村一品"示范村镇数量情况

3. 产品结构情况

全国3 076个种植业"一村一品"示范村镇主要包含果品、蔬菜、粮油、茶叶、棉麻蚕桑等产品类别,主要类别情况如下。

(1)果品类。果品类在全国种植业"一村一品"中占有主导地位,共认定1 292个,位居种植业第一,占比41.81%,其中示范村861个、示范镇431个,占比分别为66.64%、33.36%。从省域分布来看(表1-4),数量位于前五的省、自治区、直辖市分别为四川、山东、陕西、新疆、河北,占比分别为7.66%、7.51%、6.97%、5.96%、

4.95%。从示范村看,果品类"一村一品"位于前五的是四川、陕西、河北、广西、辽宁,占比分别为 7.32%、6.85%、5.69%、5.11%、4.99%;从示范镇看,果品类"一村一品"数量位于前五的是山东、新疆、四川、陕西、云南,占比分别为 15.08%、9.98%、8.35%、7.19%、5.57%。获批的果品类还可以细分近 60 个小类,认定数 20 个以上的小类有 16 种(图 1-9),其中柑橘类"一村一品"最多,有 187 个,占比达到 14.54%;第二是葡萄类,占比 12.75%;第三是苹果类,占比 10.65%;第四是梨类,占比 7.93%;第五是桃类,占比 6.84%。

从产业聚集情况看,柑橘类"一村一品"分布在全国 16 个省、自治区、直辖市,主要集中在四川(35 个)、重庆(28 个)、江西(18 个)、湖南(18 个)、广东(18 个)、广西(18 个)等地区;葡萄类"一村一品"分布比较广泛,在全国 29 个省、自治区、直辖市有分布,主要集中在新疆(19 个)、江苏(16 个)、河北(11 个)、贵州和辽宁(各 9 个)、安徽和陕西(各 8 个)等地区;苹果类"一村一品"分布在全国 18 个省、自治区、直辖市,主要集中在陕西(28 个)、甘肃(20 个)、山东(16 个)、山西(12 个)、河北(11 个)、辽宁(10 个)等地区;梨类"一村一品"分布也比较广泛,在全国 26 个省、自治区、直辖市有分布,主要集中在河北(14 个)、山西和北京(各 9 个)、贵州和江苏(各 6 个);桃类"一村一品"分布在全国 23 个省、自治区、直辖市,主要集中在山东(9 个)、江苏和四川(各 8 个)、浙江(7 个)、河北和上海(各 6 个)等地区;莓果类"一村一品"分布在全国 22 个省、自治区、直辖市,主要集中在辽宁和山东(各 12 个)、江苏(9 个)、河南(5 个)等地区。

表 1-4 果品类"一村一品"在各省、自治区、直辖市的分布情况　　单位:个

序号	地区	示范村	示范镇	总计	序号	地区	示范村	示范镇	总计
1	四川	63	36	99	17	福建	22	15	37
2	山东	32	65	97	18	湖南	24	12	36
3	陕西	59	31	90	19	甘肃	25	9	34
4	新疆	34	43	77	20	江西	21	12	33
5	河北	49	15	64	21	湖北	20	13	33
6	广西	44	13	57	22	安徽	25	6	31
7	重庆	41	14	55	23	海南	16	3	19
8	辽宁	43	11	54	24	黑龙江	15	3	18
9	浙江	35	17	52	25	宁夏	14	5	19
10	云南	27	24	51	26	吉林	14	3	17
11	江苏	31	19	50	27	天津	14	3	17
12	广东	30	20	50	28	上海	13	4	17
13	河南	35	8	43	29	内蒙古	12	4	16

(续表)

序号	地区	示范村	示范镇	总计	序号	地区	示范村	示范镇	总计
14	贵州	29	11	40	30	西藏	6	2	8
15	北京	33	4	37	31	青海	4	0	4
16	山西	31	6	37					

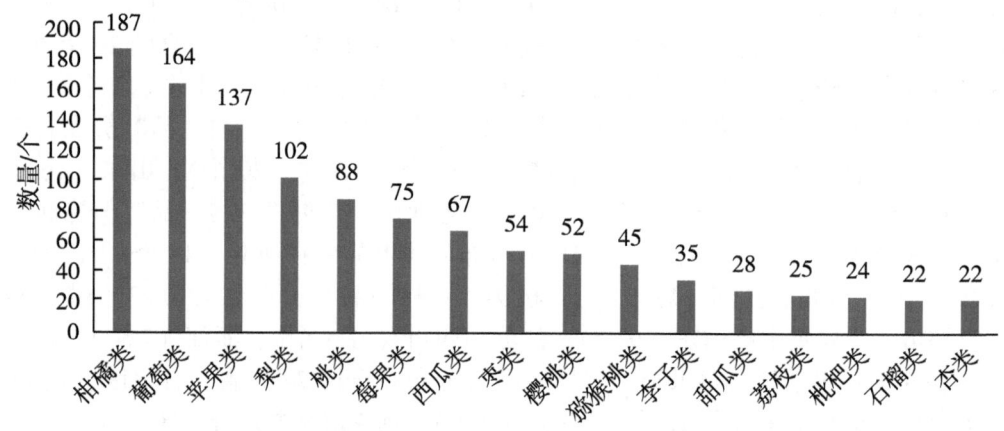

图1-9 果品类20个以上"一村一品"产品的分布情况

（2）蔬菜类。蔬菜类在全国种植业"一村一品"中位居第二，共认定1 022个，占比24.59%，其中示范村729个、示范镇293个，占比分别为71.33%、28.67%。从省域分布看（表1-5），山东蔬菜类"一村一品"最多，占比9.39%；第二是河南，占比6.46%；第三是河北，占比5.58%；第四是黑龙江，占比5.09%；第五是湖北，占比4.99%。从示范村看，蔬菜类"一村一品"位于前五的是河南51个、山东46个、黑龙江42个、河北40个、湖北38个，占比分别为7.00%、6.31%、5.76%、5.49%、5.21%。从示范镇看，蔬菜类"一村一品"数量位于第一的是山东50个，占比17.06%；第二是河北17个，占比5.80%；第三是陕西和新疆均为16个，占比均为5.46%；第四是河南和四川均为15个，占比均为5.12%；第五是湖北和江苏均为13个，占比均为4.44%。获批的蔬菜类还可以细分7个小类（图1-10），其中认定数最多的是叶菜类，有380个，占蔬菜总数的37.18%；第二是茄果类，认定数151个；第三是食用菌类，认定数136个；第四是根菜类，认定数128个；第五是葱蒜类，认定数111个；此外其他类包括花菜类、豆荚类、水生类等蔬菜"一村一品"有38个。

从产业聚集情况看，叶菜类"一村一品"主要集中在山东和陕西（均为30个）、甘肃（24个）、河南和江苏（均为22个）、河北和黑龙江（均为21个）等地区；茄果类"一村一品"主要集中在新疆（14个）、山东和内蒙古（均为11个）、贵州（9个）、安徽、北京、湖南和天津（均为8个）等地区；食用菌类"一村一品"主要集中在河南（17 个）、黑龙江（13 个）、吉林（10 个）、陕西（8 个）等地区；根菜类"一村一品"主要集中在广西、河南、湖北、山东（均为 10 个）、河北（8 个）、江苏（7 个）、广东（6 个）、甘肃和江西（均为 5 个）等地区；葱蒜类"一村一品"主要集中在山东（25 个）、青海（13 个）、黑龙江（9 个）、河南（7 个）等地区。

表 1-5 蔬菜类"一村一品"在各省、自治区、直辖市的分布情况   单位：个

序号	地区	示范村	示范镇	总数	序号	地区	示范村	示范镇	总数
1	山东	46	50	96	17	广东	12	8	20
2	河北	40	17	57	18	山西	23	7	30
3	陕西	33	16	49	19	广西	16	7	23
4	新疆	19	16	35	20	云南	11	7	18
5	河南	51	15	66	21	内蒙古	25	6	31
6	四川	11	15	26	22	贵州	20	6	26
7	湖北	38	13	51	23	吉林	26	5	31
8	江苏	35	13	48	24	福建	20	5	25
9	江西	22	12	34	25	上海	4	4	8
10	甘肃	30	11	41	26	青海	35	3	38
11	黑龙江	42	10	52	27	宁夏	16	2	18
12	湖南	22	9	31	28	天津	21	1	22
13	重庆	17	9	26	29	西藏	4	1	5
14	辽宁	22	8	30	30	海南	2	1	3
15	安徽	21	8	29	31	北京	29	0	29
16	浙江	16	8	24					

（3）粮油类。粮油类在全国种植业"一村一品"中位居第三，共认定 362 个，占比 11.77%，其中示范村 246 个、示范镇 116 个，分别占 67.96%、32.04%。从省域分布看（表 1-6），内蒙古"一村一品"最多，占比 8.01%；第二是吉林，占比 7.46%；第三是黑龙江，占比 7.18%；第四是湖北，占比 5.80%；第五是河南和山东，占比均为 5.52%。从示范村看，粮油类"一村一品"位于前五的是吉林 24 个、内蒙古 22 个、黑龙江 21 个、河北 15 个、河南 13 个，占比分别为 9.76%、8.94%、8.54%、6.10%、5.28%。从示范镇看，粮油类"一村一品"数量第一的是山东 14 个，占比 12.07%；第二是广东、湖北、新疆，均为 10 个，占比均为 8.62%；第三是河南和内蒙古，均为 7 个，占比均为 6.03%；第四是陕西 6 个，占比 5.17%；第五是四川和黑龙江均为 5 个，占比均为 4.31%。获批的粮油类主要包含粮食类和油料类，其中粮食类"一村一品"

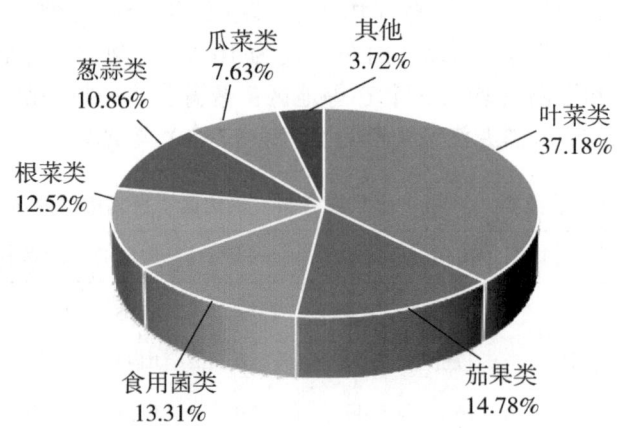

图 1-10　蔬菜类"一村一品"各产品类别占比情况

有 316 个，占比 87.29%，主要涉及谷物、薯类、玉米、高粱等；油料类有 46 个，占比 12.71%，主要涉及花生、油茶、菜籽油、葵花籽油等。

表 1-6　粮油类"一村一品"在各省、自治区、直辖市的分布情况　　单位：个

序号	地区	示范村	示范镇	总数	序号	地区	示范村	示范镇	总数
1	内蒙古	22	7	29	17	云南	7	3	10
2	吉林	24	3	27	18	江苏	6	3	9
3	黑龙江	21	5	26	19	陕西	3	6	9
4	湖北	11	10	21	20	四川	3	5	8
5	河南	13	7	20	21	福建	4	3	7
6	山东	6	14	20	22	山西	6	1	7
7	新疆	9	10	19	23	安徽	6	0	6
8	河北	15	3	18	24	西藏	4	2	6
9	广东	6	10	16	25	青海	5	0	5
10	广西	9	4	13	26	北京	4	0	4
11	重庆	10	3	13	27	甘肃	4	0	4
12	江西	10	2	12	28	天津	4	0	4
13	贵州	10	1	11	29	海南	3	0	3
14	湖南	7	4	11	30	上海	2	1	3
15	宁夏	7	4	11	31	浙江	0	1	1
16	辽宁	6	4	10					

(4) 茶叶类。茶叶类在全国种植业"一村一品"中位居第四，共认定341个，占比11.09%，其中示范村217个、示范镇124个，分别占63.64%、36.36%。从省域分布看（图1-11），数量位于前五的省、自治区、直辖市分别为安徽、湖北、四川、云南、广东，占比分别为11.43%、10.26%、8.21%、7.92%、7.33%。从示范村看，茶叶类"一村一品"数量排名第一位的是安徽，有28个，占比12.90%；第二位是湖北、云南、贵州，均为19个，占比均为8.76%；第三位是广东，有17个，占比7.83%；第四位是四川，有15个，占比6.91%；第五位是浙江，有14个，占比6.45%。从示范镇看，茶叶类"一村一品"数量第一位的是湖北，有16个，占比12.90%；第二位是四川，有13个，占比10.48%；第三位是安徽、湖南、陕西、福建，均为11个，占比均为8.87%；第四位是浙江、广东、云南，均为8个，占比均为6.45%；第五位是山东，有7个，占比5.65%。

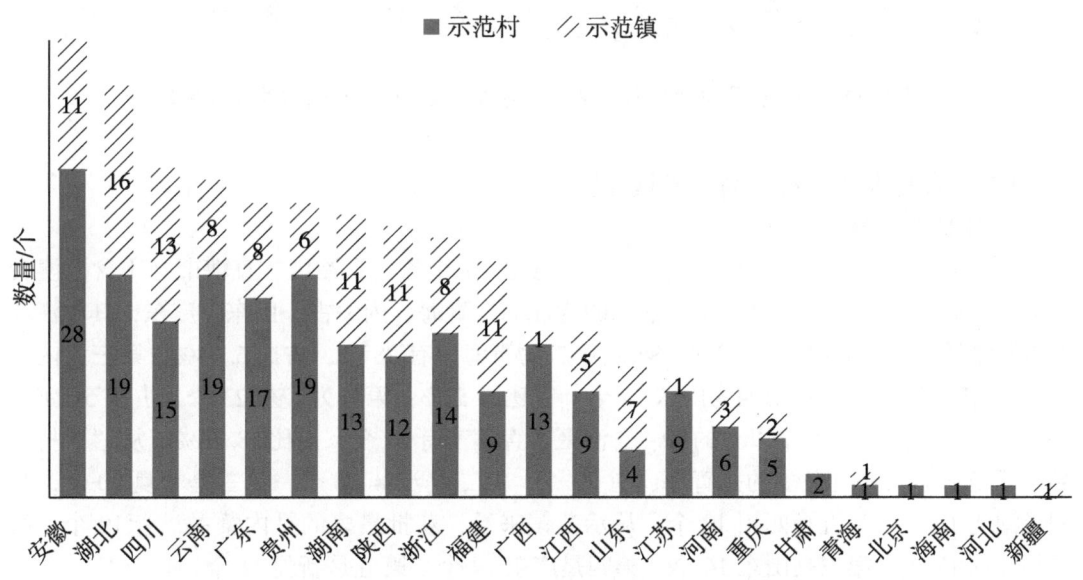

图1-11 茶叶类"一村一品"在各省、自治区、直辖市的分布情况

(5) 棉麻蚕桑类。棉麻蚕桑类在全国种植业"一村一品"中位居第五，共认定35个，占比1.14%，其中示范村24个、示范镇11个。从省域分布看（图1-12），有15个省、自治区、直辖市获得棉麻蚕桑类"一村一品"示范村镇认定，四川最多，有6个，其中示范村和示范镇均为3个；第二是广西、江苏、新疆，均为4个，其中广西是示范村3个、示范镇1个，江苏、新疆均为示范村2个、示范镇2个；第三是安徽、广东、内蒙古，均为3个，其中安徽和内蒙古均为示范村2个、示范镇1个，广东为3个示范村。

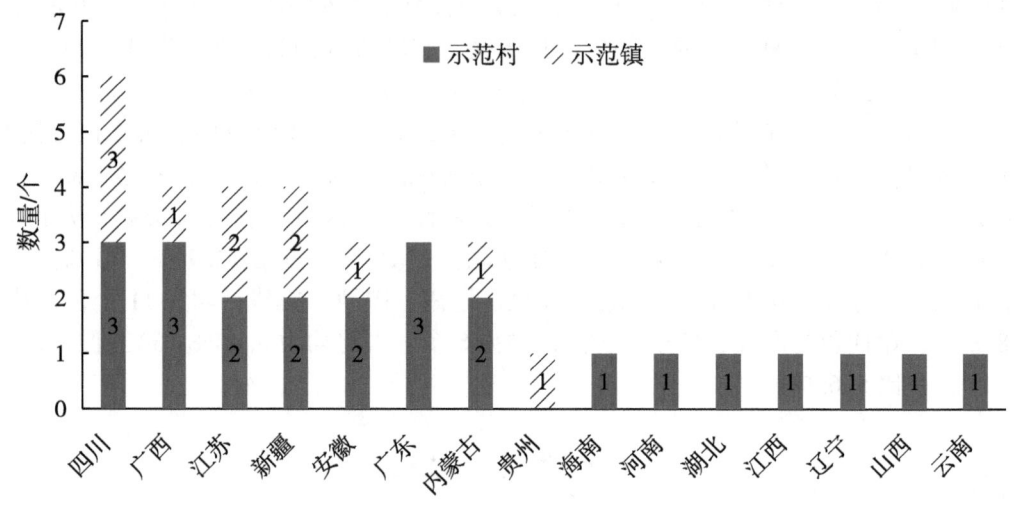

图1-12 棉麻蚕桑类"一村一品"在各省、自治区、直辖市的分布情况

(二) 养殖业"一村一品"发展情况

1. 地区分布情况

我国435个养殖业"一村一品"示范村镇在31个省、自治区、直辖市（不含港澳台地区）均有分布（图1-13）。位于前五的为江苏、青海、内蒙古、山东、广东，其中江苏获批数量最多，有43个，占比9.88%；第二为青海，有28个，占比6.44%；第三为内蒙古25个，占比5.75%；第四为山东24个，占比5.52%；第五为广东23个，占比5.29%。"一村一品"数量在15个以上的省、自治区、直辖市有11个，占比58.16%。从"一村一品"示范村看，获批最多的是青海，有27个，第二是江苏26个，第三是宁夏20个，第四是湖北13个，第五是四川12个；从示范镇来看，获批最多的是内蒙古，有19个，第二是江苏17个，第三是山东16个，第四是广东14个，第五是新疆11个。

2. 年度获批情况

2011—2022年，养殖业全国"一村一品"示范村镇每年都有获批（图1-14）。可以看出，12年来，我国养殖业"一村一品"示范村镇呈波动发展的态势，其中2017年获批数量最少，有23个；2020年获批数量最多，有57个，达到近年来的峰值，占比13.10%。从示范村情况看，也是呈波动发展态势，其中20~30个徘徊较多；2014年获批数量最多，有37个；2017年最少，有16个。从示范镇情况看，2011—2018年，获批数在5~9个中波动发展，2019年后有较大幅度增长，2020年达到峰值31个。

3. 产品结构情况

全国435个养殖业"一村一品"示范村镇的主导产品有猪、牛、羊、鸡、鸭、鹅、鸽、蜂产品、鹿、骆驼、兔及其相关制品，可以分为畜禽蛋奶、水产两大类别。

（1）畜禽蛋奶类。畜禽蛋奶类在全国养殖业"一村一品"中占有主导地位，共认定264个，占比60.69%，位居养殖业第一，其中示范村173个、示范镇91个，占比分

第一章 中国"一村一品"发展报告

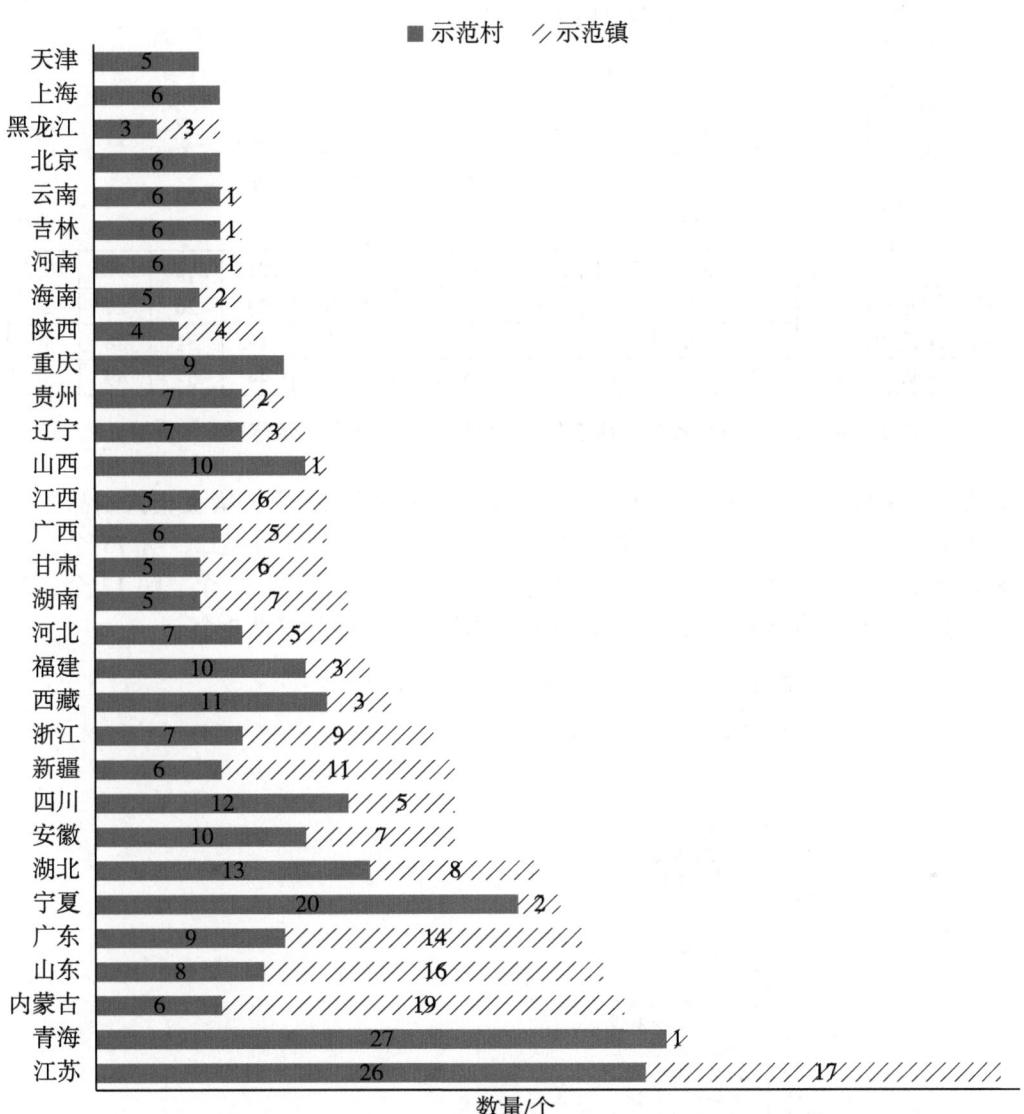

图1-13 养殖业"一村一品"示范村镇在各省、自治区、直辖市的分布情况

别为70.33%、29.67%。从省域分布看（图1-15），青海畜禽蛋奶类"一村一品"最多，有26个，占比9.85%；第二是内蒙古24个，占比9.09%；第三是宁夏21个，占比7.95%；第四是新疆16个，占比6.06%；第五是西藏13个，占比4.92%。从示范村看，畜禽蛋奶类"一村一品"位于前五的是青海25个、宁夏20个、西藏11个、山西10个、四川8个，占比分别为14.45%、11.56%、6.36%、5.78%、4.62%。从示范镇看，畜禽蛋奶类"一村一品"数量位于第一的是内蒙古19个，占比20.88%；第二是新疆11个，占比12.09%；第三是山东7个，占比为7.69%；其余省区均在5个以下。获批的畜禽蛋奶类还可以细分为畜牧类、家禽类、蜂产品类3个小类，各类别占比如图1-16所示。其中认定数最多的是畜牧类，有182个，占畜禽蛋奶类总数的68.94%，包

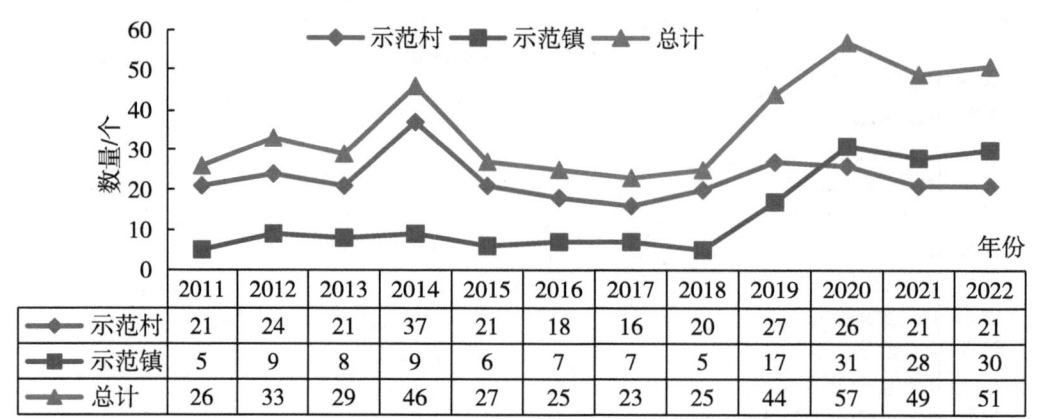

图 1-14 2011—2022 各年度养殖业获批全国"一村一品"示范村镇数量情况

含牛及相关制品的"一村一品"有 66 个、羊及相关制品 65 个、猪及相关制品 37 个、其他畜牧产品 14 个；家禽类在畜禽蛋奶类"一村一品"中位居第二，有 75 个，占畜禽蛋奶类总数的 28.41%，包含鸡及相关制品的"一村一品"有 52 个、鸭 12 个、其他 11 个；蜂产品类在畜禽蛋奶类"一村一品"中位居第三，共获批 7 个。

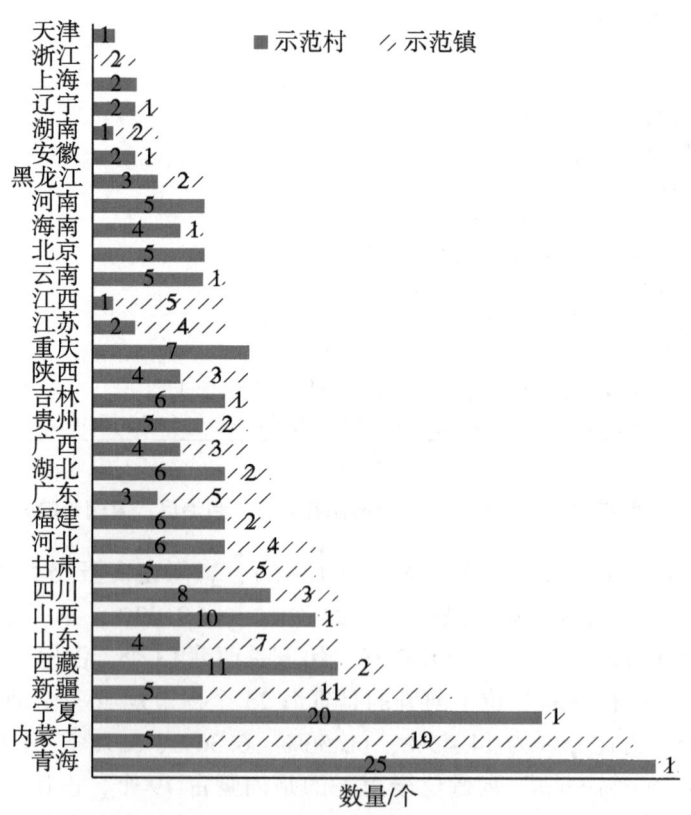

图 1-15 畜禽蛋奶类"一村一品"示范村镇在各省、自治区、直辖市的分布情况

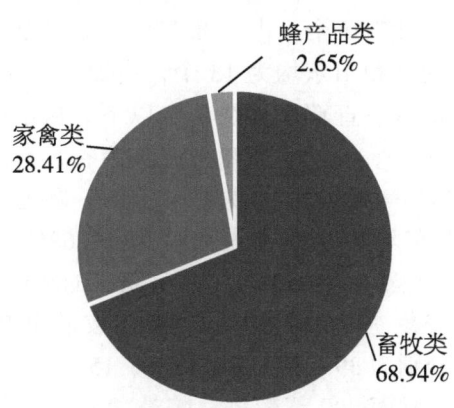

图 1-16　畜禽蛋奶类 "一村一品" 各小类占比情况

（2）水产类。水产类在全国养殖业 "一村一品" 中占比 39.31%，共认定 171 个，分布在全国 29 个省、自治区、直辖市，其中示范村 100 个、示范镇 71 个，占比分别为 58.48%、41.52%。从省域分布看（图 1-17），江苏水产类 "一村一品" 最多，有 37

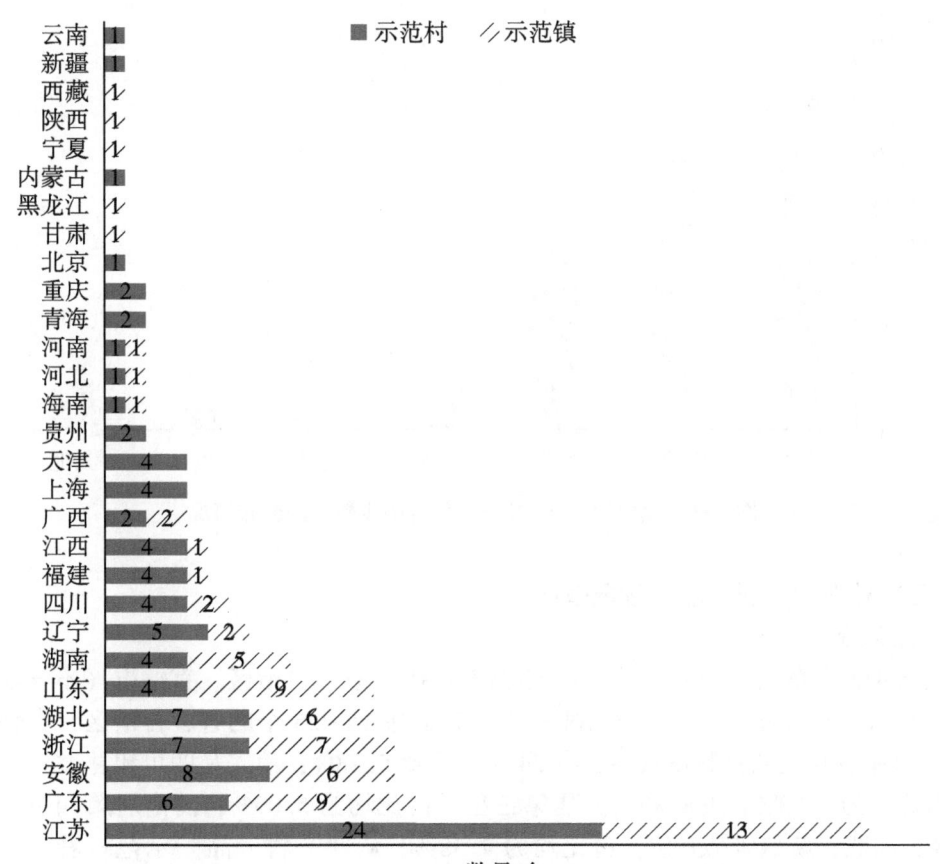

图 1-17　水产类 "一村一品" 示范村镇在各省、自治区、直辖市的分布情况

个，占比21.64%；第二是广东15个，占比8.77%；第三是安徽和浙江，均为14个，占比均为8.19%；第四是湖北和山东均为13个，占比均为7.60%；第五是湖南9个，占比5.26%；其余省、自治区、直辖市均在7个以下。从示范村看，水产类"一村一品"最多的是江苏，认定24个，占比24.00%；其余省、自治区、直辖市均在8个以下。从示范镇看，水产类"一村一品"数量位于第一的也是江苏，共13个，占比18.31%；第二是广东和山东均为9个，占比均为12.68%；第三是浙江7个，占比9.86%；其余省、自治区、直辖市获批1个居多。获批的水产类还可以细分为鱼类、蟹类、虾类、贝类、鳖类、海参、其他等类别，各类别数量如图1-18所示。位居前三是鱼类、蟹类、虾类，占比分别为39.18%、25.73%、15.20%。其中，鱼类"一村一品"分布在广东、浙江、湖北、湖南、江苏较多；鳖类"一村一品"主要集中于江苏，有24个，占了全国一半以上，其次是安徽有8个，其余的省、自治区、直辖市均在3个以下；虾类"一村一品"也集中于江苏，占比30.76%，其余的省、自治区、直辖市均在3个以下。

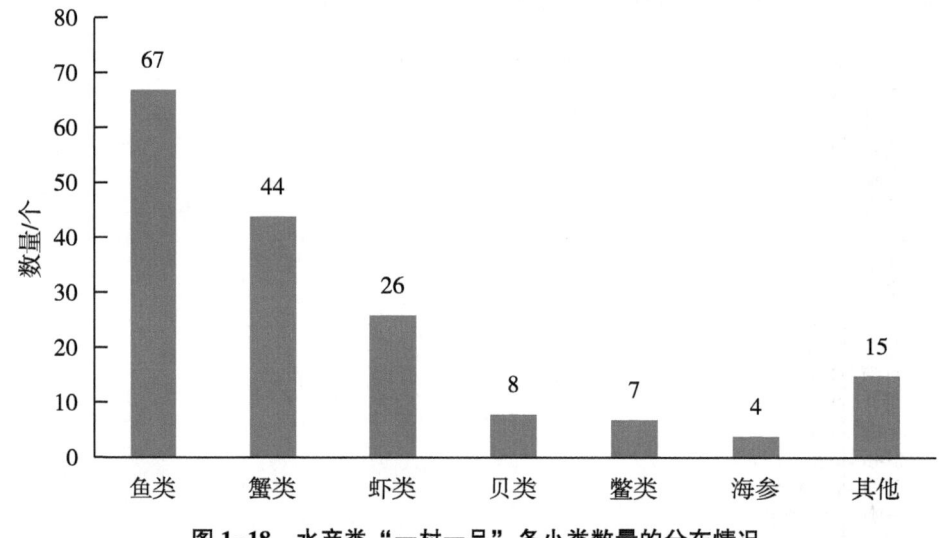

图1-18 水产类"一村一品"各小类数量的分布情况

（三）林业"一村一品"发展情况

1. 地区分布

全国415个林业"一村一品"示范村镇在31个省、自治区、直辖市（不含港澳台地区）均有分布（图1-19）。"一村一品"数量在15~25个的省、自治区、直辖市有15个。其中，重庆获批数量最多，有24个，占比5.78%；第二是四川和甘肃，均为22个，占比均为5.33%；安徽和江苏居第三位，占比均为5.09%；河南居第四位，占比4.85%；河北、新疆居第五位，占比均为4.58%。从"一村一品"示范村看，获批最多的是重庆、甘肃和山西，均为15个；第二是安徽，为14个；第三是四川，为13个；第四是河北和贵州，均为12个；第五是江苏、湖北、江西，均为11个。从示范镇看，获批最多的是山东，有 15 个；第二是新疆，有 12 个；第三是江苏和河南，均为 10 个；第四是重庆、四川、吉林，均为 9 个；第五是云南，有 8 个。

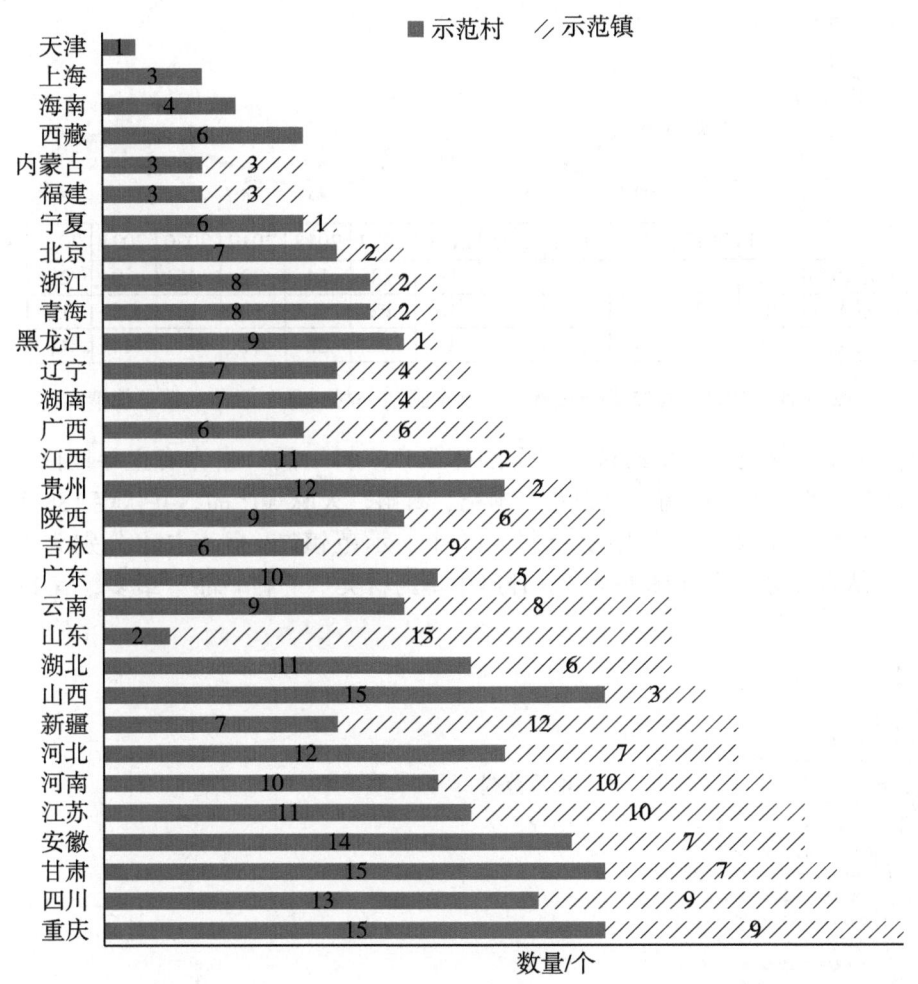

图 1-19 林业"一村一品"示范村镇在各省、自治区、直辖市的分布情况

2. 年度获批

2011—2022 年，林业全国"一村一品"示范村镇每年都有获批（图 1-20）。总体看，我国林业"一村一品"示范村镇呈波动发展的态势，其中 2015 年获批数量最少，有 21 个；2020 年获批数量最多，有 64 个，达到近年峰值，占比 15.42%。从示范村情况看，也是呈波动发展态势，2012 年获批数量最少，有 12 个；2020 年最多，有 45 个。从示范镇情况看，呈小波动发展态势，最低年份是 2013 年，仅 7 个，最高年份是 2021 年，有 25 个。

3. 产品结构

全国 415 个林业"一村一品"示范村镇的主导产品有中草药材、花卉苗木、坚果干果、调味品及香料作物等类别。

图 1-20 2011—2022 各年度林业获批全国"一村一品"示范村镇数量情况

（1）中草药材类。中草药材类在全国林业"一村一品"中占有主导地位，主要有人参、百合、罗汉果、南药、金银花、枸杞、石斛、天麻等产品，共认定 188 个，占比 45.30%，位居林业第一，其中示范村 115 个、示范镇 73 个，占比分别为 61.17%、38.83%。从省域分布看（图 1-21），甘肃中草药材类"一村一品"最多，有 18 个，占

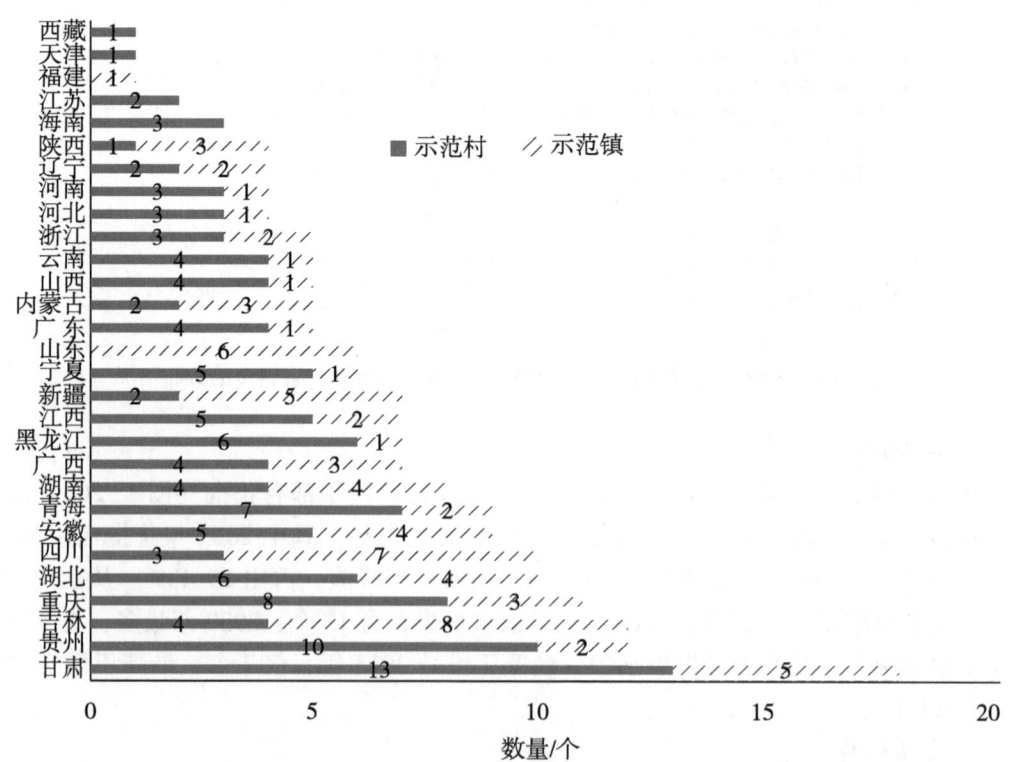

图 1-21 中草药材类"一村一品"示范村镇在各省、自治区、直辖市的分布情况

比 9.57%；第二是贵州和吉林，各有 12 个，占比均为 6.38%；第三是重庆，有 11 个，占比 5.85%；第四是湖北和四川，各 10 个，占比均为 5.31%；第五是安徽和青海，各 9 个，占比均为 4.79%。从示范村看，中草药材类"一村一品"位于前五的是甘肃 13 个、贵州 10 个、重庆 8 个、青海 7 个、湖北和黑龙江各 6 个，占比分别为 11.30%、8.70%、6.96%、6.09%、5.22%、5.22%。从示范镇看，中草药材类"一村一品"数量位于第一的是吉林 8 个，占比 10.96%；第二是四川 7 个，占比 9.59%；第三是山东 6 个，占比 8.22%；第四是甘肃和新疆各 5 个，占比均为 6.85%；第五是湖南、湖北、安徽各 4 个，占比均为 5.48%。

（2）花卉苗木类。花卉苗木类在全国林业"一村一品"中占比 27.22%，共认定 113 个，位居第二，分布在全国 26 个省、自治区、直辖市，其中示范村 77 个、示范镇 36 个，占比分别为 68.14%、31.76%。从省域分布看（图 1-22），江苏花卉苗木类"一村一品"最多，有 19 个，占比 16.81%；第二是河南 9 个，占比 7.96%；第三是安徽 8 个，占比 7.08%；第四是湖北和广东各 7 个，占比均为 6.19%；第五是北京、江西、重庆各 6 个，占比均为 5.31%。从示范村看，花卉苗木类"一村一品"前三位是江苏、安徽、江西，认定数分别是 9 个、7 个、6 个。从示范镇看，花卉苗木类"一村一品"数量位于第一的也是江苏，共 10 个；第二是河南 6 个；第三是山东 4 个；其余为 2 个以下，以 1 个居多。

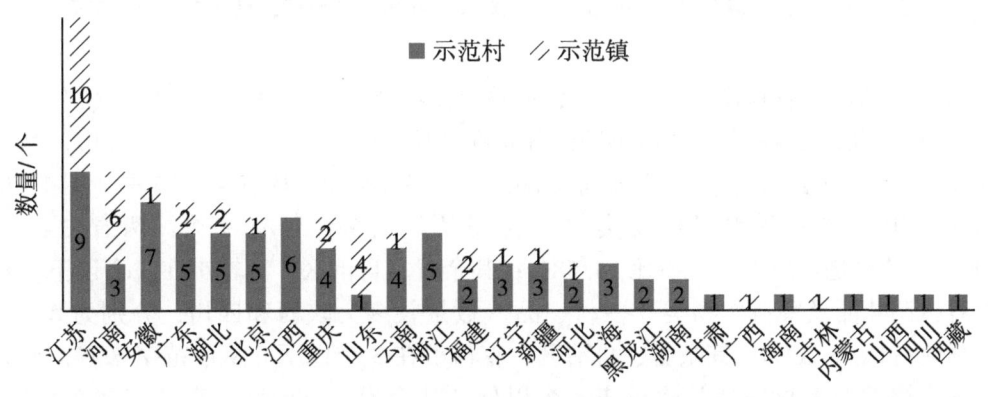

图 1-22 花卉苗木类"一村一品"示范村镇在各省、自治区、直辖市的分布情况

（3）坚果干果类。坚果干果类在全国林业"一村一品"中占比 15.66%，共认定 65 个，位居第三，分布在全国 18 个省、自治区、直辖市，其中示范村 37 个、示范镇 28 个，占比分别为 56.92%、43.08%。从省域分布看（图 1-23），河北坚果干果类"一村一品"最多，有 12 个，占比 18.46%；第二是山西 10 个，占比 15.38%；第三是新疆 7 个，占比 10.77%；第四是云南 5 个，占比 7.69%；第五是安徽、河南、山东各 4 个，占比均为 6.15%。从示范村看，坚果干果类"一村一品"山西、河北相对较多，分别为 8 个和 7 个，其余省、自治区、直辖市在 3 个以下。从示范镇看，坚果干果类"一村一品"数量最多的是河北和新疆，均为 5 个；第二是云南 4 个；第三是山东 3 个；

其余为 2 个以下，以 1 个居多。获批的坚果干果类主要包含核桃、板栗、榛子等，其中核桃 39 个，占比 60.00%；板栗 17 个，占比 26.15%；榛子 6 个，占比 9.23%；其他占比 4.62%。从产业聚集情况看，核桃 "一村一品" 主要分布在山西（10 个）、新疆（6 个）、云南（5 个）等地；板栗 "一村一品" 主要集中于河北（10 个），北京和山东各有 2 个；榛子 "一村一品" 主要分布在东北三省，其中以辽宁居多，有 3 个，其次是吉林 2 个、黑龙江 1 个。

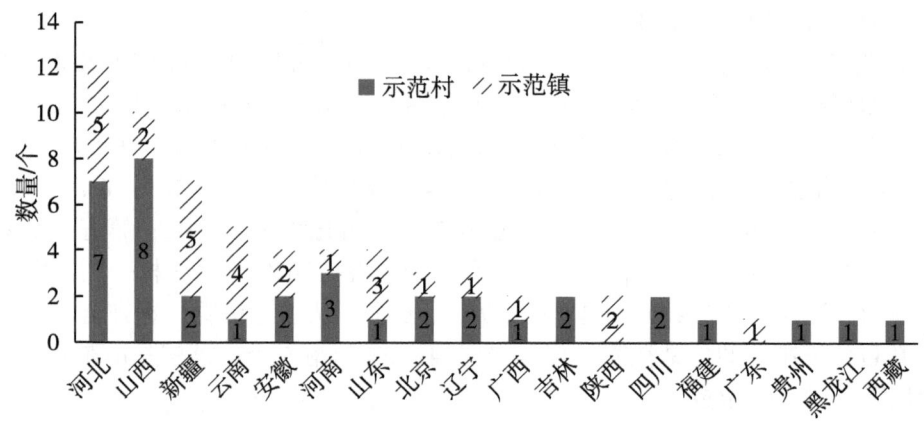

图 1-23　坚果干果类 "一村一品" 示范村镇在各省、自治区、直辖市的分布情况

（4）调味品及香料作物类。调味品及香料作物类在全国林业 "一村一品" 中占比为 11.56%，共认定 48 个，位居第四，分布在全国 16 个省、自治区、直辖市，其中示范村 31 个、示范镇 17 个，占比分别为 64.58%、35.42%。从省域分布看（图 1-24），陕西和四川调味品及香料作物类 "一村一品" 最多，各有 9 个，两省占比均达 37.50%；其次是重庆 7 个，占比 14.58%；其余省、自治区、直辖市在 3 个以下。从示范村看，调味品及香料作物类 "一村一品" 数量较多为陕西和四川，分别为 8 个和 7 个，两地占比 48.39%，其余省、自治区、直辖市在 3 个以下。从示范镇来看，调味品及香料作物类 "一村一品" 除重庆 4 个以外，其余省、自治区、直辖市在 2 个以下。获批的调味品及香料作物类 "一村一品" 中，花椒就有 35 个，占比 72.92%，主要集中在四川和陕西（均为 9 个）、重庆（6 个），3 个地区占比 50.00%；此外，肉桂和藏香也占有一席之地，分别有 3 个 "一村一品" 获批。

（四）涉农服务业 "一村一品" 发展情况

1. 地区分布

全国 169 个涉农服务业 "一村一品" 示范村镇在 30 个省、自治区、直辖市（不含港澳台地区）有分布（图 1-25），其中示范村 119 个、示范镇 50 个，占比分别为 70.41%、29.59%。从省域看，涉农服务业 "一村一品" 数量获批最多的是山西，有 13 个，占比 7.69%；河南和江苏位居第二，各有 11 个，占比均为 6.51%，广西居第三位，有 10 个，占比 5.92%；山东居第四位，有 9 个，占比 5.33%，北京和西藏居第五

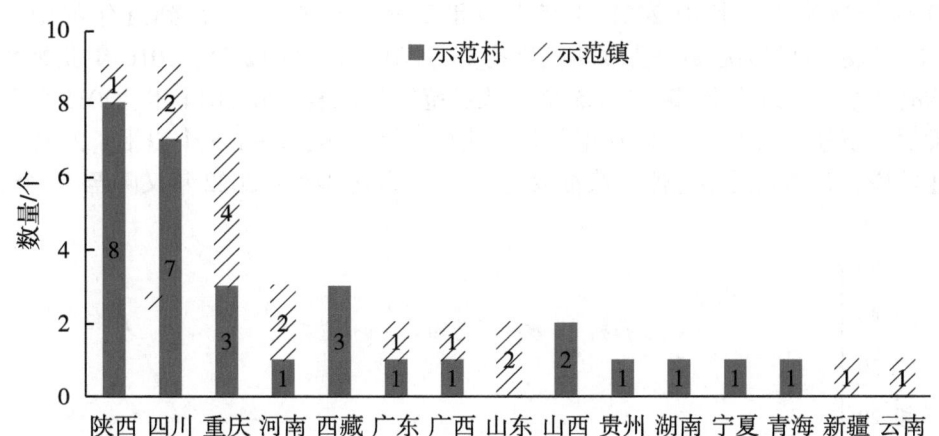

图1-24 调味品及香料作物类"一村一品"示范村镇在各省、自治区、直辖市的分布情况

位,各有8个,占比均为4.73%。从示范村看,涉农服务业"一村一品"示范村镇获批最多的是山西,有13个;第二是河南和北京,均有8个;第三是江苏和西藏各7个;第四是黑龙江和安徽,均有6个;第五是四川和浙江,均有5个。从示范镇看,获批最多的是广西有6个,第二是山东5个,第三是江苏、广东和湖南各4个,其余有5个省、自治区、直辖市各有3个获批,有2个省、自治区、直辖市各有2个获批,有8个省、自治区、直辖市各有1个获批。

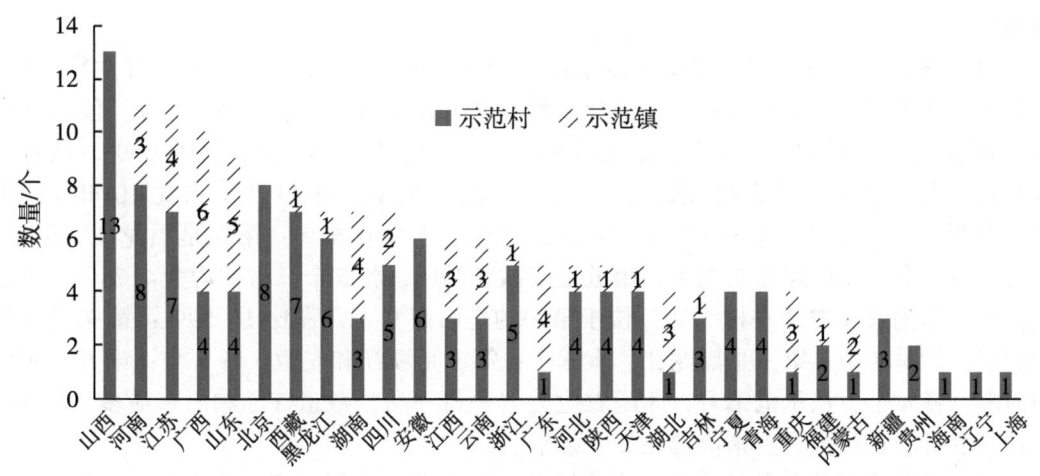

图1-25 涉农服务业"一村一品"示范村镇在各省、自治区、直辖市的分布情况

2. 年度获批

2011—2022年,涉农服务业全国"一村一品"示范村镇每年都有获批(图1-26)。总体看,我国涉农服务业"一村一品"示范村镇呈波动增长的态势,2011—2018年波动不大,在5~13个徘徊,其中2011年、2012年、2014年获批数量最少,均为5个;

2019 年后快速增长,其中 2021 年获批数量最多,有 43 个,达到近年峰值,占比 25.44%。从示范村情况看,呈波动发展态势,2011 年、2012 年、2016 年获批数量最少,均有 4 个;2021 年最多,有 25 个。从示范镇情况看,除 2014 年、2015 年两年没有获批示范镇外,在 2011—2020 年,各年获批数量不多,均在 5 个以下;2021 年后得到快速发展,并达到近年峰值,获批数达 18 个,占比 36%;2022 年又降至 10 个。

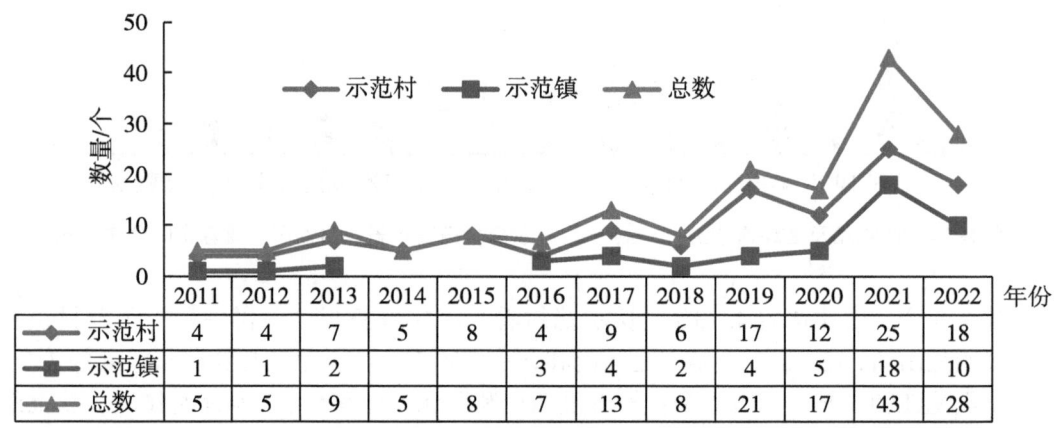

图 1-26　2011—2022 各年度涉农服务业获批全国"一村一品"示范村镇数量情况

3. 产品结构

全国 169 个涉农服务业"一村一品"示范村镇的主导产品有休闲农业、传统食品等类别。

(1) 休闲农业类。休闲农业类在全国涉农服务业"一村一品"中占有主导地位,包含休闲观光农业、乡村旅游、电子商务等,共认定 105 个,占比 62.13%,位居涉农服务业第一,其中示范村 85 个、示范镇 20 个,占比分别为 80.95%、19.05%。从省域分布看(图 1-27),江苏休闲农业类"一村一品"最多,有 11 个,占比 10.48%;第二是山西 9 个,占比为 8.57%;第三是北京 7 个,占比 6.67%;第四是黑龙江、山东、浙江,各 6 个,占比均为 5.71%;第五是安徽和四川,各 5 个,占比均为 4.76%。从示范村看,休闲农业类"一村一品"位于第一的是山西 9 个,占比 10.59%;第二是江苏和北京,均是 7 个;第三是黑龙江,有 6 个;第四是浙江和安徽,各 5 个;第五是四川和河南,各 4 个。从示范镇看,休闲农业类"一村一品"数量江苏和山东最多,均为 4 个;其余省、自治区、直辖市都在 2 个以下。

(2) 传统食品类。传统食品类在全国涉农服务业"一村一品"共认定 56 个,占比 33.14%,居涉农服务业第二位,其中示范村 31 个、示范镇 25 个,分别占比 55.36%、44.64%。从省域分布看(图 1-28),河南传统食品类"一村一品"最多,有 6 个;第二是西藏,有 5 个;第三是广西和山西,各 4 个。此外,有 6 个省、自治区、直辖市获批数量,均为 3 个;有 5 个省、自治区、直辖市获批数量,均为 2 个;有 9 个省、自治区、直辖市获批数量,均为 1 个。从示范村看,除河南、西藏、山西的传统食品类"一村一品"均为 4 个外,其余省、自治区、直辖市都在 2 个及以下。从示范镇看,传

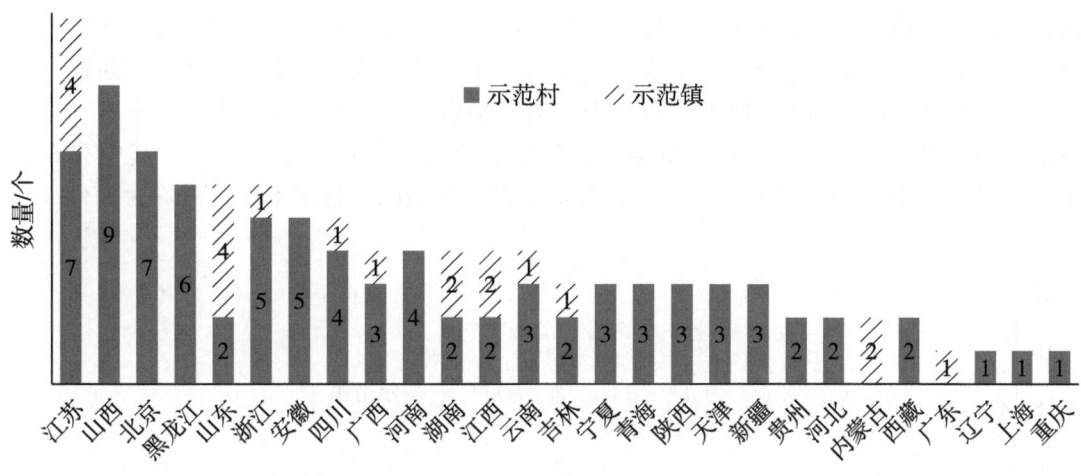

图 1-27 休闲农业类"一村一品"示范村镇在各省、自治区、直辖市的分布情况

统食品类"一村一品"数量广西最多,为 4 个,其次是重庆 3 个,其余省、自治区、直辖市都在 2 个以下。

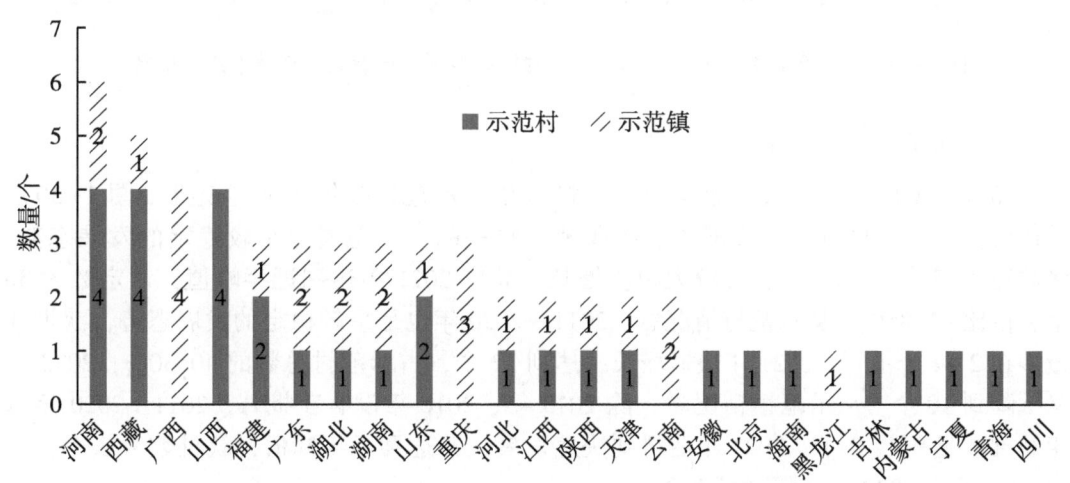

图 1-28 传统食品类"一村一品"示范村镇在各省、自治区、直辖市的分布情况

(五) 非农产业"一村一品"发展情况

1. 地区分布

全国 86 个非农产业"一村一品"示范村镇在 27 个省、自治区、直辖市(不含港澳台地区)有分布(图 1-29),其中示范村 67 个、示范镇 19 个,分别占比 77.91%、22.09%。从省域看,非农产业"一村一品"数量获批最多的是河南,有 10 个,占比 11.62%;安徽和西藏位居第二,各有 7 个,占比均为 8.14%;福建、河北、四川并列

第三位，各有6个，占比均为6.98%；江苏和陕西并列第四位，各有5个，占比均为5.81%；江西第五位，有4个，占比4.65%。从示范村看，非农产业"一村一品"示范村镇获批最多的是河南，有9个；第二是河北，有6个；第三是安徽、江苏和西藏，各5个；第四是福建、四川、陕西，各4个；第五是贵州和青海，各3个；其余省、自治区、直辖市均在2个以下。从示范镇看，各地区获批数量均在2个以下，其中有6个省、自治区、直辖市获批数均为2个，有7个省、自治区、直辖市获批数均为1个。

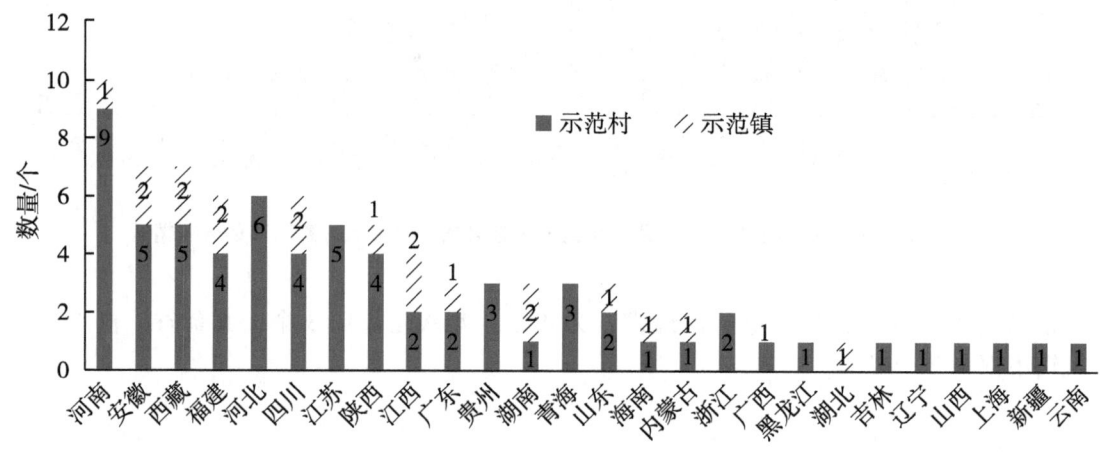

图1-29 非农产业类"一村一品"示范村镇在各省、自治区、直辖市的分布情况

2. 年度获批

2011—2022年，非农产业全国"一村一品"示范村镇每年都有获批（图1-30）。总体看，2011—2020年，我国非农产业"一村一品"示范村镇呈较稳定的发展态势，多数在4~5个，2021年后有较大幅度增长，其中2021年达到近年峰值，认定数为36个，占比41.86%。从示范村情况看，2011—2020年也是呈较稳定的发展态势，获批数量多在2~4个不等，2021年快速增长，达到27个，占示范村总数的40.30%，2022年又下降到10个。从示范镇情况看，除2013年、2016年没有获批外，2011—2020年每年获批数量在1~2个，2021年后得到快速发展，并达到近年峰值，获批数为8个，占比42.11%，2022年又骤降至1个。

3. 产品结构

全国86个非农产业"一村一品"示范村镇的主导产品有工艺品和传统文化等类别。

（1）工艺品类。工艺品类"一村一品"包含瓷器工艺品、木艺类、布艺类、泥塑类、编织扎制等，在全国非农产业中占比为89.53%，共认定77个，其中示范村59个、示范镇18个，占比分别为76.62%、23.38%。从省域分布看（图1-31），河南工艺品类"一村一品"最多，有9个，占比为11.69%；第二是安徽和西藏，各有7个，占比均为9.09%；第三是福建、河北、江苏、四川，各有5个，占比均为6.49%；第四是

图1-30 2011—2022各年度非农业产业类获批全国"一村一品"示范村镇数量情况

江西,有4个,占比为5.19%;此外获批数为3个的省、自治区、直辖市有5个;获批数为2个的省、自治区、直辖市有3个;获批数为1个的省、自治区、直辖市有9个。从示范村看,工艺品类"一村一品"位于第一的是河南8个,占比13.56%;第二安徽、西藏、河北、江苏,均有5个;第三是福建,有4个;第四是四川和青海,各3个;此外获批数为2个的省、自治区、直辖市有5个,获批数为1个的省、自治区、直辖市有11个。从示范镇看,工艺品类"一村一品"数量在各省、自治区、直辖市都在2个及以下。

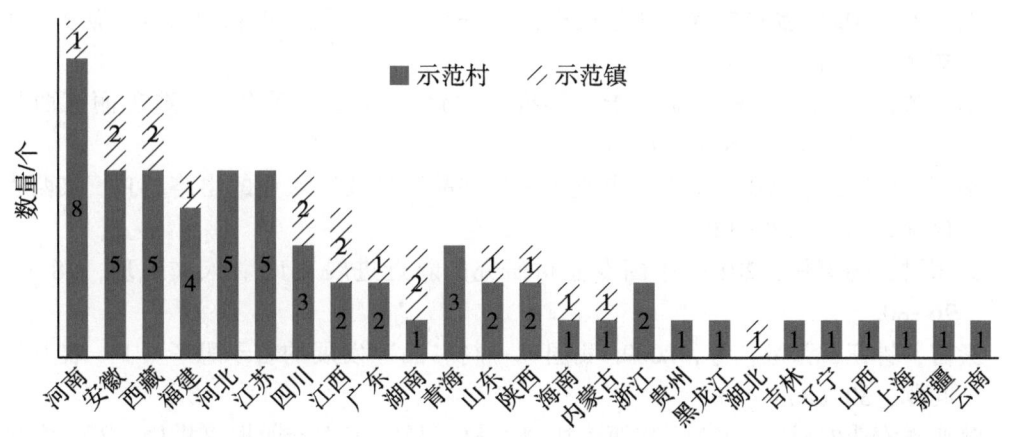

图1-31 工艺品类"一村一品"示范村镇在各省、自治区、直辖市的分布情况

(2)传统文化类。传统文化类"一村一品"包含竹文化、窑洞文化、唐三彩、旧州绣球、苗绣、羌族歌舞等产品及主导产业,在全国非农产业"一村一品"中占比为10.47%,共认定9个(表1-7),其中示范村8个、示范镇1个,主要分布在贵州和陕西各2个,福建、广西、河北、河南、四川各1个。

表 1-7 粮油类"一村一品"在省、自治区、直辖市的分布情况　　　单位：个

序号	"一村一品"示范乡镇名称	省、自治区、直辖市	批次	年份
1	广西壮族自治区靖西市新靖镇旧州村（旧州绣球）	广西	第二批	2012
2	福建省龙岩市连城县姑田镇（竹文化）	福建	第十一批	2021
3	贵州省毕节市黔西市化屋村（苗绣）	贵州	第十一批	2021
4	贵州省黔东南苗族侗族自治州从江县斗里镇马安村（苗绣）	贵州	第十一批	2021
5	河北省保定市竞秀区江城乡大激店村（驿站文化）	河北	第十一批	2021
6	河南省洛阳市孟津区朝阳镇南石山村（唐三彩）	河南	第十一批	2021
7	陕西省安康市石泉县后柳镇中坝村（手工作坊文化）	陕西	第十一批	2021
8	陕西省西安市西咸新区秦汉新城窑店街道办事处刘家沟村（窑洞文化）	陕西	第十一批	2021
9	四川省北川羌族县曲山镇石椅村（羌族歌舞）	四川	第十一批	2021

参考文献

冯新朝，2023. 乡村振兴背景下民权县"一村一品"发展现状及其模式研究［D］. 郑州：河南农业大学.

胡琳菁，2015. "一村一品"十三年推广之路 激发经济活力，打造美丽江西品牌［J］. 江西农业，（6）：10-13.

李酶，温彩虹，2007. 从日本农业"一村一品"看我国农业的出路［J］. 陕西农业科学，（1）：128-130.

乔家君，杨家伟，2013. 中国专业村研究的新近进展［J］. 人文地理，28（5）：76-80.

秦富，钟钰，张敏，等，2009. 我国"一村一品"发展的若干思考［J］. 农业经济问题，30（8）：4-8.

陕西省农业农村厅，2021. 陕西依托"一村一品"下活产业振兴棋局［J］. 农村工作通讯，（23）：25-26.

徐锋，张璟，2021. 为特色产业赋新能：全国"一村一品"示范村镇创建工作十年发展综述［J］. 农村工作通讯，（23）：22-24.

徐晓萍，崔志阳，魏秀芬，2022. 立足特色 发展天津市"一村一品"的对策研究：学习贯彻党的二十大精神［J］. 天津经济，（12）：8-16.

第二章 中国热区"一村一品"发展总报告

第一节 中国热区发展"一村一品"的资源优势

中国热区主要分布在海南全省,以及广东、广西、云南、福建、湖南、四川、贵州、西藏及台湾等省区的部分地区。目前中国热区土地总面积53.8万平方千米,占中国国土面积的5.6%,占全球热区陆地面积的1%,分布在464个县;热区地形地貌山地丘陵为主,占热区面积的90%,适合种植热带作物的土地有3亿多亩。热区光水热生物资源丰富,是重要的"生物基因库",热带植物2万多种,占全球高等植物总数2/3以上。经过多年的发展,热区已成为我国居民"糖罐子""果盘子"和冬季"菜篮子""南繁种业"的重要供给区域。例如,甘蔗作为大宗农产品和生活必需品,是少数关系国计民生的经济作物,目前我国热区的食糖产量占全国的85%以上,我国已成为世界上第二大食糖消费国和第一大甘蔗进口国,食糖生产在中国经济发展中占有重要地位。海南是中国的冬季"菜篮子",冬季瓜菜产量突破500万吨,与广西、四川、贵州、云南、广东、福建等热区省份,用"南菜北运"托稳了我国城乡居民冬季蔬菜供应。我国热带水果品种丰富,热带水果的种类、货架期等综合权重占全国水果的70%,香蕉、芒果、菠萝、火龙果、木瓜、莲雾等热带水果已经实现鲜果周年上市,已形成产业规模的热带水果不下20种,在满足市场多样化需求、保证农产品市场周年供应等方面具有其他农产品难以替代的作用。

此外,我国热区大多属于革命老区、边境和少数民族聚居地,如全国56个民族中,热区就有36个。热区曾是国家脱贫攻坚的主战场,现在是国家乡村振兴战略基础薄弱区。热区人口2.1亿,其中农业人口1.3亿,农民约50%收入来源于热带农业。因此通过大力发展热区"一村一品"产业,将资源优势转化为经济优势,是不断提升热区县域经济整体竞争力以及促进乡村产业振兴的重要途径。

第二节 中国热区"一村一品"发展总体情况

一、获批全国"一村一品"示范村镇数量

近年来,热区各省立足资源禀赋,围绕融合趋势明显、联农带农作用突出的主导产

业,大力推进"一村一品"示范村镇建设。截至 2022 年底,热区有 1 288 个村镇获得全国"一村一品"示范村镇认定,占全国总数的 30.81%。其中,示范村 845 个、示范镇 443 个,分别占全国的 30.02%、32.41%。2020—2022 年,热区先后有 232 个示范村、102 个示范镇获评全国乡村特色产业亿元村、全国乡村特色产业十亿元镇,分别占全国总数的 33.57%、21.98%。"一村一品"示范村镇的认定,有效推动了热区乡村振兴战略的实施。

二、获批全国"一村一品"示范村镇空间分布

(一)示范村镇在热区各省、自治区、直辖市总体分布情况

从地域分布看,热区各省、自治区、直辖市均有村镇获得全国"一村一品"示范村镇认定(图 2-1)。认定总数前三的省、自治区有四川、广东、广西,合计占热区的 41.15%。其中,认定最多的省份为四川,达 220 个,占热区总数的 17.08%,占全国总数的 5.26%,仅次于山东,位居全国第二;第二为广东,认定村镇 161 个,占热区总数的 12.50%,占全国总数的 3.85%;第三为广西,认定村镇 149 个,占热区总数的 11.57%,占全国总数的 3.56%。热区省份中海南获得全国"一村一品"示范村镇认定的村镇最少,仅有 42 个,占热区总数的 3.26%,在全国也是倒数第二,仅占全国总数的 1.00%。热区各省、自治区、直辖市获批全国"一村一品"示范村镇占全国的比例(图 2-2)。

图 2-1 热区各省、自治区、直辖市获全国"一村一品"示范村镇数量情况

(二)示范村、示范镇在热区各省、自治区、直辖市分布情况

从示范村情况看(图 2-3),热区获得认定的 845 个全国"一村一品"示范村中,数量位于前五的省、自治区、直辖市为四川、广西、贵州、重庆、广东。其中四川名列首位,示范村认定数为 130 个,占热区示范村总数的 15.38%,在全国示范村总数中位

第二章 中国热区"一村一品"发展总报告

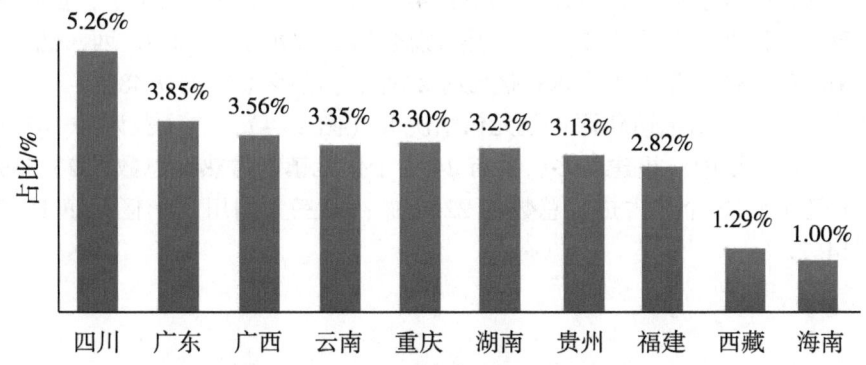

图2-2 热区各省、自治区、直辖市获全国"一村一品"
示范村镇数量在全国的占比情况

居第四,占比为4.62%;第二为广西,认定数为104个,占热区总数的12.31%;第三为贵州,认定数为102个,占热区总数的12.07%;第四为重庆,认定数为98个,占热区总数的11.60%;第五为广东,认定数为91个,占热区总数的10.77%。海南最少,示范村为35个。

从示范镇情况看(图2-3),热区获得认定的443个全国"一村一品"示范镇中,数量位于前五的省份为四川、广东、云南、湖南、广西。其中四川认定数最多,有90个,占热区示范镇总数的20.32%,在全国示范镇总数中位居第三,占比6.57%;第二为广东,认定数为70个,占热区总数的15.80%;第三为云南,认定数为55个,占热区总数的12.42%;第四为湖南,认定数为53个,占热区总数的11.96%;第五为广西,认定数为45个,占热区总数的9.71%;海南最少,示范镇仅有7个。

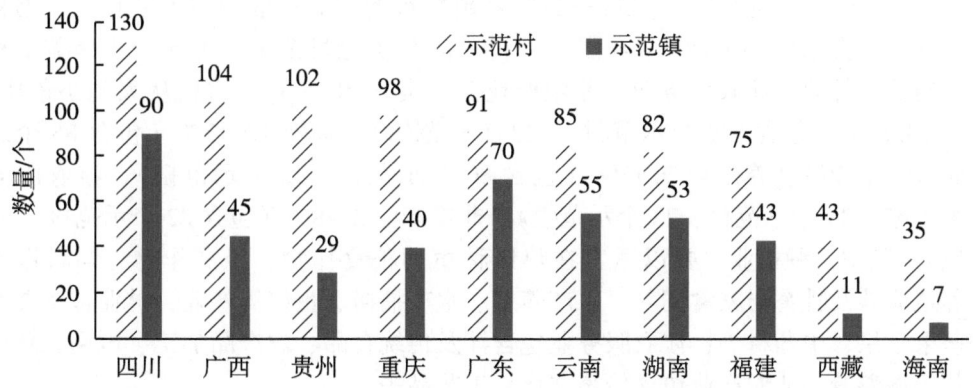

图2-3 热区各省、自治区、直辖市全国"一村一品"示范村及示范镇数量分布情况

(三)亿元村、十亿元镇在热区各省、自治区、直辖市的分布

从"一村一品"示范村获评亿元村情况来看(图2-4),热区获评的232个全国乡村特色产业亿元村中,数量位于前五的省区为四川、福建、云南、广西、广东。其中四川名列首位,有53个示范村获评全国乡村特色产业亿元村,占热区示范村总数的22.84%,在

全国亿元村总数中位居第二，占比7.67%；第二为福建，亿元村34个，占热区总数的14.66%；第三为云南，亿元村32个，占热区总数的13.79%；第四为广西，亿元村30个，占热区总数的12.93%；第五为广东，亿元村22个，占热区总数的9.48%。

从"一村一品"示范镇获评十亿元镇情况看（图2-4），热区获评的102个全国乡村特色产业十亿元镇中，福建最多，共有24个十亿元镇，占热区总数的23.53%；第二为广东，十亿元镇23个，占热区总数的22.55%；第三为四川，十亿元镇15个，占热区总数的14.71%。

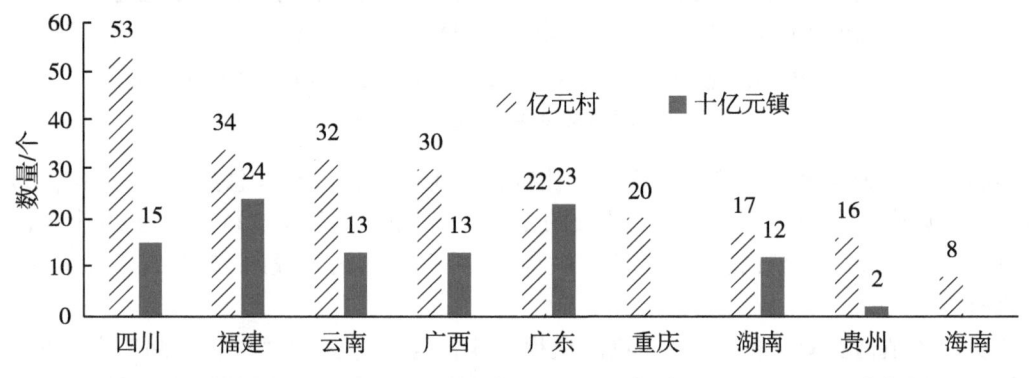

图2-4 热区各省、自治区、直辖市获全国乡村特色产业亿元村、亿元镇情况

三、主导产业和产品的分布结构

（一）产业大类

近年来，热区入选全国"一村一品"示范村镇的主导产业领域不断拓宽。据初步统计，热区获批认定的1 288个全国"一村一品"示范村镇中，主导产业涵盖了种植业、养殖业、林业、涉农服务业、非农产业五大类（图2-5），占比从大到小依次为：种植业73.84%（包含629个示范村、322个示范镇）、林业10.17%（包含85个示范村、46个示范镇）、养殖业9.47%（包含80个示范村、42个示范镇）、涉农服务业4.04%（包含29个示范村、23个示范镇）、非农产业2.48%（包含22个示范村、10个示范镇）。其中，种植业主要以适宜在热区种植的粮食作物、经济作物、饲料作物为主；养殖业涉及牲畜与家禽饲养、水产养殖、水产捕捞、蛋奶等产业；林业包含花卉苗木、坚果干果、中药材等；涉农服务业包含涉及传统食品、农产品加工、电商、休闲农业、休闲旅游等；非农产业包含传统文化、工艺品等。

从主导产业五大类在热区分布情况看（表2-1），种植业四川示范村镇最多，有168个，占热区种植业"一村一品"总数的17.72%；第二是广东116个，占比12.24%；第三是广西115个，占比12.13%。养殖业广东示范村镇最多，有23个，占比18.85%；第二是四川17个，占比13.93%；第三是西藏14个，占比11.48%。林业重庆示范村镇最多，有24个，占比17.52%；第二是四川22个，占比16.01%；第三是云南17个，占比13.14%。涉农服务业排于前三的是广西（10个）、西藏（8个）、四川和湖南（均为7个）；非农产业福建、四川、西藏最多，均为6个。

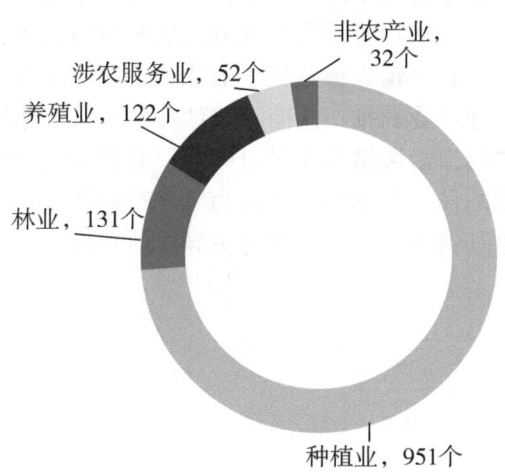

图 2-5 热区"一村一品"主导产业分布情况

表 2-1 "一村一品"五大主导产业在热区各省、自治区、直辖市的分布情况 单位：个

产业类别	海南	广西	广东	福建	云南	贵州	四川	重庆	湖南	西藏
非农产业	2	1	3	6	1	3	6	0	3	6
林业	4	12	15	6	17	14	22	24	11	7
涉农服务业	1	10	4	3	6	2	7	4	7	8
养殖业	7	11	23	13	7	9	17	9	12	14
种植业	28	115	116	90	109	103	168	101	102	19

（二）产品类别

通过对热区"一村一品"五大类主导产业细分，还可以分为蔬菜、果品、畜禽蛋奶、茶叶、粮油、中草药材、水产、调味品及香料类、工艺品、花卉苗木、调味品及香料、传统食品、休闲农业、棉麻蚕桑、糖类、其他16个小类的地方优势特色产业（图2-6）。从小类来看，热区果品类的全国"一村一品"示范村镇最多，达466个，占热区总数的36.18%（图2-7），果品类中（图2-8）主要包含45种水果，排在前二十位的如图2-8所示，柑橘类最多，占到果品类"一村一品"的30.02%；第二为蔬菜类，有204个，占总数的15.84%；第三为茶叶类，有172个，占总数的13.35%，三小类占比达总数的65.37%，这与示范村镇主要分布在热带季风气候、水资源丰富和土壤条件优良的区域有直接关系。其余的小类占比均在8%以下，有8个小类的"一村一品"示范村镇在40个以下。

在热区获批的全国"一村一品"示范村镇中，绝大部分以一个产品或产业进行认定，但也有少部分示范村镇包含两个产业，如西藏自治区堆龙德庆县乃琼镇岗德林村以蔬菜、花卉为主导产业获批；四川省郫都区友爱镇农科村以花卉苗木、乡村旅游为主导产业获批；成都市都江堰市胥家镇以猕猴桃、蔬菜为主导产业获批；遂宁市蓬溪县天福镇以杏鲍菇、虫草花为主导产业获批；湖南省长沙市长沙县春华镇以水稻、蔬菜种子为主导产业获批；长沙市浏阳市沿溪镇沙龙村以南瓜、莴笋为主导产业获批；广西壮族自治区钦州市钦南区那丽镇殿艮村以辣椒、黄瓜为主导产业获批；贵州省松桃县太坪营乡永红村以紫色红薯、紫色马铃薯和蓝莓浆果为主导产业获批。

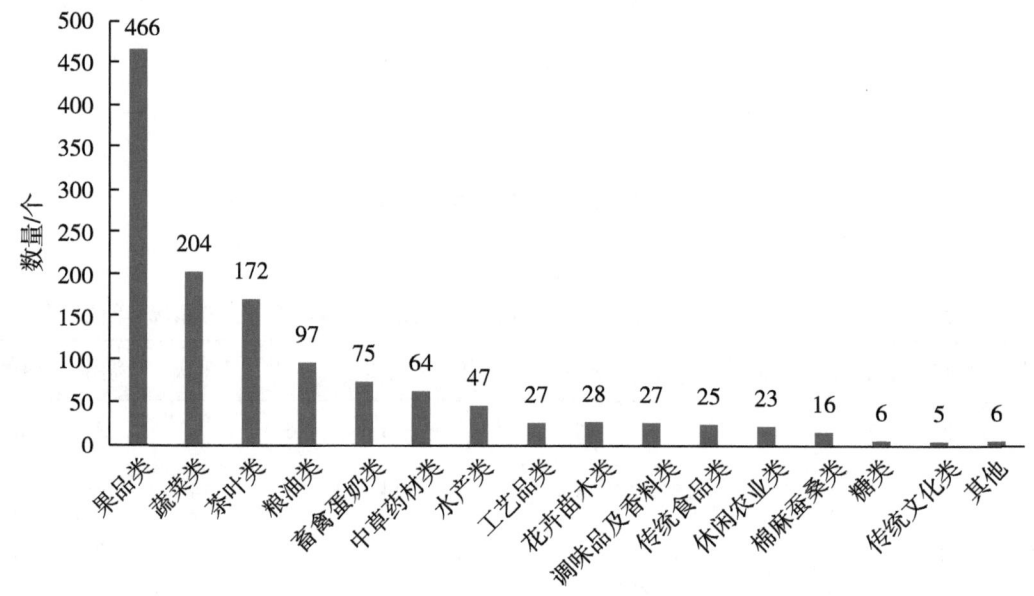

图 2-6　热区获批全国"一村一品"示范村镇主导产品类别数量情况

(三) 产业聚集度

从产业聚集度看，以果品类、蔬菜类、畜禽蛋奶类、粮油类、水产类、中草药材类为主导产业的"一村一品"示范村镇在热区各省均有涉及，见表 2-2。果品类"一村一品"主要聚集于四川、广西、云南、重庆、广东；蔬菜类主要聚集于湖南、福建、贵州、四川、重庆；茶叶类主要聚集于四川、云南、广东、贵州；粮油类主要聚集于广东、广西、重庆；畜禽蛋奶类主要聚集于西藏、四川、福建、广东；中草药材类主要聚集于贵州、重庆、四川；水产类主要聚集于广东、湖南、四川。值得一提的是，随着热区现代农业的发展，四川、云南、湖南以农业公园、乡村旅游、休闲旅游、休闲农业为主导产业的"一村一品"示范村镇也得到逐步发展，"羌族歌舞""苗绣""竹文化""旧州绣球"等文化产业也成功入选全国"一村一品"示范村镇产品。而在 2021 年特色文化产业首次作为"一村一品"主导产业纳入申报范围后，热区各省依托资源禀赋，也开发出一些极具地方特色的文化产业，如四川省北川羌族自治县曲山镇石椅村的

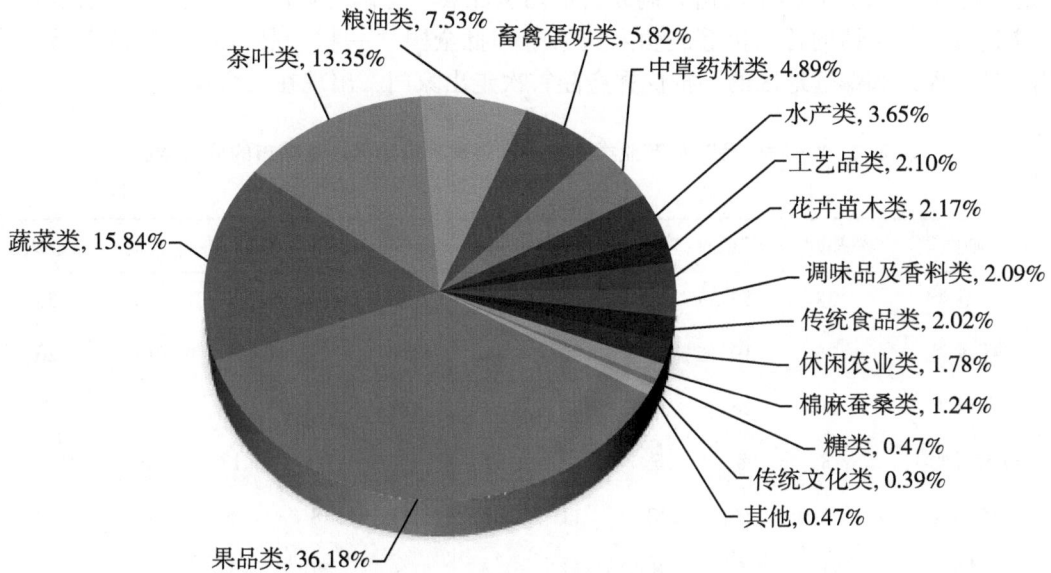

图 2-7 热区获批全国"一村一品"示范村镇产品类别占比情况

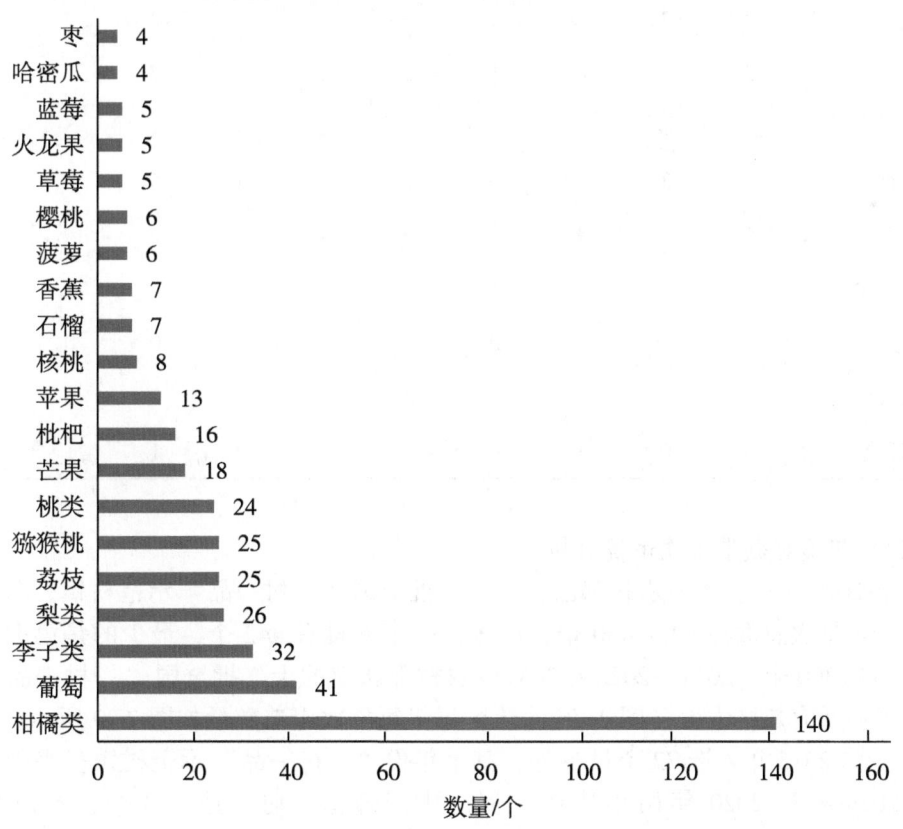

图 2-8 热区位果品类"一村一品"前二十位产品的分布情况

"羌族歌舞"、贵州省黔东南苗族侗族自治州从江县斗里镇马安村的"苗绣"、福建省龙岩市连城县姑田镇的竹文化等成功入选第十一批全国"一村一品"示范村镇产品，使热区处于深山和偏远地区的一批优秀产品首次走出家门，出现在大众视野。

表2-2 "一村一品"各产业类别在热区各省、自治区、直辖市的分布情况

单位：个

产业类别	福建	广东	广西	贵州	海南	湖南	四川	西藏	云南	重庆
果品类	38	52	59	41	19	36	101	9	56	55
蔬菜类	26	19	23	26	3	31	26	5	19	26
茶叶类	20	26	14	25	1	24	28	0	27	7
畜禽蛋奶类	8	8	7	7	5	3	11	13	6	7
粮油类	6	16	13	11	3	11	8	6	10	13
中草药材类	1	5	8	12	3	8	10	1	5	11
水产类	5	15	4	2	2	9	6	1	1	2
调味品及香料类	0	2	2	1	0	1	9	3	2	7
工艺品类	5	3	0	1	2	3	5	7	1	0
花卉苗木类	4	7	1	0	1	2	1	1	5	6
传统食品类	3	3	4	0	1	3	1	5	2	3
休闲农业类	0	1	4	2	0	4	5	2	4	1
棉麻蚕桑类	0	3	4	1	1	0	6	0	1	0
糖类	1	1	4	0	0	0	0	0	0	0
传统文化类	1	0	1	2	0	0	1	0	0	0
其他	0	0	1	0	0	0	2	1	1	0

（四）年度和获批批次情况分析

截至2022年底，农业农村部已认定十二批全国"一村一品"示范村镇，基本为一年一批。每批次总数在300~450个，最多的是第九批有442个，最少的是第七批和第八批，均为300个。2011—2022年在农业农村部认定的十二批全国"一村一品"示范村镇中均涉及有热区省份（图2-9），热区每年每批次入选数量如图2-9所示。2011—2018年，除2015年入选72个最少外，其余年份"一村一品"示范村镇呈平衡发展的态势，2019年和2020年两年快速发展，达到峰值，均入选160个，各占总数的12.42%；热区中除海南在第三批、第四批、湖南在第五批中没有获批外，其余省份在每批中均有涉及（表2-3）。

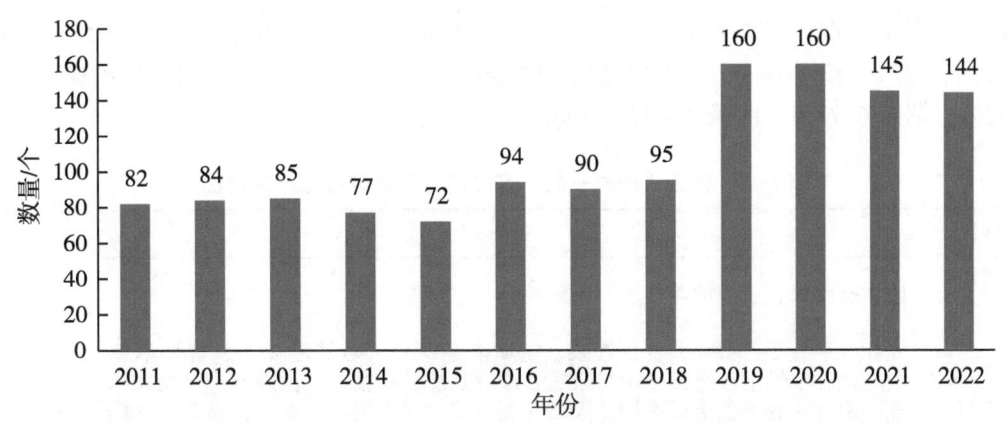

图 2-9　2011—2022 各年度热区获批全国"一村一品"示范村镇数量情况

表 2-3　热区各省、自治区、直辖市在十二批全国"一村一品"示范村镇中数据分布情况

单位：个

地区	第一批	第二批	第三批	第四批	第五批	第六批	第七批	第八批	第九批	第十批	第十一批	第十二批
海南	5	3	0	0	2	3	4	5	6	5	5	4
广西	8	11	11	11	11	11	9	9	17	16	17	18
广东	9	11	14	10	6	7	6	7	24	26	24	18
福建	14	12	10	4	6	5	7	7	15	14	12	12
云南	4	6	9	9	8	12	10	11	19	18	15	19
贵州	7	10	11	8	7	10	7	9	14	15	15	18
四川	12	12	14	15	18	17	17	18	23	25	23	24
重庆	7	7	7	12	10	11	13	14	20	17	10	10
湖南	11	8	6	5	0	11	11	11	16	19	18	19
西藏	5	4	3	3	4	7	4	5	6	5	6	2

第三节　中国热区"一村一品"品牌关联分析

一、热区"一村一品"产品同时是地理标志产品情况

截至 2022 年 3 月，全国获农业农村部批准登记保护的地理标志产品达 3 510 个，其中涉及热区省份的有 1 059 个。将热区 1 288 个"一村一品"示范村镇与热区 1 059 个地理标志产品数据进行关联分析，结果显示有 223 个产品同时获得"一村一品"产品与地理标志产品（表 2-4）。从产品类别看（图 2-10），果品类最多，有 105 个，占总数的 47.09%；第二为茶叶类，有 32 个，占比 14.35%；第三是蔬菜类，有 29 个，占比 13.00%；第四是畜禽蛋奶类，有 24 个，占比 10.76%；第五是粮油类，有 17 个，占比 7.62%。从地区分布看，热区各省、自治区、直辖市均有"一村一品"产品同时是地

理标志产品的情况，其中广西最多，占比 16.59%；第二是四川，占比 14.35%；第三为贵州，占比 13.90%；其余为福建 12.56%、重庆 11.66%、云南 9.87%、广东 8.52%、湖南 6.73%、西藏 4.48%、海南 1.34%。

表 2-4 热区 "一村一品" 产品同时是地理标志产品情况

地区	主导产品
海南（3 个）	陵水圣女果、三门坡荔枝、万宁鹧鸪茶
广西（37 个）	安和香芋、百色番茄、百色红茶、防城港金鲳鱼、防城港泥丁、官垌草鱼、广西六堡茶、桂林沙糖桔、金田淮山、来宾甘蔗、荔浦砂糖桔、灵山绿茶、灵山奶水牛、柳江莲藕、南丹六龙茶、上思香糯、天峨六画山鸡、兴安葡萄、宜州桑蚕茧、八步三华李、百色芒果、北流荔枝、富川脐橙、恭城月柿、古邈茶、灌阳雪梨、贺街淮山、荔浦芋、柳城蜜桔、龙胜红糯、龙滩珍珠李、陆川猪、麻垌荔枝、南丹巴平米、融安金桔、覃塘莲藕、永福罗汉果
广东（19 个）	徐闻菠萝、神湾菠萝、大埔蜜柚、镇隆荔枝、东莞荔枝、连州水晶梨、麻榨杨桃、梅县金柚、德庆贡柑、四会砂糖桔、东源板栗、连州菜心、梅县绿茶、梅江区清凉山茶、惠东马铃薯、恩平大米、顺德鳗鱼、金湾黄立鱼、马冈肉鹅
福建（28 个）	德化黄花菜、福安巨峰葡萄、福鼎白茶、河田鸡、连城白鸭、石铭槟榔芋、建绿黄花梨、青山龙眼、山格淮山、邵武碎铜茶、顺昌芦柑、文亨红衣花生、永春白番鸭、永定六月红早熟芋、漳平水仙茶、安溪铁观音、大田高山茶、德化淮山、德化黑鸡、度尾文旦柚、晋江胡萝卜、连城地瓜干、龙岩山麻鸭、龙岩斜背茶、平和琯溪蜜柚、武夷岩茶、一都枇杷、诏安红星青梅
云南（22 个）	白竹山茶、富源大河乌猪、高良苡仁米、华宁柑桔、麦地湾梨、蒙自石榴、弥勒葡萄、南涧无量山乌骨鸡、丘北辣椒、腾冲红花油茶油、巍山红雪梨、文山他披梨、盐津乌骨鸡、昭通苹果、绥江半边红李子、呈贡宝珠梨、云龙茶、梁河回龙茶、勐库大叶种茶、开远蜜桃、诺邓火腿、石林人参果
贵州（31 个）	安顺金刺梨、梵净山茶、贵定云雾贡茶、剑河白香猪、龙里刺梨、龙里豌豆尖、都匀毛尖、茅坪香桔、石阡苔茶、湾子辣椒、修文猕猴桃、册亨糯米蕉、赤水金钗石斛、大方皱椒、独山高寨茶、凤冈锌硒茶、关岭火龙果、关岭牛、凯里水晶葡萄、茅坝米、湄潭翠芽、盘州小米、晴隆脐橙、水城猕猴桃、威宁苹果、兴义山银花、沿河白山羊、长顺绿壳鸡蛋、镇宁蜂糖李、紫云红芯红薯、遵义朝天椒
四川（32 个）	充国香桃、大竹苎麻、都江堰猕猴桃、贡井龙都早香柚、罗江贵妃枣、马边绿茶、纳溪特早茶、蓬溪仙桃、石棉黄果柑、汶川甜樱桃、盐边桑葚、三台崭山米枣、中江柚、资中血橙、丹棱橘橙、邻水脐橙、阆中川明参、攀枝花芒果、雷波脐橙、越西苹果、沐川猕猴桃、攀枝花枇杷、金堂姬菇、大田石榴、石棉枇杷、合江真龙柚、汉源樱桃、三元油桃、邛崃猕猴桃、丹棱脆红李、西昌葡萄、会理石榴
湖南（15 个）	白关丝瓜、保靖黄金茶、大围山梨、东江湖蜜桔、复兴苹果柚、汉寿甲鱼、壶天石羊、江永香柚、靖州杨梅、醴陵玻璃椒、龙山百合、茅岩莓茶、桃江竹笋、瑶山雪梨、樟树港辣椒
重庆（26 个）	城口山地鸡、放牛坪香梨、奉节脐橙、黄瓜山梨、江津花椒、开县锦橙、黔江猕猴桃、石柱红辣椒、梁平柚子、巫山脆李、白马蜂蜜、南川大树茶、南川鸡、巴南乌皮樱桃、山儿菜、垫江白柚、涪陵榨菜、江津广柑、南川米、石柱莼菜、太和甜桃、秀山茶叶、秀山金银花、渝北歪嘴李、云阳红橙、云阳泥溪黑木耳
西藏（10 个）	亚东鲑鱼、日土白绒山羊、芒康葡萄、隆子黑青稞、林芝苹果、朗县辣椒、加查核桃、岗巴羊、八宿荞麦、阿旺绵羊

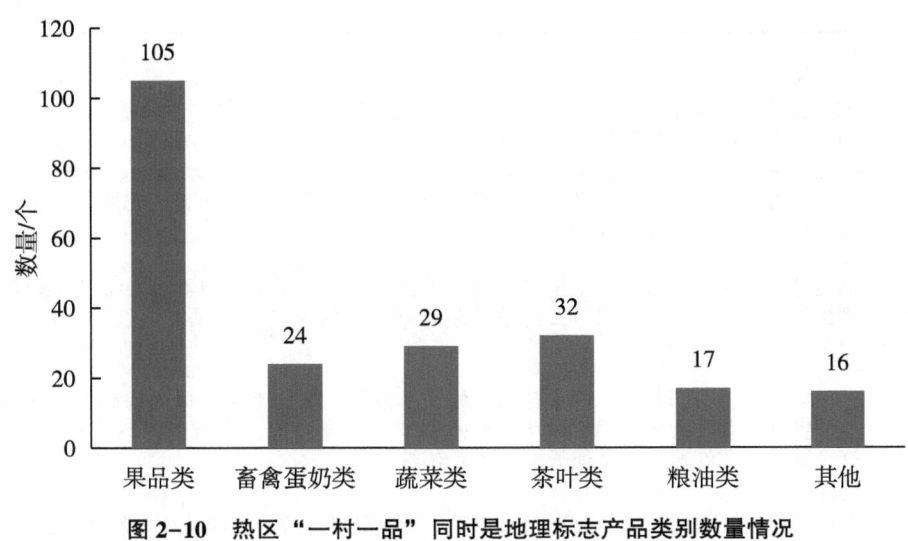

图2-10 热区"一村一品"同时是地理标志产品类别数量情况

二、热区"一村一品"产品同时入选全国名特优新农产品名录情况

截至2022年底,有5 337个农产品入获选全国名特优新农产品名录,其中涉及热区省份的有1 480个农产品。与热区1 288个"一村一品"示范村镇产品数据关联分析,结果显示,既是"一村一品"产品同时又入选全国名特优新农产品名录的有220个(表2-5)。从产品类别看(图2-11),果品类最多,占总数的48.63%;第二是茶叶类,占比20.45%;第三是蔬菜类,占比11.82%;第四是粮油类,占比9.09%;第五是畜禽蛋奶类,占比5.91%。从地区分布看,除海南外,热区各省、区、直辖市均有"一村一品"产品同时入选全国名特优新农产品名录情况。其中,广东最多,占比31.32%;第二是四川和重庆,占比均为20.88%;第三是福建,占比15.93%。

表2-5 热区"一村一品"产品同时入选全国名特优新农产品名录情况

地区	主导产品
广西 (15个)	富川脐橙、恭城月柿、灌阳雪梨、贺街淮山、金田淮山、京桂古道茶、荔浦砂糖桔、荔浦芋、灵山绿茶、陆川猪、麻垌荔枝、南丹六龙茶、容县沙田柚、三江茶、永福罗汉果
广东 (57个)	单丛茶、柏塘山茶、北乡马蹄、大埔蜜柚、德庆贡柑、东源板栗、东源仙湖茶、丰顺高山绿茶、和平绿茶、惠来凤梨、活道粉葛、连州菜心、龙川茗茶、梅江区清凉山茶、梅县金柚、梅县绿茶、埔田竹笋、神湾菠萝、水东芥菜、新丰佛手瓜、徐闻菠萝、玉湖炒茶、郁南无核黄皮、增城迟菜心、白蕉海鲈、博社村麒麟西瓜、从化荔枝、东莞荔枝、恩平大米、恩平马铃薯、丰顺高山红薯、高州荔枝、海丰荔枝、和平猕猴桃、惠东马铃薯、开平马冈鹅、乐昌黄金奈李、雷州番薯、连平鹰嘴蜜桃、连山大米、连州水晶梨、廉江妃子笑荔枝、罗定稻米、麻榨杨桃、南雄丝苗米、石坝三黄胡须鸡、顺德鳗鱼、四会砂糖桔、潭布番薯、信宜三华李、兴宁鸽、阳春马水桔、阳东双肩玉荷包荔枝、阳西妃子笑荔枝、增城荔枝、长坝沙田柚、镇隆荔枝

(续表)

地区	主导产品
福建（29个）	德化黄花菜、福鼎白茶、建绿黄花梨、连城白鸭、连地白笋、芹峰德化淮山、马铺淮山、山格淮山、顺昌芦柑、下河杨桃、永定六月红早熟芋、漳平水仙茶、安溪铁观音、德化黑鸡、度尾文旦柚、福安葡萄、连城红衣花生、连城红心地瓜干、明溪淮山、浦城薏米、寿宁高山红茶、武平绿茶、武夷岩茶、永春芦柑、长乐青山龙眼、长泰石铭芋、长汀河田鸡、诏安红星青梅、政和白茶
云南（14个）	高良薏仁、红瑞柠檬、华宁柑桔、丽江雪桃、麦地湾梨、蒙自石榴、绥江半边红李子、巍山红雪梨、盐津乌骨鸡、云龙茶、昭通苹果、昌宁红茶、凤庆滇红茶、腾冲高山乌龙茶
贵州（17个）	沙子空心李、石阡苔茶、湾子辣椒、修文猕猴桃、都匀毛尖、凤冈锌硒茶、凯里葡萄、荔波蜜柚、茅贡大米、湄潭翠芽、盘州刺梨、晴隆脐橙、水城红心猕猴桃、镇宁蜂糖李、紫云红芯红薯、遵义朝天椒、遵义红茶
四川（38个）	安居黄金梨、安岳柠檬、万源巴山雀舌、苍溪雪梨、西充充国香桃、丹棱橘橙、都江堰猕猴桃、青白江福洪杏、广安蜜梨、广元黄茶、合江真龙柚、广安龙安柚、马边绿茶、木龙观胡萝卜、纳溪特早茶、蒲江雀舌、青神椪柑、邛崃黑茶、石棉黄果柑、唐元韭黄、汶川甜樱桃、雅安藏茶、早白尖绿茶、资中血橙、青川黑木耳、会理石榴、攀枝花芒果、攀枝花枇杷、越西苹果、阆中川明参、筠连红茶、金堂姬菇、邻水脐橙、西昌葡萄、威远无花果、石棉枇杷、大安肉鸡、丹棱脆红李
湖南（9个）	樟树港辣椒、瑶山雪梨、龙山百合、靖州杨梅、古丈毛尖、复兴苹果柚、保靖黄金茶、江华苦茶、江永香柚
重庆（38个）	璧山葡萄、城口山地鸡、放牛坪香梨、奉节脐橙、涪陵龙眼、赶水草蔸萝卜、黄瓜山梨、黔江猕猴桃、石柱红辣椒、江津花椒、开县春橙、梁平柚子、南川大树茶、万州柠檬、巫山脆李、永川秀芽、长寿沙田柚、白马蜂蜜、酉阳贡米、巴南乌皮樱桃、巴南银针茶、璧山儿菜、丰都红心柚、古楼枇杷、江津柑桔、石柱黄连、石柱蜂蜜、太和黄桃、铜梁樱桃、潼南柠檬、巫溪香脆李、武隆脆桃、武隆高山茶、秀山金银花、永川香菇、渝北歪嘴李、云阳红橙、云阳纽荷尔脐橙
西藏（3个）	艾玛土豆、岗巴羊、隆子黑青稞糌粑

三、热区"一村一品"产品同时入选全国乡村特色产品目录情况

据统计，我国有880个乡村特色产品入选全国乡村特色产品目录，其中涉及热区共378个。与热区1 288个"一村一品"示范村镇产品关联分析，结果显示，有71个"一村一品"示范村镇产品同时入选全国乡村特色产品目录（表2-6）。从产品类别看，果品类最多，位居第一，占比42.25%；第二为茶叶类和蔬菜类，均占14.08%；第三为中草药材类，占比8.45%。从地区分布看（图2-12），广东最多，有15个，占比21.13%；第二是四川，占比18.31%；第三是重庆，占比16.90%。其他省、自治区占比如下：广西和贵州占比均为12.68%，湖南占比7.04%，云南和福建占比均为5.63%；海南和西藏没有"一村一品"产品同时入选全国乡村特色产品目录。

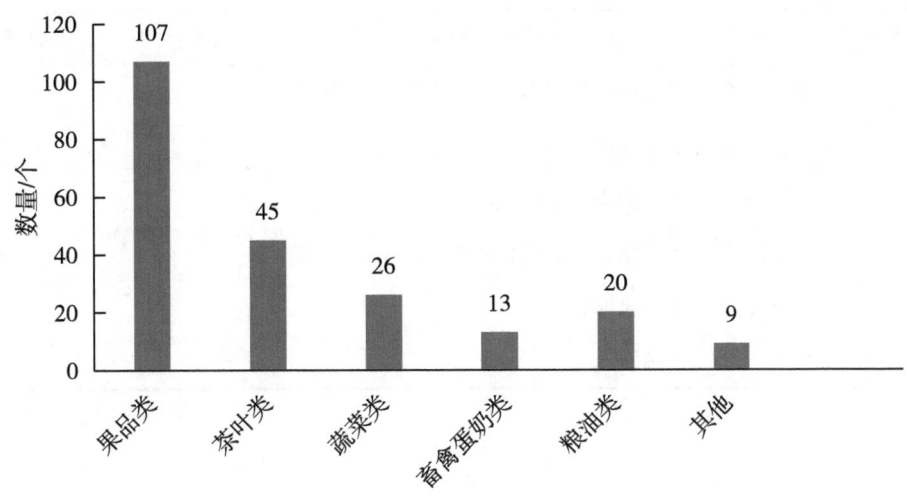

图2-11 热区"一村一品"产品同时入选全国名特优新农产品名录数量情况

表2-6 热区"一村一品"产品同时入选全国乡村特色产品目录情况

产品类别	产品名称及分布	数量/个
果品类	广东5个（连州水晶梨、乐昌黄金柰李、连平鹰嘴蜜桃、和平猕猴桃、长坝沙田柚）；广西3个（百色芒果、乐业红心猕猴桃、鲁比葡萄）；贵州5个（沙子空心李、册亨糯米蕉、岑巩思州柚、镇宁蜂糖李、盘州刺梨）；湖南2个（大围山梨、复兴苹果柚）；四川8个（都江堰猕猴桃、福洪杏、广安蜜梨、龙安柚、罗江贵妃枣、会理石榴、攀枝花芒果、攀枝花枇杷）；云南4个（华坪芒果、蒙自石榴、文山他披梨、开远蜜桃）；重庆3个（涪陵龙眼、黄瓜山梨、丰都红心柚）	30
茶叶类	四川4个（马边绿茶、蒲江雀舌、邛崃黑茶、筠连红茶）；广西2个（梧州六堡茶、三江茶叶）；贵州1个（石阡苔茶）；湖南1个（古丈毛尖）；重庆1个（永川秀芽）；广东1个（梅江区清凉山茶）	10
蔬菜类	湖南2个（祁东黄花菜、樟树港辣椒）；广东5个（北乡马蹄、水东芥菜、连州菜心、皇斋虎嗷金针菜、阳山淮山）；重庆2个（石柱辣椒、涪陵榨菜）；广西1个（柳江莲藕）	10
畜禽蛋奶类	福建1个（永春白番鸭）；重庆3个（南川鸡、白马蜂蜜、金佛山蜂蜜）；贵州1个（沿河白山羊）	5
中草药材类	广东1个（化橘红）；广西1个（永福罗汉果）；福建1个（柘荣太子参）；重庆1个（石柱黄连）；贵州2个（赤水金钗石斛、德江天麻）	6
调味品及香料类	重庆1个（江津花椒）	1

(续表)

产品类别	产品名称及分布	数量/个
棉麻蚕桑类	四川1个（大竹苎麻）；广西1个（宜州桑蚕茧）	2
粮油类	广西1个（上思香糯）	1
水产类	广东2个（中山脆肉皖、白蕉海鲈）	2
工艺品类	福建2个（永春漆篮、蕉城竹木蒸笼）	2
花卉苗木类	重庆1个（静观腊梅）	1
传统食品类	广东1个（黄圃腊味）	1

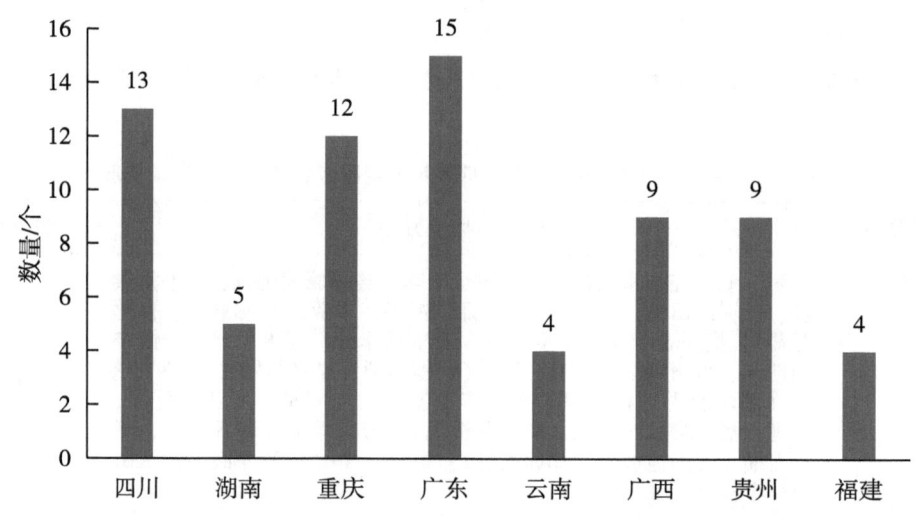

图2-12 "一村一品"产品同时入选全国乡村特色产品目录在热区各省、自治区、直辖市的分布情况

四、热区"一村一品"示范村镇同时是中国特色农产品优势区情况

截至目前，全国认定了308个中国特色农产品优势区，其中涉及热区111个。通过关联分析，结果显示，有59个"一村一品"示范村镇同时是中国特色农产品优势区（表2-7）。从产品类别看，果品类产品最多，有30个，占比50.85%；其次为茶叶类，有12个，占比20.34%；其余为蔬菜类5个、畜禽蛋奶类和中草药材类各3个、水产类和粮油类各2个、调味品及香料类和棉麻蚕桑类各1个。从地区占比看（图2-13），热区各省、区、直辖市均有"一村一品"示范村镇同时是中国特色农产品优势区情况，其中广西最多12个，占比20.34%；第二是四川9个，占比15.25%；第三是重庆8个，占比13.56%。

表 2-7　热区"一村一品"产品同时入选中国特色农产品优势区产品情况

地区	主导产品
海南（1个）	桥头地瓜
广西（12个）	恭城月柿、荔浦砂糖桔、武鸣沃柑、田东芒果、容县沙田柚、融安金桔、陆川猪、玉林三黄鸡、六堡茶、永福罗汉果、宜州桑蚕茧、百色番茄
广东（5个）	德庆贡柑、广州荔枝、湛江菠萝、白蕉海鲈、仁化贡柑
福建（6个）	建瓯笋竹、武夷岩茶、福鼎白茶、平和蜜柚、安溪铁观音、福安葡萄
云南（5个）	漾濞核桃（大理州）、华坪芒果（丽江市）、宾川柑桔（大理州）、勐海普洱茶（西双版纳州）、临沧普洱茶（临沧市）
贵州（6个）	都匀毛尖、石阡苔茶、湄潭翠芽、盘州刺梨、水城红心猕猴桃、遵义朝天椒
四川（9个）	安岳柠檬、苍溪猕猴桃、攀枝花芒果、涪城麦冬、资中血橙、合江荔枝、广安龙安柚、威远无花果、会理石榴
湖南（4个）	安化黑茶、湘潭湘莲、保靖黄金茶、炎陵黄桃
重庆（8个）	奉节脐橙、石柱黄连、江津花椒、潼南柠檬、巫山脆李、永川秀芽、万州玫瑰香橙、石柱莼菜
西藏（3个）	藏香猪、亚东鲑鱼、隆子黑青稞

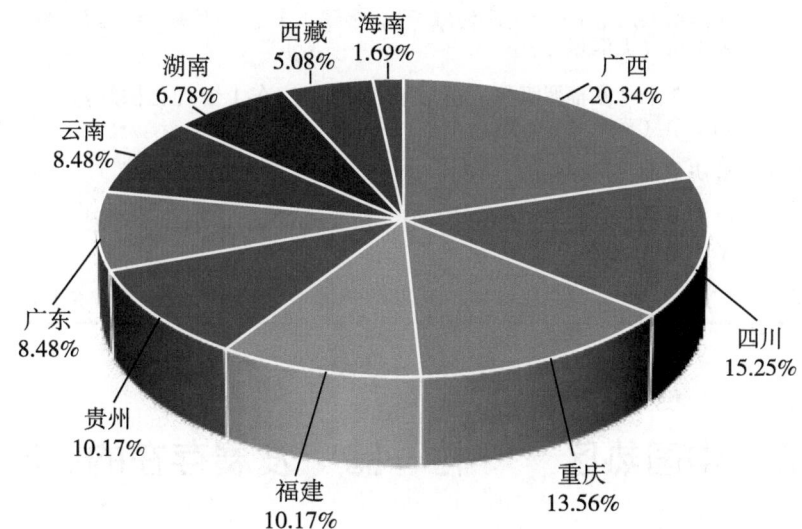

图 2-13　"一村一品"示范村镇同时是中国特色农产品优势区在热区各省、自治区、直辖市占比情况

五、热区"一村一品"示范村镇产品同时入选中国农业品牌目录情况

在中国农业品牌目录的 300 个农产品区域公用品牌榜中,涉及热区 92 个。与热区 1 288 个"一村一品"示范村镇产品关联分析,结果显示,有 49 个"一村一品"产品同时入选中国农业品牌目录,见表 2-8。从产品类别看,果品类最多,占比 48.98%;第二是茶叶类,占比 12.24%;第三是蔬菜类,占比 10.20%。从地区分布看,广东最多,有 10 个,占比 20.41%;第二是广西 8 个,占比 16.33%;第三是重庆 7 个,占比 14.26%;第四是云南和四川各 6 个,占比均为 12.24%;第五是福建和贵州各 4 个,占比均为 8.16%。

表 2-8 热区"一村一品"产品同时入选中国农业品牌目录情况

产品类别	产品名称及分布	数量/个
果品类	福建 3 个(建瓯锥栗、永春芦柑、一都枇杷);广东 3 个(德庆贡柑、梅县金柚、镇隆荔枝);广西 5 个(富川脐橙、百色芒果、融安金桔、南宁香蕉、阳朔金桔);四川 3 个(安岳柠檬、都江堰猕猴桃、丹棱橘橙);云南 4 个(华宁柑桔、华坪芒果、昭通苹果、宾川红提葡萄);重庆 4 个(巫山脆李、梁平柚子、忠县柑橘、黔江猕猴桃);湖南 1 个(炎陵黄桃);贵州 1 个(镇宁蜂糖李)	24
蔬菜类	广东 2 个(新丰佛手瓜、增城菜心);贵州 1 个(白旗韭黄);云南 1 个(罗平小黄姜);四川 1 个(青川黑木耳)	5
畜禽蛋奶类	四川 1 个(南江黄羊);重庆 1 个(城口山地鸡)	2
茶叶类	重庆 1 个(永川秀芽);云南 1 个(临沧普洱茶);湖南 1 个(安化黑茶);四川 1 个(筠连红茶);福建 1 个(武夷山大红袍);贵州 1 个(湄潭翠芽)	6
中草药材类	广西 2 个(永福罗汉果、横县茉莉花);广东 1 个(化橘红);贵州 1 个(赤水金钗石斛)	4
调味品及香料类	重庆 1 个(江津花椒)	1
粮油类	广西 1 个(荔浦芋);海南 1 个(桥头地瓜);广东 2 个(恩平大米、龙川山茶油)	4
水产类	广东 2 个(斗门白蕉海鲈、茂名罗非鱼);西藏 1 个(亚东鲑鱼)	3

第四节 中国热区"一村一品"发展存在的突出问题

一、部分热区省份全国"一村一品"基数小,特色资源挖掘不足

我国热带地区农业资源丰富,具有发展"一村一品"的潜在资源。但从目前发展

情况看，部分热区省份拥有全国"一村一品"基数小，特色资源挖掘不足。例如，海南"一村一品"总量仅占全国的1%，数量偏少，"一村一品"数量在农业大县分布优势也并不明显。再如，乐东县作为海南的农业大县，热带高效农业发展条件得天独厚，优势明显，农业总产值近年来稳居全省第一，先后获"中国香蕉之乡""全国香蕉产业十强县""中国果菜无公害十强县"的称号，但目前仅有1个村获得全国"一村一品"示范村镇认定；而同样农业总产值排名第三的三亚市，至今依然没有获批全国"一村一品"示范村镇。此外，在人文历史底蕴浓厚的市县如五指山、白沙、保亭等，虽然具有发展少数民族特色文化产业的先天优势，但目前在人文地理特色挖掘方面严重不足，五指山、白沙目前没有获批的全国"一村一品"示范村镇，而保亭也仅有1个。此外，西藏获得认定的全国"一村一品"示范村镇数量也比较少，位于全国倒数第二，仅占1.29%。由此可见，热区部分地区"一村一品"发展仍处于自发状态，缺乏整体规划和引导，尚未形成品牌优势和经济强势。

二、缺乏统筹规划，产品竞争力有待提升

在"一村一品"发展中，热区部分村镇由于缺乏主导产业发展规划，邻村或邻镇之间容易出现种养跟风，有些县域就出现"一村一品"的现象。例如，2014年云南省华坪县荣将镇龙头村被认定为第四批全国"一村一品"示范村镇，该村以芒香源芒果为主导产业，成为当地小有名气的芒果专业村，村民通过种植芒香源芒果实现了增收致富。随着影响的扩大，该县周边的其他村镇也大力发展芒果产业，石龙坝镇（2017年）、荣将镇（2018年）、中心镇（2019年）、荣将镇哲理村（2020年）、石龙坝镇民主村（2020年）、石龙坝镇临江村（2021年）以芒果为主导产业先后获批全国"一村一品"示范村镇认定。不可否认，获批示范村镇通过主导产业的发展给当地农民带来了一定的收益，但从长远看，如果邻近地区产品同质化严重，大批量上市容易导致供大于求，为获取竞争优势，极易陷入价格漩涡，"果贱伤农"也就时有发生，加之果蔬产品产业链条短，缺少品牌和主体带动，市场开拓难，难以提升产品的市场竞争力，阻碍产业的良性发展。

三、主导产业规模小，标准化程度不高

土地是推进"一村一品"发展中重要的生产资料。据报道，我国人均耕地面积"一调"为1.59亩/人（1亩≈667米^2）、"二调"为1.52亩/人、"三调"为1.36亩/人。在热区省份中，人均耕地面积仅有云南、贵州、西藏高于全国平均水平，还有7个省、自治区、直辖市人均耕地面积低于全国平均水平。例如，当前海南省人均耕地面积仅为0.08公顷，低于全国平均水平，农田基础设施整体水平以及主要农作物耕种收综合机械化率也大大低于全国平均水平；因设施不足、人力短缺、土地流转争议等多方面原因造成的耕地长年成片撂荒广泛存在，如2021年海口由于水利设施不完善，导致撂荒的耕地约占全市撂荒地的60%。由于热区地理环境、土地资源分布等因素制约，存在土地流转困难，"一村一品"示范村镇主导产业发展规模较小、区域集中程度低，农产品标准化生产及质量认证水平不高，离区域化布局、专业化生产、一体化经营、产业

化发展的要求还有一定的差距。

四、品牌效应不够明显，品牌化意识薄弱

在热区获批全国"一村一品"示范村镇主导产品中，多数产品的市场认可度低，竞争力不强，产品知名度有待提高。在热区1 000多个"一村一品"示范村镇主导产业中，部分产品已通过商标注册或产品质量认证，然而这些品牌的知名度和竞争力相对较弱，无法形成品牌效应；部分地区对发展"一村一品"的重要性缺乏认识，重视度不够，很多产品没有核心的品牌优势，质量品牌意识薄弱，影响了"一村一品"的持续发展。据初步统计，在1 288个"一村一品"示范村镇产品中，仅有223个获得农产品地理标志登记保护、220个入选全国名特优新农产品名录、71个入选全国乡村特色产品目录、59个入选中国特色农产品优势区、49个入选中国农业品牌目录，仅分别占"一村一品"总数的17.31%、17.08%、5.51%、4.58%、3.80%。此外，显示对产品核心竞争力内涵理解不够，品牌保护意识不强，监管力度不够。

五、产业链条延伸不足，三产融合有待提高

热区"一村一品"主导产业以种植业为主，产品普遍区分度低、同质化竞争严重，各环节发展相对薄弱，产供销一体化发展有待加强。如在采收及流通环节，分级、包装等商品化处理水平有待提高，预冷贮运等技术研发还较滞后，由于缺乏冷链设施，流通损耗率高。数据显示，从田间→批发市场→零售市场→餐桌，热区的主要热带农产品中，香蕉综合流通损耗约42%、荔枝30%、龙眼32%、芒果28%、菠萝10%、木瓜7%、椰子7%。在加工环节，热带农产品加工量占总产量的比例不高，且加工企业规模小，加工率低。例如，荔枝加工率仅为4.20%，香蕉加工率不足5%，低于全国水果加工率7%的比例，而百香果、火龙果加工率也仅为8%。此外，部分热区省农业产业化龙头企业数量少。《2022中国农业企业500强》数据显示，贵州、海南分别仅有3家、4家上榜，由于精深加工不足，严重影响了热带农产品附加值的提高，极大限制了产业发挥应有的效益。由于缺乏配套的大型龙头加工企业，农产品加工仍停留在分拣、包装等"浅加工"层面，大多数农产品采摘后直接进入农贸市场，集中上市价格势必会受到冲击，缺少市场竞争力和抗风险能力。此外，特色食品加工、特色文化和休闲旅游、民宿、电子商务等新业态开发不足，整体价值链较短，一二三产业融合发展体系还没有真正形成，亟须延伸上下游产业链和价值链，构建与完善稳健的乡村产业结构体系，形成产业链和示范群。

六、农村实用人才缺乏，缺乏能人带动

农民是"一村一品"的主要参与者与劳动力，乡村特色产业的打造，"一村一品"的建设，必须强化本土资源聚集，发挥村民主动性和创造性，需要有文化、懂技能、会管理、善经营的农村实用人才。而当前在我国特别是经济不发达的部分热区省份，农村青壮年劳动力不断向城市和非农产业转移，农村空心化、人口老龄化趋势日益明显，劳动力素质整体不高，与"一村一品"的发展需求不够匹配。例如，海南第三次农业普

查统计数据，全省有 222.48 万名农业生产经营者，但受教育程度初中和小学占比就达到 83.60%，农民素质偏低问题尤为突出，难以承担起"一村一品"特色产业发展的重任。此外，由于青壮年农民大量进城务工，目前各村镇还缺乏一批有文化、有见识和有技能的技术能人、致富能人和带头能人，在积聚力量和带头发展方面缺少动力。而当前农业生产正在向现代化方向迈进，设施农业的推广、新品种的研发、科技管理都急需高水平的科技人才农业农村建设既需要经验丰富的"土专家"，也需要高技术人才的广泛参与。

第五节　中国热区"一村一品"发展路径

一、坚持规划引领，做强优势特色产业

从国内外的经验看，科学合理的产业规划是"一村一品"产业良好发展的关键。我国热区地域辽阔，地形地貌差异大，千篇一律发展大宗农产品是难以实现特色产业可持续发展的。因此，热区各级政府需要引导乡村产业区域合理布局，实现区域供需均衡发展。第一，利用区域特色资源基础，在专家论证及充分的市场调查基础上，找准主导产品和主导产业培育的切入点，加强顶层设计，坚持产业规划先行与差异化、特色化发展方向，引导优化"一村一品"区域布局和产业结构，明确主导产业发展定位、发展思路、目标及重点任务，才能保证产业可持续和良性发展；第二，在做强优势特色产业方面，立足乡村产业特点，尊重乡村基础条件薄弱的客观现实，以特色和精品为出路，积极培育与发展市场急需的乡村特色产业，防止产业扎堆和产能过剩，实现提质增效与农民增收；第三，通过产业联盟、协会或合作社，整村或整乡镇推进，集中规模化、标准化发展，大力创建优势特色产业集群，打造公共区域名牌，也能破解产品同质化与产品供给能力弱的问题；第四，建立适合乡村产业的小额投融资风险分担机制，鼓励金融机构开展农村集体土地抵押融资和特色产品担保贷款，金融支农惠农，为乡村产业发展保驾护航。

二、创新经营方式，实现规模化发展

在我国热区，土地资源约束是制约"一村一品"发展整村推进及产业规模化经营的主要瓶颈，因此加强土地资源整合，集约利用土地尤为重要。可通过经营方式创新，如土地托管、土地流转、专业化服务等，扩大耕地经营规模和劳动生产率，使土地得以连片集约、规模经营，实现"一村一品"种植上规模，"一村一品"产业聚集，推动"一村一品"特色产业向优势区集中、要素向优势区汇聚，促进生产、加工、流通一体化发展，形成以基地为依托、以企业为龙头、以园区为载体的结构合理、链条完整的优势特色产业集群。此外，针对"一村一品"产业标准化程度不高的问题，通过制定产前、产中、产后各个环节的质量标准，构建标准化体系，积极推广标准化生产，加强"一村一品"产品的质量安全认证管理，建立产品溯源体系。通过技术和管理的加持，

不断提升品质，促进"一村一品"产业升级及持续健康发展。

三、加强品牌培育，提高品牌效应

品牌影响力的提升是"一村一品"发展成效最好的检验标准之一，热区各省要不断强化对"一村一品"品牌化建设重要性的认知，加强"一村一品"主导产业"品种培优""品质提升""品牌打造""标准化生产""三品一标"的发展；开展农产品品质提升行动、农业品牌精品培育计划。以龙头企业、专业合作社和标准化示范基地为重点，培育一批"大而优""小而美"，同时有影响力的农产品品牌；鼓励龙头企业加强自主创新，打造一批具有较强竞争力的企业品牌和产品品牌，增强商标注册、专利申请的热情，以及加大包装更新、产品宣传、品牌营销等方面的投入，提高市场辨识度和认可度。同时通过申请国家工商系统的地理标志证明商标、质检系统的国家地理标志保护产品、农业系统的农产品地理标志登记保护以及申报全国名特优新农产品名录、全国乡村特色产品目录、中国农业品牌目录等进行品牌加持，围绕生产、加工、贮运、销售等加强统一管理与品牌运作模式，保证产品品质，以品质铸就品牌。此外，要不断拓宽"一村一品"市场营销渠道，解决"一村一品"销售端的瓶颈，扩大优质产品市场占有率。通过利用微博、微信、抖音视频等现代信息传播工具，以及参加全国农产品交易会和消博会、农展会、丰收节等渠道，促进品牌营销，形成线上线下相结合的营销策略，加大"一村一品"产品的典型宣传，不断提高品牌的知名度，发挥典型的示范引导和辐射带动作用。

四、健全产业链条，推进三产融合

针对热区"一村一品"主导产业链条延伸不足的问题，从全产业链角度出发，着力延链补链强链，找准产前、产中、产后链条中的关键环节、薄弱环节集中发力。例如，在生产环节，积极引进和培育优质品种，要适应市场多样化、优质化的要求，做足"季节差、名特优、绿色有机"文章，提高农产品的产销率。在流通环节，引导流通企业加快建设产地批发市场、产地集配中心，推动农产品产地集散中心冷链设施与田头预冷设施一体化运作，完善零售市场冷链设施。在加工环节，拓展农产品田间地头初加工，实现减损增效。引导龙头企业和规模以上加工企业技术改造升级，吸引社会资本投入，因地制宜落地热带果蔬、畜禽产品和海产品等规模化精深加工项目，提升加工转化增值空间。在营销环节，做实"互联网+"农业，积极发展农村电子商务。此外，依托特色资源，发展乡村旅游、休闲农业、文化体验、健康养老等新产业、新业态，充分拓展农业的文化、历史、生态等高端功能，挖掘"一村一品"的乡村多元价值，推进农村一二三产业融合发展。

五、完善产业经营体系，发挥农民主动性和创造性

"一村一品"发展要求整村、整乡推进，凝聚各种生产要素（土地、劳动力等）。因此热区各省要立足当地"一村一品"主导产业发展实际，大力培育发展龙头企业、农民专业合作社、家庭农场等新型农业经营主体，通过以资本、土地和劳动力为纽带，

推进产业规模化生产，不断提升产业组织水平和抵御市场风险的能力。充分发挥农民合作社、农民协会作为联系市场和农户的纽带作用，构建起小生产和大市场之间的桥梁，推动小农户和现代农业发展有机衔接。在"一村一品"乡村特色产业的打造过程中，从主导产品的确定到产品的生产、加工、销售等一系列环节，农民都扮演着重要的角色，因此对他们的专业技能和经营能力也提出了更高要求。围绕"一村一品"主导产业，一是要加强对农民开展种养技能、加工技术、营销技术等实用性技术知识培训及田间地头指导，通过理论与实践的结合，提高农民的基本技能；二是加强对种养大户、返乡创业农民、农民合作社负责人等技术能人和带头能人的培训，可通过职业教育、学历教育等形式使他们获得相关资质，发挥引领和示范带动作用。此外，各地要制定"筑巢引凤"奖补优待政策，吸纳更多的外出农民工、大学生返乡创业，发挥好乡贤能人作用，助推"一村一品"发展。

参考文献

陈春林，贺瑜婧，石海霞，2021. 国内外发展经验对江西省"一村一品"产业发展的启示 [J]. 安徽农业科学，49（7）：255-259.

陈明，2009. 长三角地区农产品加工业的发展研究 [D]. 南京：南京农业大学.

陈琼 . 2019 全国乡村特色产品和能工巧匠目录发布：我市榜上有名 [N/OL]. 南阳日报，2020-01-06 [2023-07-25]. http：//epaper.01ny.cn/http_rb/html/2020-01/06/content_705724.html.

陈薇，程胜涛，2019. 加快发展"一村一品"带动乡村产业振兴：专访农业农村部乡村产业发展司司长曾衍德 [J]. 农产品市场，(20)：34-36.

胡一鸣，伍旭中，2020. 安徽省全国"一村一品"示范村镇空间分布格局研究 [J]. 沈阳农业大学学报（社会科学版），22（4）：423-429.

黄爱军，张喜红，吴静娟，2001. 姜堰市渔业"一村一品"的发展现状与存在的问题及对策 [J]. 现代农业科技，9（11）：244-246.

李玉萍，叶露，秦小立，等，2013. 我国热区地理标志产品发展现状及对策研究 [J]. 广东农业科学，(22)：207-211，228.

毛婉妮，2021. 区域品牌对云南特色农产品信息不对称的影响研究 [D]. 昆明：云南财经大学.

秦富，张敏，钟钰，等，2010. 我国"一村一品"发展理论与实践 [M]. 北京：中国农业出版社.

邵腾伟，2015. 农户联合与合作经营研究 [M]. 北京：中国农业科学技术出版社.

陶国芬 . "一村一品"焕发乡村新活力 [EB/OL]. (2020-11-20) [2023-07-25]. https：//comment.yunnan.cn/system/2020/11/16/031124030.shtml.

王慧杰，2015. 山西省农村"一村一品"发展问题研究 [D]. 晋中：山西农业大学.

唯恒农业 . 2020 年农产品地理标志品牌精析 [EB/OL]. (2020-04-27) [2023-07-26]. https：//www.weihengag.com/home/article/detail/id/5223.html.

肖宇，2021. "一村一品"如何避免同质化［J］. 致富天地（1）：44-45.

徐涵，乔金亮，黄晓芳，等. 耕地问题调查［N］. 经济日报，2022-02-14［2023-07-26］. http：//www.moa.gov.cn/ztzl/gdzlbhyjs/mtbd_28775/mtbd/202202/t20220215_6388699.html.

第三章　中国热区"一村一品"发展区域报告

第一节　海南省"一村一品"发展报告

海南省位于中国大陆最南端，北以琼州海峡与广东省划界，西临北部湾与越南相对，东濒南海与我国台湾省相望，东南和南边在南海中与菲律宾、文莱和马来西亚为邻。全省陆地总面积3.5万平方千米，约占全国热带土地面积的42.5%，海域面积约200万平方千米。海南省下辖海口市、三亚市、三沙市、儋州市4个地级市，五指山市、文昌市、琼海市、万宁市、东方市5个县级市，定安县、屯昌县、澄迈县、临高县4个县，白沙黎族自治县、昌江黎族自治县、乐东黎族自治县、陵水黎族自治县、保亭黎族苗族自治县、琼中黎族苗族自治县6个自治县。2022年末全省常住人口1 027.02万人。

海南是我国典型的热带省份，全年暖热，雨量充沛，干湿季节明显，气候资源多样，是我国最大的"热带宝地"，拥有"天然温室""天然氧吧"等美誉。全省生态环境质量持续保持全国领先水平。优越的自然生态环境，造就了非常适宜热带动植物、水产品生长的环境，稻可三熟，菜满四季，这为海南"一村一品"发展带来了有利的自然因素。海南良好的生态环境决定了海南热带农业的多元结构以及具有鲜明的特色，目前海南已经成为全国冬季瓜菜、天然橡胶、热带水果和花卉等的生产基地，同时是南繁育制种基地、水产养殖与海洋捕捞基地。全国近70%的热带亚热带作物品种集中在海南，海南已成为全国人民的"菜篮子"和"果盘子"。"十三五"以来，热带特色高效农业发展优势显著，发展形势良好，主要农产品总产量持续稳定增长。2022年全省农林牧渔业增加值1 471.41亿元，农林牧渔业总产值2 272.00亿元，比2021年增长3.50%。2022年粮食总产量146.58万吨，增长0.4%；蔬菜（含菜用瓜）产量605.43万吨，增长2.8%；水果产量563.47万吨，增长7.20%；牧业产值340.41亿元，增长3.00%。其中猪肉产量33.86万吨，增长10.90%；水产品总产量171.18万吨，增长4.30%。热带特色农产品的发展，为海南省"一村一品"的发展奠定了深厚的基础。

一、海南省"一村一品"发展的政策环境

近年来，为促进"一村一品"的发展，在国家相关政策的指引下，海南省陆续出台"一村一品"相关政策文件。2016年《海南省美丽乡村建设五年行动计划（2016—

2020）》提到，需要突出培养具有海南特色的"名、特、优、新"产品，推进"一村一品"的生态农业。加大休闲农业基础设施建设力度，挖掘乡村旅游文化内涵，形成"一村一品、一村一景、一村一韵"的乡村旅游景观。2017年《海南省美丽乡村建设三年行动计划（2017—2019）》提出，突出培养具有海南特色的"名、特、优、新"产品，推进"一村一品"生态农业。2018年《中共海南省委海南省人民政府关于乡村振兴战略的实施意见》提出，培育和推广农产品品牌，构建"一村一品、一县一业"发展新格局。同年出台的《海南省人民政府关于支持美丽乡村建设的若干意见》提出，按"一村一品，一村一景，一村一韵"的要求，尊重乡风民俗，规划保护好村庄特色风貌和历史文脉。2021年《海南省"十四五"推进农业农村现代化规划》提出，要强化村镇打造，培育一批"产品小而特、业态精而美、布局聚而合"的"一村一品"示范村镇，建设一批标准原料基地、集约加工转化、区域主导产业、紧密利益联结于一体的农业产业强镇。

二、海南省"一村一品"发展现状

（一）获批全国"一村一品"示范村镇数量情况

海南各市县积极发展"一村一品"产业，截至2022年底，共有42个村镇获得全国"一村一品"示范村镇认定（表3-1），占全国总量的1.00%。其中，示范镇7个、示范村35个，分别占海南省获批总数的16.67%、83.33%。2020—2022年，先后有8个示范村入选全国乡村特色产业产值亿元村（表3-2），占全国总数的1.16%。其中，包括以桥头地瓜为主导产业的澄迈县桥头镇沙土村、以黄花梨木为主导产业的儋州市木棠镇铁匠村、以香水菠萝为主导产业的昌江黎族自治县十月田镇好清村等，这些示范村镇建设有力推进了乡村振兴战略的实施。

表3-1 海南省获批的全国"一村一品"示范村镇名单

地区	"一村一品"示范村镇名称	主导产业	认定年份	批次
海口	海南省海口市琼山区三门坡镇	荔枝	2017	第七批
	海南省海口市龙华区新坡镇仁里村	石斛	2019	第九批
	海南省海口市秀英区石山镇施茶村	火山石斛	2020	第十批
	海南省海口市美兰区三江镇茄苪村	莲雾	2022	第十二批
文昌	海南省文昌市会文镇边海村	石斑鱼	2017	第七批
	海南省文昌市会文镇	星月佛珠	2017	第七批
	海南省文昌市东路镇永丰村委会	荔枝	2019	第九批
	海南省文昌市抱罗镇抱功村	文昌鸡	2020	第十批

第三章 中国热区"一村一品"发展区域报告

（续表）

地区	"一村一品"示范村镇名称	主导产业	认定年份	批次
琼海	海南省琼海市阳江镇利试考村	火龙果	2011	第一批
	海南省琼海市大路镇岭脚村	莲雾	2019	第九批
	海南省琼海市塔洋镇	柠檬	2019	第九批
	海南省琼海市大路镇湖仔村	热带树苗	2021	第十一批
儋州	海南省儋州市木棠镇铁匠村	黄花梨木	2018	第八批
	海南省儋州市大成镇推寨村委会南吉村	黄皮	2019	第九批
昌江	海南省昌江黎族自治县十月田镇姜园村	圣女果	2016	第六批
	海南省昌江黎族自治县海尾镇五大村	哈密瓜	2017	第七批
	海南省昌江黎族自治县十月田镇好清村	香水菠萝	2018	第八批
	海南省昌江黎族自治县十月田镇保平村	毛豆	2019	第九批
	海南省昌江黎族自治县海尾镇大安村	黑皮冬瓜	2022	第十二批
澄迈	海南省澄迈县加乐镇镜坡南村	黑猪	2011	第一批
	海南省澄迈县桥头镇沙土村	桥头地瓜	2016	第六批
	海南省澄迈县加乐镇长岭村委会效古村	沉香	2020	第十批
	海南省澄迈县福山镇敦茶村委会洋道村	石榴	2020	第十批
东方	海南省东方市三家镇	鳄鱼	2021	第十一批
	海南省东方市八所镇罗带村	粽子	2021	第十一批
	海南省东方市感城镇不磨村	芒果	2022	第十二批
陵水	海南省陵水黎族自治县英州镇大坡村	大棚哈密瓜	2012	第二批
	海南省陵水黎族自治县光坡镇武山村	陵水圣女果	2016	第六批
	海南省陵水黎族自治县光坡镇武山村	圣女果	2020	第十批
琼中	海南省琼中县和平镇长兴村	槟榔	2011	第一批
	海南省琼中县和平镇长兴村二队	飞瀑山咖啡	2018	第八批
	海南省琼中县湾岭镇岭脚村	桑蚕	2018	第八批
	海南省琼中县红毛镇罗坎村	山茶油	2018	第八批
屯昌	海南省屯昌县枫木镇	枫绿苦瓜	2015	第五批
	海南省屯昌县西昌镇群星村	天涯一号山鸡	2015	第五批
万宁	海南省万宁市礼纪镇三星村	豇豆	2011	第一批
	海南省万宁市龙滚镇	龙滚菠萝	2012	第二批
	海南省万宁市北大镇尖岭村	鹧鸪茶	2021	第十一批
	海南省万宁市和乐镇六连村	鸭蛋	2022	第十二批

(续表)

地区	"一村一品"示范村镇名称	主导产业	认定年份	批次
乐东	海南省乐东黎族自治县佛罗镇福塘村	大棚哈密瓜	2011	第一批
临高	海南省临高县南宝镇松梅村	香蕉	2012	第二批
保亭	海南省保亭县六弓乡镇	肉鹅	2021	第十一批

表 3-2 海南省获评全国乡村特色产业亿元村名单

地区	亿元村名单	年份
澄迈	海南省澄迈县桥头镇沙土村	2020
	海南省澄迈县桥头镇沙土村	2021
	海南省澄迈县桥头镇沙土村（桥头地瓜）	2022
海口	海南省海口市秀英区石山镇施茶村	2021
昌江	海南省昌江黎族自治县十月田镇好清村	2021
	海南省昌江黎族自治县十月田镇好清村（香水菠萝）	2022
儋州	海南省儋州市木棠镇铁匠村	2021
	海南省儋州市木棠镇铁匠村（黄花梨木）	2022

（二）海南"一村一品"示范村镇空间分布情况

从市县分布来看，目前共有 14 个市县获得全国"一村一品"示范村镇认定（图 3-1）。其中，昌江数量最多，有 5 个示范村获得认定，占全省总数的 11.90%；第二为澄迈、海口、万宁、琼海、琼中、文昌，均有 4 个，其中澄迈、琼中均为示范村认定，海口、琼海、万宁、文昌均为 3 个示范村和 1 个示范镇认定；第三为陵水、东方，均有 3 个，其中陵水均为示范村认定，东方为 2 个示范村和 1 个示范镇认定。在乡镇中，获得认定数量最多的是昌江的十月田镇，有 3 个村获得认定；位居第二的是昌江的海尾镇、澄迈的加乐镇、陵水的光坡镇、琼海的大路镇、琼中的和平镇、文昌的会文镇，各有 2 个村镇获得认定。但在海南 19 个市县中，目前仍有定安、三亚、白沙、五指山、三沙还没有获得全国"一村一品"示范村镇认定。

（三）主导产业和产品类别情况

从主导产业看，海南省"一村一品"主导产业涵盖了种植业、养殖业、林业、非农产业、涉农服务业等五大类（图 3-2），其中种植业占比 66.67%，主要包含果品、瓜菜、粮油、茶叶、棉麻蚕桑等产业；养殖业占比 16.67%，涉及畜禽养殖、水产养殖等产业；林业占比 9.52%，包含花卉苗木、中草药材等。此外还包含少量的非农产业和涉农服务业。主导产业在各市县的分布如表 3-3 所示。

从产品类别看，主要涵盖果品、瓜菜、畜禽蛋奶、水产、中草药材、工艺品等 12 大类（图 3-3）、32 个小类的地方优势特色产品。其中，以果品类的"一村一品"示范

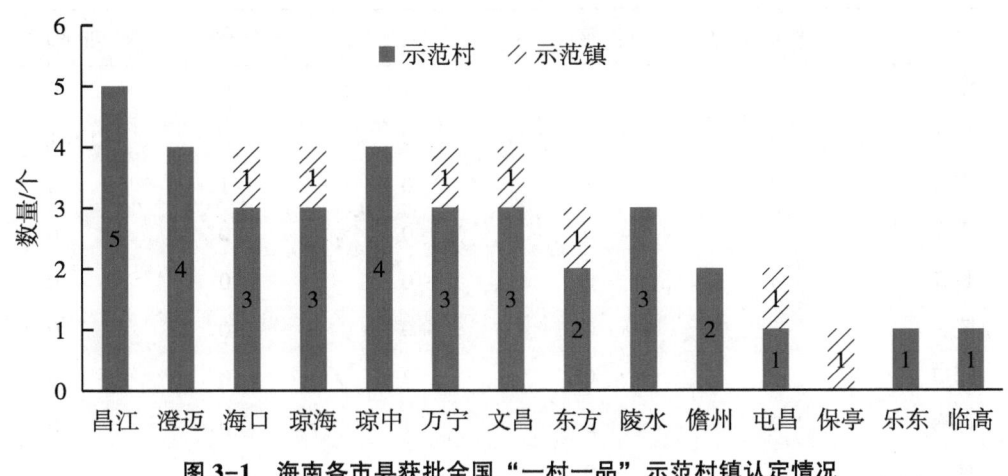

图 3-1 海南各市县获批全国"一村一品"示范村镇认定情况

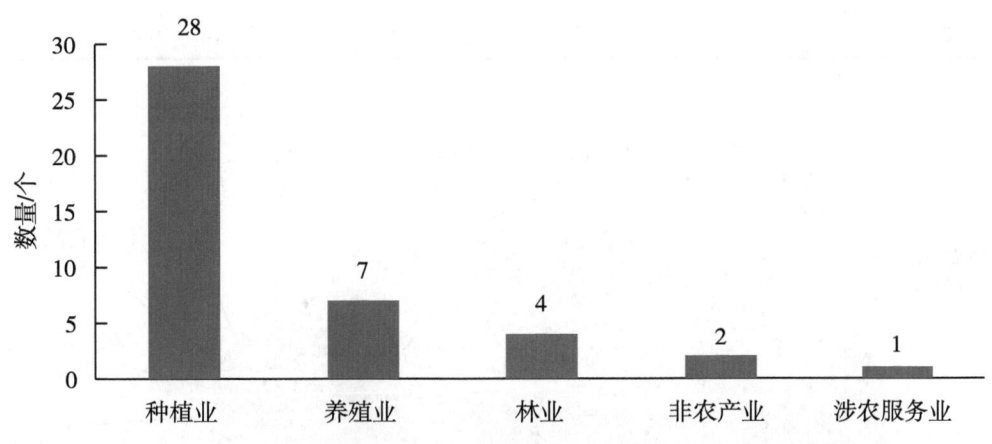

图 3-2 海南省获批全国"一村一品"示范村镇主导产业类别情况

村镇最多,达 18 个,占总数的 42.86%,在果品类中又以哈密瓜和圣女果为主要产业最多,均为 3 个,其次为荔枝、莲雾、菠萝,各有 2 个;第二为畜禽蛋奶类,有 5 个,占总数的 11.90%;第三为瓜菜类和中草药材类,均有 4 个,各占总数的 9.53%;四类产品占比达 73.81%。

表 3-3 全国"一村一品"示范村镇主导产业在海南各市县的分布情况 单位:个

地区	种植业	养殖业	林业	涉农服务业	非农产业
保亭	0	1	0	0	0
昌江	5	0	0	0	0

(续表)

地区	种植业	养殖业	林业	涉农服务业	非农产业
澄迈	2	1	1	0	0
儋州	1	0	0	0	1
东方	1	1	0	1	0
乐东	1	0	0	0	0
临高	1	0	0	0	0
陵水	3	0	0	0	0
海口	2	0	2	0	0
琼海	3	0	1	0	0
琼中	4	0	0	0	0
屯昌	1	1	0	0	0
万宁	3	1	0	0	0
文昌	1	2	0	0	1

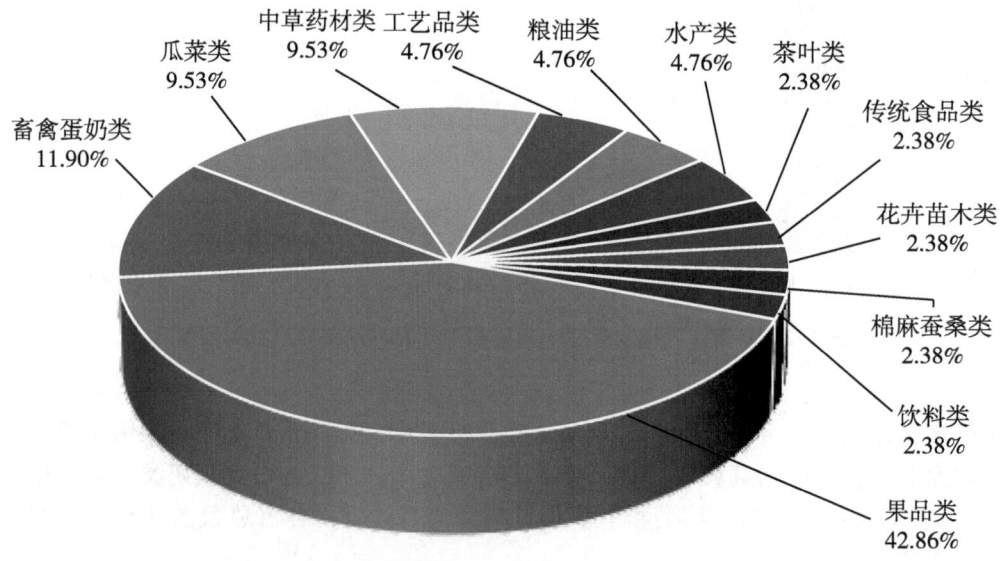

图3-3 海南省获批全国"一村一品"示范村镇产品类别情况

从产业聚集度看,获批的18个果品类全国"一村一品"示范村镇分布在12个市县,主要集中在昌江和陵水两县,分别有3个;其次在海口和琼海,分别有2个;其余的8个市县分别获批1个。获批的5个畜禽蛋奶类全国"一村一品"示范村镇分布在澄迈、屯昌、保亭、文昌、万宁,均获批1个。获批的4个瓜菜类全国"一村一品"示范村镇分布在昌江2个、万宁1个、屯昌1个。获批的4个中草药材类全国"一村一品"示范村镇分布在海口2个、琼中1个、澄迈1个。

(四) 年度和获批批次情况

全国第一批"一村一品"示范村镇认定始于2011年，当年海南省就有4个村镇入选，分别为以黑猪为主导产业的澄迈县加乐镇镜坡南村、以豇豆为主导产业的万宁市礼纪镇三星村、以大棚哈密瓜为主导产业的乐东黎族自治县佛罗镇福塘村、以火龙果为主导产业的琼海市阳江镇利试考村、以槟榔为主导产业的琼中县和平镇长兴村，此后海南"一村一品"呈缓慢发展的态势（图3-4）。至2022年底，全国已认定十二批"一村一品"示范村镇，基本为一年一批，在十二批中，除2013年和2014年的第三批和第四批外，海南每年均有全国"一村一品"示范村镇获得认定，每年获批数量在4~6个波动，其中2019年最多，达到6个。

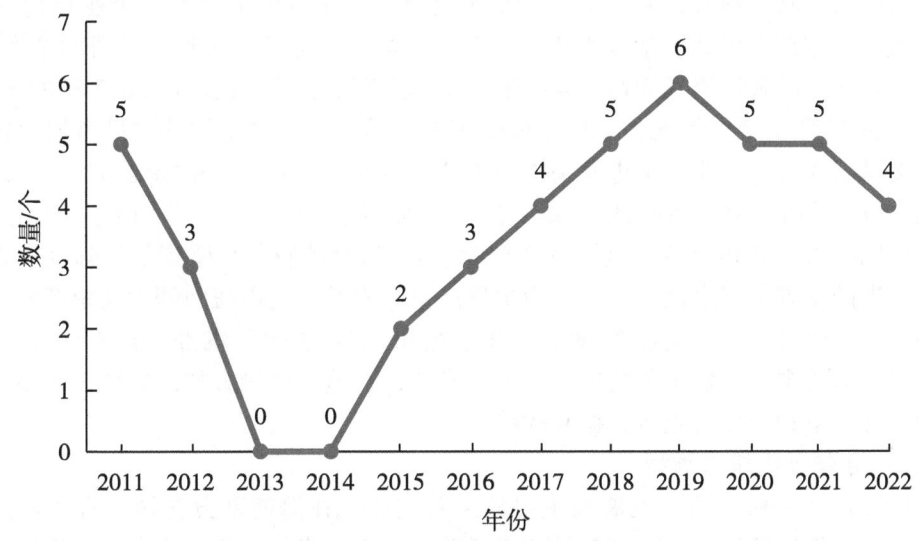

图3-4 2011—2022各年度海南省获批全国"一村一品"示范村镇数量情况

三、海南省"一村一品"品牌关联分析

(一)"一村一品"示范村镇产品同时是地理标志产品情况

截至2022年3月，海南省获农业农村部批准登记保护的地理标志产品有42个。将海南省42个全国"一村一品"产品与42个地理标志农产品进行数据关联分析，结果显示有3个"一村一品"同时获得农产品地理标志登记保护，分别为陵水圣女果（陵水）、三门坡荔枝（海口）、万宁鹧鸪茶（万宁），其中果品类2个，茶叶类1个。

(二)"一村一品"示范村镇同时是中国特色农产品优势区情况

截至2022年底，海南省入选中国特色农产品优势区5个，与海南省42个全国"一村一品"示范村镇关联结果显示，仅有1个"一村一品"示范村镇同时是中国特色农产品优势区，为海南省澄迈县桥头镇沙土村（桥头地瓜）。

(三)"一村一品"示范村镇产品同时入选中国农业品牌目录情况

截至2022年底，海南省入选中国农业品牌目录产品5个，与海南省42个全国"一村一品"示范村镇关联结果显示,仅有 1 个"一村一品"示范村镇产品同时入选中国农业品牌目录产品,为海南省澄迈县桥头镇沙土村(桥头地瓜)。

四、海南省"一村一品"发展模式

近年来,在各级政府和相关部门大力推动下,海南省"一村一品"产业发展不断向好,各地积极探索产业发展模式,涌现了龙头企业带动型、合作社组织引领型、政府引导支撑型等代表性的"一村一品"产业发展模式。

(一)龙头企业带动型

在"一村一品"发展中,有些村镇通过引入龙头企业来推动"一村一品"的发展。例如,入选第十批全国"一村一品"示范村镇的海口市秀英区石山镇施茶村,从 2015 年起通过引入胜嵘石斛育苗基地等高新技术企业后,探索出了"龙头企业+合作社+农户"的火山石斛产业模式,形成组培、育苗、种植、深加工、销售、科研的全产业链,近 5 年来石斛产品累计销售额超过 4 600 万元,施茶村年人均收入从 2017 年的 1.45 万元提高到 2022 年的 3.3 万元,年均增长超 30%。同为入选第十批的文昌市抱罗镇抱功村,以文昌鸡为主导产业,引进龙头公司入驻,形成了村委牵头租场地与建鸡舍、合作公司提供技术指导和物料支持的"龙头企业+村集体公司+农户"互为支撑的产业发展模式,村民只需"拎包经营",就可以收获红利,为全镇脱贫攻坚提供了强大合力。入选第十一批的东方市三家镇,以鳄鱼为主导产业,通过引进以海南鳄珍鳄鱼产业科技有限公司为代表的鳄鱼养殖企业 22 家,采用"公司+农户养殖"的经营模式,推进养殖、精深加工、旅游观光、娱乐购物等全产业链发展,打造三产融合的东方鳄鱼小镇,助力东方市脱贫攻坚和全面实施乡村振兴战略。

(二)合作社组织引领型

合作社是"一村一品"发展最主要的经营主体,在海南部分村镇,农民通过自发的方式组建合作性的组织,整合在种植或者养殖方面的优势及各方面资源,充分发挥组织的纽带作用。例如,入选第六批的澄迈县桥头镇沙土村,为提高桥头富硒地瓜产业的标准化、规模化、专业化水平和农民组织化水平,通过"协会+公司+合作社+农民"的组织模式,地瓜单价不断提升,2020 年成功入选全国乡村特色产业亿元村,户均年收入约 11 万元。入选第十批的澄迈县加乐镇长岭村委会效古村,采取"合作社+农户"的模式,开展沉香种植和加工,以分成的形式促进产业增效、农民增收。入选第十二批的海口市美兰区三江镇茄苪村,以"党支部+合作社+农户"的模式发展莲雾种植产业,从原先的 800 亩扩张到目前的 1 300 多亩,吸引了 143 户村民加入合作社当"股东",如今"三江莲雾"已成为美兰区脱贫致富的王牌产业。

(三)政府引导支撑型

该模式是由政府发起,各农业相关部门积极参与,发挥资源比较优势,推动"一村一品"产业发展。例如,入选第六批的临高县南宝镇松梅村,近年来海南省香蕉协会在国家外专局以及省外办等部门的支持下,依托国家级引智成果示范推广基地的资源和技术优势,在临高县南宝镇松梅村组建南宝香蕉合作社,创立"绿盒子香蕉"品牌,着力推进"一村一品"战略,该合作社通过采取"统一品牌、统一技术、统一标准和统一销售"的方式有效地增加了农民的收入。入选第八批的昌江县十月田镇好清村，近年来在昌江县农业农村局和十月田镇委镇政府的积极引导帮助下，高标准建设香水菠萝基地 1.5 万亩，年产值约 1.8 亿元，带动当地农民增收。

五、海南省全国"一村一品"典型案例

（一）特色种植

1. 海南省陵水黎族自治县光坡镇武山村（陵水圣女果）

陵水县是海南省冬季绿色瓜果蔬菜农业生产大县，陵水县政府大力支持农民发展种植主打品牌千禧圣女果。"海南圣女果看陵水，陵水圣女果看光坡"，光坡镇武山村妙景村大面积种植千禧圣女果万亩以上，因为土地肥沃、气候适宜，产出的圣女果大小形态均匀、颜色美观、色泽鲜美、味道香甜可口，含人体所需的多种维生素，受全国各地消费者喜爱。陵水圣女果于 2016 年 2 月被国家质检总局批准为"国家地理标志性保护产品"品牌，产品主要销往北京、上海、天津、青岛、香港、澳门等各大城市。近年来，光坡镇武山村大力发展圣女果种植业，成为远近闻名的"圣女果村"。2016 年 7 月，农业部认定光坡镇武山村为第六批全国"一村一品"示范村镇。2020 年 11 月，光坡镇武山村再次获得农业农村部认定为第十批全国一村一品示范村镇。光坡镇圣女果目前种植面积 2.4 万亩，其中武山村的种植面积达到 8 000 亩，每亩产量 4 000~6 000 千克，人均纯收入 7.8 万元。

2. 海南省屯昌县枫木镇（枫绿苦瓜）

屯昌县苦瓜种植主要分布在枫木、南吕、乌坡、新兴、屯郊、坡心等地，产品质优且有市场，地域性明显，有独特的发展空间，具有发展品牌的基础。受市场前景及利好政策驱动，2022 年，全县苦瓜种植面积达 6 969 亩，产量 20 799 吨，产值达 1.25 亿元。2023 年，苦瓜种植示范基地全面铺开，屯昌县全年苦瓜种植面积达到 10 700 亩。枫绿苦瓜是枫木镇冬季瓜菜的拳头产品，枫木镇的主要经济来源，做大做强枫木苦瓜品牌是枫木镇政府历年来一项重要工作。枫绿苦瓜以其早熟、丰产、优质、瓜长圆锤形、皮浅绿色、有光泽、形体均匀、大小适中、单瓜重 300~400 克、肉质爽滑饱满、味微苦、品质优且宜出口，深受消费者喜爱。2015 年枫木镇入选第五批全国"一村一品"示范村镇。枫木镇枫绿苦瓜的主要产区集中在枫木洋、排营洋、奇石洋上，共 700 余户农户参与苦瓜种植，由于市场行情较好，加上苦瓜长势好，产量高，农民收获满满。2022 年的种植面积达 2 300 亩，产量 6 900 吨，产值达 5 520 万元，枫绿苦瓜已有 30 多年的种植历史，发展至今种植面积超过 4 400 亩，是当地助力乡村振兴的重要经济产业。

3. 海南省东方市感城镇不磨村（芒果）

东方市光照充足、土地肥沃，是天然的芒果种植区，收获的芒果品质优良、果皮靓丽、个头饱满，以香甜多汁、核小肉多闻名，在市场上很有竞争力。目前，全市芒果种植面积达 22.86 万亩，主要集中在感城、大田、东河等乡镇。近年来，东方市芒果产业已成为百姓增收的重要途径，通过推进芒果产业规模化、标准化、品牌化、绿色化建设，进一步做优做强芒果产业，多措并举促进农业增效、农民增收。海南省东方市感城镇不磨村拥有"芒果之乡"美称，芒果作为不磨村主要的支柱产业，近年来不磨村着

力提升党支部的服务水平，推动村党建与各项工作互促共进，呈现"1+1>2"的效果，为芒果产业的发展提供充足动力，实现产业的蓬勃发展，2022年不磨村被农业农村部认定为第十二批全国"一村一品"示范村镇（芒果）。全村芒果种植面积达2.2万亩，芒果年产量约2 000万千克，年产值3 700万元，芒果成了村民致富创收的"黄金果"。不磨村家家户户依托"芒果之乡"，发展种植芒果等热带高效农业，有效地提升村民经济收入，不断增强村民的获得感和幸福感。

4. 海南省琼海市大路镇湖仔村（热带树苗）

湖仔村隶属海南省琼海市大路镇，是琼海市的热带果树苗产业大村。近年来，湖仔村大力发展特色高效热带水果产业，建立海南世界名优花果示范基地，成立海南盛大现代农业开发有限公司，推动湖仔村名优水果新兴品种引进、选育、示范种植和产业化的进程，这些新奇热带水果已在当地农户家落地生根。2021年新增种植特色热带水果新品种1 500多亩，实现新兴水果品种燕窝果、冰淇淋果、手指柠檬、寿桃、马梅等50个优选品种产业化规模化种植，凭着显著的成效；2021年湖仔村荣获全国"一村一品"示范村镇，并成功挂牌国家热带植物种质资源库珍稀水果分库，手指柠檬获欧盟国际友好农业认证。2021年，基地种植手指柠檬每亩种植按75株，亩产量为750~1 000千克/年，每千克按目前最低市场价300元计算，年收入可达15万元以上。湖仔村的经营主体共有3家企业，2家农民合作社，为世界热带水果新品种的引进、培育、示范推广、技术交流起到主导作用，促进海南热带特色高效农业产业的发展及湖仔村集体经济建设。

（二）特色养殖

1. 海南省东方市三家镇（鳄鱼）

近年来，东方市三家镇依托资源优势，打造"一村一品"特色品牌，引进优质企业创现代鳄鱼产业园，将基地建设与农旅文化相结合，发展特色旅游，助力乡村振兴。鳄珍鳄鱼产业观光园是东方市三家镇实现三产融合的重要体现，在"大力发展特色优势产业，助力乡村振兴战略"的大背景下，协同多家鳄鱼养殖公司，共同将三家镇产业从单一的养殖、种植，打造成了集鳄鱼养殖、生鲜和高端衍生品精深加工、旅游观光、娱乐购物于一体的全产业链三产融合的东方鳄鱼小镇，有效解决部分闲置人员就业，解决就业难、就业率低的问题，社会效益显著，2021年被评为第十一批全国"一村一品"示范村镇。鳄鱼特色产业作为东方市重要乡村振兴发展产业之一，东方市政府加强与特色产业企业对接，提高农户的"造血"功能，走出一条融合乡村振兴发展新路。如东方和旺鑫养殖有限公司是一家集鳄鱼养殖、繁育、研发、加工、销售为一体的农业公司，是首家进入海南省市场规模化、专业化、系统化养殖的鳄鱼企业，公司目前阶段存栏6.5万尾鳄鱼。2021年带动就业230人，带动422户（1 483人）入股公司，人均受益每年336元/人，每年分红498 288元，助力巩固脱贫攻坚成果。而随着《海南省东方市鳄鱼特色小镇总体规划》的出台，为优化特色产业空间布局，完善产业体系，推动东方市鳄鱼产业转型升级，实现以单纯的养殖种植产业向一二三产业的高度融合发展模式转变，提供了科学指导和规划依据，东方市鳄鱼特色产业将进入发展快车道。

2. 海南省保亭县六弓乡镇（肉鹅）

六弓乡位于海南省保亭县南部，处于五指山山脉南面。六弓鹅自古就是散养鹅种，六弓乡独特的水土环境、草质资源，以及当地农户的长期筛选使六弓鹅具有易饲养、生长快、抗病能力强的特性。六弓鹅的传统养殖环境主要以野草、杂粮为主，养殖周期约为130天，成年鹅可达5千克以上。其"肉质肥美、皮酥骨香、美味多汁、肉汁宜人"的特点吸引了不少外地游客，在市场上经常供不应求。近年来，六弓乡积极发展壮大乡村产业，打造了"六弓鹅"特色品牌，2021年，六弓乡被农业农村部认定为第十一批全国"一村一品"示范村镇（肉鹅）。六弓乡大力发挥合作社带动作用，推进六弓鹅产业快速发展。如隆达六弓鹅养殖专业合作社是保亭最大的六弓鹅养殖基地，集生产、科研于一体，年产肉鹅8 000只。合作社根据六弓鹅品种特性，结合当地生态环境特点，制定出品种优选、营养需求、生态养殖模式、最佳上市日龄等一系列的相关配套养殖技术，按照无公害、绿色食品标准进行生产，全面提高六弓鹅品质。合作社采用"示范基地、农户和订单养殖"的模式，打造六弓乡高效生态农业样板，在提升农业现代化水平的同时，更好地带动当地农民实现增收致富。

（三）农产品加工及特色食品[海南省东方市八所镇罗带村（粽子）]

海南省东方市八所镇罗带村（粽子）

在东方市八所镇罗带村，当地人选用糯米、五花肉、蛋黄、黑豆等食材，再以一种叫"芦兜叶"的叶子进行包缠而成，称为"罗带粽子"。据悉，罗带粽子是八所镇一带军话人世代传承下来的一种特色粽子，其历史可追溯到东汉时期，有近2 000年历史。罗带粽子声名远播，2021年罗带村荣获农业农村部认定的第十一批全国"一村一品"产业示范村镇，如今已成为海南省东方市远近闻名的特色旅游美食产品，先后获得"海南十佳粽子""海南特色粽子"等荣誉称号，深得当地群众、游客和商家的青睐。粽子产业正成为罗带村推动乡村振兴的主导产业，乡村振兴要靠产业，产业发展要有特色。为了让东方罗带粽子走得更远，罗带村注册了罗带粽子商标。截至2022年，罗带村委会组织村里9家生产粽子的小作坊"抱团"发展，并与餐饮、酒店合作销售，每天每家销售量为700~800个粽子，带动了100多人就业。罗带村数十年如一日延续传统美味，传承古法制作罗带粽子正在带着村民增收，努力朝着实现乡村全面振兴的目标前进。

（四）特色文化（如传统手工技艺、民俗文化等）

1. 海南省文昌市会文镇（星月佛珠）

海南省文昌市会文镇是国内最大的佛珠生产基地和集散地。会文镇的佛珠以"星月菩提"为主。星月菩提是红藤树果实中的核，每粒籽中间都有一个圆圆的大点，是种子发芽的地方，而周围布满了许多小点点，如众星捧月一般。会文镇的佛珠手串加工产业起步于20世纪80年代初，在90年代初曾经很兴旺。佛珠产业是会文镇的第二大产业，最早可追溯到1981年，随着全国文玩市场尤其是佛珠市场的兴起，会文佛珠加工业一跃成为当地最有活力和最具特色的产业。2017年，会文镇被认定为第七批全国"一村一品"示范村镇（星月佛珠）。近年来，会文镇全面加强互联网基础设施建设，将互联网与特色产业星月菩提加工生产更加密切地结合起来，拓宽佛珠市场产能，形成产、供、销"一条龙"的局面。2022年，全镇有佛珠加工厂和家庭作坊350多家，提供就业岗位近4 000多个，每月为员工支出2 000多万元工资，全年佛珠行业产值6亿元以上，从事网络直播带货300余家。目前全镇的佛珠生产、销售、加工店面有401家，现从事佛珠抖音直播带货的有300余人，年产值近6亿元，带动了当地经济发展，助力了群众就业增收。佛珠产业实现了"线上线下"同步发展，已经成为会文镇一张亮丽的"名片"。

2. 海南省儋州市木棠镇铁匠村（黄花梨木）

明清时期，儋州市木棠镇铁匠村的村民以打铁为生，全村"人人会打铁、户户有高炉"，"铁匠村"因此得名。20世纪80年代，由于打铁工艺逐渐被现代工艺所取代，铁匠村人的打铁产品慢慢被市场淘汰。面临困难，铁匠村人转变思想，与时俱进，外出学习先进工艺，由打铁转变到加工牛角、黄花梨、鸡翅木、海铁树、海柳等多种工艺品。经过了多年来的发展，铁匠村产业发展已由打铁转变为花梨木工艺品制作。2011年总产值达到约1.3亿元，人均收入达到1.5万元，2015年花梨木工艺品总产值达3.7亿元人民币，成为全国最大的海南黄花梨加工基地。2018年，海南省儋州市木棠镇铁匠村（黄花梨木）入选全国第八批"一村一品"示范村镇。目前，铁匠村400多户村民中有1位亿元户、8位千万元户和80个百万元户。不但解决了当地人的就业问题，还带动了周边村庄的发展，形成了辐射效应，手工艺品加工已形成一定规模，有的产品甚至卖到了日本和韩国。

参考文献

操戈，邓卫哲. 海南昌江县打造香水菠萝"一村一品"特色产业［N/OL］. 农民日报，2019-04-17［2023-07-22］. http：//changjiang. hainan. gov. cn/changjiang/jrcj/201904/b69415021e864a3783e2b2d12951f610. shtml.

陈钰婷. 海口美兰区茄芮村：田园成"游园"流量变"留量"［N/OL］. 海口日报，2022-10-10［2023-07-22］. http：//hnhk. wenming. cn/wmdt/202210/t20221010_7827908. html.

计思佳，陈创淼. 海口施茶村以党建为引领发展特色产业和生态旅游［N/OL］. 海南日报，2023-6-20［2023-07-22］. https：//www. hainan. gov. cn/hainan/xczxt-pxw/202303/15a29dfda2f1446bbd3b25a91ee5626c. shtml.

李梦瑶. 屯昌枫木苦瓜上市热销 预计产值达1.25亿元［N/OL］. 海南日报，2022-3-11［2023-07-26］. https：//www. hainan. gov. cn/hainan/sxian/202203/f9bcf7ef3c21411d833c3a2aef27f526. shtml.

李明静. 文昌市会文镇：小佛珠串出兴镇富民大产业［EB/OL］.（2023-5-5）［2023-07-26］. http：//wenchang. hainan. gov. cn/wenchang/lydt/202305/09e2a51d904e4bccbd7354b71949f7bd. shtml.

李学山，孟凡盛，吴启迪. 澄迈县沙土村：种地瓜种出的"全国乡村特色产业亿元村"［EB/OL］.（2022-11-20）［2023-07-26］. http：//hi. people. com. cn/n2/2022/0711/c231190-40032599. html.

任桐. 粽子飘香乡村兴 东方罗带粽子"传承+创新"托起乡村振兴梦［N/OL］. 南

国都市报，2022-5-13［2023-07-26］. http：//www.hainanfp.com/xinwen/2022/show-3147.html.

唐春霞. 破解农村发展"瓶颈" 实施"村集体公司+龙头企业+农户"模式 抱罗镇抱功村壮大村集体经济惠及村民［N/OL］. 侨乡文昌报，2023-10-25［2023-07-26］. http：//wenchang.hainan.gov.cn/wenchang/jrwc/202005/abb3f75e51334c9eb2e-0970002728fde.shtml.

王胜. "一村一品"引智助推海南农村经济发展［N/OL］. 海南日报，2013-12-17［2023-07-27］. http：//www.hainanfp.com/xinwen/2022/show-4277.html.

张文君. 东方三家镇红草村发展鳄鱼特色养殖，助推乡村振兴［N/OL］. 海南日报，2022-04-07［2023-07-27］. https：//fpb.hainan.gov.cn/fpb/sxdt/202204/605d68ee023f413aa57a58114ce40fab.shtml.

第二节　广西壮族自治区"一村一品"发展报告

广西壮族自治区（以下简称广西）位于中国的南部，南临北部湾，面向东南亚，西南与越南毗邻，东邻粤、港、澳，北连华中地区，背靠大西南地区，是我国与东盟唯一既有陆地接壤又有海上通道的省区，是中国西南最便捷的出海通道，是华南通向西南的枢纽。全区国土总面积23.76万平方千米，约占全国土地总面积的2.48%，在全国各省（自治区、直辖市）中居第九位。土地资源主要特点是山多地少，其中山地、丘陵面积占总面积的76.54%。广西下辖14个地级市，41个市辖区，10个县级市，48个县，12个自治县，截至2022年末常住人口5 047万人。广西是一个多民族聚居的自治区，世居民族有壮、汉、瑶、苗、侗、仫佬、毛南、回、京、彝、水、仡佬等12个，其中壮族占全区常住人口的31.4%。

近年来，广西立足林果蔬畜糖等优势特色资源优势，大力推动优势特色产业发展，全区特色产业覆盖率90%以上。2022年，全区粮食总产量1 393.1万吨，同比增长0.5%；甘蔗产量7 116.54万吨，同比减少3.4%；蔬菜产量（含食用菌）4 236.52万吨，同比增长4.7%；园林水果产量3 080.07万吨，同比增长10.1%；猪牛羊禽肉产量445.98万吨，同比增长3.1%；水产品产量363.77万吨，同比增长3.1%。目前全区已创建了18个中国特色农产品优势区，数量居全国第一位；6个国家级优势特色产业集群，数量居全国前列；7个国家级现代农业产业园和6个农业现代化示范区；47个国家级农业产业强镇；1个国家级田园综合体。同时，全区也致力于把培育特色经济作为乡村产业发展的主攻方向，从强龙头、补链条、聚集群、提品质、创品牌、拓市场等方面"搭台唱戏"，打响"桂字号"农业品牌，推动特色农产品走向全国、走出国门，推动广西的特色产业阵营不断壮大。广西六堡茶、贵港富硒农产品、浦北陈皮、马山蓝莓、三江稻鱼、大化七百弄鸡等一批新兴产业逐渐成为广西乡村产业振兴的强劲引擎。通过树立"一村一品"示范村镇典型，广西已打造出一批有较高知名度的特色品牌，一批市县相继获得中国"香蕉之乡""芒果之乡""荔枝之乡""茉莉花之乡"等称号。

一、广西"一村一品"发展的政策环境

近年来,广西出台了多个支持"一村一品"发展的相关政策文件,以全产业链发展思维,高质量打造"一村一品"产业集群。例如,2010 年发布的《广西壮族自治区人民政府关于促进特色名镇名村发展的意见》提出,推进"一村一品""一乡一业""农超对接"等强村富民工程和专业示范村镇建设。2013 年发布的《广西农民人均纯收入倍增计划》提出,加快培育和发展种养大户、家庭农场,建立规模化生产基地,推动"一村一品""一乡一业"高效快速发展。2016 年发布《广西现代特色农业示范区建设(2016—2017 年)行动方案》《广西壮族自治区人民政府关于加快发展农民合作社的意见》分别提出,各级示范区要注重从"一村一品"开始向"一乡一业"发展,围绕"一镇一业""一村一品"和产业扶贫开发,积极推进种植、养殖、农产品储藏、加工、销售、农业机械、水利、林业、休闲农业等多种类型合作社发展。2017 年发布《西部大开发"十三五"规划广西实施方案》《广西激发重点群体活力带动城乡居民增收实施方案》《广西壮族自治区人民政府办公厅关于加快县域特色旅游发展的实施意见》《广西壮族自治区人民政府办公厅关于完善和落实支持政策促进农民持续增收的实施意见》提出,推进贫困地区"一乡一业""一村一品"扶持发展;推进"一镇一特、一村一品"工程,以及在"一村一品"区域打造农村电商平台。2018 年发布《广西数字经济发展规划(2018—2025 年)》提出,开展农产品电商对接行动,推动广西"三品一标""一村一品""名特优新"等农林产品上网销售。2019 年发布《2019 年全区重大项目建设攻坚突破年活动实施方案》《广西壮族自治区人民政府办公厅关于深入开展消费扶贫助力打赢脱贫攻坚战的实施意见》提出,抓好"一村一品""一县一业",打造一批自治区级现代特色农业示范区、特色农产品优势区,建立贫困地区农产品品牌目录,支持贫困地区"一县一品""一村一品"建设,鼓励贫困县联合创建区域性特色品牌。2021 年在《广西壮族自治区人民政府关于落实 2021 年自治区〈政府工作报告〉重点工作部门分工的意见》中提出,发展"一县一业""一村一品"现代特色农业。

二、广西"一村一品"发展现状

(一)获批全国"一村一品"示范村镇数量情况

广西"一村一品"以建设现代化农业发展为目标,不断加强品牌的培育,引领全区一村一品持续健康发展。截至 2022 年底,共有 149 个村镇获批全国"一村一品"示范村镇认定,占全国总量的 3.56%,居全国第十一位。其中示范村 104 个、示范镇 45 个,分别占广西获批总数的 69.80%、30.20%。2020—2022 年,广西先后有 30 个示范村获评全国乡村特色产业亿元村(表 3-4),分别占全国总数的 4.48%,其中贵港市覃塘区覃塘街道龙凤村、桂林市全州县绍水镇柳甲村、来宾市武宣县桐岭镇和律村、柳州市柳城县东泉镇柳城华侨农场、柳州市鹿寨县鹿寨镇石路村、钦州市灵山县武利镇汉塘村连续 3 年获评特色产业亿元村;三年期间共有 13 个示范镇获评全国乡村特色产业十亿元镇(表 3-5),占全国总数的 2.80%,其中桂林市阳朔

县白沙镇和桂林市荔浦市修仁镇连续三年上榜，贺州市平桂区羊头镇和南宁市武鸣区双桥镇连续两年上榜。

表3-4 广西获评全国乡村特色产业亿元村名单

序号	地区	亿元村名称	年份
1		广西桂林市全州县绍水镇柳甲村	2020
2		广西桂林市灵川县潭下镇合群村	2021
3		广西桂林市永福县龙江乡龙山村	2021
4		广西桂林市全州县才湾镇南一村	2021
5	桂林市（9个）	广西桂林市全州县绍水镇柳甲村	2021
6		广西桂林市灵川县潭下镇合群村（沙糖桔）	2022
7		广西桂林市全州县才湾镇南一村（葡萄）	2022
8		广西桂林市全州县绍水镇柳甲村（砂糖桔）	2022
9		广西桂林市永福县龙江乡龙山村（罗汉果）	2022
10		广西柳州市柳城县东泉镇柳城华侨农场	2020
11		广西柳州市鹿寨县鹿寨镇石路村	2020
12		广西柳州市柳江区三都镇觉山村	2021
13		广西柳州市柳城县东泉镇柳城华侨农场	2021
14	柳州市（8个）	广西柳州市鹿寨县鹿寨镇石路村	2021
15		广西柳州市柳江区三都镇觉山村（香葱）	2022
16		广西柳州市柳城县东泉镇柳城华侨农场（柳城蜜桔）	2022
17		广西柳州市鹿寨县鹿寨镇石路村（鹿寨蜜桔）	2022
18		广西钦州市灵山县武利镇汉塘村	2020
19	钦州市（3个）	广西钦州市灵山县武利镇汉塘村	2021
20		广西钦州市灵山县武利镇汉塘村（果苗）	2022
21		广西来宾市武宣县桐岭镇和律村	2020
22	来宾市（3个）	广西来宾市武宣县桐岭镇和律村	2021
23		广西来宾市武宣县桐岭镇和律村（哈密瓜）	2022
24		广西贵港市覃塘区覃塘街道龙凤村	2020
25	贵港市（3个）	广西贵港市覃塘区覃塘街道龙凤村	2021
26		广西贵港市覃塘区覃塘镇龙凤村（莲藕）	2022
27	南宁市（2个）	广西南宁市横州市校椅镇石井村	2021
28		广西南宁市横县校椅镇石井村（茉莉花）	2022

(续表)

序号	地区	亿元村名称	年份
29	玉林市（2个）	广西玉林市兴业县大平山镇陈村社区	2021
30		广西玉林市兴业县大平山镇陈村社区（三黄鸡）	2022

表3-5 广西获评全国乡村特色产业十亿元镇名单

序号	地区	十亿元镇名称	年份
1	桂林市（7个）	广西桂林市阳朔县白沙镇	2020
2		广西桂林市荔浦市修仁镇	2020
3		广西桂林市阳朔县白沙镇	2021
4		广西桂林市荔浦市修仁镇	2021
5		广西桂林市阳朔县白沙镇（金桔）	2022
6		广西桂林市兴安县溶江镇（葡萄）	2022
7		广西桂林市荔浦市修仁镇（砂糖桔）	2022
8	贺州市（2个）	广西贺州市平桂区羊头镇	2021
9		广西贺州市平桂区羊头镇（生猪）	2022
10	南宁市（2个）	广西南宁市武鸣区双桥镇	2021
11		广西南宁市武鸣区双桥镇（沃柑）	2022
12	钦州市（1个）	广西钦州市浦北县龙门镇（浦北陈皮）	2022
13	梧州市（1个）	广西梧州市藤县古龙镇（龙淳八角）	2022

（二）广西"一村一品"示范村镇空间分布情况

1. 地级市分布

从"一村一品"示范村镇的地级市分布情况来看，广西全区14个地级市均有覆盖（图3-5），涉及19个市辖区，4个县级市，48个县，4个自治县。其中认定数量最多的是百色市，认定数25个，占全区的16.78%，主要分布在田东县6个，田阳区5个，凌云县、右江区各3个，西林县2个，靖西市、德保县、隆林各族自治县、那坡县、乐业县、田林县各1个；第二是桂林市，认定数24个，占全区的16.11%，分布在全州县5个，灌阳县4个，灵川县、荔浦市各3个，兴安县、永福县、恭城瑶族自治县、龙胜各族自治县各2个，阳朔县1个；第三是柳州市，认定数为14个，占全区的9.4%，分布在柳江区4个，三江侗族自治县3个，柳城县、鹿寨县各2个，柳北区、融安县、融水苗族自治县各1个；第四是贺州市，认定数为12个，占全区的8.05%，分布在富川瑶族自治县4个，八步区、平桂区各3个，昭平县2个；第五是河池市和玉林市，认定数均为11个，均占全区的7.38%，其中河池市分布在南丹县5个，天峨县3个，宜州区2个，罗城仫佬族自治县1个；玉林市分布在容县3个，兴业县2个，福绵区、玉州区、北流市、灵山县、陆川县、博白县各1个。

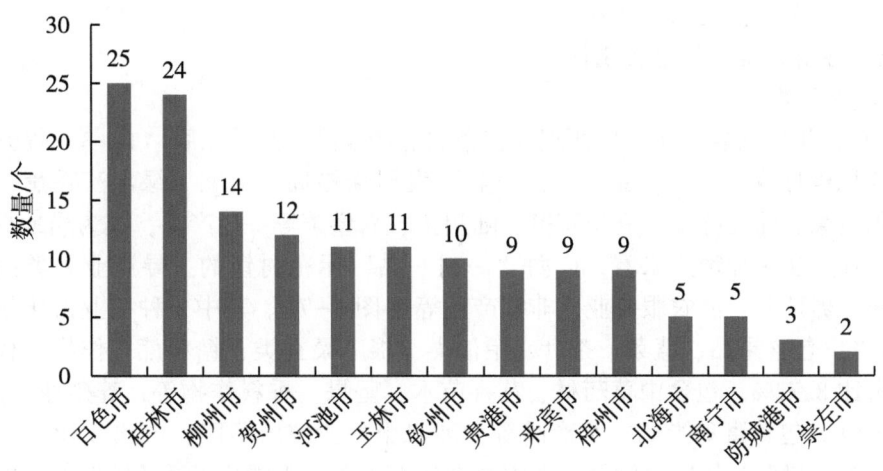

图3-5 广西获批全国"一村一品"示范村镇在各地级市的分布情况

2. 示范村镇分布

从示范村情况来看（图3-6），全区104个示范村在14个地级市均有分布。其中认定示范村数量最多的是百色市，有21个获批，占全区认定示范村总数的20.19%；位于第二的是桂林市，有14个获批，占示范村总数的13.46%；位于第三的是柳州市，有10个，占总数的9.62%；第四是玉林市和河池市，获批数量均为9个，占比均为8.65%；第五是钦州市，获批数量为8个，占比7.69%。截至2022年底，防城港市和崇左市获批的示范村数量最少，均仅有1个。

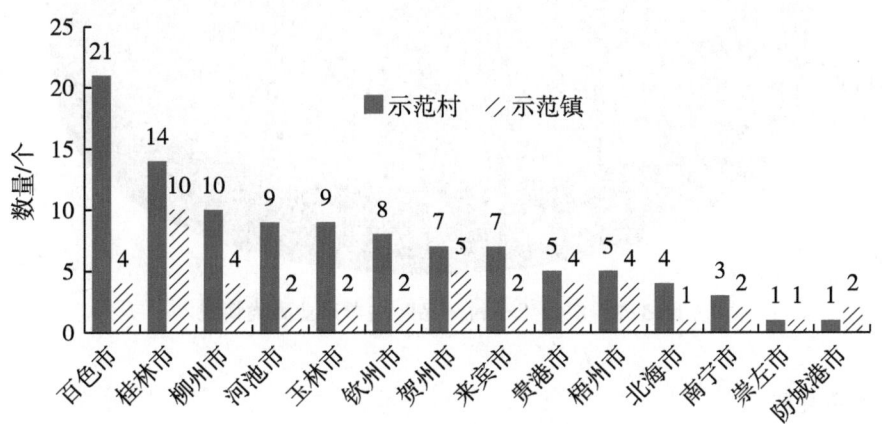

图3-6 广西"一村一品"示范村及示范镇数量在各地级市的分布情况

从示范镇情况看（图3-6），全区45个全国"一村一品"示范镇在14个地级市均有分布。数量最多的是桂林市，有10个，占全区示范镇总数的22.22%；第二是贺州市，有5个，占比为11.11%；排第三位的有百色市、柳州市、贵港市和梧州市，示范镇数量均为4个，占比均为9.62%。

（三）主导产业和产品类别情况

1. 产业大类

自2015年广西启动实施广西现代特色农业产业品种品质品牌"10+3"提升行动以来，广西积极打造"一村一品、一县一业"发展新格局，发展了绿水江香蕉、柳城蜜桔、灌阳雪梨、浦北陈皮、富川脐橙、陆川猪、六堡茶等一批产品，成为当地具有优势的特色产业。从主导产业来看，广西"一村一品"示范村镇的主导产业大类涵盖种植业、林业、养殖业、涉农服务业、非农产业等（图3-7）。其中，种植业占比最大，达到77.18%，包含果品、蔬菜、茶叶、粮油类、棉麻桑蚕类、糖料蔗等作物；林业位居第二，占比8.72%，包含中草药材、花卉苗木、坚果、香料作物等；养殖业位居第三，占比7.39%，包含畜禽蛋奶、水产品等；涉农服务业位居第四，占比6.04%，包含传统食品、电商果苗、休闲旅游等；非农产业仅有1个，为靖西市新靖镇旧州村的旧州绣球。从主导产业在示范村的分布看（图3-8），种植业最多，第二是林业和养殖业，第三是涉农服务业，第四是非农产业；从主导产业在示范镇的分布看（图3-8），种植业最多，第二是林业，第三是养殖业和涉农服务业。

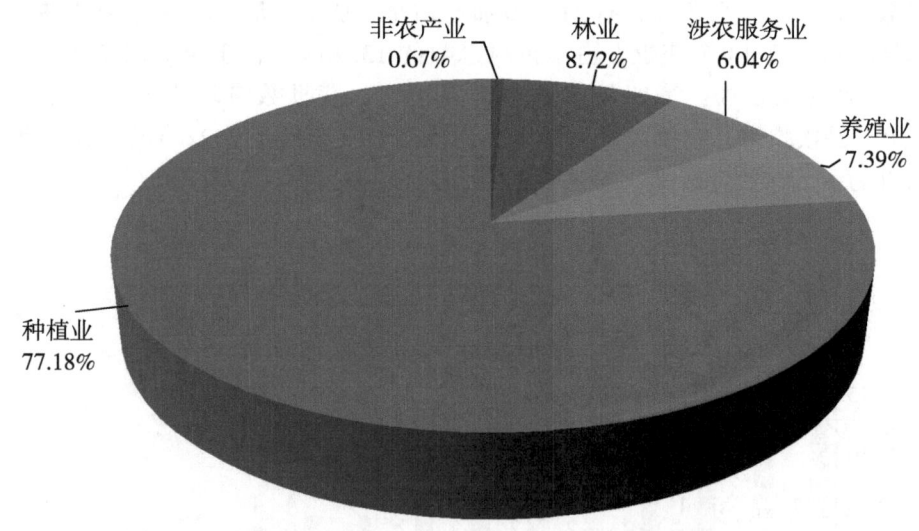

图3-7 广西"一村一品"主导产业大类情况

2. 产品类别

从产品类别来看，广西"一村一品"示范村镇的主导产品主要涉及果品类、蔬菜类、茶叶类、粮油类、中草药材类、畜禽蛋奶类、棉麻桑蚕类、水产类、糖类、休闲农业类、传统食品类、调味品及香料类、工艺品类、花卉苗木类、农产品电商类和中草药材类等十

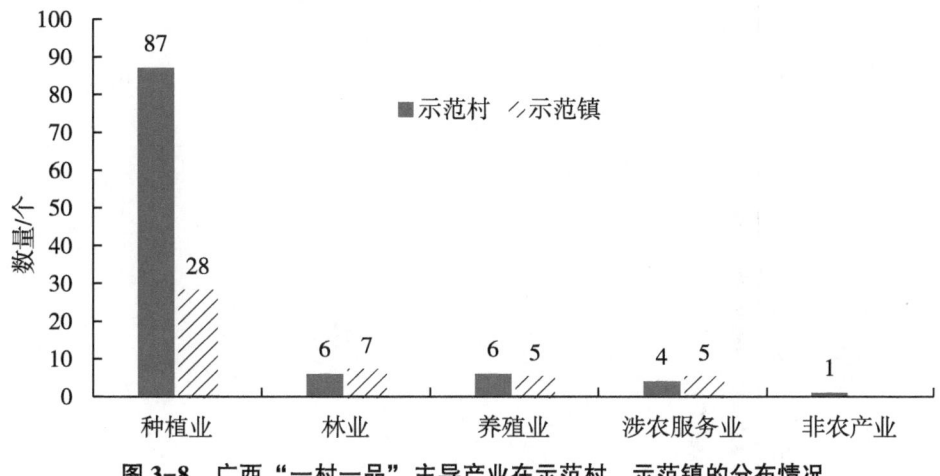

图 3-8 广西"一村一品"主导产业在示范村、示范镇的分布情况

六类（图3-9）。其中，果品类"一村一品"最多，获批59个，占全区比重达39.60%，主要包含柑橘类18个，荔枝和芒果各6个，李子和葡萄各5个，梨和香蕉各3个，百香果、哈密瓜、坚果类、猕猴桃和柿子各2个，番石榴、枇杷和桃各1个（图3-10）；蔬菜类位于第二，有23个获批（表3-6），占比15.44%；茶叶类位居第三，有14个获批（表3-7），占比9.40%；粮油类位居第四，有13个获批，占比8.72%。在"一村一品"的推动下，有效地带动了当地农民脱贫致富增收。

3. 产业聚集度

从产业聚集度看，59个果品类"一村一品"分布在13个地级市（图3-11），主要集中于桂林、百色和柳州等市，总量达到31个，占全区果品总数的52.54%，涉及3个市辖区，1个县级市，12个县，2个自治县，其中百色市以芒果为主导产业的"一村一品"有6个，主要分布在田阳区、右江区和田东县，桂林市以柑橘类产品作为主导产业的"一村一品"就占了5个，占全区果品总数的8.47%，而荔枝"一村一品"产业主要分布在贵港、南宁、北海、梧州和玉林等5个地级市（表3-8）；23个蔬菜类"一村一品"分布在10个地级市（表3-6），主要集中于百色、贺州、贵港、柳州和桂林等市，涉及8个市辖区，6个县，1个自治县，其中百色市的田阳区以蔬菜为主导产业的"一村一品"最多，有3个；14个茶叶类"一村一品"分布在8个地级市（表3-7），主要集中于百色、钦州和梧州等市，涉及9个县级市，2个自治县；粮油类"一村一品"主要分布在桂林、百色、河池、防城港、来宾、贺州、柳州、玉林和南宁等地级市；中草药材类"一村一品"主要分布在桂林、钦州、防城港、玉林、南宁和来宾等地级市；畜禽蛋奶类"一村一品"主要分布在玉林、贵港、河池和玉林等地级市；传统食品类"一村一品"主要分布在梧州、贵港和贺州等地级市；棉麻蚕桑类"一村一品"主要集中在贺州、河池、百色和柳州等地级市；水产类"一村一品"主要集中在北海、防城港和钦州等地级市；糖类"一村一品"主要集中在河池、来宾和贵港等

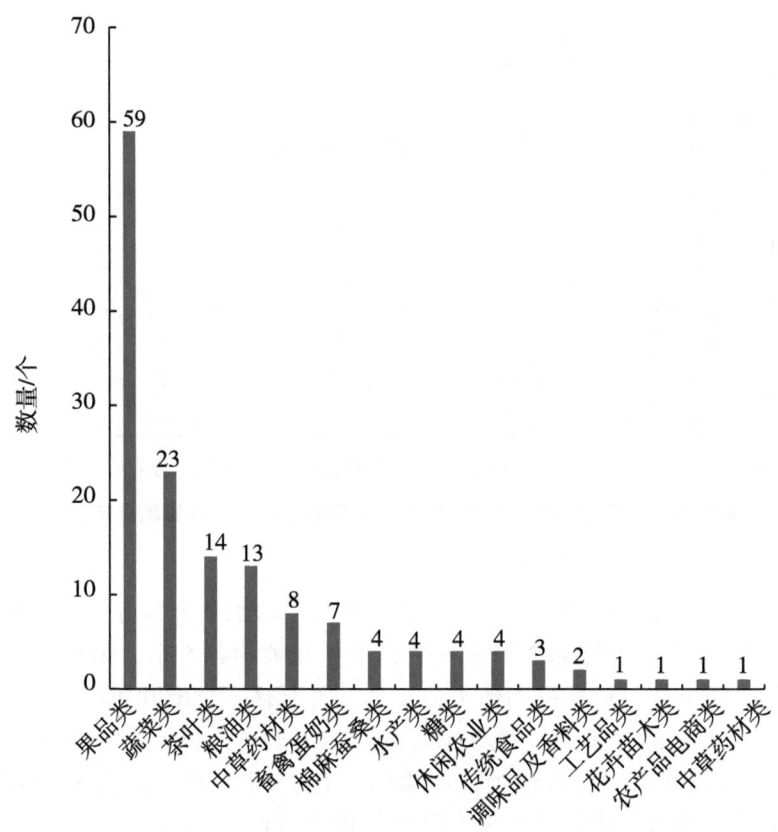

图3-9 广西获批全国"一村一品"示范村镇主导产品类别情况

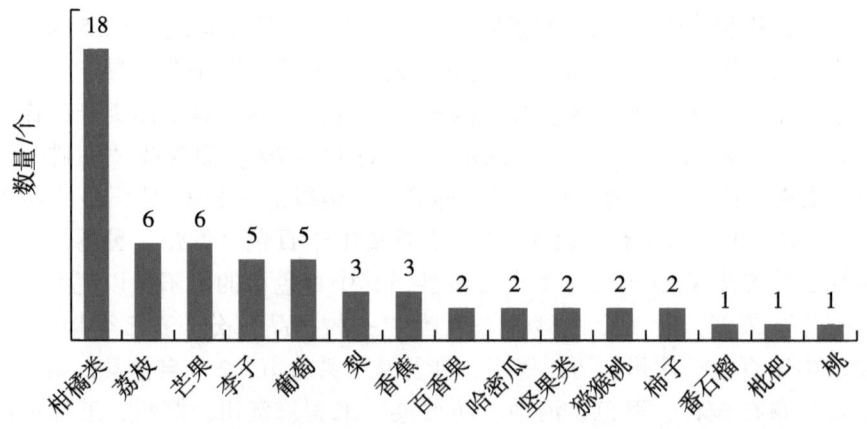

图3-10 广西果品类全国"一村一品"示范村镇主导产品类别情况

地级市。近年来,以休闲旅游为主导产业的"一村一品"示范村镇也得到逐步发展,广西获批4个,主要分布在柳州、桂林和百色等市。

第三章 中国热区"一村一品"发展区域报告

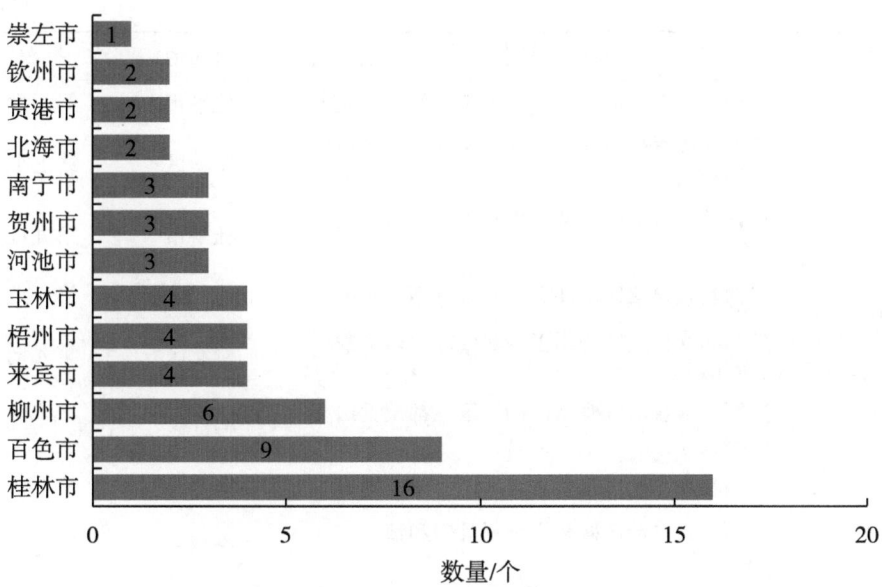

图 3-11 广西果品类全国"一村一品"在各地级市的分布情况

表 3-6 广西蔬菜类"一村一品"示范村镇名单

地区	示范村镇名称	所在地	批次	年份
百色市（6个）	广西壮族自治区田东县祥周镇中平村（香葱）	田东县	第一批	2011
	广西壮族自治区田阳县田州镇兴城村（壮乡红番茄）	田阳区	第二批	2012
	广西壮族自治区田阳县田州镇（壮乡红番茄）	田阳区	第四批	2014
	广西壮族自治区田林县八渡瑶族乡博峨村（平作八渡笋）	田林县	第五批	2015
	广西壮族自治区田阳县田州镇龙河村（伟农番茄）	田阳区	第五批	2015
	广西壮族自治区百色市田东县平马镇四平村（番茄）	田东县	第十一批	2021
贺州市（4个）	广西壮族自治区贺州市平桂管理区鹅塘镇厦岛村（马蹄）	平桂区	第二批	2012
	广西壮族自治区贺州市八步区贺街镇（贺街淮山）	八步区	第四批	2014
	广西壮族自治区贺州市八步区贺街镇双瑞村（临贺淮山）	八步区	第五批	2015
	广西壮族自治区贺州市富川县朝东镇（香芋）	富川瑶族自治县	第十二批	2022

(续表)

地区	示范村镇名称	所在地	批次	年份
贵港市（3个）	广西壮族自治区桂平市金田镇（淮山山药）	桂平市	第一批	2011
	广西壮族自治区贵港市覃塘区覃塘镇龙凤村（覃塘莲藕）	覃塘区	第七批	2017
	广西壮族自治区贵港市桂平市金田镇金田村（淮山）	桂平市	第九批	2019
柳州市（3个）	广西壮族自治区柳江区百朋镇（双季莲藕）	柳江区	第一批	2011
	广西壮族自治区柳州市柳北区沙塘镇洛沙村（食用菌）	柳北区	第九批	2019
	广西壮族自治区柳州市柳江区三都镇觉山村（香葱）	柳江区	第十一批	2021
桂林市（2个）	广西壮族自治区全州县绍水镇（双孢蘑菇）	全州县	第七批	2017
	广西壮族自治区桂林市全州县安和镇（香芋）	全州县	第九批	2019
玉林市（1个）	广西壮族自治区玉林市玉州区仁东镇大鹏村（仁东香蒜）	玉州区	第三批	2013
钦州市（1个）	广西壮族自治区钦州市钦南区那丽镇殿艮村（辣椒、黄瓜）	钦南区	第六批	2016
来宾市（1个）	广西壮族自治区忻城县马泗乡马泗村（马泗果蔬）	忻城县	第三批	2013
河池市（1个）	广西壮族自治区河池市天峨县岜暮乡公昌村（旱藕）	天峨县	第九批	2019
北海市（1个）	广西壮族自治区北海市合浦县石湾镇东江村（豇豆）	合浦县	第十批	2020

表3-7 广西茶叶类"一村一品"示范村镇名单

地区	示范村镇名称	所在地	批次	年份
百色市（5个）	广西壮族自治区凌云县沙里乡浪伏村（有机白毫茶）	凌云县	第一批	2011
	广西壮族自治区西林县古障镇西舍村（京桂古道绿茶）	西林县	第五批	2015
	广西壮族自治区凌云县加尤镇百陇村（凌云白毫茶）	凌云县	第六批	2016
	广西壮族自治区西林县足别瑶族苗族乡央龙村（足龙茶）	西林县	第六批	2016
	广西壮族自治区百色市隆林县德峨镇三冲村（茶）	隆林各族自治县	第十二批	2022

第三章 中国热区"一村一品"发展区域报告

（续表）

地区	示范村镇名称	所在地	批次	年份
钦州市（2个）	广西壮族自治区灵山县平南镇桃禾村（茶叶）	灵山县	第六批	2016
	广西壮族自治区钦州市浦北县北通镇那新村（有机茶）	浦北县	第十批	2020
梧州市（2个）	广西壮族自治区苍梧县六堡镇塘平村（六堡茶）	苍梧县	第七批	2017
	广西壮族自治区梧州市苍梧县六堡镇大中村（六堡茶）	苍梧县	第十一批	2021
崇左市（1个）	广西壮族自治区崇左市扶绥县东门镇六头村（姑辽茶）	扶绥县	第十批	2020
河池市（1个）	广西壮族自治区南丹县六寨镇龙马村（六龙岩赤茶叶）	南丹县	第四批	2014
贺州市（1个）	广西壮族自治区昭平县走马乡福行村（将军红茶叶）	昭平县	第三批	2013
来宾市（1个）	广西壮族自治区来宾市象州县妙皇乡思高村（古琶茶）	象州县	第十二批	2022
柳州市（1个）	广西壮族自治区三江县八江乡布央村（三江春茶叶）	三江侗族自治县	第二批	2012

表3-8 广西果品类主要产业"一村一品"分布区域　　　　　　单位：个

果品类别	桂林市	百色市	柳州市	来宾市	梧州市	玉林市	河池市	贺州市	南宁市	北海市	贵港市	钦州市	崇左市
柑橘类	5	0	4	1	2	3	0	2	1	0	0	0	0
荔枝	0	0	0	0	1	1	0	0	1	1	2	0	0
芒果	0	6	0	0	0	0	0	0	0	0	0	0	0
李子	2	0	0	0	0	0	2	1	0	0	0	0	0
葡萄	3	0	2	0	0	0	0	0	0	0	0	0	0
梨	3	0	0	0	0	0	0	0	0	0	0	0	0
香蕉	0	2	0	0	0	0	0	0	1	0	0	0	0
百香果	0	0	0	0	1	0	0	0	0	0	0	1	0
哈密瓜	0	0	0	1	0	0	0	0	0	1	0	0	0
坚果类	0	0	0	0	0	1	0	0	0	0	0	0	1
猕猴桃	0	1	0	0	0	0	1	0	0	0	0	0	0
柿子	2	0	0	0	0	0	0	0	0	0	0	0	0
番石榴	0	0	0	0	0	0	0	0	0	0	0	1	0
枇杷	0	0	0	1	0	0	0	0	0	0	0	0	0
桃	1	0	0	0	0	0	0	0	0	0	0	0	0
总计	16	9	6	4	4	4	3	3	3	2	2	2	1

（四）年度和获批批次情况

2011年，广西永福县龙江乡龙山村以罗汉果为主导产业、广西柳江区成团镇鲁比村以葡萄为主导产业、广西浦北县官垌镇旺（土充）村以官垌鱼为主导产业、广西凌云县沙里乡浪伏村以有机白毫茶为主导产业、广西荔浦市东昌镇民强村以荔浦芋为主导产业、广西田东县祥周镇中平村以香葱为主导产业、广西桂平市金田镇以淮山山药为主导产业、广西柳江区百朋镇以双季莲藕为主导产业入选了农业部认定的第一批全国"一村一品"示范村镇，标志广西开始进入国家级"一村一品"示范村镇建设的起步阶段。此后，广西"一村一品"呈波动增长的态势（图3-12）。2012—2016年，进入平稳发展期，每年均获得11个示范村镇的认定。2019—2022年进入快速发展期，该期间共获得68个示范村镇的认定。目前在全国已认定的12批"一村一品"示范村镇中，广西最多是在2022年第十二批入选18个示范村镇，最少是在2011年第一批入选8个村镇。

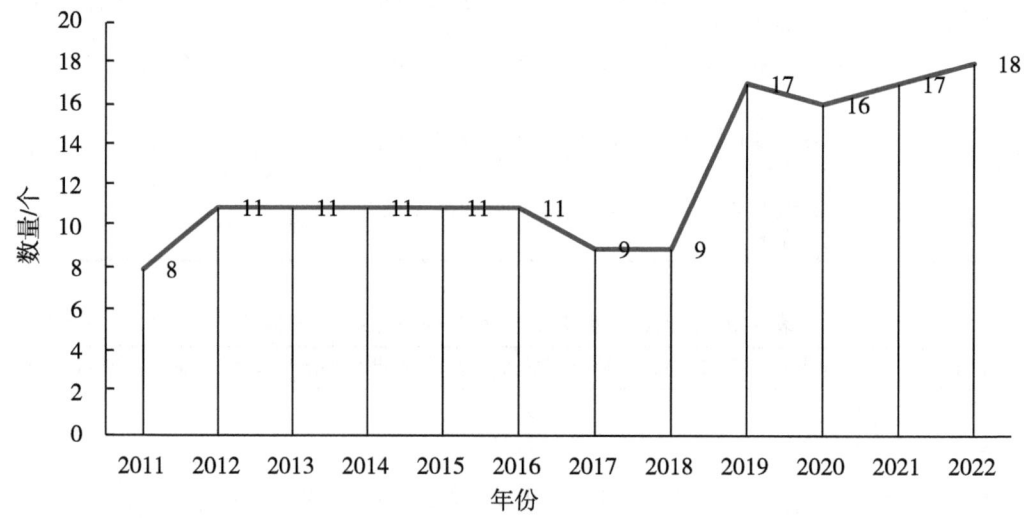

图3-12　2011—2022年广西获批全国"一村一品"示范村镇数量情况

从地级市情况看（图3-13），在2011—2022年全国已认定的12批"一村一品"示范村镇中，桂林市在每一批均有入选的示范村镇，入选批次总量位居全区第一；第二是百色市，除2017年没有入选的示范村镇外，其余11个年份均有入选；第三是贺州市，除2011年、2017年、2019年3年没有入选的示范村镇外，其余9个年份均有入选。入选批次最少的是崇左市，仅2020年、2021年有入选。

三、广西"一村一品"品牌关联分析

（一）"一村一品"产品同时是地理标志产品情况

截至2022年3月，广西获农业农村部批准登记保护的地理标志产品有165个。将广西149个全国"一村一品"示范村镇产品与165个地理标志农产品进行数据关联分析，结果显示有37个"一村一品"同时获得农产品地理标志登记保护，分别为安和香芋、百色番茄、百色红茶、防城港金鲳鱼、防城港泥丁、官垌草鱼、广西六堡茶、桂林

第三章 中国热区"一村一品"发展区域报告

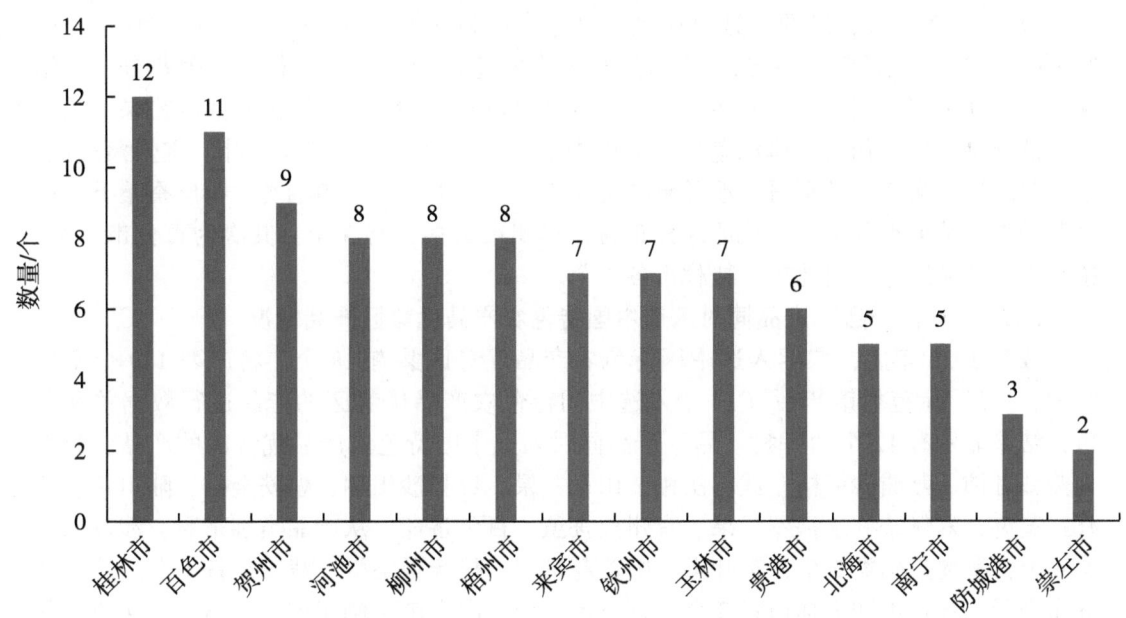

图3-13 广西入选全国"一村一品"示范村镇批次数量情况

砂糖桔、金田淮山、来宾甘蔗、荔浦砂糖桔、灵山绿茶、灵山奶水牛、柳江莲藕、南丹六龙茶、上思香糯、天峨六画山鸡、兴安葡萄、宜州桑蚕茧、八步三华李、百色芒果、北流荔枝、富川脐橙、恭城月柿、古琶茶、灌阳雪梨、贺街淮山、荔浦芋、柳城蜜桔、龙胜红糯、龙滩珍珠李、陆川猪、麻垌荔枝、南丹巴平米、融安金桔、覃塘莲藕、永福罗汉果。从产品类别来看，全国"一村一品"同时是地理标志产品最多的是果品类，有13个，其中柑橘类水果有5个；第二是蔬菜类，有7个；第三是茶叶类，有5个；其余的水产类和畜禽蛋奶类、粮油类各有3个，中草药材类、糖类、棉麻蚕桑类各1个。从地区分布来看，桂林市最多，有9个；第二位是河池市，有5个；第三位是百色市、防城港市、贵港市、贺州市、柳州市和玉林市，均有3个；其余是来宾市和钦州市，各2个，梧州市为1个。

（二）"一村一品"产品同时入选全国名特优新农产品名录情况

截至2022年底，广西现有87个农产品入选全国名特优新农产品名录，与广西149个全国"一村一品"示范村镇产品进行数据关联分析，结果显示有15个"一村一品"同时入选全国名特优新农产品名录，分别为富川脐橙、恭城月柿、灌阳雪梨、荔浦砂糖桔、麻垌荔枝、容县沙田柚、京桂古道茶、灵山绿茶、南丹六龙茶、三江茶、贺街淮山、金田淮山、荔浦芋、陆川猪、永福罗汉果。从产品类别看，全国"一村一品"同时入选全国名特优新农产品名录最多的是果品类，有6个，茶叶类4个，蔬菜类3个，其余为畜禽蛋奶类和中草药材类各1个。从地区分布看，桂林市最多，有5个；其次为贵港市、贺州市和玉林市，均有2个；其余百色市、河池市、柳州市和钦州市各1个。

（三）"一村一品"产品同时入选全国乡村特色产品情况

截至 2022 年底，广西入选全国乡村特色产品目录共有 32 个。将广西 149 个全国"一村一品"示范村镇产品与 32 个入选全国乡村特色产品目录进行数据关联分析，结果显示有 9 个"一村一品"同时入选全国乡村特色产品目录，分别为百色芒果、乐业红心猕猴桃、鲁比葡萄、柳江莲藕、上思香糯、梧州六堡茶、三江茶叶、宜州桑蚕茧、永福罗汉果。从产品类别看，涉及果品类 3 个，茶叶类 2 个，粮油类、棉麻蚕桑类、中草药材类、蔬菜类各 1 个。从地区分布看，柳州市最多，有 3 个，其次为百色市 2 个，梧州市、防城港市、河池市、桂林市各 1 个。

（四）"一村一品"产品同时入选中国特色农产品优势区产品情况

截至 2022 年底，广西入选中国特色农产品优势区共有 18 个。将广西 149 个全国"一村一品"示范村镇产品与 18 个入选中国特色农产品优势区的产品进行数据关联分析，结果显示有 12 个"一村一品"产品同时入选中国特色农产品优势区的产品，分别为恭城月柿、荔浦砂糖桔、武鸣沃柑、田东芒果、容县沙田柚、融安金桔、陆川猪、玉林三黄鸡、六堡茶、永福罗汉果、宜州桑蚕茧、百色番茄。从产品类别来看，涉及果品类 6 个，畜禽蛋奶类 2 个，茶叶类、中草药材类、棉麻蚕桑类、蔬菜类各 1 个。从地区分布来看，桂林市和玉林市各 3 个，百色市 2 个，南宁市、柳州市、梧州市、河池市各 1 个。

（五）"一村一品"产品同时入选中国农业品牌目录情况

截至 2022 年底，广西入选中国农业品牌目录产品有 11 个。将广西 149 个全国"一村一品"示范村镇产品与 11 个入选中国农业品牌目录产品进行数据关联分析，结果显示有 8 个"一村一品"产品同时入选中国农业品牌目录产品，分别为横县茉莉花、荔浦芋、百色芒果、南宁香蕉、融安金桔、富川脐橙、阳朔金桔、永福罗汉果。从产品类别来看，涉及果品类 5 个，中草药材类 2 个，粮油类 1 个。从地区分布来看，桂林市最多，有 3 个，南宁市 2 个，柳州市、贺州市、百色市各 1 个。

综上分析，在广西 149 个全国"一村一品"示范村镇产品中，有 24.83% 获得农产品地理标志登记保护，占全区地理标志总数的 22.42%；有 10.07% 入选全国名特优新农产品名录，占全区入选全国名特优新农产品名录总数的 17.24%；有 6.04% 入选全国乡村特色产品，占全区入选全国乡村特色产品总数的 28.13%；有 8.05% 入选中国特色农产品优势区产品，占全区入选中国特色农产品优势区产品总数的 66.67%；有 7.38% 入选中国农业品牌目录，占全区入选中国农业品牌目录总数的 72.73%。总体来看，广西农产品品牌建设成效比较明显。通过"一村一品"品牌关联度分析，关联度最高的是桂林的永福罗汉果，既被认定为"一村一品"示范村镇产品、农产品地理标志产品，同时又入选全国名特优新农产品名录、中国农业品牌目录、中国特色农产品优势区、全国乡村特色产品。此外，同时获得以上 6 种品牌荣誉中 4 种的产品有 8 种，分别为百色芒果、富川脐橙、恭城月柿、荔浦砂糖桔、荔浦芋、陆川猪、融安金桔、宜州桑蚕茧；同时获得以上 6 种品牌荣誉中 3 种的产品有 11 种，分别为百色番茄、灌阳雪梨、贺街淮山、金田淮山、灵山绿茶、柳江莲藕、麻垌荔枝、南丹六龙茶、容县沙田柚、三江茶叶、上思香糯（表 3-9）。

表 3-9 广西"一村一品"产品品牌关联分析汇总　　　单位：个

产品	全国"一村一品"示范村镇产品	中国农业品牌目录	地理标志产品	全国名特优新农产品	全国乡村特色产品	中国特色农产品优势区	合计次数
永福罗汉果	1	1	1	1	1	1	6
百色芒果	1	1	1	0	1	0	4
富川脐橙	1	1	1	1	0	0	4
恭城月柿	1	0	1	1	0	1	4
荔浦砂糖桔	1	0	1	1	0	1	4
荔浦芋	1	1	1	1	0	0	4
陆川猪	1	0	1	1	0	1	4
融安金桔	1	1	1	0	0	1	4
宜州桑蚕茧	1	0	1	0	1	1	4
百色番茄	1	0	1	0	0	1	3
灌阳雪梨	1	0	1	1	0	0	3
贺街淮山	1	0	1	1	0	0	3
金田淮山	1	0	1	1	0	0	3
灵山绿茶	1	0	1	1	0	0	3
柳江莲藕	1	0	1	0	1	0	3
麻垌荔枝	1	0	1	1	0	0	3
南丹六龙茶	1	0	1	1	0	0	3
容县沙田柚	1	0	0	1	0	1	3
三江茶叶	1	0	1	1	0	0	3
上思香糯	1	0	1	0	1	0	3

四、广西"一村一品"发展模式

近年来，广西因地制宜大力发展特色农业产业为主导的"一村一品"，涌现了党建引领型、服务组织推动型、龙头企业带动型、政产学研支撑型等代表性的产业发展模式。

（一）党建引领型

入选第十二批全国"一村一品"示范村镇的象州县妙皇乡思高村，有种植"古琶茶"的传统，目前种植面积已有 2 600 亩，年产值 5 000 万元左右。通过党建引领发展产业链及集体经济，积极构建"党支部+专业合作社+农户"产业链条。通过"支部搭台、合作社唱戏、党员带头、群众参与"的模式,大力发展古琶传统茶叶。2022年,思高村176户,约2 600亩茶园土地,通过"党支部+企业+合作社+农户"的形式,带动402户农户发展茶产业,每户年均增收1万多元。入选第十一批全国"一村一品"示范乡镇的桂林市全州县才湾镇南一村,以发展葡萄产业为抓手,采用"党建+特色文化+旅游"的多元发展模式,打造葡萄种植"绿色长廊"。通过"党组织+企业+合作社+农户"的发展模式,建立村企结对帮扶机制、村村合作帮扶机制,实现农村劳动力转移就业190人,村民在农闲时节即可实现"家门口"就业,并以举办葡萄节、葡萄展销会、葡萄采摘等进果园旅游活动和有机农产品包装销售等方式,带动二三产业业态发展。入选第十二批全国"一村一品"示范乡镇的藤县古龙镇,近年来依托丰富的山林资源优势,以"党支部+合作社+协会"形式大量繁育种植优质八角,建设山上"绿色银行",建成集八角深加工、八角集散中心、生物制药等为一体的延长产业链综合加工项目,促进八角产业转型升级和高质量发展,助力当地乡村振兴,现有八角成林约18万亩,全镇八角成林人均超过3亩。

（二）服务组织推动型

入选第六批全国"一村一品"示范村镇的林逢镇东养村,在该村经济能人黄涛的带动下,先后成立了田东百冠芒果农民专业合作社、田东百冠商贸有限公司和田东百冠电子商务有限公司,每年带领农民闯市场,通过搭建电子商务线上营销平台和线下服务平台,不断提高芒果市场占有率。目前,林逢镇通过电商平台销售芒果3.2万吨,年销售额约3.2亿元,利润近4 800万元。仅此一项,该镇农民人均可增收约2 100元。既提升了芒果品牌战略,又促进了农民增收,不断提高品牌效应。入选第九批全国"一村一品"示范村镇的玉林河池市南丹县城关镇四山村,围绕猕猴桃主导产业,以"公司+合作社+农户+基地"的模式,由广西旭昇农业发展有限公司统一管理、统一包装、统一品牌、统一销售,注册了"旭昇"商标品牌,获得了绿色食品认证。目前猕猴桃种植面积800亩,覆盖该村293户农户,覆盖率达80%,年产量达400吨以上,产值640多万元,已成为南丹县猕猴桃核心示范区,为乡村振兴提供坚实产业支撑。入选第十二批全国"一村一品"示范乡镇的百色市隆林县德峨镇三冲村,以茶叶为主导产业,按照"公司+基地+农户+合作社"的产业化经营模式,积极培育壮大茶叶产业,带动了400多户农户积极参与茶叶产业的种植、加工、开发,年产干茶达100多吨,每年有价值3 000多万元的红茶、绿茶、白茶销往全国各地。

（三）龙头企业带动型

入选第十二批全国"一村一品"示范村镇的贵港市覃塘区樟木镇,近年来加快推进生猪养殖产业发展,以"农牧循环""猪+甘蔗"等生态种养模式培植多元化名优农产品,同时引进农业产业化国家龙头企业天邦食品股份有限公司旗下贵港市汉世伟食品科技有限公司、贵港市东伟食品有限公司等多家龙头企业,打造饲料、种猪、育肥猪、屠宰加工的全产业链,构建以"农业龙头企业（基地）+专业合作社+家庭农场+农户"为主体的农业经营模式,不断推动生猪产业集聚化、标准化、规模化、品牌化发展。2022年,实现生猪产业年产值7.3亿元,年加工猪肉制品2.2万吨,加工产值达32亿元,生猪产业带动从业人员近8 000人,年人均收入近2万元。

入选第四批全国"一村一品"示范乡镇的南宁市隆安县那桐镇定江村，是广西香蕉生产第一村，近年来，该村以大部分土地流转给国家级农业产业化龙头企业——广西金穗农业集团有限公司，联合开发建设。通过农业龙头企业带动、经济能人带头，实行土地集约化、规模化、产业化经营和开发，大力发展香蕉生产，把香蕉产业做大做强。"绿水江"牌香蕉在全国26个省、38个市均已形成了较稳定的销售网络，并远销日本、俄罗斯、哈萨克斯坦等国外市场。

（四）政产学研支撑型

入选第六批全国"一村一品"示范村镇的凌云县加尤镇百陇村，具有近百年的茶叶种植历史，现有茶园面积6 300亩，从事茶业劳动力1 107人，占全村劳动力的75%。通过地方政府搭台，采取"龙头企业+科教机构+农民合作组织+农户"有机结合的发展模式，由正道茶业公司和合作社带动，鲜叶销售有保障，正道茶业公司与广西职业技术学院进行校企合作，聘请教授级专家进行茶叶生产技术指导和科学研究，茶园护理、加工、信息、技术、品牌、市场、人才均具有优势，对充分依靠当地资源，发展白毫茶特色产业，促进农民增收具有典型的示范作用。

五、广西全国"一村一品"典型案例

（一）特色种植

1. 广西壮族自治区南宁市武鸣区双桥镇（沃柑）

南宁市武鸣区具有发展水果种植产业得天独厚的优势，柑橘类水果更是其重要的经济作物之一。近年来，南宁市武鸣区通过政府主导，全力打造"武鸣沃柑"区域公用品牌并取得重大成果。武鸣沃柑的种植面积从2012年的800多亩发展到2022年的46万亩，产量从2014年7 334吨增加到2022—2023年采收季的150万吨，占全国沃柑产量的1/5，相当于市场上每5个沃柑就有1个来自武鸣，带动了大批农民增收致富。武鸣区下辖的双桥镇是沃柑种植的主要产区，辖区内有着数十万亩的沃柑种植果园和延绵数千米的沃柑交易市场，武鸣双桥镇因地制宜，大力发展沃柑种植，种植规模达10.2万亩，年产量约33万吨，总产值已超十亿元。得益于沃柑，2018年双桥镇荣获第八批全国"一村一品"示范村镇，2021—2022连续两年入围"全国乡村特色产业产值超十亿元镇"，产品远销海内外。为促进武鸣沃柑产业的发展，双桥镇采用优质高效栽培技术以确保产量和品质，打造自己的优质沃柑品牌，不断延伸沃柑产业链，增加其附加值，利用产业链带动利润增长，让沃柑成为增收致富的阳光产业。

2. 广西壮族自治区南宁市横县校椅镇石井村（茉莉花）

2015年，国际茶叶委员会授予横县（现为横州市）"世界茉莉花和茉莉花茶生产中心"。横州市种植茉莉花已有六七百年的历史，茉莉花（茶）产量均占全国总产量的80%，占世界总产量的60%。近年来，横州市着力强龙头、补链条、聚集群，逐步构建茉莉花+花茶、盆栽、食品、旅游、用品、餐饮、药用、体育、康养"1+9"产业集群，推动当地产业振兴。2021年，该市茉莉花种植面积约12.5万亩，年产茉莉鲜花10.2万吨，有130多家花茶企业，其中有规模以上企业30余家，年产茉莉花茶8万吨，全年全市茉莉花（茶）产业综合年产值达143.8亿元。石井村是南宁市横州市主要的茉莉花产区，近年来依靠采摘茉莉花，石井村通过"抱团发展"模式，联合其他村级股份合作社整合资金480万元，建成了石井村茉莉鲜花交易市场。2021年，石井村茉莉花连片种植基地面积达5 000多亩，年人均收入达到19 800元。2022年，石井村建成超5 000亩的水肥一体化茉莉花标准种植基地，按照标准种植，茉莉花花期可延长1~1.5个月，每亩可增产约100千克，年产鲜花约5 000吨，农民人均纯收入2万多元。

3. 广西壮族自治区桂林市全州县安和镇（香芋）

香芋是全州县安和镇重要的产业支柱，已有上千年的种植历史，因皮薄肉粉、香味浓郁、较耐贮藏和运输，是桂林市的名特优产品，享誉区内外。近年来，安和镇立足本地优势资源，因地制宜大力发展香芋农产品产业，通过选优配强队伍挖潜赋能、建强组织阵地串点成面、打造特色品牌创新发展，推动安和镇产业发展，走出一条乡村振兴的致富道路。通过引入广西徐七二食品有限公司、桂林鑫晶琳食品有限公司等新型农业经营主体和农业经营性社会化服务组织，按照"六个一"管理模式，实现香芋生产加工管理销售一体化，并且安和镇着力打造全州县（安和镇）都庞芋香特色农业现代化示范区，投入资金4 000余万元，强化示范区基础设施，建设安和香芋配套设施，高标准严保障"安和香"香芋品牌的"金字招牌"。2019年，示范区被认定为"现代特色农业市级示范区"，同年安和镇被认定为第九批全国"一村一品"示范村镇。截至2022年，全镇种植香芋2万余亩，总产值约1.6亿元。示范区辐射带动全镇5 840余户农户从事香芋农产品种植行业，占全镇农户总数的56.02%。

（二）特色养殖

1. 广西壮族自治区贺州市平桂区羊头镇（生猪）

贺州市平桂区羊头镇是畜牧业大镇，生猪产业是羊头镇畜牧业的重要支柱。近年来，羊头镇通过规模化布局、龙头化带动、品牌化提升、全产业链发展，推动全镇各现代特色产业提质扩面，持续扩大产业优势，从而实现农业经济稳步增长。从2020年开始，贺州市通过招商引资引入生猪养殖企业，实现东温氏、新希望、京基智农等国家级农业产业化重点龙头企业，另引进利源、双胞胎、杨翔、正邦等企业，以"公司+农户"模式辐射带动超200家规模养殖户。2020年，羊头镇被农业农村部认定为第十批全国"一村一品"示范村镇；2022年，京基智农百万头生猪产业链项目正式投产，全镇饲养生猪37.59万头，生猪出栏25.89万头，年总产值超29亿元，入选全国乡村特色产业超十亿元镇名单。

2. 广西壮族自治区玉林市兴业县大平山镇陈村社区（三黄鸡）

兴业县是"中国三黄鸡之乡"，广西最大的养鸡大县。作为"三黄鸡之乡"，兴业县年出栏肉鸡1.3亿羽，约占广西的1/7，总量居全区第一。从鸡蛋到肉鸡出栏再到生鲜冷冻产品，融入三黄鸡产业链的农户达5 160户，3.1万人；包括脱贫户在内，兴业县全县五大特色产业链条共带动10.2万人增收致富。大平山镇陈村有"广西养鸡第一村"之称。近年来，陈村社区结合自身优势产业，依托春茂集团、富民牧业、庞大养殖等多家市级农牧龙头企业，成立陈村股份经济合作社，建立起"公司+农户+基地"养殖模式。大力引导村民发展种鸡、肉鸡、鸡苗等养殖，形成"统一品牌、统一饲料、统一技术、统一销售"的农业产业化经营格局，闯出一条养殖致富新路子。2020年，陈村入选第十批全国"一村一品"示范村镇（三黄鸡）。目前，陈村社区已建起肉鸡生产基地2个，年出栏肉鸡974万羽，产值达29 220万元，全村农业生产总值达41 742.86万元，2021—2022年陈村连续两年荣获"亿元村"称号。

（三）农产品加工及特色食品

1. 广西壮族自治区钦州市浦北县龙门镇（浦北陈皮）

浦北陈皮产业发展历史悠久。明清以来，浦北人便有种植柑橘的习惯，素称"扁柑之乡"，到20世纪八九十年代，种植面积和产量均居广西之最。2022年浦北县制定印发了《浦北县陈皮产业高质量发展五年行动方案（2022—2026年）》，在产业布局、良种培育、生产、研发、推广等方面实行"一条龙"服务，推动实现陈皮产业一二三产业融合发展产值超100亿元，形成"大基地+大加工+大科技+大融合+大服务"五位一体现代农业产业园发展格局。目前，该县大红柑种植面积达12.82万亩，打造连片生产基地213个。2022年，大红柑鲜果产量达11万吨，陈皮产业产值突破30亿元。浦北陈皮制作技艺始于龙门镇，作为浦北陈皮交易中心，大量的陈皮在龙门镇集散交易，年交易量达550万千克。2021年，该镇柑橘总产量约7 500万千克，总产值约21.2亿元；陈皮产量约300万千克，产值4.6亿元；加工柑普茶约625万千克，产值12.5亿元，带动8 000多人就业。2022年浦北县陈皮协会、浦北县龙门镇陈皮产业代表联络站先后在龙门镇挂牌成立，助推龙门镇陈皮产业高质量发展。

2. 广西壮族自治区梧州市藤县太平镇（米饼）

藤县米饼是藤县家喻户晓的地方特色小吃，2020年米饼制作工艺入选了第八批自治区级非物质文化遗产代表性项目名录。藤县太平镇是藤县米饼的主产区，近年来米饼市场也在逐渐扩大，多家规模化的工厂加入太平米饼的生产队伍。根据太平镇政府提供的数据显示，目前该镇获得太平米饼生产许可证的厂家有10个。太平镇米饼年产量达5 000多万只，年产值达6 500多万元，直接、间接带动其他产业产值超3.2亿元。2020年，太平镇入选第十批全国"一村一品"示范村镇。为了适应销售渠道的变迁，除米饼传统的包装方法外，太平镇米饼新增独立包装与礼盒包装等，"旧艺"穿上"新衣"，米饼的制作工艺融入新时代元素，使其在电商渠道的销售竞争力更强。

（四）特色文化（如传统手工技艺、民俗文化等）

广西壮族自治区靖西市新靖镇旧州村（旧州绣球）

广西靖西市位于我国西南边陲，有制作绣球的悠久历史，被誉为"中国绣球之乡"。绣球从前是男女定情信物，如今成为广受欢迎的伴手礼、香囊，销往全国各地，并通过电商平台出口到东南亚等地。新靖镇旧州村的绣球制作最具代表性，对于当地人来说，绣球不仅代表古老的手工艺，更是增收致富的手段，旧州村500多户人家，每家每户都有人会制作绣球，全村年产绣球30余万个，产品畅销各地，远销国外。2012年，靖西壮族绣球制作技艺被列入自治区级非物质文化遗产代表性项目名录，同年也入选第二批全国"一村一品"示范村镇。近年来，旧州街按照技艺传承、技能培训、产业带动等方式，保护、传承和发展壮锦、绣球制作技艺，把传统文化、节庆文化、文创产品等融入景区景点，打造集绣球制作销售、民俗技艺展示、古村镇、文物古迹等为一体的文化产业示范基地，让优秀传统文化活起来、传下去。

（五）新业态（如休闲旅游、电子商务等）

1. 广西壮族自治区钦州市灵山县武利镇汉塘村（电商果苗）

灵山县武利镇汉塘村有1 050户人家，网店却多达230家。汉塘村被誉为"灵山农村电商第一村"，也成了全国闻名的"电商村"。果苗是汉塘村的经济来源之一，借助互联网，村民种植的果苗飞越千山万水。汉塘村的村委充分发挥优秀电商典型以点带面的功效和力量，采用"公司+农户"的经营模式，大力发展苗木繁育和销售，注重优秀电商典型在脱贫攻坚中的示范导向作用，积极引导更多青年通过"互联网+"电商模式，参与脱贫攻坚中，走发展"互联网+农村电商"的道路。汉塘村还培育芒果类、荔枝类、绿化苗木等200余个"名、特、优、稀"苗木品种，并依托网店进行销售，形成各种果苗培育产销一体系。2019年，汉塘村（电商果苗）入选第九批全国"一村一品"示范村镇名单。近年来，汉塘村农户通过发展"互联网+农村电商"，年人均增收1.5万元，带动农民种植果苗800余户，带动周边种植果苗增长到3 000亩，电商创业青年500余人，脱贫达30户。

2. 广西壮族自治区桂林市龙胜县龙脊镇（休闲旅游）

龙脊镇是龙胜各族自治县下辖镇，龙脊景区所在地。近年来，龙脊镇依托全球重要农业文化遗产丰富的生态资源、多彩的民族文化，把旅游业作为支柱产业、核心产业、品牌产业和生命产业来打造，创新全域旅游资源开发模式，走出了一条生态、旅游、健康"三位一体"的发展之路。2021年，龙脊镇入选第十二批全国"一村一品"示范村镇。龙脊镇党建赋能，推动乡村旅游新发展。实行"党小组兜底、党员带头协作"模式，以民俗节庆为载体，打造"天下第一长发村"歌舞表演，大力推出沿河漂流、长发梳妆等旅游项目，让农户的收入翻番。2021年，整个龙脊梯田景区内的1 000多户群众都在年前领到了旅游分红，这笔丰厚的"年终奖"总额达746.8万元。当年，景区群众各种旅游消费收益达2亿多元，大寨全村人均年收入突破1.6万元。2022年旅游接待带动村民每年每户增收5万余元。龙脊镇实现产品开发与民俗文化相结合，引进龙头公司，推出"长发小寨"洗护系列产品，形成"村集体+基地+产品+销售平台"一体化生产经营模式，实现一二三产业深度融合。2022年实现营业收入1.3亿元，当地群众分红60万元，户均8 000元。

参考文献

宾阳, 林延昌. 广西龙胜各族自治县龙脊镇：今日瑶寨好风光［EB/OL］. 中国文化报（2022-09-20）［2023-08-25］. http://guangxi.china.com.cn/2022-09/20/content_42113833.html.

邓盛龙, 何少凤. 兴业县以工业化理念谋划乡村产业 冷链物流让农业供应链热起来［N］. 广西日报, 2022-05-15 (1).

邓振福, 秦丽云, 唐宏, 等. 桂林市全州县"三产"齐展翼, 跑出致富"加速度"［N］. 南国早报, 2022-10-16 (19).

付华周, 伍艺涛. 航拍横州中华茉莉园: 万亩茉莉花飘香 [EB/OL]. (2022-09-06) [2023-08-25]. http://gx.people.com.cn/n2/2022/0906/c179464-40112824.html.

广西壮族自治区统计局, 国家统计局广西调查总队. 2022年广西壮族自治区国民经济和社会发展统计公报 [EB/OL]. (2023-03-31) [2023-08-25]. http://tjj.gxzf.gov.cn/syyw/t16224266.shtml.

贵港市农业农村局. 贵港市"一镇一村"荣获国字号荣誉 [EB/OL]. (2023-03-20) [2023-08-25]. http://nyncj.gxgg.gov.cn/nydt/t16106452.shtml.

桂林日报社新媒体运营部. "财富榜"公布! 桂林多地入选 [N/OL]. 桂林晚报, 2023-03-14 [2023-08-25]. https://www.sohu.com/a/654269581_120998630?scm=1102.xchannel:325:100002.0.6.0.

横州市融媒体中心. 校椅镇: 产业兴 村民富 乡村美 [EB/OL]. (2022-11-08) [2023-08-25]. http://nny.nnnews.net/sharePoster/p/3137572.html.

黄冠华. 兴业县陈村社区: 全国"亿元村"是这样炼成的 [EB/OL]. (2023-06-06) [2023-08-25]. http://www.gx.chinanews.com.cn/gxgd/2023-06-06/detail-ihcqcizu1997800.shtml.

黄秋云. 南丹县: 城关镇四山村荣获"广西优秀一村一品村镇"称号 [EB/OL]. (2019-03-26) [2023-08-25]. http://m.gxcounty.com/show-20-147804-0.html.

黄正西. 田东县: 林逢镇全力打造全国"一村一品"升级版 [EB/OL]. (2018-08-16) [2023-08-25]. http://www.gxxczx.com/cyxw/201808/1653.html.

蒋翔. 广西全州: 乡村振兴路上"芋"来"芋"旺 [EB/OL]. (2022-09-01) [2023-08-25]. https://tougao.12371.cn/gaojian.php?tid=4782838.

康安, 黎赞辉, 陆喜击. 一块陈皮"带旺"特色农业 [N]. 广西日报, 2022-11-14 (1).

李伟明. 藤县古龙镇入选全国乡村特色产业产值超十亿元镇 [N]. 广西日报, 2023-03-24 (4).

林伟. 以特色筑优势, 挺起广西乡村产业振兴的脊梁 [EB/OL]. (2022-09-16) [2023-08-25]. http://opinion.gxnews.com.cn/staticpages/20220916/newgx63244a48-20892060.shtml.

隆海玉, 2020. "一村一品"促进农业产业化发展的实证研究 [D]. 南宁: 广西大学.

蒙昌东, 周捷. 龙胜县龙脊镇: 聚力打造党建品牌 撬动文旅融合发展 [EB/OL]. (2023-06-06) [2023-08-25]. http://zhdj.guilindj.gov.cn/WebSite/contents/29/167959.html.

南宁人大. 武鸣区双桥镇人大: 沃柑淘金路 因你更精彩 [EB/OL]. (2023-06-08) [2023-08-25]. http://rd.nanning.gov.cn/main/wuming/20230608/752086.html.

潘登，何学俏，林丹莉. 藤县：太平米饼寄托乡愁　做大产业 [N]. 广西日报，2021-02-23（11）.

潘云锋，陆喜击. 用好园区资源 壮大优势产业：钦州浦北县集聚要素实施提质壮大工程 [N]. 广西日报，2022-02-18（11）.

庞革平. 壮乡山村　绣球传情（寻找最美乡村·旧州村） [N]. 人民日报，2023-02-01（4）.

浦北县委宣传部. 浦北：奋力谱写小陈皮大产业新篇章 [N]. 广西日报，2022-11-28（9）.

秦丽云，黄剑蓉，刘校生，等. 香芋"芋"出亿元绿色产业 [N]. 桂林日报，2022-08-19（7）.

苏寒梅，龙雪葵. 横州市石井村：绘就乡村振兴壮美画卷 [EB/OL].（2022-10-18）[2023-08-25]. http://nn.gxnews.com.cn/staticpages/20221018/newgx634e60fc-20926311.shtml.

韦继川. 与农户互利共赢：记隆林德峨镇三冲村党员陶思艺 [N/OL]. 广西日报，2019-10-08 [2023-08-25]. http：//www.gxnews.com.cn/staticpages/20191008/newgx5d9bbd12-18722238.shtml.

巫美桥红，熊莉. 全国每五个沃柑就有一个来自武鸣：看武鸣沃柑如何打造成百亿元产业 [N]. 广西日报，2023-07-11（5）.

象州县融媒体中心. 象州这个村被认定为全国"一村一品"示范村 [EB/OL].（2023-03-22）[2023-08-25]. http://www.xiangzhou.gov.cn/zwdt/xzyw/t16119348.shtml.

新浪网. 隆安县那桐镇定江村：小香蕉大产业　龙头企业跑前线 [EB/OL].（2019-11-08）[2023-08-25]. http：//k.sina.com.cn/article_2810373291_a782e4ab02001enjq.html.

张雅洁. 平桂区人大代表、羊头镇镇长邹川：多点突破　全面开花　富裕一方百姓 [EB/OL].（2023-05-12）[2023-08-25]. http：//www.chhzm.com/xw/bdxw/202305/t20230512_183803_wap.html.

第三节　广东省"一村一品"发展报告

广东省，位于中国大陆最南部。全省总面积17.98万平方千米，地势总体北高南低，地貌类型复杂多样，有山地、丘陵、台地和平原，其面积分别占全省土地总面积的49.78%、17.62%、12.82%和19.78%。东临福建省，南邻南海，西接广西壮族自治区，北接江西省、湖南省，珠江口东西两侧分别与香港、澳门特别行政区接壤，西南部雷州半岛隔琼州海峡与海南省相望。广东省辖广州、深圳、珠海、汕头、佛山、韶关、河源、梅州、惠州、汕尾、东莞、中山、江门、阳江、湛江、茂名、肇庆、清远、潮州、揭阳、云浮21个地级市，其下辖65个市辖区、20个县级市、34个县、3个少数民族自治县。2022年底,全省常住人口1.27亿人,世居少数民族有壮、瑶、畲、回、满族,全省少数民族人口占全省总人口的3.74%。

近年来,广东省强力实施乡村振兴战略,强化现代农业产业体系建设,突出农业产业集群,培育多元业态,助推农业产业高质量发展。重点发展粮食、岭南水果、蔬菜、畜禽、水产、南药、饲料、特色食品及饮料、花卉、茶叶、现代种业、调味品等产业,聚焦菠萝、荔枝、茶叶、柚子、生猪、深海网箱养殖等优势产业区(带),一二三产业融合创新发展呈现新格局,乡村产业不断壮大,农产品供给能力不断提升。2022年,全年粮食产量1 291.54万吨,同比增长0.90%;糖蔗产量1 107.76万吨,下降0.90%;油料产量117.43万吨,增长0.10%;蔬菜产量3 999.11万吨,增长3.70%;水果产量1 896.27万吨,增长3.80%;茶叶产量16.08万吨,增长15.30%;猪牛羊禽肉产量475.82万吨,同比增长5.30%;生猪存栏2 195.86万头,增长5.80%;生猪出栏3 496.79万头,增长4.80%。

广东农业主要分布在粤东西北地区和长江珠三角地区,粤东地区以渔业、海洋养殖业、茶、水果产业为主,粤西地区以热带水果及农作物为主,粤北山区以温带果蔬、蔬菜为主,珠三角地区以基塘农业、水果生产、花卉、种植业为主。广东已成为全国最大的荔枝饮料生产基地,香蕉、荔枝、龙眼、菠萝、杨桃、黄皮等热带水果种植面积和产量全国第一,海水产品虾蟹类、淡水鱼类产量全国第一。广东省把现代农业产业园作为乡村产业振兴"龙头","一村一品、一镇一业"作为"龙尾",激活整个农业产业链。2019年以来,全省共扶持粤东、粤西、粤北和珠三角部分农业大县3 203个村发展农业特色产业,有2 278个村被认定为省级"一村一品"专业村,300个镇被认定为专业镇,467个农产品入选全国名特优新农产品名录,在全国率先构建起"跨县集群、一县一园、一镇一业、一村一品"现代农业产业体系。

一、广东省"一村一品"发展的政策环境

广东省较早重视"一村一品"发展,2007年《关于加快发展农业产业化经营的意见》提出,加强企业与农村集体的合作,通过"一企带一村、一企带多村"等形式,在"一村一品"生产、村企合作经营、新型农民培育、公共事业发展等方面开展合作。结合"一乡一业""一村一品"建设活动,进一步加快建设品质优良、特色明显、附加值高的优势农产品基地。2012年《广东省人民政府办公厅关于加快林下经济发展的实施意见》提出,逐步建立不同区域的主导产业,形成"一区一业、一村一品"的发展格局。2016—2018年,《广东省人民政府办公厅关于推进我省农村一二三产业融合发展的实施意见》《广东省大力发展电子商务加快培育经济新动力的实施方案》《广东省关于激发重点群体活力带动城乡居民增收的工作方案》《促进粤东西北地区振兴发展2017年重点工作任务》《2018年广东省食品安全重点工作安排》《广东省"一村一品、一镇一业"富民兴村三年行动方案(2018—2020年)》提到,要实施或发展"一村一品、一镇一业"。2019年《广东省人民政府共同推进广东乡村振兴战略实施2019年度工作要点》提出,推进"一村一品、一镇一业",省财政重点扶持1 000个农业特色专业村;加大农业产业强镇示范建设支持力度,推进以产兴村、产镇融合。同年,为规范广东省

"一村一品、一镇一业"专业村镇的认定管理，广东省农业农村厅制定了《"一村一品、一镇一业"专业村镇认定管理办法》《"一村一品、一镇一业"建设工作方案》。2020年《广东省人民政府共同推进广东乡村振兴战略实施2020年度工作要点》进一步提出，对接粤港澳大湾区和深圳先行示范区"双区"大市场，构建"一县一园、一镇一业、一村一品"现代农业产业体系。2021年广东省人民政府印发《2021年省〈政府工作报告〉重点任务分工方案》，提出要加快建设国家级优势特色产业集群、农业产业强镇、国家级一村一品示范村镇，并提出《关于加快数字化发展的意见》，指出要建设数字农业产业园区，推动"一村一品、一镇一业"建云上云，用数字化引领驱动农业现代化。同年，为高水平打造"跨县集群、一县一园、一镇一业、一村一品"现代农业产业体系，广东省农业农村厅、乡村振兴局制定《2021—2023年全省现代农业产业园建设工作方案》，通过建设省级产业园100个左右，实现优势产业、农业县（市、区）、主要特色品种省级产业园全覆盖，创建一批国家级产业园，打造一批全产业链、在国内外具有竞争力的优势产业区（带）。

二、广东省"一村一品"发展现状

（一）获批全国"一村一品"示范村镇数量情况

广东省作为中国经济第一大省，肩负"走在全国前列"的担当，2018年以来在全国率先构建起"跨县集群、一县一园、一镇一业、一村一品"现代农业产业体系，高度重视"一村一品"示范村镇建设工作。截至2022年底，共有161个村镇获批全国"一村一品"示范村镇认定，占全国总量的3.85%，位于全国第九。其中，示范村91个、示范镇70个，分别占广东省获批总数的56.52%、43.48%。2020—2022年，广东先后有22个示范村获评全国乡村特色产业亿元村（表3-10），占全国总数的3.18%；有23个示范镇获评全国乡村特色产业十亿元镇（表3-11），占全国总数的4.96%。"一村一品"的发展促进广东省农业产业向规模化、标准化、高效化发展，有效提高农业品牌知名度和价值，带动乡村居民增收致富，促进城乡融合和区域协调发展，推动广东高质量发展。

表3-10 广东省获评全国乡村特色产业亿元村名单

序号	地区	亿元村名称	年份
1	佛山市	广东省佛山市三水区西南街道青岐村	2021
		广东省佛山市顺德区勒流街道稔海村（鳗鱼）	2022
		广东省佛山市三水区西南街道青岐村（鱼苗）	2022
2	广州市	广东省广州市花都区赤坭镇瑞岭村	2021
		广东省广州市花都区赤坭镇瑞岭村（盆景苗木）	2022
3	河源市	广东省河源市东源县上莞镇仙湖村	2021
		广东省河源市东源县上莞镇仙湖村（茶叶）	2022

第三章 中国热区"一村一品"发展区域报告

(续表)

序号	地区	亿元村名称	年份
4	惠州市	广东省惠州市博罗县石坝镇乌坭湖村	2021
		广东省惠州市博罗县石坝镇乌坭湖村（三黄胡须鸡）	2022
5	揭阳市	广东省揭阳市揭东区玉湖镇坪上村	2021
		广东省揭阳市揭东区玉湖镇坪上村（炒茶）	2022
		广东省揭阳市普宁市洪阳镇宝镜院村（花卉）	2022
6	韶关市	广东省韶关市仁化县大桥镇长坝村	2020
		广东省韶关市仁化县大桥镇长坝村	2021
		广东省韶关市仁化县大桥镇长坝村（沙田柚）	2022
7	云浮市	广东省云浮市罗定市泗纶镇杨绿村	2021
8	湛江市	广东省湛江市徐闻县曲界镇愚公楼村	2021
		广东省湛江市徐闻县曲界镇愚公楼村（菠萝）	2022
9	珠海市	广东省珠海市斗门区白蕉镇昭信村	2020
		广东省珠海市斗门区白蕉镇昭信村	2021
		广东省珠海市斗门区白蕉镇昭信村（海鲈鱼）	2022
		广东省珠海市金湾区红旗镇大林社区（黄立鱼）	2022

表3-11 广东省获评全国乡村特色产业十亿元镇名单

序号	地区	十亿元镇名称	年份
1	潮州市	广东省潮州市饶平县汫洲镇	2021
		广东省潮州市饶平县汫洲镇（大蚝）	2022
2	惠州市	广东省惠州市惠阳区镇隆镇	2021
		广东省惠州市惠阳区镇隆镇（荔枝）	2022
3	揭阳市	广东省揭阳市揭东区埔田镇	2021
		广东省揭阳市揭东区埔田镇（埔田竹笋）	2022
4	茂名市	广东省茂名市信宜市钱排镇	2021
		广东省茂名市茂南区公馆镇	2021
		广东省茂名市电白区博贺镇	2021
		广东省茂名市茂南区公馆镇（罗非鱼）	2022
		广东省茂名市信宜市洪冠镇（南药）	2022
		广东省茂名市信宜市钱排镇（银妃三华李）	2022
		广东省茂名市滨海新区博贺镇（捕捞水产品）	2022

(续表)

序号	地区	十亿元镇名称	年份
5	湛江市	广东省湛江市廉江市良垌镇	2020
		广东省湛江市徐闻县曲界镇	2021
		广东省湛江市徐闻县曲界镇（菠萝）	2022
		广东省湛江市廉江市良垌镇（荔枝）	2022
6	中山市	广东省中山市东升镇	2021
		广东省中山市黄圃镇	2021
		广东省中山市黄圃镇（腊味）	2022
		广东省中山市东升镇（脆肉鲩）	2022
		广东省中山市横栏镇（花卉苗木）	2022
		广东省中山市三角镇（杂交鳢）	2022

（二）广东"一村一品"示范村镇空间分布情况

1. 地级市分布

从"一村一品"示范村镇的地级市分布情况看，广东全省除深圳市外的20个地级市均有覆盖（图3-14）。其中认定数量最多的是梅州市，为18个，占全省的11.18%，分布在梅县区5个，大埔县、兴宁市各3个，丰顺县、蕉岭县各2个，梅江区、平远县、五华县各1个；第二是云浮市，认定数15个，占全省的9.32%，分布在罗定市7个，郁南县4个，新兴县2个，云安区、云城区各1个；第三位是河源市，认定数14个，占全省的8.70%，分布在连平县4个，东源县、和平县各3个，龙川县、紫金县各2个；第四位是韶关市，认定数13个，占全省的8.07%，分布在乐昌市4个，仁化县3个，始兴县2个，南雄市、乳源县、新丰县、浈江区各1个；第五位是肇庆市，认定数12个，占全省的7.45%，分布在怀集县4个，德庆县3个，广宁县、四会市各2个，高要区1个。

2. 示范村镇分布

从示范村情况看（图3-15），全省91个全国"一村一品"示范村分布在18个地级市。其中，认定示范村数量最多的是梅州市，有13个获批，占全省认定示范村总数的14.29%；位于第二的是河源市，有10个获批，占示范村总数的10.99%；位于第三的是云浮市和肇庆市，均有8个获批，均占总数的8.79%；第四位的有汕尾市、广州市、韶关市，均有7个获批，均占7.69%；第五位的有阳江市、清远市，均有5个获批，均占5.49%。目前东莞市、中山市、深圳市无获批全国"一村一品"示范村。

从示范镇情况看（图3-15），全省70个全国"一村一品"示范镇分布在19个地级市。数量最多的是茂名市，有9个，占全省示范镇总数的12.86%；第二是云浮市，有7个，占10.00%；排第三位的有江门市、韶关市，均有6个，均占8.57%。目前佛山市和深圳市未有乡镇获得"一村一品"认定。

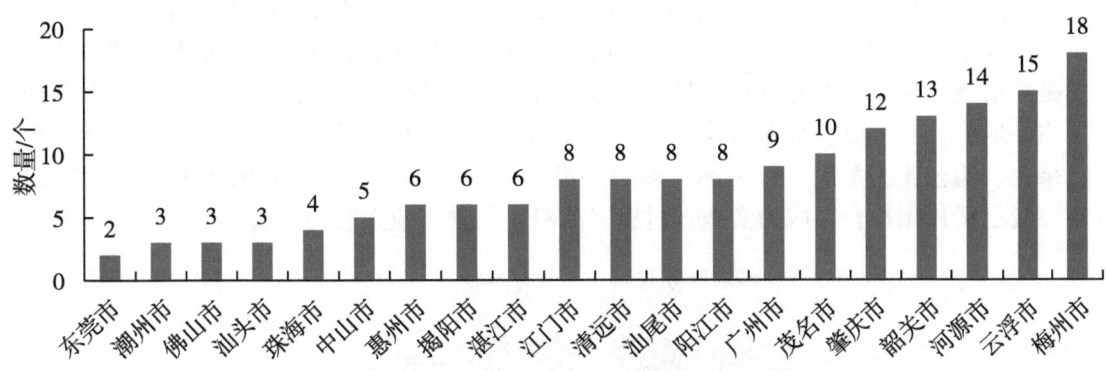

图 3-14　广东省获全国"一村一品"示范村镇在各地级市的分布情况

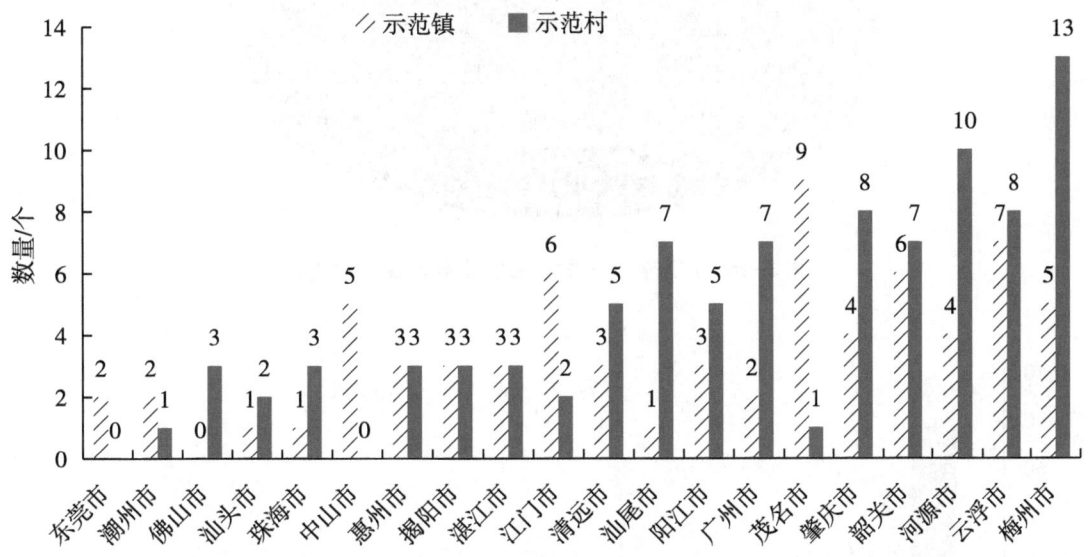

图 3-15　广东省"一村一品"示范村及示范镇数量在各地级市的分布情况

(三) 主导产业和产品类别情况

1. **产业大类**

在广东省"一村一品"示范村镇的建设中，各地依托优越的资源禀赋，统筹谋划，以科技支撑、主体培育、潜能挖掘、绿色生态、品牌打造为主线，走组织化、品牌化、绿色化、产业融合的发展之路，极大推动了优势主导及特色产业的培育与发展。从主导产业来看，广东省"一村一品"示范村镇的主导产业大类涵盖种植业、养殖业、林业、涉农服务业、非农产业等（图3-16）。其中，种植业占比最大，达到70.81%，包含水果、茶叶、蔬菜、粮油糖作物、棉麻蚕桑等；养殖业位居第二，占14.29%，包含畜禽蛋奶、水产品等；林业位居第三，占9.32%，包含花卉苗木、中草药材、坚果、调味品等；涉农服务业位居第四，占3.10%，包含传统食品、休闲旅游等；非农产业占

2.48%，主要为工艺品。从主导产业在示范村、示范镇的分布看（图3-17），种植业在示范村和示范镇的分布均是最多，示范村分布其次的是林业、养殖业，示范镇分布其次的是养殖业、林业。由此可见，种植业在广东省"一村一品"示范村镇的发展中占据了主导地位，养殖业、林业其次，这与习近平总书记"要因地制宜发展现代养殖业、林果业、园艺业，发展一村一品、多村一品、一乡一业、一县一业优势主导产业"的重要指示精神相符合，成为实施乡村振兴战略、促进产业兴旺的重要抓手。

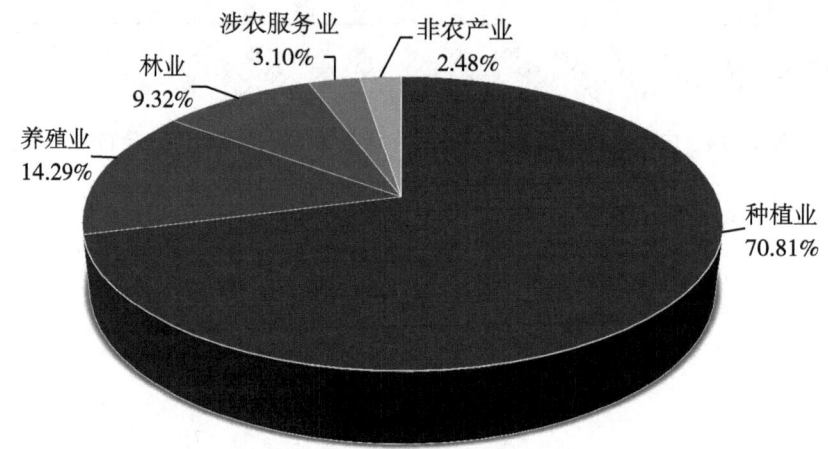

图3-16　广东省"一村一品"主导产业大类情况

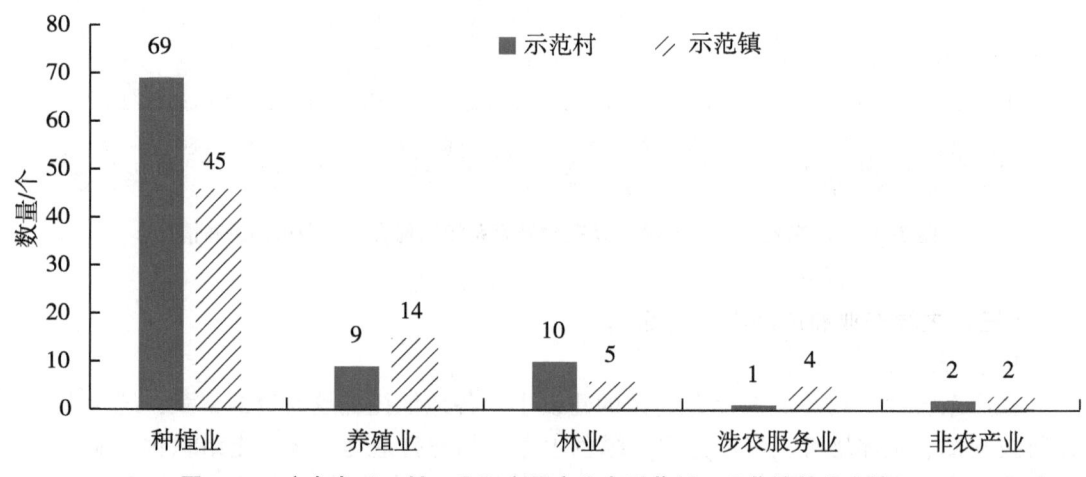

图3-17　广东省"一村一品"主导产业在示范村、示范镇的分布情况

2. 产品类别

从产品类别看，广东省"一村一品"示范村镇的主导产品主要涉及果品类、茶叶类、蔬菜类、粮油类、水产类、畜禽蛋奶类、花卉苗木类、中草药材类、工艺品类、棉麻蚕桑类、传统食品类、调味品及香料类、糖类、休闲农业类等十四类（图3-18）。其

中果品类"一村一品"最多,获批 51 个,占全省比重达 31.68%,主要包含柑橘类 18 个,荔枝 14 个,菠萝 4 个,李子和桃子各 3 个,西瓜和黄皮各 2 个,杨桃、梨、猕猴桃、青梅和板栗各 1 个(图 3-19);茶叶类位于第二,有 24 个获批,占比 14.91%;蔬菜类第三,有 20 个获批,占比 12.42%;粮油类第四,有 16 个获批,占比 9.94%;水产类第五,有 15 个获批,占比 9.32%。

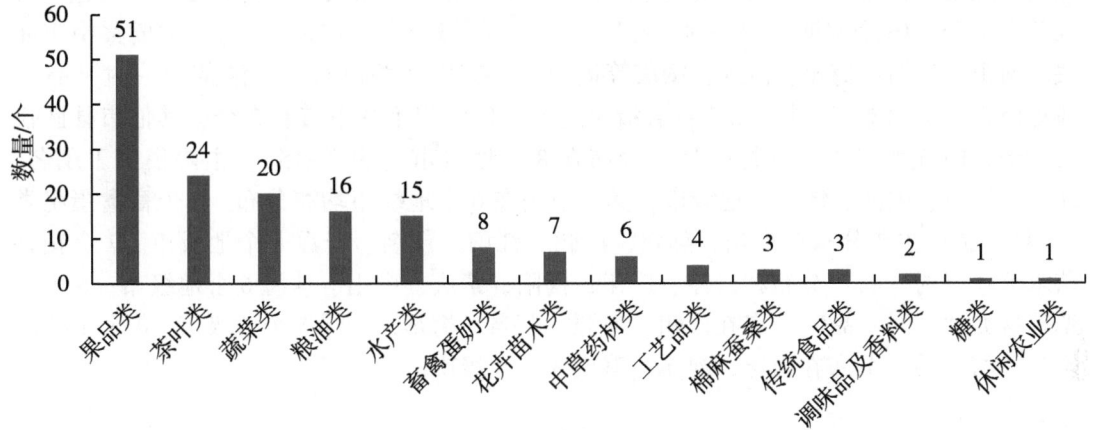

图 3-18 广东省获批全国"一村一品"示范村镇主导产品类别情况

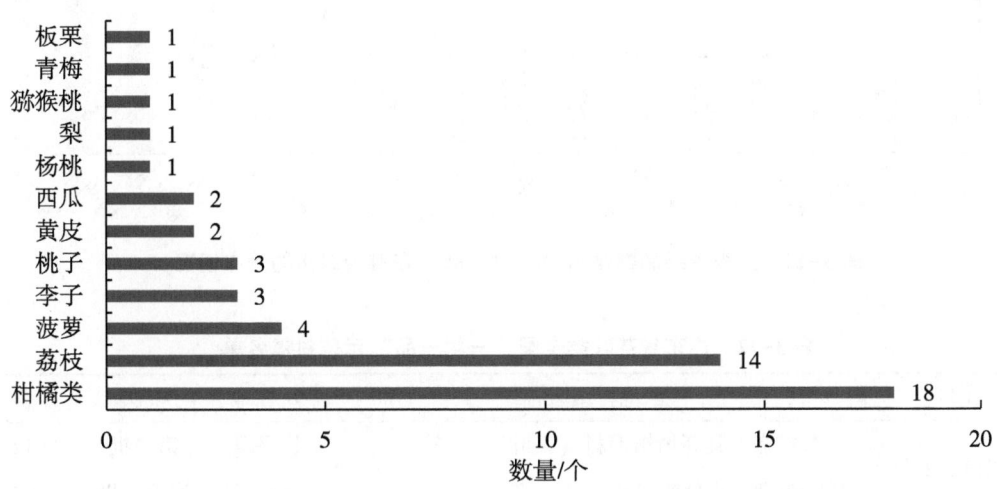

图 3-19 广东省果品类全国"一村一品"示范村镇主导产品类别情况

3. 产业聚集度

从产业聚集度来看,51 个果品类"一村一品"分布在 16 个地级市(图 3-20),主要集中于肇庆、梅州、韶关、河源、阳江市等地级市,其中梅州市以柚子为主导产业的"一村一品"占了 6 个,肇庆市以柑橘类为主导产业的"一村一品"占了 5 个,分别占全省果品总数的 11.76% 和 9.80%;县级尺度上,梅州市的梅县区果品类"一村一品"

最多，有4个，肇庆市德庆县、云浮市郁南县次之，均有3个。24个茶叶类"一村一品"分布在12个地级市（表3-12），主要集中于梅州、河源、潮州、揭阳、汕尾等地级市，其中梅州市茶叶类"一村一品"最多，有7个，河源市有4个；县级尺度上，仅潮州市饶平县有2个茶叶类"一村一品"，其他市县区仅有1个。20个蔬菜类"一村一品"分布在11个地级市（表3-13），主要集中于汕尾、韶关、清远、广州、江门、茂名等地级市；县级尺度上，茂名市电白区、汕尾市海丰县最多，均为2个，其他市县区仅有1个。16个粮油类"一村一品"分布在9个地级市（表3-14），主要集中于韶关、河源、江门、梅州、清远、肇庆等地级市，其中韶关市有2个油茶"一村一品"，清远市有2个稻米"一村一品"；县级尺度上，仅江门市恩平有2个，其他市县区仅有1个。15个水产类"一村一品"分布在8个地级市（表3-15），主要集中于茂名、珠海、中山、阳江、佛山等地级市，其中鱼类在6个地级市均有分布。8个畜禽蛋奶类"一村一品"主要分布在梅州、惠州、广州、江门、茂名、云浮6个地级市。7个花卉苗木类"一村一品"分布在云浮、广州、揭阳、肇庆、中山、珠海6个地级市。6个中草药材类"一村一品"分布在广州、河源、茂名、梅州、云浮5个地级市。4个工艺品类"一村一品"分布在云浮、河源、肇庆3个地级市。

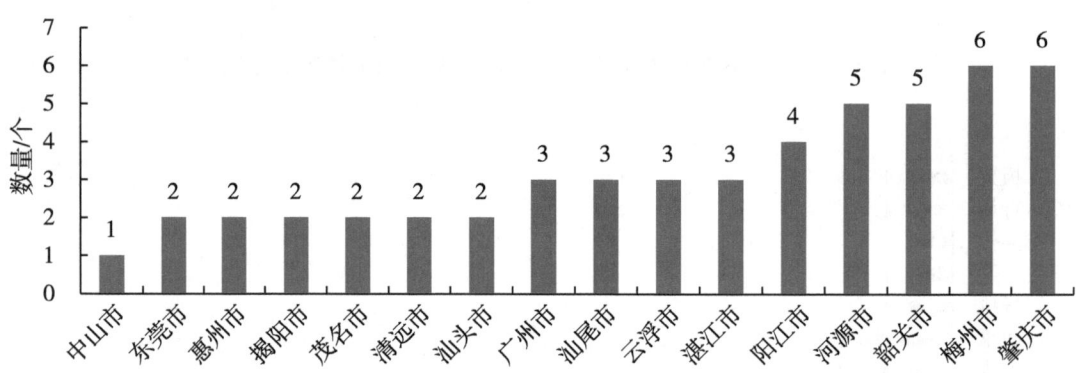

图 3-20 广东省果品类全国"一村一品"在各地级市的分布情况

表 3-12 广东省茶叶类全国"一村一品"示范村镇名单

地区	示范村镇名称	所在地	批次	年份
潮州市（2个）	广东省饶平县新塘镇南村（茶叶）	饶平县	第一批	2011
	广东省潮州市饶平县浮滨镇（茶）	饶平县	第十二批	2022
河源市（4个）	广东省和平县东水镇增坑畲族村（增坑村皇茶）	和平县	第四批	2014
	广东省河源市紫金县南岭镇庄田村（绿茶）	紫金县	第九批	2019
	广东省河源市东源县上莞镇仙湖村（茶叶）	东源县	第十批	2020
	广东省河源市龙川县义都镇桂林村（茶叶）	龙川县	第十批	2020
惠州市（1个）	广东省惠州市博罗县柏塘镇（绿茶）	博罗县	第九批	2019

（续表）

地区	示范村镇名称	所在地	批次	年份
江门市（1个）	广东省江门市开平市大沙镇（茶）	开平市	第十二批	2022
揭阳市（2个）	广东省揭西县五经富镇五新村（茶叶）	揭西县	第六批	2016
	广东省揭阳市揭东区玉湖镇坪上村（炒茶）	揭东区	第十批	2020
梅州市（7个）	广东省梅县雁洋镇长教村（雁南飞茶叶）	梅县区	第二批	2012
	广东省蕉岭县新铺镇黄坑村（黄坑茶叶）	蕉岭县	第三批	2013
	广东省兴宁市径南镇浊水村（围龙春乌龙茶）	兴宁市	第三批	2013
	广东省丰顺县龙岗镇马图村（马山绿茶）	丰顺县	第四批	2014
	广东省大埔县高陂镇福员村（王山玉露）	大埔县	第四批	2014
	广东省梅州市五华县棉洋镇（红茶）	五华县	第九批	2019
	广东省梅州市梅江区西阳镇桃坪村（茶叶）	梅江区	第十一批	2021
清远市（1个）	广东省清远市清新区太和镇坑口村（红茶、绿茶、白茶）	清新区	第九批	2019
汕头市（1个）	广东省汕头市南澳县深澳镇后花园村（乌龙茶）	南澳县	第九批	2019
汕尾市（2个）	广东省陆河县南万镇万全村（参天峰白叶单丛茶）	陆河县	第二批	2012
	广东省汕尾市海丰县海城镇（茶）	海丰县	第十二批	2022
韶关市（1个）	广东省仁化县红山镇鱼皇村（丹霞红红茶）	仁化县	第七批	2017
云浮市（1个）	广东省云浮市新兴县太平镇（茶叶）	新兴县	第十批	2020
湛江市（1个）	广东省廉江县长山镇（茗皇茶）	廉江市	第二批	2012

表3-13 广东省蔬菜类全国"一村一品"示范村镇名单

地区	示范村镇名称	所在地	批次	年份
佛山市（1个）	广东省佛山市高明区杨和镇丽堂新村（丽堂蔬菜）	高明区	第三批	2013
广州市（2个）	广东省从化区鳌头镇黄茅村（黄茅人甜竹笋）	从化区	第二批	2012
	广东省增城区小楼镇西境村（增城菜心）	增城区	第三批	2013
江门市（2个）	广东省台山县冲蒌镇（冲蒌黑皮冬瓜）	台山县	第二批	2012
	广东省江门市台山市海宴镇五丰村（菜心）	台山市	第九批	2019
揭阳市（1个）	广东省揭东县埔田镇（埔田竹笋）	揭东区	第四批	2014

(续表)

地区	示范村镇名称	所在地	批次	年份
茂名市（2个）	广东省茂名市电白区水东镇（水东芥菜）	电白区	第七批	2017
	广东省茂名市电白区沙琅镇谭儒村（萝卜）	电白区	第十一批	2021
清远市（3个）	广东省连州市西岸镇冲口村（连州菜心）	连州市	第四批	2014
	广东省清远市阳山县七拱镇西连村（淮山）	阳山县	第十批	2020
	广东省清远市英德市西牛镇（麻竹笋）	英德市	第十批	2020
汕尾市（3个）	广东省海丰县黄羌镇虎敢村（虎敢金针菜）	海丰县	第四批	2014
	广东省陆丰市博美镇赤坑村（萝卜）	陆丰市	第七批	2017
	广东省汕尾市海丰县城东镇北平村（蔬菜）	海丰县	第十批	2020
韶关市（3个）	广东省新丰县黄磜镇（新丰佛手瓜）	新丰县	第六批	2016
	广东省乐昌市北乡镇（北乡马蹄）	乐昌市	第八批	2018
	广东省韶关市始兴县澄江镇暖田村（有机蔬菜）	始兴县	第九批	2019
阳江市（1个）	广东省阳江市阳春市圭岗镇（丝瓜）	阳春市	第十二批	2022
云浮市（1个）	广东省罗定市萃塘镇良官村（海惠蔬菜）	罗定市	第五批	2015
肇庆市（1个）	广东省肇庆市怀集县冷坑镇（蔬菜）	怀集县	第十一批	2021

表3-14 广东省粮油类全国"一村一品"示范村镇名单

地区	示范村镇名称	所在地	批次	年份
河源市（2个）	广东省河源市连平县高莞镇二联村（花生）	连平县	第十一批	2021
	广东省河源市龙川县黄石镇长洲村（油茶）	龙川县	第十二批	2022
惠州市（1个）	广东省惠东县稔山镇竹园村（马铃薯）	惠东县	第一批	2011
江门市（2个）	广东省恩平市牛江镇（马铃薯）	恩平市	第六批	2016
	广东省江门市恩平市沙湖镇（沙湖大米）	恩平市	第九批	2019
梅州市（2个）	广东省梅州市丰顺县八乡山镇（番薯）	丰顺县	第十二批	2022
	广东省梅州市平远县长田镇官仁村（油茶）	平远县	第十批	2020
清远市（2个）	广东省清远市阳山县七拱镇（丝苗米）	阳山县	第十一批	2021
	广东省清远市连山壮族瑶族自治县永和镇（丝苗米）	连山壮族瑶族自治县	第十二批	2022
韶关市（3个）	广东省韶关市南雄市珠玑镇（水稻）	南雄市	第十一批	2021
	广东省韶关市乳源县大桥镇（油茶）	乳源县	第十批	2020
	广东省韶关市浈江区犁市镇（油茶）	浈江区	第十二批	2022
云浮市（1个）	广东省云浮市罗定市罗镜镇（丝苗米）	罗定市	第十二批	2022

第三章　中国热区"一村一品"发展区域报告

（续表）

地区	示范村镇名称	所在地	批次	年份
湛江市（1个）	广东省湛江市雷州市乌石镇那毛村（番薯）	雷州市	第九批	2019
肇庆市（2个）	广东省肇庆市广宁县潭布镇（番薯）	广宁县	第十批	2020
	广东省肇庆市广宁县潭布镇古楼村（番薯）	广宁县	第十二批	2022

表3-15　广东省水产类全国"一村一品"示范村镇名单

地区	示范村镇名称	所在地	批次	年份
潮州市（1个）	广东省潮州市饶平县汫洲镇（大蚝）	饶平县	第十一批	2021
佛山市（2个）	广东省佛山市三水区西南街道青岐村（水产）	三水区	第十批	2020
	广东省佛山市顺德区勒流街道稔海村（鳗鱼）	顺德区	第十一批	2021
江门市（1个）	广东省江门市新会区大鳌镇（对虾）	新会区	第十批	2020
茂名市（3个）	广东省电白区沙琅镇（祥寿龟鳖）	电白区	第三批	2013
	广东省茂名市茂南区公馆镇（罗非鱼）	茂南区	第十批	2020
	广东省茂名市滨海新区博贺镇（海洋捕捞）	滨海新区	第十一批	2021
阳江市（2个）	广东省阳江市阳东区大沟镇（对虾）	阳东区	第九批	2019
	广东省阳江市阳西县沙扒镇渡头村（海水鱼苗）	阳西县	第十一批	2021
湛江市（1个）	广东省遂溪县河头镇山域村委会油塘村（罗非鱼）	遂溪县	第一批	2011
中山市（2个）	广东省中山市东升镇（脆肉鲩）	中山市东升镇	第十批	2020
	广东省中山市三角镇（杂交鳢）	中山市三角镇	第十二批	2022
珠海市（3个）	广东省珠海市斗门区白蕉镇昭信村（海鲈鱼）	斗门区	第八批	2018
	广东省珠海市斗门区乾务镇湾口村（鳗鱼）	斗门区	第十一批	2021
	广东省珠海市金湾区红旗镇大林社区（黄立鱼）	金湾区	第十二批	2022

（四）年度和获批批次情况

2011年，广东省德庆县马圩镇诰赠村、广东省梅县石扇镇西南村、广东省阳春市圭岗镇高垌村、广东省清新区三坑镇崩坑村以柑橘类为主导产业，广东省罗定市替滨镇金滩村以肉桂为主导产业，广东省遂溪县河头镇山域村委会油塘村以罗非鱼为主导产业，广东省饶平县新塘镇南村以茶叶为主导产业，广东省惠东县稔山镇竹园村以马铃薯为主导产业，广东省始兴县罗坝镇燎原村以蚕茧为主导产业入选了农业部认定的第一批全国"一村一品"示范村镇，标志广东省开始进入国家级"一村一品"示范村镇建设的起步阶段。此后，广东省"一村一品"呈波动增长态势。2012—2014年，广东省全国"一村一品"示范村镇建设步入快速发展期，3年共获得35个示范村镇的称号，年

— 101 —

均获批 12 个左右；2015—2018 年，进入缓慢发展期，4 年共获得 25 个示范村镇的称号，年均获批 6 个左右；2019—2022 年，进入飞速发展期，4 年共获得了 92 个示范村镇的称号，年均获批 23 个左右（图 3-21）。目前全国已认定的 12 批"一村一品"示范村镇中，广东省在每一批均有入选的示范村镇，平均每批获批数量在 13 个左右。最多是在 2020 年第十批，入选 26 个示范村镇；最少是在 2015 年第五批、2017 年第七批、2018 年第八批，均入选 6 个示范村镇。

图 3-21 2011—2022 各年度广东省获批全国"一村一品"示范村镇数量情况

从地级市情况来看（图 3-22），在 2011—2022 年全国已认定的 12 批"一村一品"示范村镇中，韶关市在每一批均有入选的示范村镇，入选批次总量位居广东省第一；第二是云浮市，除 2012 年和 2017 年没有入选的示范村镇外，其余的 10 个年份均有入选；第三是肇庆市和梅州市，肇庆市除 2013 年、2015 年、2018 年 3 年没有入选示范村镇外，梅州市除 2015 年、2017 年、2018 年 3 年没有入选示范村镇外，其余的 9 个年份均有入选。入选批次最少的是东莞市和汕头市，东莞市仅有 2021 年、2022 年入选，汕头市仅有 2012 年、2019 年入选。

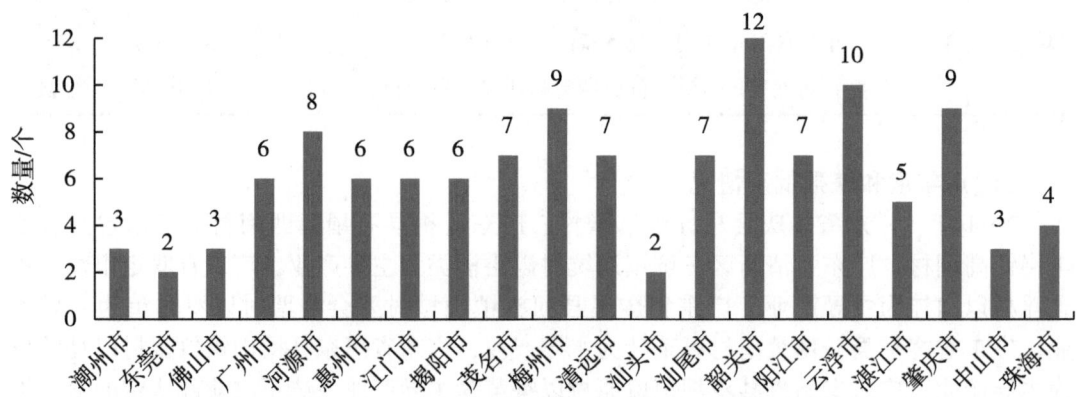

图 3-22 广东省各地级市入选全国"一村一品"示范村镇批次数量情况

三、广东省"一村一品"品牌关联分析

(一)"一村一品"产品同时是地理标志产品情况

截至 2022 年 3 月,广东省获农业农村部批准登记保护的地理标志产品有 63 个。将广东省 161 个全国"一村一品"产品与 63 个地理标志农产品进行数据关联分析,结果显示有 19 个"一村一品"产品同时获得农产品地理标志登记保护,分别为徐闻菠萝、神湾菠萝、大埔蜜柚、镇隆荔枝、东莞荔枝、连州水晶梨、麻榨杨桃、梅县金柚、德庆贡柑、四会沙糖桔、东源板栗、连州菜心、梅县绿茶、梅江区清凉山茶、惠东马铃薯、恩平大米、顺德鳗鱼、金湾黄立鱼、马冈肉鹅。从产品类别来看,果品类全国"一村一品"同时是地理标志产品最多,占 11 个,其中柑橘类有 4 个;其次是茶叶类、粮油类和水产类,均有 2 个;畜禽蛋奶类和蔬菜类,均有 1 个。从地级市分布来看,梅州市最多,有 4 个;第二是惠州市,有 3 个;第三是江门市、清远市、肇庆市,均有 2 个,其余为东莞市、佛山市、河源市、湛江市、中山市、珠海市各 1 个。

(二)"一村一品"产品同时入选全国名特优新农产品名录情况

截至 2022 年底,广东省有 467 个农产品入选全国名特优新农产品名录,与广东省 161 个全国"一村一品"产品进行数据关联分析,结果显示有 57 个"一村一品"同时入选全国名特优新农产品名录。从产品类别来看,果品类全国"一村一品"同时入选全国名特优新农产品名录最多,占 27 个,其中荔枝类有 9 个,其次是茶叶类和粮油类各 9 个,蔬菜类 6 个,畜禽蛋奶类 3 个,水产类 2 个,传统食品类 1 个。从地级市分布来看,梅州市 3 个,位居第一,第二是河源市 6 个,第三是惠州市和韶关市各 5 个,其余为肇庆市 4 个,广州市、江门市、揭阳市、茂名市、清远市、汕尾市、阳江市、湛江市各 3 个,云浮市 2 个,东莞市、佛山市、中山市、珠海市各 1 个。

(三)"一村一品"产品同时入选全国乡村特色产品情况

截至 2022 年底,广东省入选全国乡村特色产品目录共有 47 个,与广东省 161 个全国"一村一品"产品进行数据关联分析,结果显示有 15 个"一村一品"产品同时入选全国乡村特色产品目录,分别为连州水晶梨、乐昌黄金奈李、连平鹰嘴蜜桃、和平猕猴桃、长坝沙田柚、北乡马蹄、皇斋虎嗷金针菜、连州菜心、水东芥菜、阳山淮山、中山脆肉皖、白蕉海鲈、黄圃腊味、梅江区清凉山茶、化橘红。从产品类别看,果品类、蔬菜类全国"一村一品"同时入选全国乡村特色产品的最多,均有 5 个;其次是水产类,有 2 个;中草药材类、传统食品类、茶叶类,均有 1 个。从地级市分布来看,清远市最多,有 3 个;第二是韶关市、茂名市和河源市,均有 2 个;其他梅州市、汕尾市、肇庆市、中山市、珠海市各 1 个。

(四)"一村一品"产品同时入选中国特色农产品优势区产品情况

截至 2022 年底,广东省入选中国特色农产品优势区有 11 个,与广东省 161 个全国"一村一品"产品进行数据关联分析,结果显示有 5 个"一村一品"产品同时入选中国特色农产品优势区名单,分别为德庆贡柑、广州荔枝、湛江菠萝、白蕉海鲈、仁化贡柑。其中,4 个为果品类,1 个为水产类,珠海市、韶关市、肇庆市、广州市、湛江市各 1 个。

(五)"一村一品"产品同时入选中国农业品牌目录情况

截至2022年底,广东省入选中国农业品牌目录产品共有14个,与广东省161个全国"一村一品"产品进行数据关联分析,结果显示有10个"一村一品"产品同时入选中国农业品牌目录产品,分别为恩平大米、增城菜心、新丰佛手瓜、斗门白蕉海鲈、茂名罗非鱼、德庆贡柑、镇隆荔枝、梅县金柚、龙川山茶油、化橘红。从产品类别看,果品类全国"一村一品"入选中国农业品牌目录产品最多,有3个,其中柑橘类有2个;其次是蔬菜类、粮油类和水产类,均有2个;中草药材类有1个。从地级市分布看,茂名市有2个,江门市、广州市、韶关市、珠海市、肇庆市、惠州市、梅州市、河源市各1个。

综上分析,通过"一村一品"品牌关联度分析(表3-16),关联度最高的是德庆贡柑,获得以上6种品牌荣誉中的5种,既被认定为"一村一品"示范村镇产品、农产品地理标志产品,同时也入选中国农业品牌目录、全国名特优新农产品名录、中国特色农产品优势区。同时获得以上6种品牌荣誉中4种的产品有7个,分别为白蕉海鲈、恩平大米、连州菜心、连州水晶梨、梅县金柚、梅江区清凉山茶、镇隆荔枝。此外,获得以上6种品牌荣誉中3种的产品有北乡马蹄、大埔蜜柚、东莞荔枝、东源板栗、和平猕猴桃、化橘红、惠东马铃薯、乐昌黄金奈李、连平鹰嘴蜜桃、麻榨杨桃、梅县绿茶、神湾菠萝、水东芥菜、顺德鳗鱼、四会沙糖桔、新丰佛手瓜、徐闻菠萝、增城菜心、长坝沙田柚等19个;获得以上6种品牌荣誉中2种的产品有43个。在广东省161个"一村一品"中,有35.40%入选全国名特优新农产品名录,11.80%获得农产品地理标志登记保护,9.32%入选全国乡村特色产品目录,6.21%入选中国农业品牌目录,3.11%入选中国特色农产品优势区。可见,当前广东省"一村一品"品牌建设走在全国前列,品牌效应显著,形成了"连州菜心""徐闻菠萝""连平鹰嘴蜜桃"等一批耳熟能详的地域新名片,使"商品"变"名品",推动产品高质量快速发展。

表3-16 广东省"一村一品"产品品牌关联分析汇总

产品	全国"一村一品"示范村镇产品	中国农业品牌目录	地理标志产品	全国名特优新农产品	全国乡村特色产品	中国特色农产品优势区	合计次数
德庆贡柑	1	1	1	1	0	1	5
白蕉海鲈	1	0	0	1	1	1	4
恩平大米	1	1	1	1	0	0	4
连州菜心	1	0	1	1	1	0	4
连州水晶梨	1	0	1	1	1	0	4
梅县金柚	1	1	1	1	0	0	4
梅江区清凉山茶	1	0	1	1	1	0	4
镇隆荔枝	1	1	1	1	0	0	4

四、广东省"一村一品"发展模式

近年来,广东省因地制宜大力发展富民兴村产业,以"一村一品"为抓手,培育优势特色产业,涌现出党建引领型、服务组织推动型、龙头企业带动型、政产学研支撑型等代表性的产业发展模式。

(一) 党建引领型

入选第八批全国"一村一品"示范村的惠州市龙门县麻榨镇下龙村,以杨桃为主导产业,大力发展"党组织+合作社+农户"新型模式,将党建工作融入产业发展中,形成了生态农业与特色党建相融互动局面,杨桃产业发展迅速,产业规模不断壮大。目前,全村有杨桃种植户720户,种植杨桃3 950多亩,并辐射带动凤岗、南滩等18个村种植,形成了颇具规模的优势产业。入选第十一批全国"一村一品"示范村的茂名市电白区沙琅镇谭儒村,大力推广"党建+产业+公司+基地+农户"五位一体的农村经济发展模式,依托该村萝卜等特色资源,成立了种养合作社,合作社首期开发1 000多亩萝卜基地建成投产。合作社对产品进行初步加工,并延伸到萝卜条、萝卜丝、萝卜片等,注册了"谭儒萝卜干"商标,并引进了著名食品加工企业茂德公食品集团,此举使谭儒村萝卜干制品价格提升了30%,既增加了村民收入,也使谭儒村萝卜名气更为响亮。

(二) 服务组织推动型

入选第十二批全国"一村一品"示范村镇的珠海市金湾区红旗镇大林社区,为了实现金湾黄立鱼规模化生产,大力推广"公司+基地+合作社"的养殖模式,促使黄立鱼养殖业跨上了一个新台阶,年出产金湾黄立鱼6 000余吨,总产值达3亿元。以社区牵头,把以前的农民专业合作社整合成超过100户成员的大合作社,通过社员间的互助互利抱团发展,降低成本增加收入,共同发力为金湾黄立鱼打造品牌,抢占市场,辐射带动现代农业产业发展。入选第十二批全国"一村一品"示范村的龙川县黄石镇长洲村,油茶种植已有200余年历史,作为长洲村的支柱产业,该村通过采取"公司+基地+合作社+农户"的模式带动全村扩大油茶种植面积。全村95%以上的农户家里都有油茶基地,油茶种植面积6 100多亩,油茶每年产值3 000多万元。

(三) 龙头企业带动型

入选第十批全国"一村一品"示范村的龙川县义都镇桂林村,积极实施"科技兴农,产业强村,优茶富农"的发展思路,引进农业龙头企业,扶持成立茶叶合作社,并通过"公司+基地+合作社+农户"的模式,发展茶叶产业,带动贫困户增收。全村现有多家企业及合作社,其中龙川南越王生态农业发展有限公司为广东省重点农业龙头企业。茶叶已经成为桂林村的重要经济支柱,每年产值达3 000多万元,人均2万多元,涉茶农户将近500户。入选第十二批全国"一村一品"示范镇的阳江市阳春市圭岗镇,依托当地得天独厚的水源、气候等自然优势,采取"龙头企业公司+省级示范合作社+农户"的运作模式,大力推进"一村一品""一镇一业"特色农业发展,有效解决了农村劳动力外出务工后耕地撂荒问题,通过种植丝瓜增加生产者的经济收入,提高土地产出率。全镇22个村都种有丝瓜,从事丝瓜种植或流通工作人数达7 000余人,丝瓜年种植面积超过 1.1 万亩，每亩产值突破 1.3 万元，实现了以丝瓜产业带动镇域经济发展，助力乡村振兴。入选第十二批全国"一村一品"示范镇的云浮市罗定市罗镜镇，是罗定市内优质大米主产区。近年来，罗镜镇采取"龙头企业+合作社+家庭农场+农户"的模式，大力扶持种粮企业、合作社、家庭农场发展。截至 2022 年，该镇辖区水稻种植农民专业合作社 56 家，加入合作社的农户 3 000 余户。罗定市龙头农业企业 4 家，其中，罗定市粤西米业有限公司和罗定市罗镜镇泷龙农作物专业合作社生产的丝苗米先后获得中国绿色食品发展中心认定的绿色食品 A 级产品。

（四）政产学研支撑型

入选第七批全国"一村一品"示范村的韶关市仁化县红山镇鱼皇村，大力推动鱼皇村茶叶产业化发展，建立 12 家农民茶叶合作社，引进 3 家茶叶加工龙头企业，并推广"公司+基地+农户""合作社+基地+农户"等模式，建立起"一村一品"的市场联结机制，提高了"一村一品"的商品率和加工转化率。通过政策引导、资金支持以及加强技术培训，该村茶叶加工企业、茶叶合作社、种植大户与省科研院所、农业大学合作，提高茶叶繁育、栽培、制作技术水平，培养了一批懂经营、会管理、有闯劲的茶叶专业技能型新型职业农民。入选第十二批全国"一村一品"示范镇的云浮市新兴县簕竹镇，该镇三黄肉鸡场是"广东省现代农业产业园优质鸡项目"和"数字农业养殖生产示范基地"，也是广东省第一批现代化美丽牧场。作为知名"养鸡之乡"以及全国农业龙头企业温氏集团的发祥地，抓住产业振兴这个关键，导入现代农业科技，以"政银企村共建"模式建立高效养殖园区，推动全镇肉鸡养殖模式向"公司+高效养殖基地+农户"转型升级，全力推进温氏养殖产业、鸡肉深加工、华侨文化等一二三产业发展，实现农业稳产增产、农民稳步增收。2022 年，全镇实现肉鸡出栏量 3 743.32 万只，产值达 10.43 亿元。

五、广东省全国"一村一品"典型案例

（一）特色种植

1. 广东省湛江市徐闻县曲界镇愚公楼村（菠萝）

广东省湛江市徐闻县是全国最大的菠萝产区，徐闻菠萝总种植面积 35 万亩，占全国 1/3 以上。愚公楼村隶属徐闻县曲界镇，被誉为"中国菠萝第一村"。2020 年，愚公楼村以菠萝为主导产业入选第十批全国"一村一品"示范村镇。2021—2022 年，连续两年被农业农村部推介为全国乡村特色产业亿元村。近年来，愚公楼村以菠萝农业龙头企业、合作社为基础，对低产果园进行改造，加大优质菠萝基地建设，建立 6 700 亩绿色有机菠萝生产示范基地，从业人员达 1 000 人，农民人均收入为 19 750 元，家家户户都种植菠萝，愚公楼全村的菠萝种植面积超 10 000 亩，占全村耕地总面积的 93%，在十多年前就被誉为"菠萝的海"。愚公楼村不断抓种植、抓流通、抓融合，积极发展菠萝加工，大力发展绿色化种植、标准化生产，并成立菠萝协会，共同开展品牌打造和维护，保证菠萝品质稳定上升，卖出好价钱。愚公楼村也全力建设名副其实的菠萝专业村，大力发展乡村旅游业，注重抓好村庄的美化绿化和特色景观建设，大力宣传菠萝特色村的旅游产品，吸引大量游客观光旅游、采摘体验，带旺了当地的餐饮、住宿等服务

行业快速发展。

2. 广东省郁南县建城镇（郁南无核黄皮）

郁南县是中国无核黄皮之乡。2023年郁南县黄皮种植面积22.5万亩，占全球（约32万亩）的3/4，其中无核黄皮种植面积达19.2万亩。20年来，郁南无核黄皮获得省级以上品牌23个，全县有无核黄皮种植示范村15个，示范户390户，种植农户4.8万户，无核黄皮种植专业合作社、家庭农场213个，加工企业27家，其中省农业龙头企业1家，市级龙头企业2家，县级龙头企业5家。建城镇隶属于郁南县，无核黄皮是其主要果品类产业，建城镇近年坚持高质量党建引领高质量发展，以"公司+基地+农户""合作社+农户"等多种产业化经营模式，使经营主体和农户形成利益共享机制，村集体收入明显增加，带动农户增收致富。目前，建城镇的黄皮种植面积大约有6万亩，产量可以达到3万~4万吨，根据当前市场价格产值可以达到3亿~4亿元。建城镇下辖有"郁南无核黄皮第一村"以及全国"一村一品"示范村便民村，位于郁南无核黄皮省级现代农业产业园核心区，拥有无核黄皮种植面积1.3万亩，并建有著名的"世界黄皮公园"。随着无核黄皮产业的快速发展，无核黄皮衍生农产品如无核黄皮干、无核黄皮饼、无核黄皮茶、无核黄皮育苗等得到开发，依靠科学优质的保鲜技术，建城镇无核黄皮及其衍生农产品经线上线下销售平台远销全国各地，村民由这一颗小小黄皮果走向脱贫致富之路。

3. 广东省中山市横栏镇（花卉苗木）

广东省中山市横栏镇是"中国花木之乡"，种植花木已有40多年历史，已由一个传统的花木种植基地转型为兼种植、销售、展示于一体的大型花木产销中心。2019年荣获广东省"一村一品、一镇一业"花卉苗木专业镇。2021年，全镇有花木经营面积约3万亩，其中连片面积超过1万亩，基本形成了以三沙村和五沙村为核心，沿古神公路两旁的绿色产业带。横栏花木基地产业链配套齐全，成为华南地区重要的绿化苗木集散地，拥有花木场2 600多个，品种数量超过1 000个，从业人员超过2万人，花木经纪人近千名，带动超过30万亩镇外花木在横栏销售，产品销往福建、广西、湖南、四川、重庆等30余个省市，年销售额超50亿元。自2017年起，每年举办一届中山（横栏）花木博览会。2020年升格为中国（中山）花木产业大会，并成功落户横栏，已顺利举办3届中国（中山）花木产业大会。2022年12月16—30日，"花木竞秀 产业兴农"2022中国（中山）花木产业大会在横栏镇成功举办。大会累计吸引100余个花木行业协会、企业和科研单位参会参展，线上线下参展游客超过40万人次，超过30个中央媒体、行业主流媒体对大会进行了报道，会展期间花木采购交易额达33亿元，带动横栏镇2022年度花木产业规模达26 592.68亩，花木产值128 217.40万元。

（二）特色养殖

1. 广东省惠州市博罗县石坝镇乌坭湖村（三黄胡须鸡）

三黄胡须鸡是广东四大名鸡之一，肉质嫩滑不腻、皮脆适口、鸡味浓而不腻，深受广东、江西、福建等地消费者的欢迎。在石坝镇的农业产业架构中，三黄胡须鸡产业举足轻重。石坝镇约34%的农户从事三黄胡须鸡养殖或相关产业，以三黄胡须鸡作为主营业务的各类新型经营主体多达近100家，其中有7家为省市级龙头企业。2022

年，三黄胡须鸡年产值约占石坝镇农业总产值的45%。博罗县石坝镇下辖的乌坭湖村是三黄胡须鸡主要产区，拥有优质的养殖环境，乌坭湖村出产的三黄胡须鸡更是优品。2020年，乌坭湖村摘得全国"一村一品"示范村牌子，是惠州唯一入选村。2021—2022年，乌坭湖村连续入列全国乡村特色产业亿元村、全国乡村特色产业产值超亿元村名单，也是惠州唯一入选村。村里养鸡"养出"4家农业龙头企业，均为省级农业龙头企业，年产20多万羽套种鸡，年出栏鸡1 600多万羽，利润1 000多万元。

2. 广东省中山市东升镇（脆肉鲩）

脆肉鲩产于广东省中山市东升镇，因其肉质结实、清爽、脆口而得名。中山市东升镇作为全国最大的脆肉鲩养殖流通镇，现有省级农业龙头企业1家，市级农业龙头企业2家，农民专业合作社5家，家庭农场2家，养殖大户88户，直接从事养殖和流通人员2 100人。脆肉鲩养殖面积实现1.63万亩，占水产养殖总面积60%，年总产值10.5亿元，占全镇农业总产值的81.49%，先后获批"中山脆肉鲩"国家地理标志保护产品，以及"中国名牌农产品""广东省名牌产品""广东省'十大名牌'农产品（广东名鱼）""我最喜爱中山农产品"等殊荣。东升镇2019年荣获广东省"一村一品、一镇一业"脆肉鲩专业镇，2020年入选第十批全国"一村一品"示范村镇。脆肉鲩已真正成为东升镇发展现代农业的拳头产品和富民支柱产业之一。中山市党委、政府还实施一系列政策措施积极鼓励引导工商资本投入产业建设，通过"政府搭台，企业唱戏"的模式，综合发挥东升镇脆肉鲩养殖流通与加工协会的桥梁纽带作用，举办以脆肉鲩为主题的文化美食节，吸引全国各地游客和客商，成功将脆肉鲩销往北京、上海、广州等内地20余个城市及港澳地区以及南美部分国家。

（三）农产品加工及特色食品

1. 广东省河源市和平县贝墩镇（豆制品）

腐竹产业是贝墩镇的主导产业，年产优质腐竹11 200吨，产值达3.5亿元，是名副其实的"腐竹之乡"。贝墩镇先后获河源市技术创新专业镇、广东省技术创新专业镇、广东省级"一村一品、一镇一业"专业镇（腐竹）、全国"一村一品"示范镇（豆制品）。2020年，和平腐竹省级现代农业产业园获批贝墩镇辖区内的广东省重点农业龙头企业广东润泽食品有限公司，以及河源市农业龙头企业和平县山川农家食品有限公司为腐竹产业园实施主体，贝墩镇成为大豆种植示范区和腐竹精深加工区，每天处理大豆3 000千克左右，生产腐竹成品约1 750千克。和平县腐竹现代农业产业园全面投产后，预计年产值达10亿元以上，可带动2 000多人就业。贝墩镇腐竹产业将形成一个规模化、集约化、生产化集群，通过联农带农的模式，推动乡村振兴。

2. 广东省中山市黄圃镇（腊味）

黄圃镇是广式腊味的发源地，腊味腌制有130余年的历史。近年来，腊味企业逐渐增多，逐步向规模化、现代化、产业化发展，已由单一腊肠品种发展到60余个系列品种，远销国内外，是全国最大的广式腊味生产基地。2009年，黄圃腊味传统制作工艺被认定为广东省非物质文化遗产，黄圃镇先后被有关部门认定为中国食品工业示范基地、中国腊味食品名镇、国家地理标志保护产品、广东省"一村一品、一镇一业"腊味专业镇、全国"一村一品"示范村镇等称号。2022年，全镇腊味及配套产品企业

200余家，年产腊味超20万吨，产值超30亿元；腊味产品国内市场占有率连位居年全国第一，占国内市场的50%，全省市场的60%，珠三角市场的70%。涌现出荣业、得福、今荣、泰和、银华、创格等一批知名腊味食品生产企业，其中年销售收入超500万元以上规模企业36家。

（四）特色文化（如传统手工技艺、民俗文化等）

广东省罗定市泗纶镇的泗纶蒸笼作为竹编手工艺，有着悠久的传承历史。泗纶蒸笼制作技艺已经入选云浮市非物质文化遗产保护名录。近年来，罗定市泗纶镇先后获得广东省和云浮市的广东省竹制品技术创新专业镇、竹制品专业技术创新试点镇、中国地理标志产品、全国"一村一品"示范村镇，泗纶蒸笼已经成为泗纶镇不可替代的产业。2018年，罗定市种植罗竹6万多亩，其中泗纶镇种植基地有5个，面积1.5万亩，有蒸笼专业村7个，蒸笼专业街4条；蒸笼产业带动当地从业人员8 700多户1.2万人，产品主要销往两广、东南亚等地，年均产量500吨，年均销量达2.3亿元。至2021年，竹蒸笼年产量达到7 000万只，年产值更是达到3亿元，其产量和出口量分别占全国同类产品的80%和85%。

（五）新业态（如休闲旅游、电子商务等）

广东省广州市花都区梯面镇位于粤港澳大湾区北部、广州市花都区北部，梯面镇有着优越的自然环境，丰富的旅游资源。梯面镇因地制宜，结合当地实际情况，发展集休闲、运动、康养、旅游于一体休闲旅游产业，有力推动乡村振兴高质量发展。梯面镇下辖村红山村是"全国文明村"，2023年3月4日，广州市在花都区梯面镇红山村设立专场活动"直播乡村促振兴　助力百县千镇万村高质量发展"，通过设置"品美食""庆丰收""看小康"等直播环节，实现广大网民"云上畅游"花都区梯面镇。活动直播平台最高同时在线观看人数超60万人，累计观看超220万人次。除此之外，梯面镇红山村通过发展乡村休闲旅游，每年招待超过100万人次的游客，旺季时期，每日接待游客超过一万人次。村集体和村民收入显著增加，乡村环境持续改善，旅游服务配套设施建设不断完善，吸引了多个企业和项目入驻，有效推动梯面镇现代农业产业化规模化发展。梯面镇生态良好，风景秀美，以客家美食为主，也有很多特色美食。近年来，梯面镇还立足于自身生态环境，紧紧围绕"菜"字做大文章，打响"梯面山水"新名片，发展传统客家特色小吃文化。

参考文献

曹志成．为村民增收致富插上"金翅膀"！和平县贝墩镇大力发展腐竹产业［EB/OL］．（2023-05-09）［2023-08-25］．https：//k.sina.com.cn/article_3241132142_c12fc06e01901e8e5.html.

超级乡村研究所．国宴标准的菠萝，竟来自这个不起眼的小村落［EB/OL］．（2022-04-20）［2023-08-25］．https：//www.thepaper.cn/newsDetail_forward_17691313.

高永彬．百年广式腊味就看黄圃［N/OL］．南方农村报，2022-10-22［2023-08-25］．http：//epaper.nfncb.cn/nfnc/content/20221022/Articel07001MT.htm.

广东省农业农村厅. 徐闻曲界镇愚公楼菠萝专业村：做强主导产业，延伸辐射价值［EB/OL］.（2022-06-23）［2023-08-25］. http：//dara. gd. gov. cn/ztzx/ycyp/cztj/content/post_3955951. html.

广州市花都区梯面镇人民政府. 花都梯面：以产业振兴为抓手，助力乡村全面振兴［EB/OL］.（2022-12-30）［2023-08-25］. https：//www. huadu. gov. cn/zfxxgkml/gzshdqtmzrmzf/content/mpost_8737959. html.

和平县融媒体中心. 和平县腐竹省级现代农业产业园贝墩精深加工区将在今年2月试投产［EB/OL］.（2023-02-02）［2023-08-25］. http：//www. heping. gov. cn/xwzx/bmdt/content/post_535209. html.

横栏镇农业农村局. 让花木产业成为推动乡村振兴的绿色引擎［EB/OL］.（2022-12-14）［2023-08-25］. https：//mp. weixin. qq. com/s？__biz=MzI0MzE0NjY3OQ==&mid=2651812631&idx=2&sn=457374764552d4d567b85ed1e889debb&chksm=f28a59cfc5fdd0d951022e8a6c4f2b77d3be3e434bfe0c1c5578b77832decfc83affee7-acb83&scene=27.

黄雪丽. "一镇一业" 助增收 云浮建城镇走出黄皮 "富民路"［EB/OL］.（2021-07-23）［2023-08-25］. https：//gd. ifeng. com/c/885VhDhoQcX.

家乡好特产. 特产早知道：中山脆肉鲩［EB/OL］.（2022-08-16）［2023-08-25］. https：//roll. sohu. com/a/577213602_120800497.

廖钰娴，梁维春. 向高端要产值！博罗石坝三黄胡须鸡产业延链补链进行时［N/OL］. 南方日报，2023-05-09［2023-08-25］. https：//baijiahao. baidu. com/s？id=1765383929626396004&wfr=spider&for=pc.

林瑞荣，刘烁，苏鹏蕴. 揭密：罗定竹蒸笼从 "二八" 到 "八二" 的逆转之路［EB/OL］.（2022-04-12）［2023-08-25］. https：//www. 163. com/dy/article/H4PDP6JD0514FBRT. html.

罗定市市场监督管理局. 泗纶蒸笼［EB/OL］.（2021-06-09）［2023-08-25］. http：//dfz. gd. gov. cn/gdmycp/cp/gyp/content/post_3329851. html.

罗强，陈燕舞，区伟东. 郁南无核黄皮即将上市［N/OL］. 云浮日报数字报，2023-07-08［2023-08-25］. http：//epaper. yunfudaily. com/html/2023-07/08/content_11788_16302981. html.

徐闻县人民政府. 徐闻愚公楼村获评全国 "一村一品" 示范村镇［EB/OL］.（2021-08-02）［2023-08-25］. http：//www. xuwen. gov. cn/xwyw/xzdt/content/post_1480236. html.

徐雯雯. 百万网友 "云游" 花都区梯面镇，点赞乡村振兴［N/OL］. 广州日报，2023-03-05［2023-08-25］. https：//baijiahao. baidu. com/s？id=1759508609995094392&wfr=spider&for=pc.

郁南县广播电视台. 郁南无核黄皮喜获丰收吸引各方宾客观光品果［EB/OL］.（2023-07-19）［2023-08-25］. https：//www. sohu. com/a/704369804_69614.

中山市农业农村局. 中山东升脆肉鲩专业镇：培育龙头发展总部经济［EB/OL］.

（2022-07-05）［2023-08-25］．http：//dara. gd. gov. cn/ztzx/ycyp/cztj/content/post_3963207. html.

中山市农业农村局．中山黄圃腊味专业镇：有文化、科技感、时尚范［EB/OL］．（2022-11-09）［2023-08-25］．http：//dara. gd. gov. cn/ztzx/ycyp/cztj/content/post_4043082. html.

中山市农业农村局．中山市农业农村局关于市政协十三届二次会议第132359号提案答复的函［EB/OL］．（2023-06-19）［2023-08-25］．http：//zs. 51bmj. cn/inform/2488528.

朱丽婷，李向英，骆国红．一只惠州黄羽鸡的特殊"鸡生"［EB/OL］．（2023-06-12）［2023-08-25］．http：//pc. nfapp. southcn. com/76/7780558. html.

第四节　福建省"一村一品"发展报告

福建省地处中国东南沿海，东北与浙江省毗邻，西面、西北与江西省接界，西南与广东省相连，东面隔台湾海峡与台湾省相望。福建省的地理特点是"依山傍海"，九成陆地面积为山地丘陵地带，被称为"八山一水一分田"。全省陆地面积12.4万平方千米，海域面积13.6万平方千米。以侵蚀海岸为主，岛屿星罗棋布，共有岛屿1500余个。由于福建位于东海与南海的交通要冲，由海路可以到达南亚、西亚、东非，是历史上海上丝绸之路、郑和下西洋的起点，也是海上商贸集散地，和中国其他地方不同，福建沿海的文明是海洋文明，而内地客家地区是农业文明。福建省下辖福州、厦门、漳州、泉州、三明、莆田、南平、龙岩、宁德9个设区市和平潭综合实验区，下设11个县级市、31个市辖区和42个县（含金门县），2022年末常住人口4 188万人。

近年来，福建省立足资源禀赋和特色农业发展水平，不断优化农业产业布局，集聚集群发展格局基本形成，形成茶叶、水果、畜禽、蔬菜、食用菌、水产、烤烟等优势特色产业，其中毛茶产量保持全国前列，食用菌产量位居全国第二，肉蛋奶规模化生产水平位居全国前列。2022年粮食产量508.70万吨，比上年增加2.28万吨，增长0.50%。蔬菜产量1 599.77万吨，比上年增长3.9%；水果产量865万吨，比上年增长6.8%；茶叶产量52.08万吨，比上年增长6.70%；食用菌产量153.13万吨，比上年增长4.90%；烤烟产量12.09万吨，比上年增长15.00%；甘蔗产量28.84万吨，比上年增长0.20%。2022年猪肉产量128.07万吨，增长3.00%；禽蛋产量59.83万吨，增长7.00%；牛奶产量21.51万吨，增长10.70%。年末生猪存栏956.76万头，比上年末增长2.00%；全年生猪出栏1 614.13万头，比上年增长4.3%。水产品总产量862.35万吨，比上年增长1.10%。其中，淡水产品产量98.95万吨，增长3.50%；近海捕捞153.12万吨，与上年基本持平；远洋渔业62.48万吨，增长3%；海水养殖547.79万吨，增长0.80%。福建省坚持产业集聚，创建了11个国家特色农产品优势区，1个全国优势特色产业集群、27个全国农业产业强镇，推动了特色产业向优势区域集中，培育了安溪铁观音、平和蜜柚、古田食用菌、福鼎白茶、光泽肉鸡等特色产业百亿强县。茶叶、蔬菜、水果、畜禽、水产、林竹、花卉苗木、食用菌、乡村旅游、乡村物流等10个乡村特色产业全产业链总产值突破2万亿元。特色产业集聚区的建设、乡村特色主导产业的培育壮大和特色品牌的打造将推进"一村一品"向纵深发展。

一、福建省"一村一品"发展的政策环境

从2008年起，福建省就先后出台相关政策文件积极打造"一村一品"产业发展。2016年《福建省"十三五"现代服务业发展专项规划》提出，大力发展休闲农业、乡村旅游，支持发展淘宝村、油画村、文艺创意休闲乡村、德化瓷器村、红木工艺品村等特色农业产业集群，积极打造"一村一品一特色"。2017年《福建省人民政府关于贯彻国务院"十三五"促进民族地区和人口较少民族发展规划的实施意见》提出，加大"百企帮百村"的支持力度，大力发展少数民族特色产业经济，推动形成"一乡一业""一村一品"。2022年《福建省"十四五"推进农业农村现代化实施方案》提出，实施特色现代农业高质量发展"3212"工程，着力构建乡村产业"圈"状发展格局，形成"一村一品"微型经济圈、农业产业强镇小型经济圈、现代农业产业园中型经济圈、优势特色产业集群大型经济圈。同时出台《福建省"一村一品"建设实施方案》，从2023年起每年统筹1.5亿元支持创建"一村一品"示范村。2023年，福建省人民政府工作报告中提到，完善现代农业产业体系，加快创建国家现代农业产业园、优势特色产业集群、国家农业产业强镇；持续推进"一村一品"建设，打响"福农优品"品牌，提升农业质量效益和竞争力。同年，福建省农业农村厅出台《福建省乡村特色产业品牌IP建设实施方案》，通过实施乡村特色产业品牌IP建设，培育形成一批"乡字号""土字号"农产品品牌。从地级市来看，2021年福州市、厦门市和宁德市分别出台了《福州市"十四五"特色现代农业发展专项规划》《厦门市"十四五"农业农村发展专项规划》《宁德市"十四五"特色现代农业发展专项规划》，这些发展规划都围绕着该市特色现代农业高质量的发展目标，将"点、线、面"结合"市、县（市、区）、镇（乡）、村"有机衔接、梯次推进"一村一品"的发展格局。

二、福建省"一村一品"发展现状

（一）获批全国"一村一品"示范村镇数量情况

福建省扎实开展"一村一品"示范村镇建设，加强示范引领，截至2022年共认定"产品小而特、业态精而美、布局聚而合"的118个全国"一村一品"示范村镇，占全国总量的2.82%，位于全国第十九。其中，示范村75个、示范镇43个，分别占福建省获批总数的63.56%、36.44%。2020—2022年，福建先后有34个示范村获评全国乡村特色产业亿元村（表3-17），占全国总数的4.92%；有24个示范镇获评全国乡村特色产业十亿元镇（表3-18），占全国总数的5.17%。"一村一品"的认定把资源优势转变为产业优势，把产业优势转变为经济优势，赋能乡村全面振兴。

第三章 中国热区"一村一品"发展区域报告

表3-17 福建省获评全国乡村特色产业亿元村名单

序号	地区	亿元村名称	年份
1	福州市	福建省福州市罗源县起步镇上长治村	2020
		福建省福州市罗源县起步镇上长治村	2021
		福建省福州市罗源县起步镇上长治村（秀珍菇）	2022
		福建省福州市闽清县塔庄镇茶口村（粉干）	2022
		福建省福州市平潭县流水镇砂美村（鲍鱼）	2022
2	龙岩市	福建省龙岩市新罗区小池镇培斜村	2021
		福建省龙岩市漳平市南洋镇梧溪村	2021
		福建省龙岩市连城县朋口镇朋东村（兰花）	2022
		福建省龙岩市新罗区小池镇培斜村（竹制品）	2022
		福建省龙岩市漳平市南洋镇梧溪村（水仙茶）	2022
3	宁德市	福建省宁德市福鼎市点头镇柏柳村	2020
		福建省宁德市蕉城区虎贝镇黄家村	2021
		福建省宁德市福安市穆阳镇苏堤村（线面）	2022
		福建省宁德市福安市赛岐镇象环村（葡萄）	2022
		福建省宁德市福鼎市点头镇柏柳村（白茶）	2022
4	莆田市	福建省莆田市仙游县度尾镇湘溪村	2021
		福建省莆田市仙游县度尾镇湘溪村（文旦柚）	2022
		福建省莆田市仙游县金溪村（乌龙茶）	2022
5	泉州市	福建省泉州市晋江市金井镇围头村	2020
		福建省泉州市晋江市金井镇围头村	2021
		福建省泉州市晋江市金井镇南江村	2021
		福建省泉州市晋江市金井镇南江村（鲍鱼）	2022
		福建省泉州市晋江市金井镇围头村（鲍鱼）	2022
		福建省泉州市永春县达埔镇汉口村（篾香）	2022
6	三明市	福建省三明市尤溪县洋中镇后楼村	2021
		福建省三明市尤溪县后楼村（食用菌）	2022
7	漳州市	福建省漳州市云霄县下河乡下河村	2020
		福建省漳州市云霄县下河乡下河村	2021
		福建省漳州市云霄县马铺乡客寮村	2020
		福建省漳州市云霄县下河乡下河村（杨桃）	2022
		福建省漳州市漳浦县佛昙镇东坂村（河豚）	2022
		福建省漳州市高新技术产业开发区靖圆办郑店村（食用菌）	2022

(续表)

序号	地区	亿元村名称	年份
8	厦门市	福建省厦门市海沧区东孚镇过坂社区（花卉）	2022
9	南平市	福建省南平市武夷山市星村镇桐木村（红茶）	2022

表 3-18　福建省获评全国乡村特色产业十亿元镇名单

序号	地区	十亿元镇名称	年份
1	福州市	福建省福州市连江县筱埕镇（海带）	2022
2	龙岩市	福建省龙岩市连城县朋口镇	2020
		福建省龙岩市连城县朋口镇	2021
		福建省龙岩市连城县朋口镇（兰花）	2022
3	南平市	福建省南平市武夷山市星村镇	2021
		福建省南平市武夷山市星村镇（茶叶）	2022
4	宁德市	福建省宁德市福鼎市点头镇	2021
		福建省宁德市福安市赛岐镇（葡萄）	2022
		福建省宁德市福安市社口镇（红茶）	2022
		福建省宁德市福鼎市点头镇（白茶）	2022
5	泉州市	福建省泉州市安溪县感德镇	2021
		福建省泉州市安溪县尚卿乡	2021
		福建省泉州市安溪县感德镇（铁观音）	2022
		福建省泉州市安溪县尚卿乡（藤铁工艺品）	2022
		福建省泉州市安溪县祥华乡（乌龙茶）	2022
6	三明市	福建省三明市沙县夏茂镇	2021
		福建省三明市沙县夏茂镇（沙县小吃）	2022
		福建省三明市尤溪县台溪乡（茶叶）	2022
7	漳州市	福建省漳州市平和县小溪镇	2020
		福建省漳州市诏安县太平镇	2020
		福建省漳州市平和县小溪镇	2021
		福建省漳州市诏安县太平镇	2021
		福建省漳州市平和县小溪镇（琯溪蜜柚）	2022
		福建省漳州市诏安县太平镇（青梅）	2022

(二) 福建"一村一品"示范村镇空间分布情况

1. 市、县分布

从"一村一品"示范村镇的市县分布情况来看,福建全省9个地级市均有覆盖(图3-23),涉及8个县级市,39个县、区。其中,认定数量最多的是龙岩市,认定数为26个,分别占全省的22.03%,其中龙岩市示范村镇主要分布在连城县、上杭县、武平县、新罗区、永定区、漳平市、长汀县。第二位是宁德市和泉州市,认定数均为16个,分别占全省的13.56%,其中宁德市示范村镇主要分布在福安市、福鼎市、古田县、蕉城区、寿宁县、霞浦县和柘荣县;泉州市示范村镇主要分布在安溪县、德化县、晋江市和永春县。第三位是南平市和三明市,认定数均为14个,分布占全省的11.86%,其中南平市示范村镇主要分布在光泽县、建瓯市、浦城县、邵武市、顺昌县、松溪县、武夷山市、政和县;三明市示范村镇主要分布在大田县、建宁县、明溪县、宁化县、清流县、三元区、沙县区、永安市和尤溪县。第四位是漳州市,认定数为10个,占全省的8.47%,其中漳州市示范村镇主要分布在东山县、云霄县、漳浦县、漳州市高新技术开发区、长泰区和诏安县。认定数量排第五位的是厦门市,认定数为8个,占全省的6.78%,厦门市示范村镇主要分布在海沧区、集美区、同安区和翔安区。认定数最少的是福州市和莆田市,均为7个,其中福州市示范村镇主要分布在福清市、平潭综合实验区、连江县、罗源县、闽清县和长乐区;莆田市示范村镇主要集中在城厢区、涵江区和仙游县。各示范村镇根据自身产业结构特点,围绕优势农业产业不断推动农业产业集群化发展,发挥国家地理标志保护产品和特色农业品牌优势,持续推动区域农业品牌的创建,从空间分布来看,福建省的"一村一品"示范村镇呈现出"东西均衡,东南沿海发展较好"的分布特点。

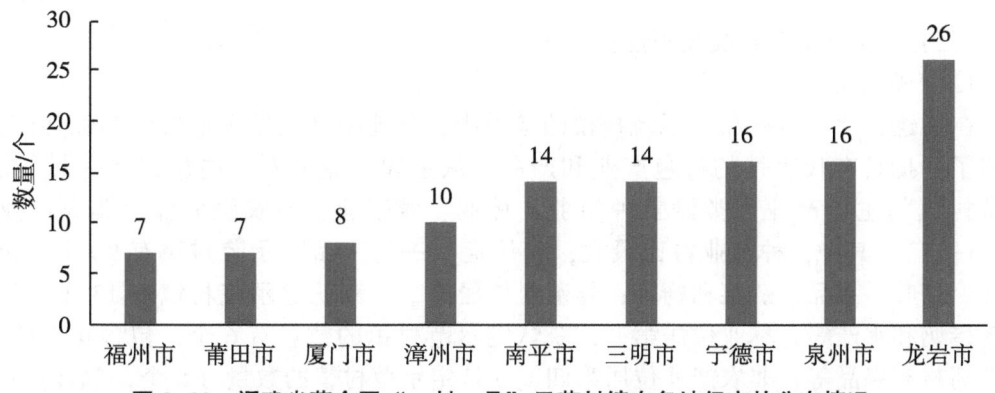

图3-23 福建省获全国"一村一品"示范村镇在各地级市的分布情况

2. 示范村镇分布

从示范村情况来看(图3-24),全省75个示范村在9个地级市均有分布。其中认定示范村数量最多的是龙岩市和宁德市,均有12个获批,均占全省认定示范村总数的16.00%;位于第二的是南平市和三明市,认定数均有10个,均占示范村总数的13.33%;位于第三的是泉州市,认定数有9个,占总数的12.00%;认定数排第四位的是厦门市和漳州市,均有7个获批;目前福州市和莆田市获批的示范村数量最少,均有4个。

从示范镇情况来看(图3-24),全省共有43个全国"一村一品"示范镇。数量最多的是龙岩市,有14个,占全省示范镇总数的32.56%;第二位是泉州市,占全省示范镇总数的16.28%;排第三位的是三明市、宁德市和南平市,数量均为4个,均占9.30%;排第四位的是漳州市、莆田市和福州市,示范镇数量均为3个,均占6.98%;而厦门市仅有1个乡镇获得"一村一品"认定。

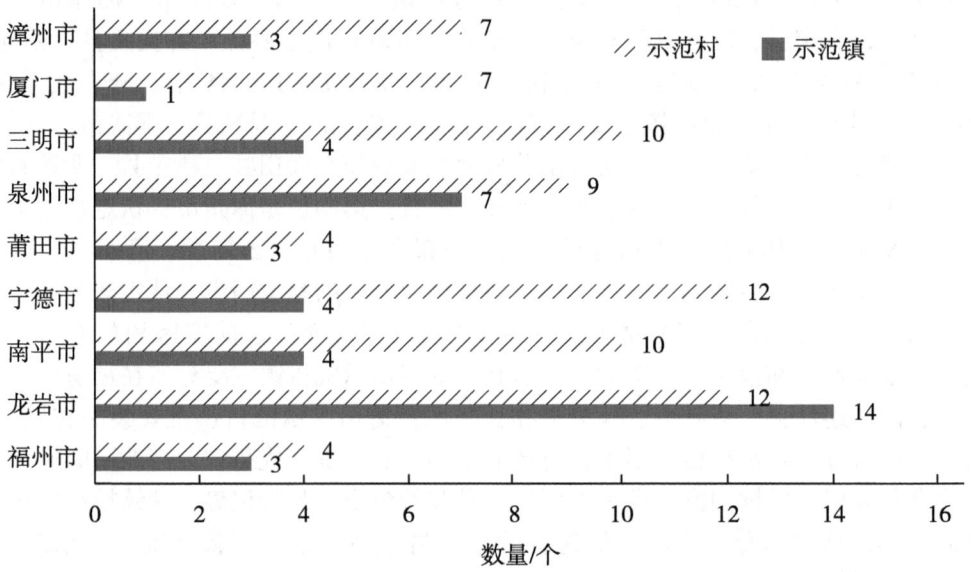

图3-24 福建省"一村一品"示范村、示范镇数量在各地级市的分布情况

(三)主导产业和产品类别情况

1. 产业大类

在福建省"一村一品"示范村镇的建设中,各地积极发掘本地资源和优势产业,形成了一批具有代表性的特色产业和产品。从主导产业来看,福建省"一村一品"示范村镇的主导产业大类涵盖种植业、林业、养殖业、涉农服务业、非农产业等(图3-25)。其中,种植业占比最大,获认定"一村一品"示范村镇有90个,包含粮油、茶叶、果品、蔬菜和糖等;养殖业位居第二,获认定示范村镇有13个,包含畜禽蛋奶和水产等;林业位居第三,获认定示范村镇的数量有6个,包含花卉苗木、中草药材和果品等;非农产业位居第四,获认定示范村镇的数量有6个,包含传统文化和工艺品等;涉农服务业占比最少,认定示范村镇数量仅有3个。由此可知,近年来,福建省坚定不移走特色路、打特色牌,调整优化区域布局,把培育"一村一品"示范村镇作为加快特色现代农业建设、推进乡村产业振兴的重要抓手,有效促进农业增效、农民增收。设施农业的发展、规模化养殖促使种植业和养殖业在产业发展中占据了主导地位。

2. 产品类别

从产品类别来看,福建省"一村一品"示范村镇的主导产品种类繁多,主要涉及

第三章 中国热区"一村一品"发展区域报告

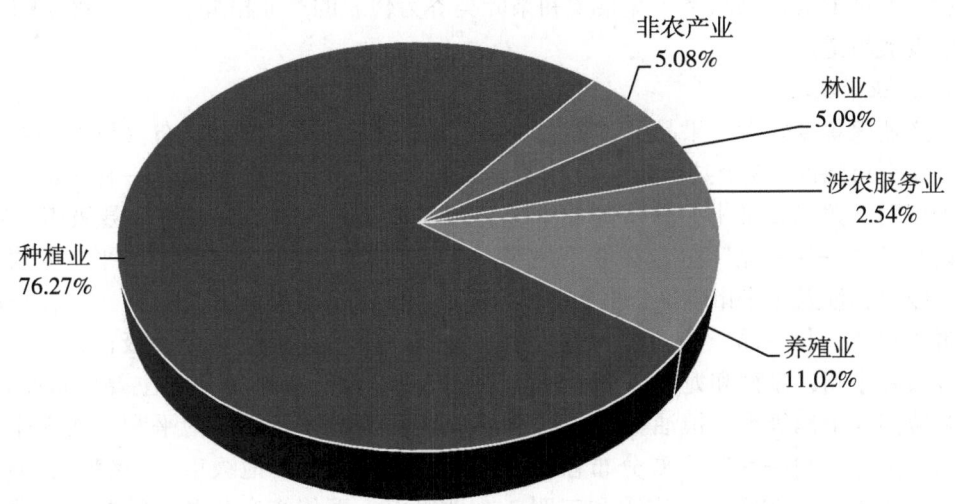

图 3-25 福建省"一村一品"示范村镇的主导产业大类情况

茶叶类、畜禽蛋奶类、传统食品类、传统文化类、工艺品类、果品类、花卉苗木类、粮油类、蔬菜类、水产类、糖类和中草药材类等十二类（图3-26）。其中果品类全国"一村一品"示范村镇数量最多，认定了38个（图3-27），占比为32.20%，主要包含枇杷、葡萄、蜜柚、芙蓉李、美蕉、龙眼、橄榄和柑橘等；蔬菜类位于第二，认定了25个，占比21.19%；茶叶类排第三位，认定了20个，占比16.95%。由此可知，福建省的"一村一品"示范村镇依托地域资源优势，因地制宜优化农业结构发展特色产业，

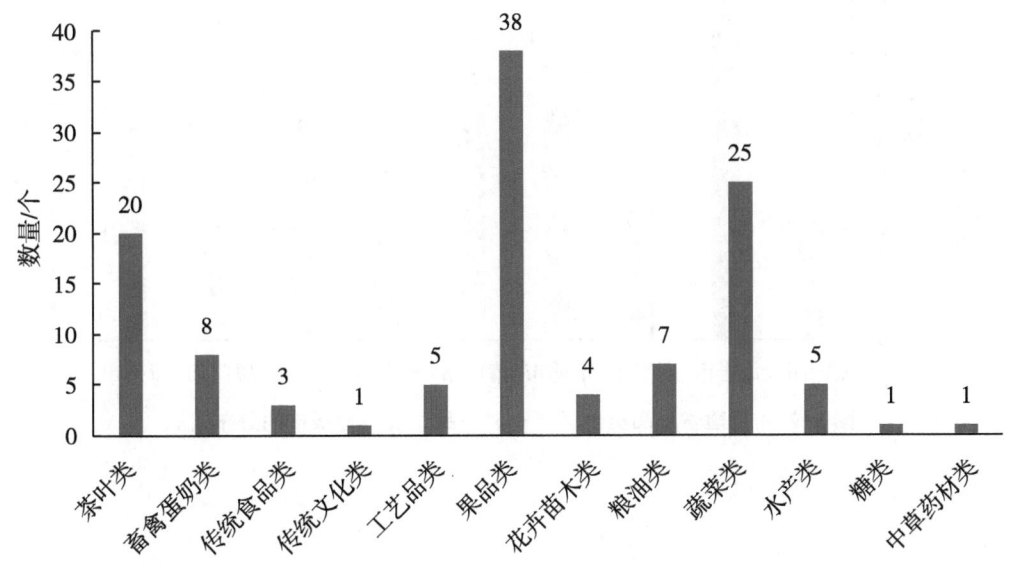

图 3-26 福建省获批全国"一村一品"示范村镇主导产品类别情况

逐步壮大发展形成以果品类、蔬菜类和茶叶类等为代表的产业格局，带动小农户步入现代农业发展轨道。

3. 产业聚集度

从产业聚集度来看，果品类"一村一品"在9个地级市均有分布（图3-27），主要涉及9个市辖区，3个县级市，13个县；从表3-19可知，蔬菜类"一村一品"主要集中于三明、龙岩、泉州、漳州等9个地级市，涉及6个市辖区，6个县级市，12个县；茶叶类"一村一品"分布在8个地级市（表3-20），主要集中于南平、龙岩和宁德等地级市，涉及1个市辖区，5个县级市，8个县，仅福州市无茶叶类"一村一品"；畜禽蛋奶类"一村一品"主要分布在龙岩、泉州、南平和厦门4个地级市；工艺品类主要分布在泉州、宁德和龙岩3个地级市；花卉苗木类"一村一品"主要分布在龙岩、三明和厦门3个地级市；粮油类"一村一品"主要分布在龙岩、南平和宁德3个地级市；水产类"一村一品"主要分布在福州、泉州和漳州3个地级市；传统食品类"一村一品"主要分布在福州、宁德和三明3个地级市；而传统文化类、糖类和中草药材类分别分布在龙岩市的连城县、南平市的松溪县和宁德市的柘荣县。综合来看，龙岩市"一村一品"产业类型较丰富，包含茶叶、畜禽蛋奶、传统文化、工艺品、果品、花卉苗木、粮油和蔬菜等8类；南平市、宁德市、泉州市、三明市和厦门市"一村一品"产品类型数量在5~7类，而福州市、莆田市和漳州市"一村一品"产品类型数量在3~4类。

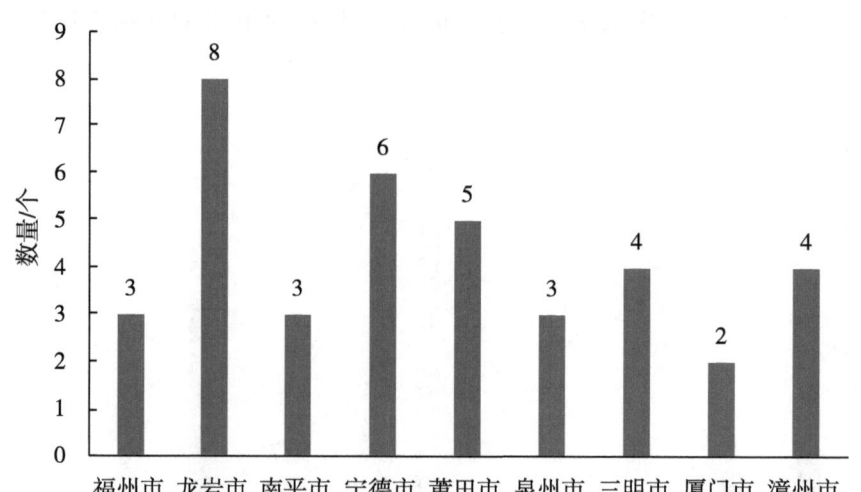

图3-27 福建省果品类全国"一村一品"在各地级市的分布情况

表 3-19 福建省蔬菜类全国"一村一品"示范村镇名单

地区	示范村镇名称	所在地	批次	年份
福州市（1个）	福建省罗源县起步镇上长治村（秀珍菇）	罗源县	第一批	2011
龙岩市（4个）	福建省永定区仙师镇务田村（永定六月红早熟芋）	永定区	第六批	2016
	福建省龙岩市连城县林坊镇（地瓜）	连城县	第九批	2019
	福建省漳平市吾祠镇厚德村（厚德萝卜）	漳平市	第五批	2015
	福建省漳平市拱桥镇（福上界莲子）	漳平市	第五批	2015
南平市（2个）	福建省建瓯市房道镇连地村（连地白笋）	建瓯市	第七批	2017
	福建省邵武市桂林乡（邵武笋干）	邵武市	第六批	2016
宁德市（2个）	福建省福安市坂中乡坑下村（茄子）	福安市	第二批	2012
	福建省柘荣县东源乡铁场村（辣椒）	柘荣县	第七批	2017
泉州市（4个）	福建省安溪县长坑镇山格村（山格淮山）	安溪县	第六批	2016
	福建省德化县龙浔镇英山村（芹峰德化淮山）	德化县	第三批	2013
	福建省德化县春美乡（德化黄花菜）	德化县	第八批	2018
	福建省泉州市晋江市东石镇檗谷村（胡萝卜）	晋江市	第十一批	2021
莆田市（1个）	福建省莆田市仙游县钟山镇（蔬菜）	仙游县	第九批	2019
漳州市（4个）	福建省东山县康美镇马銮村（芦笋）	东山县	第一批	2011
	福建省云霄县马铺乡客寮村（马铺淮山）	云霄县	第二批	2012
	福建省漳州市高新技术开发区靖城镇郑店村（食用菌）	漳州市	第十一批	2021
	福建省长泰县岩溪镇石铭村（石铭槟榔芋）	长泰区	第四批	2014
厦门市（3个）	厦门市同安区洪塘镇郭山村（紫长茄）	同安区	第一批	2011
	福建省厦门市同安区汀溪镇顶村村（绿莢林茭白）	同安区	第二批	2012
	厦门市翔安区新圩镇乌山村（青葱）	翔安区	第一批	2011
三明市（6个）	福建省三明市大田县桃源镇（蔬菜）	大田县	第十一批	2021
	福建省明溪县城关乡狮窠村（狮窠淮山）	明溪县	第五批	2015
	福建省宁化县曹坊镇石牛村（闽娇辣椒）	宁化县	第八批	2018
	福建省三明市三元区莘口镇楼源村（蔬菜）	三元区	第七批	2017
	福建省永安市小陶镇新寨村（陶洋莴苣）	永安市	第四批	2014
	福建省尤溪县洋中镇后楼村（天峰山食用菌）	尤溪县	第三批	2013

表 3-20 福建省茶叶类全国"一村一品"示范村镇名单

地区	示范村镇名称	所在地	批次	年份
龙岩市（4个）	福建省龙岩市武平县桃溪镇（绿茶）	武平县	第十批	2020
	福建省漳平市南洋乡（漳平水仙茶）	漳平市	第三批	2013
	福建省漳平市永福镇（台品高山茶）	漳平市	第四批	2014
	福建省龙岩市漳平市南洋镇梧溪村（水仙茶）	漳平市	第十批	2020
三明市（2个）	福建省大田县吴山乡（仙顶茶叶）	大田县	第二批	2012
	福建省三明市尤溪县台溪乡（茶）	尤溪县	第十二批	2022
莆田市（1个）	福建省莆田市仙游县龙华镇金溪村（乌龙茶）	仙游县	第十二批	2022
南平市（5个）	福建省邵武市和平镇坎头村（邵武碎铜茶）	邵武市	第二批	2012
	福建省南平市武夷山市星村镇（茶叶）	武夷山市	第十批	2020
	福建省南平市武夷山市星村镇桐木村（红茶）	武夷山市	第十二批	2022
	福建省政和县镇前镇半源村（翡翠灵芽）	政和县	第六批	2016
	福建省南平市政和县澄源乡（白茶、红茶、绿茶）	政和县	第九批	2019
宁德市（4个）	福建省宁德市福安市社口镇（红茶）	福安市	第九批	2019
	福建省福鼎市点头镇柏柳村（福鼎白茶）	福鼎市	第八批	2018
	福建省宁德市福鼎市点头镇（白茶）	福鼎市	第十一批	2021
	福建省寿宁县武曲镇承天村（乌龙茶）	寿宁县	第一批	2011
泉州市（2个）	福建省泉州市安溪县感德镇（铁观音）	安溪县	第十一批	2021
	福建省泉州市安溪县祥华乡（乌龙茶）	安溪县	第十二批	2022
厦门市（1个）	厦门市同安区莲花镇军营村（茶叶）	同安区	第一批	2011
漳州市（1个）	福建省漳州市南靖县书洋镇（乌龙茶）	南靖县	第九批	2019

（四）年度和获批批次情况

2011年起，福建省委省政府相关部门就非常重视"一村一品"的发展，把"一村一品"作为培育农村主导产业的重要途径，从农业部认定的第一批全国"一村一品"示范村镇的数量看，福建省建设国家级"一村一品"示范村镇的效果显著。2011—2013年共被认定"一村一品"示范村镇36个；2014—2018年，福建省全国"一村一品"示范村镇建设进入一个回落期，5年期间共被认定29个示范村镇；2019—2022年，先增长后趋于稳定发展，共被认定了53个"一村一品"示范村镇，年均认定13个左右（图3-28）。目前全国已认定的12批"一村一品"示范村镇中，福建省在每一批均有入选的示范村镇。最多是在2019年第九批，入选了15个示范村镇，最少是在2014

年第四批，入选4个示范村镇。

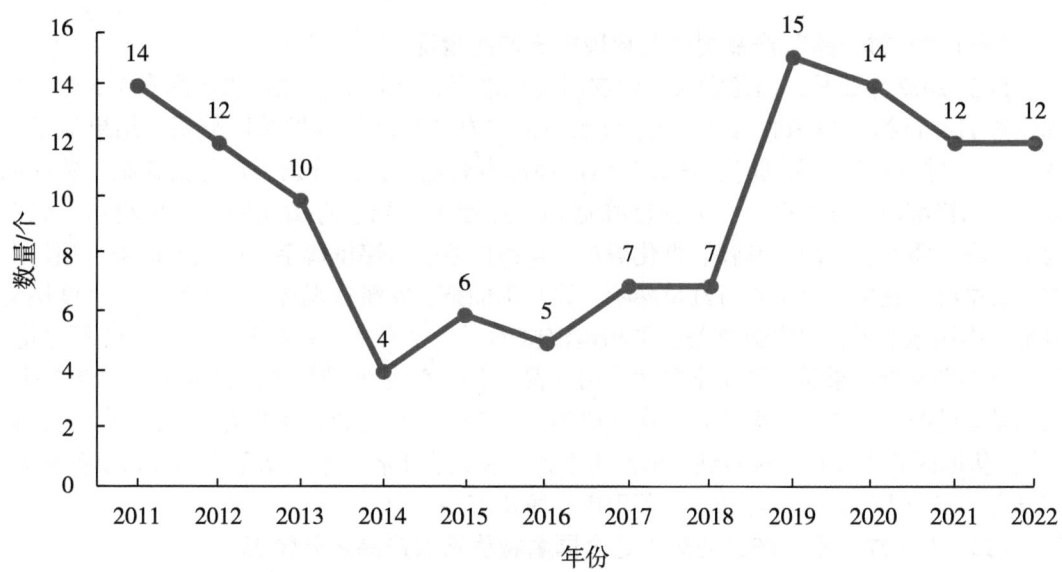

图3-28　2011—2022各年度福建省获批全国"一村一品"示范村镇数量情况

从地级市情况来看（图3-29），在2011—2022年全国已认定的12批"一村一品"示范村镇中，龙岩市在每一批均有入选的示范村镇，入选批次总量位居福建省第一；并列第二的是南平市、宁德市、泉州市和三明市，这4个市除了其中3年无入选的示范村镇外，其他年份均有入选的示范村镇；第三是漳州市，除2015—2018年和2020年无入选的示范村镇外，其余年份均有入选的示范村镇；入选批次最少的是厦门市，仅有2011年、2012年和2022年入选。

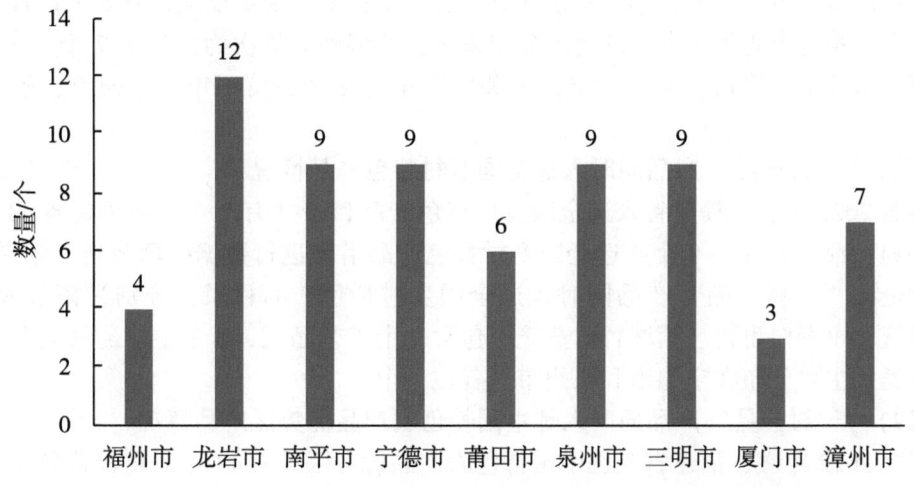

图3-29　福建省各地级市入选全国"一村一品"示范村镇批次数量情况

三、福建省"一村一品"品牌关联分析

(一)"一村一品"产品同时是地理标志产品情况

截至 2022 年 3 月,福建省获农业农村部批准登记保护的地理标志产品有 115 个。将福建省 118 个全国"一村一品"产品与地理标志农产品进行数据关联分析,结果显示有 28 个"一村一品"产品同时获得农产品地理标志登记保护,分别为德化黄花菜、晋江胡萝卜、山格淮山、德化淮山、福安巨峰葡萄、建绿黄花梨、青山龙眼、河田鸡、连城白鸭、永春白番鸭、龙岩山麻鸭、德化黑鸡、福鼎白茶、石铭槟榔芋、邵武碎铜茶、顺昌芦柑、文亨红衣花生、永定六月红早熟芋、漳平水仙茶、安溪铁观音、大田高山茶、度尾文旦柚、连城地瓜干、龙岩斜背茶、平和琯溪蜜柚、武夷岩茶、一都枇杷、诏安红星青梅。从产品类别来看,果品类既是全国"一村一品"同时又是地理标志的产品最多,有 8 个;第二是茶叶类,有 7 个;第三是畜禽蛋奶类,有 5 个;其余的为蔬菜类和粮油类,均各有 4 个。从地区分布来看,从多到少依次为泉州市和龙岩市各 7 个,南平市、漳州市各 3 个,宁德市、三明市、福州市各 2 个,莆田市、漳州市各 1 个。

(二)"一村一品"产品同时入选全国名特优新农产品名录情况

截至 2022 年底,福建省有 241 个农产品入选全国名特优新农产品名录,与福建省 118 个全国"一村一品"产品进行数据关联分析,结果显示,有 29 个全国"一村一品"产品同时入选全国名特优新农产品名录,分别为德化黄花菜、福鼎白茶、建绿黄花梨、连城白鸭、连地白笋、芹峰德化淮山、马铺淮山、山格淮山、顺昌芦柑、下河杨桃、永定六月红早熟芋、漳平水仙茶、安溪铁观音、德化黑鸡、度尾文旦柚、福安葡萄、连城红衣花生、连城红心地瓜干、明溪淮山、浦城薏米、寿宁高山红茶、武平绿茶、武夷岩茶、永春芦柑、长乐青山龙眼、长泰石铭芋、长汀河田鸡、诏安红星青梅、政和白茶。从产品类别来看,果品类全国"一村一品"产品同时入选全国名特优新农产品名录最多,占到 8 个;第二是茶叶类,有 7 个;第三是蔬菜类,有 6 个;其余粮油类有 5 个,畜禽蛋奶类 3 个。从地区分布来看,从多到少依次为龙岩市 7 个,泉州市 6 个,南平市 5 个,漳州市 4 个,宁德市和三明市各 2 个,莆田市、宁德市、福州市各 1 个。

(三)"一村一品"产品同时入选全国乡村特色产品情况

截至 2022 年底,福建省入选全国乡村特色产品目录共有 9 个。将福建省 118 个全国"一村一品"产品与 9 个入选全国乡村特色产品目录进行数据关联分析,结果显示,有 4 个全国"一村一品"产品同时入选全国乡村特色产品目录,分别为柘荣太子参、永春漆篮、永春白番鸭、蕉城竹木蒸笼,包含 2 个工艺品类,1 个中草药材类和 1 个畜禽蛋奶类。主要分布在宁德市和泉州市,各占 2 个。

(四)"一村一品"产品同时入选中国特色农产品优势区产品情况

截至 2022 年底,福建省入选中国特色农产品优势区共有 11 个。将福建省 118 个全国"一村一品"示范村镇与 11 个入选中国特色农产品优势区的产品进行数据关联分析,结果显示,有 6 个"一村一品"产品同时入选中国特色农产品优势区的产品,分别为建瓯笋竹、武夷岩茶、福鼎白茶、平和蜜柚、安溪铁观音、福安葡萄。其中,3 个

为茶叶类，2个为果品类，1个为蔬菜类。主要分布在南平市、宁德市、漳州市和泉州市，其中南平市和宁德市各有2个，其他市县均有1个。

（五）"一村一品"产品同时入选中国农业品牌目录情况

截至2022年底，福建省入选中国农业品牌目录产品共有9个。将福建省118个全国"一村一品"示范村镇与9个入选中国农业品牌目录产品进行数据关联分析，结果显示，有4个"一村一品"产品同时入选中国农业品牌目录产品，分别为武夷山大红袍、建瓯锥栗、永春芦柑、一都枇杷，包含3个果品类，1个茶叶类。主要分布在南平市2个，泉州市和福州市各1个。

综上分析，通过"一村一品"品牌关联度分析（表3-21），关联度最高的是福安葡萄、福鼎白茶，安溪铁观音和武夷岩茶，均获得以上6种品牌荣誉中的4种，其既被认定为"一村一品"示范村镇产品、农产品地理标志产品，同时也入选全国名特优新农产品名录和中国特色农产品优势区。此外同时获得以上6种品牌荣誉中3种的产品有15个，分别为德化黄花菜、山格淮山、德化淮山、建绿黄花梨、青山龙眼、河田鸡、连城白鸭、永春白番鸭、德化黑鸡、顺昌芦柑、文亨红衣花生、永定六月红早熟芋、漳平水仙茶、度尾文旦柚、连城地瓜干、平和琯溪蜜柚、一都枇杷和诏安红星青梅。在福建省118个"一村一品"产品中，有23.73%获得农产品地理标志登记保护；有24.58%入选全国名特优新农产品名录；有3.39%入选全国乡村特色产品；有5.08%入选中国特色农产品优势区产品；有3.39%入选中国农业品牌目录。总体来看，福建"一村一品"建设还有待加强。

表3-21 福建"一村一品"产品品牌关联分析汇总

产品	全国"一村一品"示范村镇产品	中国农业品牌目录	地理标志产品	全国名特优新农产品	全国乡村特色产品	中国特色农产品优势区	合计次数
福安葡萄	1	0	1	1	0	1	4
福鼎白茶	1	0	1	1	0	1	4
安溪铁观音	1	0	1	1	0	1	4
武夷岩茶	1	0	1	1	0	1	4
德化黄花菜	1	0	1	1	0	0	3
山格淮山	1	0	1	1	0	0	3
德化淮山	1	0	1	1	0	0	3
建绿黄花梨	1	0	1	1	0	0	3
青山龙眼	1	0	1	1	0	0	3
河田鸡	1	0	1	1	0	0	3
连城白鸭	1	0	1	1	0	0	3
永春白番鸭	1	0	1	0	1	0	3
德化黑鸡	1	0	1	1	0	0	3
顺昌芦柑	1	0	1	1	0	0	3

(续表)

产品	全国"一村一品"示范村镇产品	中国农业品牌目录	地理标志产品	全国名特优新农产品	全国乡村特色产品	中国特色农产品优势区	合计次数
文亨红衣花生	1	0	1	1	0	0	3
永定六月红早熟芋	1	0	1	1	0	0	3
漳平水仙茶	1	0	1	1	0	0	3
度尾文旦柚	1	0	1	1	0	0	3
连城地瓜干	1	0	1	1	0	0	3
平和琯溪蜜柚	1	0	1	0	0	1	3
一都枇杷	1	1	1	0	0	0	3
诏安红星青梅	1	0	1	1	0	0	3

四、福建省"一村一品"示范村镇发展模式

(一) 龙头企业带动型

入选第九批全国"一村一品"示范镇的宁德市柘荣县城郊乡，采取"政府+协会+企业"的联动运作方式，鼓励龙头企业和种植大户领办、创办太子参经营主体，创新基地管理模式，搭建中药材种植、加工炮制、包装运输、仓储寄存、代销贸易、质量追溯、大数据管理等一体化系列服务平台，进行联农带农协同发展，进一步深化农业产业改革，合力推动一二三产有序融合发展。入选第十一批全国"一村一品"示范镇的泉州市安溪县感德镇，产茶历史悠久，茶叶品质优异，是安溪铁观音核心产区、主产乡镇。2022年，全镇茶园面积5.5万亩，茶叶年产量5 000吨，生产管理从小农生产、家庭作坊向专业化分工、社会生产加快转变，全镇现有县级以上农业产业化龙头企业2家，合作社100余家，家庭农场34家，已形成"公司+基地+农户""龙头企业+合作社+基地+农户"等多种新型联合经营模式，市场格局从局部发展向线上线下融合、全面拓展转变，产业功能从单一向多元转变，已延伸拓展至精深加工、文化旅游、贸易物流等行业，"一叶带百业"的共振效应正加快形成。

(二) 服务组织推动型

入选第九批全国"一村一品"示范村的泉州市晋江市金井镇围头村，通过"专业合作社+电商+股份制""鲍鱼养殖+休闲体验+渔村文化"等多条腿走路，打造鲍鱼全产业链新业态。围头村率先开展农村经济产权制度改革，成立围头股份经济联合社，村集体持股25%，个人及其他股占75%，现有累计股份58 340股。整合一百多户鲍鱼养殖户，成立围头湾鲍鱼合作社，走抱团发展之路，实现从育种、养殖、加工、流通、仓储到流通的贸工农、产加销一体化发展，并通过合作社运作，与苗种、龙须菜、海带、

养殖桶等供应商协商价格,大大降低养殖成本。入选第三批全国"一村一品"示范村的德化县龙浔镇英山村,以淮山为主导产业,发挥农业企业和合作社的带动作用,采取"公司+合作社+农户"模式,通过年初与农户建立"订单农业"合作关系,根据不同质量等级淮山,约定每千克收购价格,合作社向农户统一提供种苗,并在淮山种植的每一个环节进行技术指导,到期保价回收,将合作社农户产出的优质淮山等品牌统一销售出去。入选第八批全国"一村一品"示范村的泉州市晋江市东石镇檗谷村,是晋江市闻名的胡萝卜生产基地,现有耕地2 200多亩,主要种植胡萝卜,主导产业从业农户数475户,胡萝卜年产值2 930.57万元。檗谷村积极推动农户、农场与合作社统一联合经营与合作,形成多元化、多层次、多形式的经营服务体系,把产业链紧密联结起来,把各方资源组织起来,实现生产、包装加工、流通、销售、观光旅游、服务"一条龙",分工合作,风险共担,产品远销国内外市场。

(三) 党建引领型

入选全国乡村特色产业亿元村名单"一村一品"示范村镇的罗源县起步镇上长治村,以食用菌为主导产业,通过探索"党支部+合作社(企业)+农户"的发展模式,围绕食用菌全产业链发展目标,不断壮大食用菌产业规模,推动食用菌产业"裂变式"发展,带动全村农户种植秀珍菇,年产值约为1.5亿元,成为名副其实的"中国秀珍菇之村"。目前,村内共有市级以上龙头企业3家,年栽培规模100万袋以上生产大户近10家。近年来,上长治村基本形成了"统一制种-分户生产-产品加工-统一销售-生态循环"的产业链条,促进了产业上、中、下游环节衔接配合、融合发展,基本实现了"家家有产业、户户无闲人"的目标,走出一条独具特色的乡村振兴之路。入选第一批全国"一村一品"示范村的仙游县书峰乡书峰村,积极打造集党建"红"、枇杷"黄"、生态"绿"产业蓬勃发展的"缤彩福地",推动"红色+绿色""产业+旅游"融合发展。为做强枇杷特色产业,村党支部聚焦"提高效率、提升效能、提增效益",深化党支部联建共建,采取"党支部+合作社+农户"的运营模式,通过收购销售枇杷、开展枇杷种植技术培训和规范枇杷深加工产品等,带动果农增收,共促乡村振兴。入选第十二批全国"一村一品"示范村的龙岩市连城县朋口镇朋东村,该村党支部在镇党委的领导下,与朋口兰花协会党支部深化"党建共建",依托连城兰花博览园这一主阵地,大力培育股份公司、专业合作社和家庭农场等多种形式的经营主体,积极推行"党支部+协会+合作社+农户"的先进运作模式,为兰农提供品种、技术、市场等方面帮助支持,主动创建党员示范基地,带动群众参与到种植经销、文化旅游等各个环节,引领带动村民在兰花产业上创业致富。截至目前,朋东村已有兰花展示门店30余家,年产值达7 000多万元。入选第十二批全国"一村一品"示范村的莆田市仙游县龙华镇金溪村,充分利用特色茶叶资源,通过村党支部同金溪茶业党支部开展村企结对共建,创新"党支部+龙头企业+专业合作社+农户"的茶叶发展模式,形成具有成员近400户的4个专业合作社,创造年加工茶叶4 500多吨,全村茶业年产值达1.65亿元以上,形成集体有收益、百姓得实惠的共赢模式。

(四) 政产学研支撑型

入选第十二批全国"一村一品"示范镇的漳州市漳浦县佛昙镇东坂村,该村依托河鲀产业协会，与国内高校、科研机构联合开发河鲀面膜、精华液、润肤乳等美容产品，研发鲀健胃丸等保健品，开发河鲀酒系列产品，研制河鲀鱼丸、河鲀饺子、河鲀冻品等10余种速食产品，形成"产、供、销、游"一体的河鲀产业链条。目前，东坂村河鲀养殖面积达1万多亩、年产量1 000余吨。村里有6 000余人从事河鲀养殖业，有一家河鲀加工企业、一家河鲀文化中心和销售公司，30余家河鲀美食馆，产业规模达8亿元。

（五）"数字+"

入选第十二批全国"一村一品"示范镇的福建省宁德市福安市社口镇，立足茶产业特色，结合"数字+"智能模式，2020年全国5G农业智慧茶园示范区落户福安坦洋茶场，通过5G网络，依托电脑或手机就可以实现远程施肥、灌溉、监控病虫害等，实现了"数字+"与茶产业的有机融合，促使茶叶生产更精准、茶园管理更节本增效、农业更绿色高质量发展。同时，通过引进电商企业进驻开展农村电商服务，打造"坦洋工夫"电子商务中心，采取"互联网+茶叶"推广新模式，传递产品特点和文化价值，致力于将社口打造成福安乃至闽东茶叶生产、加工、销售、流通的重要核心区，为乡村振兴添砖加瓦。该镇现有茶园4万多亩，茶叶加工企业及合作社78家，省级龙头企业及合作社4家，年产成品茶10 469.5吨，茶产业产值达9亿多元，茶产业是该镇经济发展的"金字招牌"。

五、福建省全国"一村一品"典型案例

（一）特色种植

1. 福建省宁德市福鼎市点头镇柏柳村（白茶）

宁德市柏柳村是福鼎白茶的原产地和发源地，有着100余年的大白茶栽培、传统白茶制作技艺历史，柏柳村白茶产业基础扎实，白茶文化底蕴浓厚，素有"中国白茶第一村"之美誉，先后被评为全国"一村一品"示范村镇、福建省乡村振兴示范村、全国乡村特色产业亿元村。全村茶园面积5 584亩，村民主要收入来源为茶叶种植与茶苗培育。2020年柏柳村成立梅光国柏柳茶业专业合作社，带领村民团结一致，合作共赢。目前，合作社已有51名成员，打造"梅光国"品牌，实现供销一体化。现如今，合作社共限量生产制作11款茶，其中5款产品销售额就达到400多万元，首发纪念茶"状源"产量最多，共发售10 000份。合作社的成立带动社员实现额外增收，目前合作社社员全部增收200多万元。村内现有茶企13家，其中获得SC认证10家（含宁德市级龙头企业2家），合作社6个，省级家庭农场1个，实现年产值过亿元，村财收入过百万。除了传统的白茶种植外，广大村民还通过茶园入股、农闲进企业上班等方式，逐步实现村强民富，助推"中国白茶第一村"成为名副其实的"茗"村。

2. 福建省长乐区古槐镇青山村（青山龙眼）

龙眼为福建六大名果之一，在福州地区广为种植，主要分布在长乐、福清、闽侯等地。青山龙眼历史悠久，从宋朝开始成为"贡果"。青山村至今仍留存了2 000多株百年以上的龙眼树。青山村以"青山龙眼"为特色，大力培育"一村一品"，2012年获评第二批"全国'一村一品'示范镇（青山龙眼）"。截至2021年共投入310多万元

建设青山贡果生态园,加强林园管理,推广科学种植,定期聘请农业专家对果农进行培训,选育优质龙眼品种,建立优良品种基地。龙眼种植规模从最初的2 000余亩发展到如今10 000余亩,实现了规模化种植。经过农科人员精心管理栽培,目前,青山贡果园内有龙眼树5万余株,实现了规模化种植,年产量800余吨,年产值2 300余万元。龙眼成为村民主要的经济收入来源,一颗小小的龙眼带动了当地的产业发展以及乡村振兴。

(二)特色养殖

1. 福建省福州市连江县筱埕镇(海带)

筱埕镇地处连江县东部沿海,海带为该镇的特色产业。经过多年发展,辖区内海带养殖面积达到36 255亩,年产量136 400吨,海带产业全产业链产值12.16亿元,已成为当地渔民增收致富的主要产业之一。目前,全镇拥有海带育苗企业3家,其中官坞海洋公司的龙安育苗场是全国最大的海带无公害良种育苗基地,海带育苗量占全省的2/3,已培育有黄官1号、闽优1号等6种海带良种,可供养殖面积达20万亩,产量占全国总量的40%。筱埕镇凭借海带支撑产业,获评第十二批全国"一村一品"示范村镇和2022年全国乡村特色产业产值超10亿元镇。如今,筱埕镇已培育出了海带育苗、养殖、加工、销售为一体的完整产业链,并将海带产业发展作为海洋经济发展和乡村振兴的重要内容,全力推进海带苗养殖朝着产业集聚化、标准化、规模化、品牌化、规范化方向发展。

2. 福建省龙岩市武平县中堡镇梧地村(象洞鸡)

近年来,武平县中堡镇梧地村充分利用天然的林地资源,通过村企共建、鼓励经济能人带动等措施,形成以"象洞鸡"为龙头的特色产业。2009年,梧地村成为市级"一村一品"养鸡专业村。2021年,梧地村被授予第十一批全国"一村一品"示范村,象洞鸡产业已成为梧地村乡村振兴的品牌产业。梧地村积极打造象洞鸡优质品牌,以点带面,让村民共享发展机遇,采取林下场地轮牧散养,由县畜牧兽医水产局、林业和草原局专家做技术顾问,制订象洞鸡防疫技术标准和饲养技术标准,充分发挥林地、果园荒地资源优势。通过送技术到户,培养了200户优质养殖户(包括贫困户),每年举办数场大型的高素质农民培训,培育高素质农民(含脱贫户)达2 000人次,坚持完善"互联网+农业"平台搭建,加速象洞鸡电子商务发展,有效拓展了销售途径。目前,村里比较大规模的养鸡场有8家,年产值达1 000多万元。

(三)农产品加工及特色食品

1. 福建省漳州市诏安县太平镇(青梅)

诏安县太平镇是天然的诏安青梅产区,温和的气候十分适合红星青梅的生长。诏安红星青梅果型端正漂亮,没有苦味,感官品质上乘,具有果大、皮薄、肉厚、核小、酸度高、含有硒元素、高产、稳产等特点,深受人们的喜爱。作为诏安青梅产业主产乡镇,2022年太平镇获评第十二批全国"一村一品"示范村镇。近年来,太平镇立足5.1万亩富硒青梅特色资源,以产业振兴为引领,加快建设以青梅为主导产业的现代农业产业园,积极推动青梅产业由增产导向转向提质导向,做大做强农业特色产业。积极推进青梅果园的改造升级,投资876万元建设青梅产业示范园,促进青梅产业高质量发展，2022年全镇累计收购青梅鲜果3.12万吨，收购量在全县乡镇中排名第一，实现稳产提质、品优价好、富民增效的局面。同时，通过大力宣传，引导农户与收购商配合政策宣传进行青梅手工采摘及保价收购，落实常态化市场监督，确保梅农增收、梅企增效，在乡村产业振兴的道路上不断擦亮"农业产业强镇"的金字招牌。

2. 福建省三明市沙县区夏茂镇（沙县小吃）

沙县小吃已经成为名副其实的"国民小吃"，从小作坊到大工厂，从肩扛手提到连锁经营，从走出山门到走向世界，历经三十载，沙县小吃终成百亿产业。而夏茂镇是沙县小吃的起源之地，2021年夏茂镇入选第十一批全国"一村一品"示范村镇（沙县小吃）。截至2023年，夏茂镇46 000余户籍人口中，就有2/3的人外出经营沙县小吃。夏茂镇还积极开展"产业+文旅"文明实践项目，以获评省级全域生态旅游小镇有利契机，用好用足镇域红色文化资源，做好"文旅+"文章，推动全域旅游产品供给提档升级。同时以俞邦片区农贸发展有限公司为运营主体，整合周边村农特产品，统一开发俞邦系列文创产品8类35项，依托网络平台进行销售，做强做大沙县小吃品牌。

3. 福建省宁德市福安市穆阳镇苏堤村（线面）

线面是穆阳的传统支柱产业之一，至今已有680余年的历史，是闽东人民过节、生日寿诞等重要日子的"彩头"食品。近年来，穆阳线面年产值连续四年突破1亿元，2022年8月穆阳线面集中加工区被确定为"福建省食品小作坊集中加工区"，以线面为特色产业的穆阳镇苏堤村荣获2022年全国乡村特色产业超亿元村、第十二批全国"一村一品"示范村称号。苏堤村作为穆阳细面主要产区之一，夯实产业根基，不断增强"造血"功能，激活内在动力。截至2022年，苏堤村已形成较大规模的线面专业合作社16家，参与线面生产的农户有900余户，占全村总户数的2/3，每年实现产值超亿元，持续做大总量提高质量，打造品牌并且放大地标产品品牌价值。苏堤村还积极探索资本变股金、资源变资产、农民变股东的"三变创新"路径，以党支部领办合作社模式，先后成立16家线面专业合作社，并通过实行"合作社+能人+农户"办法，引导和鼓励经营能人、生产能手、种植大户携手低收入群众共同创业致富。

（四）特色文化（如传统手工技艺、民俗文化等）

1. 福建省龙岩市连城县姑田镇（竹文化）

连城县姑田镇境内山高岭峻，林地资源丰富，森林覆盖率达89%，其中林地面积43.5万亩，各类竹林达10万余亩。在姑田，竹子被做成竹埙、竹笛、洞箫、排箫等乐器，形成了独特的竹乐器文化。竹文化孕育了姑田镇，对姑田镇的绿色金融与实现碳达峰碳中和目标和乡村振兴战略有机结合有不可忽略的作用。2021年姑田镇被评为第十一批"全国'一村一品'示范村"称号。近年来，姑田镇坚持以科学的改造方式，着重抓好现有毛竹林的抚育工作，带动每亩竹林年收益由原来的2 000余元提高到近5 000元，解决劳动力5 000余人次，带动村民累计增加务工收入100余万元。同时姑田镇还打造邱家山森林公园大洋地景区，构建了含林业科技示范区、客家文化展示区、森林生态体验区和森林旅游探险区等四大区域，建立中小学生的生态科普体验区和教育研学课堂，传承竹文化，成功打造群众旅游的舒心场所。

2. 福建省泉州市永春县仙夹镇龙水村（漆篮）

龙水漆篮是泉州永春县著名的民间传统纯手工制品，拥有500余年历史，是福建省重要的非物质文化遗产。漆篮是龙水村的支柱产业，近年来，龙水村通过采取改变老手艺人观念（从平价百姓日用品到收藏品）、创新技艺、培育人才等举措及"公司+农户"运营模式，实现龙水漆篮附加值和产业链效应不断释放，身价倍增，一个高端漆篮的价格甚至能达上万元，2022年龙水漆篮产值就突破了2 000余万元，是2012年200多万的10余倍，2021年龙水村荣获第十一批全国"一村一品"示范村称号。如今，龙水村正致力于漆篮文化传承弘扬与乡村旅游的融合发展，打造集观光休闲、研学体验、创意民宿、特色餐饮、田园采摘为一体的"漆篮文化"特色村，推动传统村落蝶变升级，全面推进乡村振兴。

参考文献

东南网．福鼎"富安"，白茶好似"金叶"，柏柳村奏响富民强音［EB/OL］．（2023-04-13）［2023-09-06］．https：//new. qq. com/rain/a/20230413A071ZC00.

东南网．福安穆阳镇：发力"线面+"致富路更宽［EB/OL］．（2020-09-29）［2023-09-06］．https：//new. qq. com/rain/a/20200929A01E2E00.

福建省经济信息中心．2022年福建省国民经济和社会发展统计公报［EB/OL］．（2023-03-14）［2023-09-06］．https：//xxzx. fj. gov. cn/jjxx/tjxx/202303/t20230313_6130081. html.

福建省人民政府．连城朋东村："花开富贵"香飘远方［EB/OL］．（2023-05-26）［2023-09-06］．http：//video. fujian. gov. cn/zwgk/ztzl/sxzygwzxsgzx/sdjj/wvjj/202305/t20230526_6175926. html.

福建省人民政府．省情概况［EB/OL］．（2021-03）［2023-09-06］．http：//www. fujian. gov. cn/zjfj/.

福州农业农村局．罗源县起步镇上长治村入选全国乡村特色产业亿元村［EB/OL］．（2021-10-25）［2023-09-06］．http：//nyj. fuzhou. gov. cn/zz/xxgk/gzdt/nydt/202110/t20211025_4213020. html.

福州生态环境局．生态+产业典型村—福州市长乐区古槐镇青山村［EB/OL］．（2021-01-07）［2023-09-06］．http：//www. fuzhou. gov. cn/zgfzzt/shbj/zz/hjjg_31440/zrst/202102/t20210205_4017870. html.

福州晚报．连江：做足"海"文章"筱埕故事"多［EB/OL］．（2023-07-31）［2023-09-06］．https：//m. fznews. cn/lianjiang/20230731/tB780B8DZ6. shtml.

福州新闻网．践初心，化难题，赢民心！长乐古槐镇"三问于民"有成效！［EB/OL］．（2023-03-04）［2023-09-06］．http：//fj. people. com. cn/n2/2023/0304/c181466-40324273. html.

福州新闻网．罗源县起步镇上长治村：一菇独秀、一村致富［EB/OL］．（2020-10-19）［2023-09-06］．https：//news. fznews. com. cn/fzsync/2020-10-19/

1646342054368. shtml.

今日福安. 穆阳镇举办第五届"好穆阳"网络线面文化旅游节［EB/OL］.（2023-01-03）［2023-09-06］. https：//www. fjdaily. com/app/content/2023-01/03/content_1729201. html.

连城人大. 姑田镇：探索竹林共富"新路径"，助力乡村振兴［EB/OL］.（2022-05-16）［2023-09-06］. https：//www. sohu. com/a/547691617_121106994.

连江新闻网. 连江筱埕镇（海带）获双重"国家级"荣誉！［EB/OL］.（2023-03-20）［2023-09-06］. https：//www. ljxww. com/html/5/20230320/6417b80d8c771. shtml.

美好的城市群. 中堡镇：象洞鸡"啄"开乡村振兴之门［EB/OL］.（2021-11-17）［2023-09-06］. https：//www. sohu. com/a/501731792_121123703.

茗边. 福鼎市点头镇柏柳村—柏柳村中国白茶第一村的振兴之路［EB/OL］.（2023-01-15）［2023-09-06］. https：//gov. sohu. com/a/635907197_482413.

莆田市人民政府."坚持三聚焦绘"就乡村振兴好光景［EB/OL］.（2023-06-26）［2023-09-06］. https：//www. putian. gov. cn/ztzl/nygjcjgxgg/202306/t20230626_1834779. html.

央广网. 夏茂镇："沙县小吃"的产业共富路［EB/OL］.（2021-11-18）［2023-09-06］. http：//www. cnr. cn/fj/yw/20211118/t20211118_525663679. shtml？from_source=www. cbg. cn.

掌上河南百科书. 成功的沙县小吃背后，有一群最贴心的"娘家人"［EB/OL］.（2023-03-15）［2023-09-06］. https：//www. sohu. com/a/654115340_121117451？scm=1102. xchannel：325：100002. 0. 6. 0.

诏安新闻. 太平镇：小小青梅激发乡村振兴大能量［EB/OL］.（2023-04-17）［2023-09-06］. http：//www. zaxww. cn/2023/04/17/content_1511959. html.

中国网海峡频道."龙水漆篮"联展泉州启幕 展现乡村工匠助力乡村振兴成果［EB/OL］.（2023-07-08）［2023-09-06］. https：//fj. china. com. cn/xiangcun/202307/32357. html.

第五节　云南省"一村一品"发展报告

云南省，位于中国西南的边陲，全省国土总面积39.41万平方千米，地势呈现西北高、东南低，自北向南呈阶梯状逐级下降，属山地高原地形，山地面积占全省总面积的88.64%，总的地貌特征是"九分山，一分坝和水"。东部与贵州省、广西壮族自治区为邻，北部与四川省相连，西北部紧依西藏自治区，西部与缅甸接壤，南部和老挝、越南毗邻，有25个边境县分别与缅甸、老挝和越南交界。云南省下辖昆明市、曲靖市、玉溪市、保山市、昭通市、丽江市、普洱市、临沧市8个地级市，文山壮族苗族自治州、红河哈尼族彝族自治州、西双版纳傣族自治州、楚雄彝族自治州、大理白族自治州、德宏傣族景颇族自治州、怒江傈僳族自治州、迪庆藏族自治州8个少数民族自治州。其下管辖的市辖区17个、县级市16个、县67个、少数民族自治县29个，常住人口4693万人。

近年来，云南省立足资源禀赋，因地制宜积极发展多样性农业，在"特"字上做文章、下功夫，把资源优势转化为发展胜势，加快特色农业强省建设。充分发挥高原特色农业优势，聚焦粮食、茶叶、花卉、蔬菜、水果、坚果、咖啡、中药材、牛羊、生猪、乡村旅游、烟草、蔗糖、天然橡胶等重点产业，大力发展地域特色农业，具有地域历史文化、品质特色农产品总量不断增加，质量不断提高，经济效益快速增长，农产品竞争力不断提高。2022年粮食总产量1957.96万吨，同比增长1.40%；蔬菜产量2857.92万吨，增长4%；水果产量1289.05万吨，增长12.80%；茶叶产量53.39万吨，增长6.30%；鲜切花产量180亿枝，增长10.90%；中药材产量82.26万吨，增长12.60%；坚果产量250.08万吨，增长20.20%。猪牛羊禽肉总产量520.33万吨，比上年增长6.90%，年末生猪存栏3326.47万头，增长0.20%；全年生猪出栏4531.78万头，增长8.10%。云南省已建成世界上最大的鲜切花产区，茶叶、天然橡胶、核桃、澳洲坚果、中药材种植面积和产量保持全国第一，蔬菜、水果、蔗糖、牛羊、生猪等产业规模稳居全国前列。农产品加工业产值与农业总产值之比达到2.1:1，全产业链产值突破1200亿元的产业有8个。聚焦乡土资源创新开发，广南八宝米、建水酸石榴、香格里拉牦牛、保山透心绿蚕豆、南涧无量山乌骨鸡、怒江老姆登茶、昭通苹果、蒙自石榴、斗南花卉、遮放贡米等一大批"土"资源逐步进入大众视野。特色农产品的发展，为云南省"一村一品"的发展奠定了深厚的基础。

一、云南省"一村一品"发展的政策环境

近年来，云南省陆续出台相关政策文件以推进"一村一品"产业的发展。2019年《关于创建"一县一业"示范县加快打造世界一流"绿色食品牌"的指导意见》提出，围绕主导产业，从生产、加工、流通、服务等产业链各环节出发，因地制宜建设"一村一品"专业村。2021年《云南省"十四五"数字农业农村发展规划》提到，要加速农业农村电子商务发展，围绕"一县一业""一村一品"开设绿色食品、特色农产品旗舰店，组织返乡农民工、大学生、退伍军人等个体开设线上店铺，在直播平台开设直播账户。《云南省脱贫人口持续增收三年行动方案（2022—2024年）》提出，精心打造"一县一业""一村一品"和特色产业基地，增强主导产业辐射带动能力。《云南省农业现代化三年行动方案（2022—2024年）》提出，到2024年累计建成150个"一村一品"示范村。2022年出台的《云南省"十四五"农业农村现代化发展规划》提出，深入打造"绿色食品牌"，做大做强"一县一业"，围绕主导产业，因地制宜发展"一村一品"，加快推进主导产业向优势产区聚集，提升产业发展专业化水平；发掘乡土特色产业，创建"一村一品"示范村镇，建设乡土特色产业品牌化、集群化发展平台，推进整村开发、一村带多村、多村连成片，厚植区域经济发展新优势。2023年《云南省人民政府工作报告》提到，做好"土特产"文章，健全乡村特色产业联农带农富农机制，提高农民在全产业链发展中的增值收益，盘活利用农村集体资产资源，探索多元发展路径，壮大村级集体经济。

二、云南省"一村一品"发展现状

（一）获批全国"一村一品"示范村镇数量情况

云南省作为中国的重要农业大省，高度重视"一村一品"示范村镇建设工作。截至2022年末，共有140个村镇获批全国"一村一品"示范村镇认定，占全国总量的3.35%，位于全国第十二。其中，示范村85个、示范镇55个，分别占云南省获批总数的60.71%、39.29%。2020—2022年，云南先后有32个示范村获评全国乡村特色产业亿元村（表3-22），占全国总数的4.63%；有13个示范镇获评全国乡村特色产业十亿元镇（表3-23），占全国总数的2.80%。"一村一品"的发展促进了农业专业化、规模化和产业化发展，增强了农业农村经济发展的动力和活力，有效助推乡村振兴战略的实施。

表3-22 云南省获评全国乡村特色产业亿元村名单

序号	地区	亿元村名称	年份
1	楚雄州	云南省楚雄彝族自治州姚安县前场镇新街村	2020
		云南省楚雄彝族自治州姚安县前场镇新街社区	2021
2	德宏州	云南省德宏傣族景颇族自治州芒市轩岗乡芒棒村	2021
		云南省德宏傣族景颇族自治州芒市轩岗乡芒棒村	2020
		云南省德宏傣族景颇族自治州芒市轩岗乡芒棒村（砂糖桔）	2022
3	红河州	云南省红河哈尼族彝族自治州蒙自市文澜镇多法勒村（枇杷）	2022
		云南省红河哈尼族彝族自治州石屏县龙朋镇甸中村	2021
		云南省红河哈尼族彝族自治州石屏县龙朋镇甸中村（结球甘蓝）	2022
4	昆明市	云南省昆明市呈贡区斗南街道斗南社区	2021
		云南省昆明市呈贡区斗南镇斗南村	2020
		云南省昆明市嵩明县嵩阳街道大村子社区（花卉）	2022
5	丽江市	云南省丽江市华坪县龙头村	2020
		云南省丽江市华坪县荣将镇和爱村（芒果）	2022
		云南省丽江市华坪县荣将镇龙头村	2021
		云南省丽江市华坪县荣将镇龙头村（鲜芒果）	2022
		云南省丽江市华坪县荣将镇哲理村	2021
		云南省丽江市华坪县荣将镇哲理村（芒果）	2022
		云南省丽江市华坪县石龙坝彝族傣族乡临江村（芒果）	2022
		云南省丽江市华坪县石龙坝彝族傣族乡民主村（芒果）	2022
		云南省丽江市华坪县石龙坝镇临江村	2021
		云南省丽江市华坪县石龙坝镇民主村	2021

（续表）

序号	地区	亿元村名称	年份
6	临沧市	云南省临沧市双江拉祜族佤族布朗族傣族自治县勐库镇冰岛村（茶叶）	2022
		云南省临沧市双江自治县勐库镇冰岛村	2021
7	曲靖市	云南省曲靖市麒麟区珠街街道中所村	2021
		云南省曲靖市麒麟区珠街街道中所村	2020
		云南省曲靖市麒麟区珠街街道中所村（红美珠葡萄）	2022
8	西双版纳州	云南省西双版纳傣族自治州勐海县布朗山布朗族乡班章村	2021
		云南省西双版纳傣族自治州勐海县布朗山乡班章村	2020
		云南省西双版纳傣族自治州勐海县布朗山乡班章村（茶叶）	2022
		云南省西双版纳傣族自治州勐海县格朗和乡南糯山村	2020
		云南省西双版纳傣族自治州勐海县勐遮镇曼根村	2020
9	昭通市	云南省昭通市昭阳区苏家院镇迤那村（苹果）	2022

表 3-23　云南省获评全国乡村特色产业十亿元镇名单

序号	地区	十亿元镇名称	年份
1	大理州	云南省大理白族自治州宾川县金牛镇	2021
		云南省大理白族自治州宾川县金牛镇（红提葡萄）	2022
2	红河州	云南省红河哈尼族彝族自治州蒙自市新安所镇	2021
		云南省红河哈尼族彝族自治州蒙自市新安所镇（石榴）	2022
3	丽江市	云南省丽江市华坪县荣将镇	2021
		云南省丽江市华坪县荣将镇（芒果）	2022
		云南省丽江市华坪县石龙坝镇	2021
		云南省丽江市华坪县石龙坝镇（芒果）	2022
		云南省丽江市华坪县中心镇（芒果）	2022
4	曲靖市	云南省曲靖市会泽县待补镇（草莓）	2022
5	昭通市	云南省昭通市昭阳区洒渔镇	2021
		云南省昭通市昭阳区洒渔镇	2020
		云南省昭通市昭阳区洒渔镇（昭福苹果）	2022

（二）云南"一村一品"示范村镇空间分布情况

1. 州、市分布

从"一村一品"示范村镇的州、市分布情况来看，云南全省 16 个州、市均有覆盖

(图3-30),涉及5个市辖区、12个县级市、55个县、3个自治县。其中,认定数量最多的是曲靖市,认定数为15个,占全省的10.71%,分布在麒麟区、宣威市各3个,陆良县、罗平县、师宗县各2个,富源县、会泽县、沾益区各1个。第二位是丽江市,认定数14个,占全省的10%,分布在个华坪县8个,玉龙县3个,永胜县2个,宁蒗县1个。第三位是昭通市、大理州,认定数均为13个,均占全省数量的9.29%,其中昭通市主要分布在昭阳区4个,绥江县、镇雄县各3个,鲁甸县、大关县、盐津县各1个;大理州主要分布在宾川县、云龙县各3个,南涧县、永平县各2个,巍山县、祥云县、漾濞县各1个。第四位是红河州和西双版纳州,认定数均为11个,占全省的7.86%,其中红河州主要分布在弥勒市3个,建水县、蒙自市、石屏县各2个,绿春县、屏边县各1个;西双版纳州主要分布在勐海县6个,景洪市4个,开远市1个。第五位是保山市,认定数为10个,占全省的7.14%,分布在腾冲市4个,隆阳区3个,昌宁县2个,龙陵县1个。获批的州、市都有自己独特的地理、历史、文化和经济特点,因此在"一村一品"发展中也有着各自的侧重点和优势。例如,位于昆明市的示范村镇——斗南镇斗南村,依托昆明市得天独厚的气候和土壤资源,发展了以鲜切花为主导的产业;位于玉溪市通海县的示范村镇——秀山街道办事处,则着力发展了以蔬菜为主导的产业;位于丽江市古城区玉龙纳西族自治县的示范村镇——白沙镇玉湖村,则以发展旅游和文化产业为主要发展方向。从空间分布来看,云南省的"一村一品"示范村镇呈现出"南多北少,东中部发展较好"的分布特点。

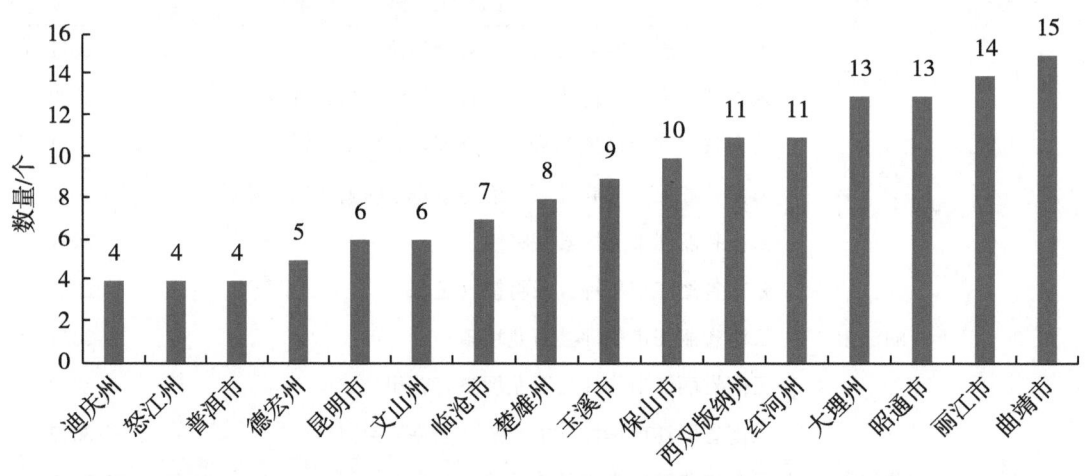

图3-30 云南省获全国"一村一品"示范村镇在各州、市的分布情况

2. 示范村镇分布

从示范村情况来看(图3-31),全省85个示范村在16个州、市均有分布。其中,认定示范村数量最多的是曲靖市,有10个获批,占全省认定示范村总数的11.76%;位于第二的是西双版纳州和丽江市,均有9个,均占示范村总数的10.59%;位于第三的是红河州,有8个,占总数的9.41%;第四位有昭通市、大理州、临沧市,均有7个获批。玉溪市获批的示范村数量最少,仅有1个。

从示范镇情况来看（图3-31），全省55个全国"一村一品"示范镇分布在14个州/市。数量最多的是玉溪市，有8个，占全省示范镇总数的14.55%；排第二位的是昭通市、大理州、保山市，数量均为6个，占10.91%；排第三位的是曲靖市、丽江市、楚雄州，示范镇数量均为5个，占9.09%。值得一提的是，目前仍有迪庆州和临沧市未有乡镇获得"一村一品"认定。

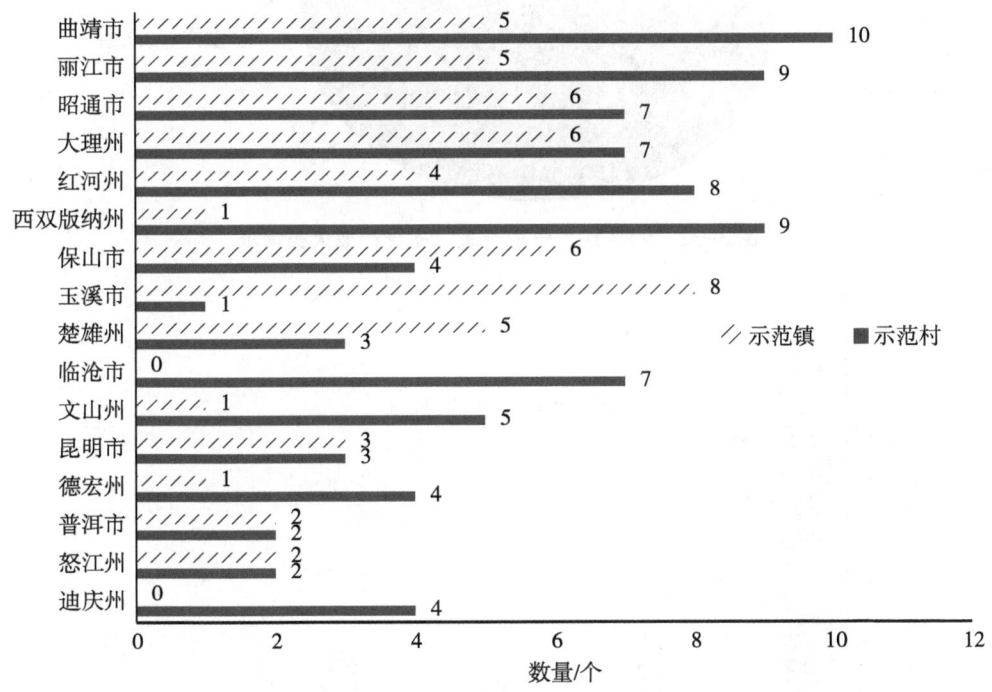

图3-31 云南省"一村一品"示范村及示范镇数量在各州、市的分布情况

（三）主导产业和产品类别情况

1. 产业大类

在云南省"一村一品"示范村镇建设中，各地积极发掘本地资源和优势产业，形成了一批具有代表性的特色产业和产品。从主导产业来看，云南省"一村一品"示范村镇的主导产业大类涵盖种植业、林业、养殖业、涉农服务业、非农产业等（图3-32）。其中，种植业占比最大，达到77.14%，包含粮油作物、瓜菜、水果、茶叶等；林业位居第二，占比12.86%，包含花卉苗木、坚果、中草药材等；养殖业第三，占比5.00%，包含畜禽、水产品等；涉农服务业第四，占比4.28%，包含传统食品、休闲旅游等；非农产业仅有1个，为临沧市临翔区博尚镇碗窑村土陶。从主导产业在示范村、示范镇的空间分布来看（图3-33），种植业在示范村和示范镇的分布均是最多，第二均是林业，第三示范村是养殖业，而示范镇是涉农服务业。也可以看出，近年来云南省围绕乡村振兴战略决策部署，立足高原特色农业资源禀赋，聚焦重点产业，扎实推进"一村一品一主体"，着力推动农业增效、农民增收、农村发展，使该省"一村一品"示范村镇在区域产业发展中的种植业占据了主导地位。

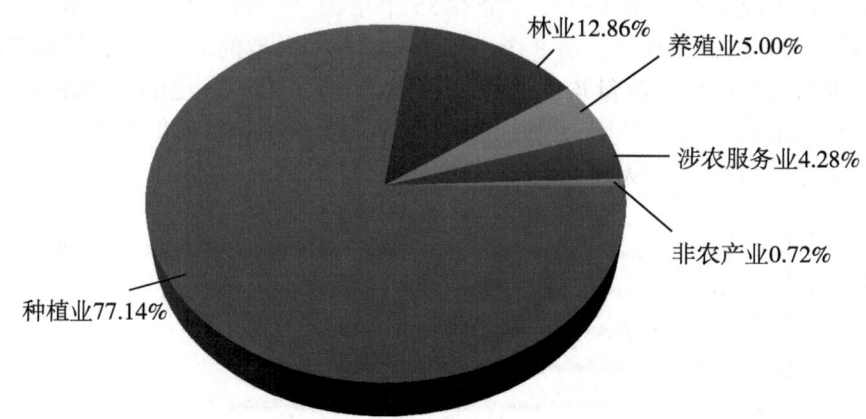

图 3-32　云南省"一村一品"主导产业大类情况

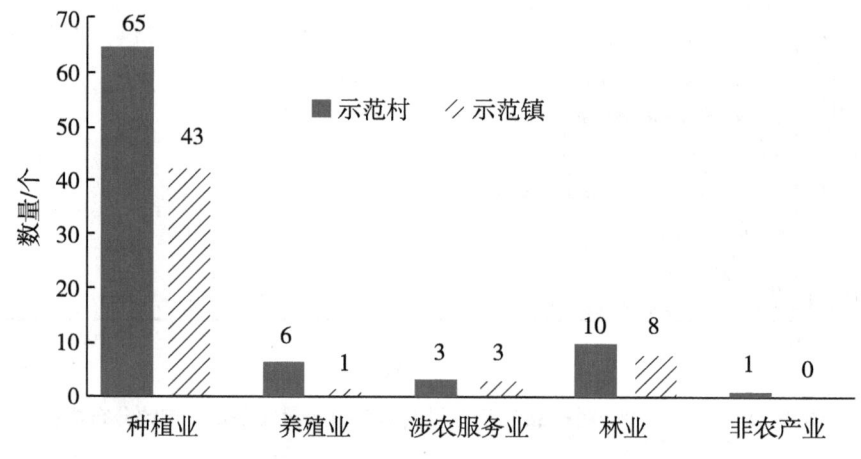

图 3-33　云南省"一村一品"主导产业在示范村、示范镇的分布情况

2. 产品类别

从产品类别来看，云南省"一村一品"示范村镇的主导产品种类繁多，主要涉及茶叶类、畜禽蛋奶类、传统食品类、调味品及香料、果品类、花卉苗木类、粮油类、瓜菜类、休闲农业类和中草药材类、其他等十一类（图3-34）。其中，果品类"一村一品"最多，获批56个（图3-35），占全省比重达40%，主要包含芒果10个，葡萄7个，柑橘类6个，核桃5个，苹果和梨各4个等；茶叶类位于第二，有27个获批（表3-24），占比19.29%；瓜菜类第三，有19个获批（表3-25），占比13.57%。在这些主导产业和产品中，云南省"一村一品"示范村镇积极发挥本地优势，通过品牌建设、推广营销等手段，进一步提升产品的品质和附加值，推动了当地农村经济的发展。

3. 产业聚集度

从产业聚集度来看，56个果品类"一村一品"分布在14个州、市（图3-36），主要集中于丽江、大理、玉溪、昭通、红河等州、市，涉及4个市辖区，8个县级市，23

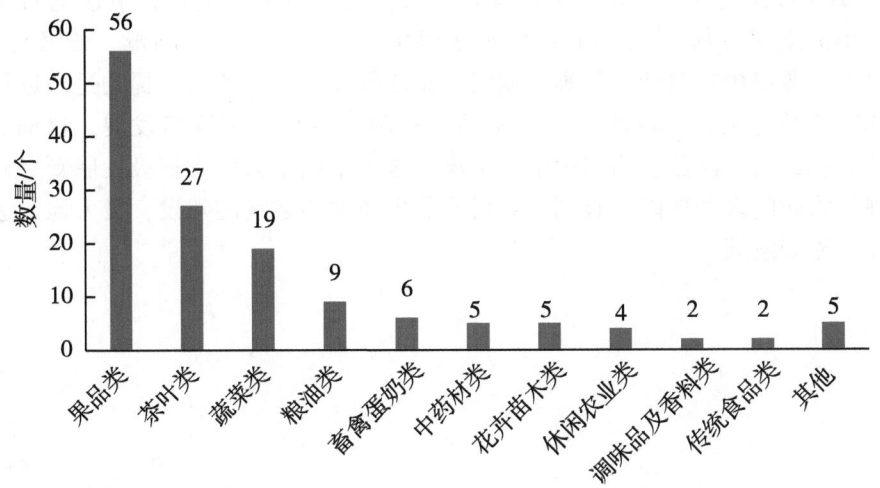

图 3-34　云南省获批全国"一村一品"示范村镇主导产品类别情况

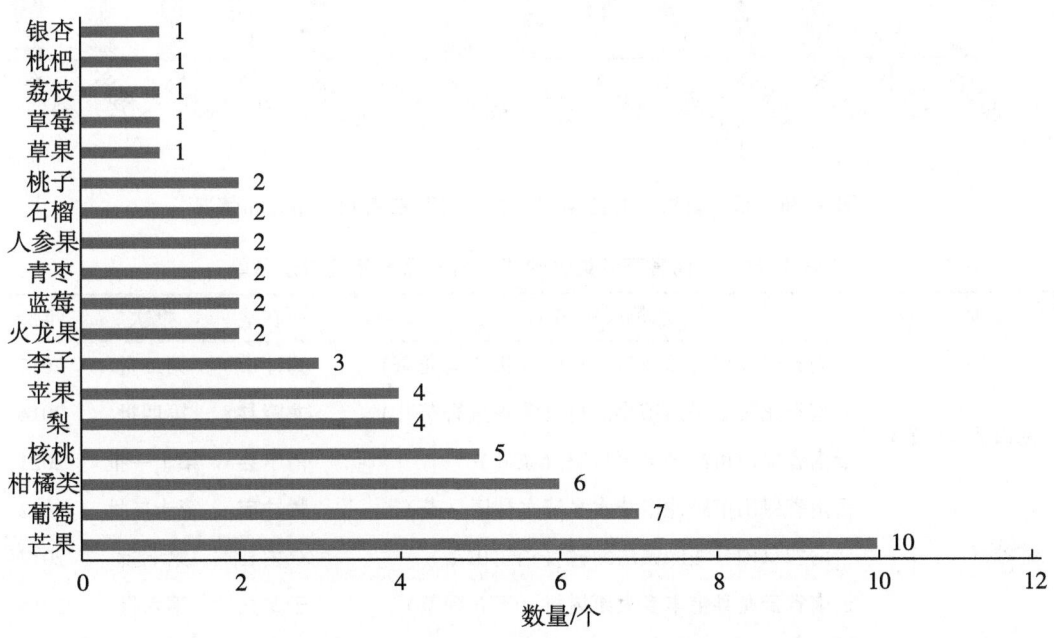

图 3-35　云南省果品类全国"一村一品"示范村镇主导产品类别情况

个县，2 个自治县，其中丽江市的华坪县以芒果为主导产业的"一村一品"就占了 8 个，占全省果品总数的 14.29%；27 个茶叶类"一村一品"分布在 11 个州、市（表 3-24），主要集中于西双版纳的、保山、临沧、普洱、大理等州、市，涉及 1 个市辖区，2 个县级市，18 个县，其中西双版纳州的勐海县以茶叶为主导产业的"一村一品"最多，有 5 个；19 个瓜菜类"一村一品"分布在 8 个州、市（表 3-25），主要集中于曲靖、红河、文山等州、市，涉及 2 个市辖区，4 个县级市，12 个县；畜禽蛋奶类"一村一品"主要分布在曲靖、楚雄、大理等州、市；花卉苗木类主要集中在昆明和昭通等州、市；粮油类"一村一品"主要分布在保山、德宏、红河、临沧、普洱等州、市；中草药材类主要集中在曲靖、楚雄、丽江、怒江等州、市。值得一提的是，近年来，云南省以休闲旅游为主导产业的"一村一品"示范村镇也得到逐步发展，目前获批的4个主要分布在红河、丽江、西双版纳、玉溪，这也证明了云南省积极发展新兴业态，丰富并拓展了农业的多种功能，有利于农村开展生态文明建设的建设，极大地促进了广大农村多元化繁荣发展。

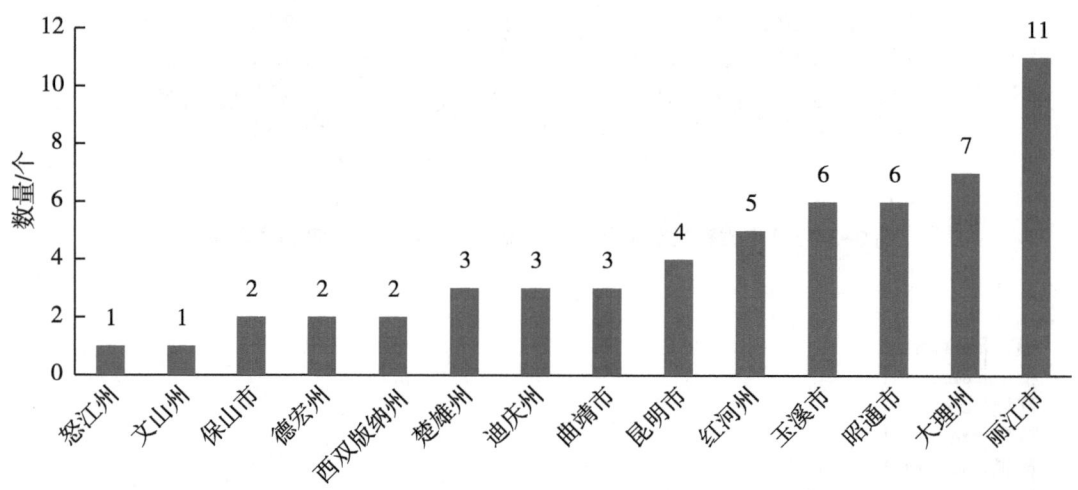

图 3-36 云南省果品类全国"一村一品"在各州、市分布情况

表 3-24 云南省茶叶类全国"一村一品"示范村镇名单

地区	示范村镇名称	所在地	批次	年份
保山市（4个）	云南省腾冲市马站乡兴华社区（极边乌龙茶）	腾冲市	第二批	2012
	云南省龙陵县平达镇小河村（滇珍紫香茶叶）	龙陵县	第四批	2014
	云南省保山市昌宁县温泉镇（茶叶）	昌宁县	第十一批	2021
	云南省保山市腾冲市清水乡清水社区（茶）	腾冲市	第十二批	2022
楚雄州（1个）	云南省双柏县法脿镇法甸村（白竹山茶）	双柏县	第七批	2017
大理州（3个）	云南省云龙县宝丰乡大栗树村（云龙绿茶）	云龙县	第六批	2016
	云南省永平县龙门乡大坪坦村（大坪坦茶叶）	永平县	第七批	2017
	云南省大理白族自治州南涧县无量山镇（茶）	南涧县	第十二批	2022
德宏州（2个）	云南省梁河县大厂乡回龙寨村（梁河回龙茶）	梁河县	第五批	2015
	云南省德宏傣族景颇族自治州梁河县大厂乡大厂村（绿茶）	梁河县	第九批	2019
红河州（1个）	云南省景洪市大渡岗乡（大渡岗普洱茶）	景洪市	第三批	2013

（续表）

地区	示范村镇名称	所在地	批次	年份
临沧市（4个）	云南省凤庆县凤山镇安石村（中国滇红第一村茶叶）	凤庆县	第三批	2013
	云南省沧源县勐董镇芒摆村（碧丽源有机茶）	沧源县	第六批	2016
	云南省镇康县忙丙乡马鞍山村（镇康马鞍山茶）	镇康县	第八批	2018
	云南省临沧市双江拉祜族佤族布朗族傣族自治县勐库镇冰岛村（茶叶）	临翔区	第十批	2020
怒江州（1个）	云南省怒江傈僳族自治州福贡县上帕镇达普洛村（茶叶）	福贡县	第十批	2020
普洱市（3个）	云南省澜沧县惠民镇（景迈香茶叶）	澜沧县	第五批	2015
	云南省普洱市镇沅县按板镇罗家村（茶叶）	镇沅县	第十一批	2021
	云南省普洱市景东县大街镇（茶）	景东县	第十二批	2022
文山州（1个）	云南省文山壮族苗族自治州麻栗坡县猛硐瑶族乡（茶叶）	麻栗坡县	第十一批	2021
西双版纳州（6个）	云南省勐海县布朗山乡班章村（复原昌号有机茶）	勐海县	第六批	2016
	云南省勐海县勐宋乡三迈村委会南本老寨村（古树茶）	勐海县	第七批	2017
	云南省勐海县格朗和乡南糯山村（古树茶）	勐海县	第八批	2018
	云南省西双版纳傣族自治州勐海县格朗和乡帕沙村（茶叶）	勐海县	第十批	2020
	云南省西双版纳傣族自治州勐海县勐混镇贺开村（茶叶）	勐海县	第十批	2020
	云南省西双版纳傣族自治州景洪市勐龙镇勐宋村（茶叶）	景洪市	第十一批	2021
昭通市（1个）	云南省昭通市镇雄县罗坎镇大庙村（茶）	镇雄县	第十二批	2022

表3-25 云南省瓜菜类全国"一村一品"示范村镇名单

地区	示范村镇名称	所在地	批次	年份
保山市（2个）	云南省保山市隆阳区潞江镇登高村（登高坝冬早蔬菜）	隆阳区	第三批	2013
	云南省保山市昌宁县柯街镇芒赖社区（蔬菜）	昌宁县	第九批	2019
楚雄州（2个）	云南省姚安县前场镇新街村（大蒜）	姚安县	第二批	2012
	云南省楚雄彝族自治州楚雄市大过口乡（魔芋）	楚雄市	第十二批	2022
迪庆州（1个）	云南省迪庆藏族自治州香格里拉市三坝乡白地村（羊肚菌）	香格里拉市	第十二批	2022

(续表)

地区	示范村镇名称	所在地	批次	年份
红河州（3个）	云南省建水县面甸镇闫把寺村（面甸洋葱）	建水县	第二批	2012
	云南省弥勒市新哨镇里方村（民丰韭黄）	弥勒市	第二批	2012
	云南省石屏县龙朋镇甸中村（结球甘蓝）	石屏县	第四批	2014
曲靖市（5个）	云南省师宗县彩云镇足法村（足法辣椒）	师宗县	第二批	2012
	云南省曲靖市麒麟区茨营乡茨营村委会（茨营河蔬菜）	麒麟区	第三批	2013
	云南省罗平县板桥镇（罗平小黄姜）	罗平县	第六批	2016
	云南省宣威市务德镇（坤太干辣椒）	宣威市	第八批	2018
	云南省曲靖市陆良县马街镇马街社区（蔬菜）	陆良县	第十批	2020
文山州（3个）	云南省砚山县维摩乡倮可者村（辣椒）	砚山县	第一批	2011
	云南省丘北县树皮乡树皮村（丘北辣椒）	丘北县	第三批	2013
	云南省砚山县稼依镇小稼依村（咪彩辣椒）	砚山县	第五批	2015
玉溪市（2个）	云南省新平县漠沙镇（漠沙苦瓜）	新平县	第四批	2014
	云南省玉溪市通海县秀山街道办事处（蔬菜）	通海县	第九批	2019
昭通市（1个）	云南省昭通市镇雄县碗厂镇（鲜笋）	镇雄县	第十一批	2021

（四）年度和获批批次情况

2011年，云南省砚山县维摩乡倮可者村以辣椒为主导产业、云南省开远市乐白道办事处乐白道村以蜜桃为主导产业、云南省沾益区大坡乡大坡村以万寿菊为主导产业、云南省呈贡区斗南镇斗南村以鲜切花为主导产业入选了原农业部认定的第一批全国"一村一品"示范村镇，标志云南省开始进入国家级"一村一品"示范村镇建设的起步阶段。此后，云南省"一村一品"呈波动增长的态势。2013—2018年，云南省全国"一村一品"示范村镇建设步入快速发展期，共获得59个示范村镇的称号；2019—2022年，进入了稳定发展期，共获得71个示范村镇的称号，年均获批18个左右（图3-37）。截至2022年底，在全国已认定的12批"一村一品"示范村镇中，云南省在每一批均有入选的示范村镇，每批获批数在11个左右。最多是在2019年第九批和2022年第十二批，各入选19个示范村镇，最少是在2011年第一批，入选5个村镇。

从州、市情况来看（图3-38），在2011—2022年全国已认定的12批"一村一品"示范村镇中，曲靖市在每一批均有入选的示范村镇，入选批次总量位居云南省第一；第二是红河州，除2011年和2017年没有入选的示范村镇外，其余的10个年份均有入选；第三是大理州，除2011年、2012年、2021年3年没有入选的示范村镇外，其余的9个年份均有入选。入选批次最少的是怒江州，仅有2019年、2020年入选。

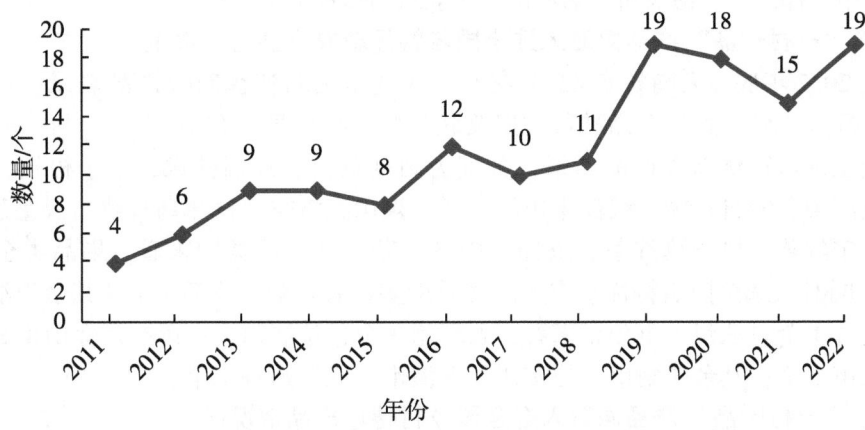

图 3-37　2011—2022 各年度云南省获批全国"一村一品"示范村镇数量情况

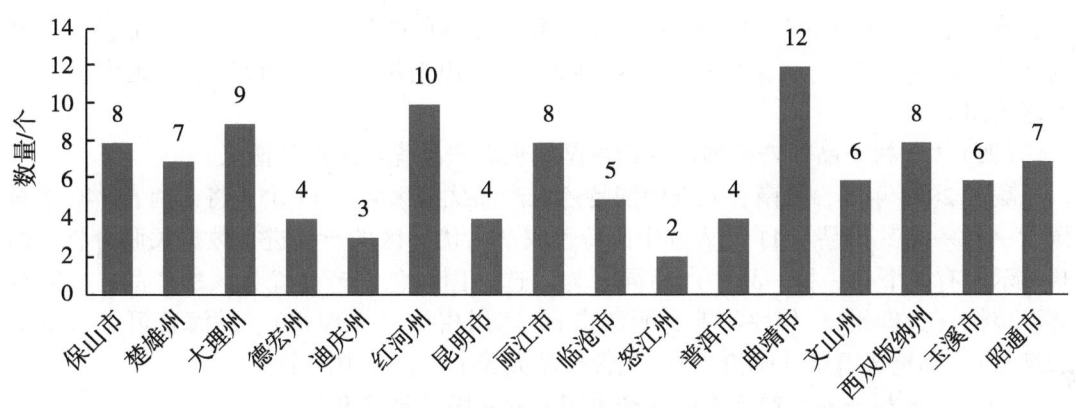

图 3-38　云南省各州、市入选全国"一村一品"示范村镇批次数量情况

三、云南省"一村一品"品牌关联分析

（一）"一村一品"产品同时是地理标志产品情况

截至 2022 年 3 月，云南省获农业农村部批准登记保护的地理标志产品有 87 个。将云南省 140 个全国"一村一品"产品与 87 个地理标志农产品进行数据关联分析，结果显示有 22 个"一村一品"产品同时获得农产品地理标志登记保护，分别为白竹山茶、富源大河乌猪、高良苡仁米、华宁柑桔、麦地湾梨、蒙自石榴、弥勒葡萄、南涧无量山乌骨鸡、丘北辣椒、腾冲红花油茶油、巍山红雪梨、文山他披梨、盐津乌骨鸡、昭通苹果、绥江半边红李子、呈贡宝珠梨、云龙茶、梁河回龙茶、勐库大叶种茶、开远蜜桃、诺邓火腿、石林人参果。从产品类别来看，果品类全国"一村一品"同时是地理标志产品最多，占到 11 个，占比 52.38%，其中梨果就有 4 个；第二是畜禽蛋奶类和茶叶类，各有 4 个；第三是粮油类，有 2 个；第四是蔬菜类，有 1 个。从州、市分布来看，大理州最多，有 5 个；第二是昭通市，有 3 个；第三是红河州、文山州、曲靖市、昆明市，均有 2 个，其他楚雄

州、玉溪市、保山市、德宏州、临沧市、西双版纳州各1个。

（二）"一村一品"产品同时入选全国名特优新农产品名录情况

截至2022年底，云南省有65个农产品入选全国名特优新农产品名录，与云南省140个全国"一村一品"产品进行数据关联分析，结果显示有14个"一村一品"产品同时入选全国名特优新农产品名录，分别为高良薏仁、红瑞柠檬、华宁柑桔、丽江雪桃、麦地湾梨、蒙自石榴、绥江半边红李子、巍山红雪梨、盐津乌骨鸡、云龙茶、昭通苹果、昌宁红茶、凤庆滇红茶、腾冲高山乌龙茶。从产品类别来看，果品类全国"一村一品"同时入选全国名特优新农产品名录最多，有8个；茶类4个；其余粮油类和畜禽蛋奶类各1个。从州、市分布来看，大理州3个，位居第一；第二是保山市3个；第三是丽江市2个；其余曲靖市、德宏州、玉溪市、红河州各1个。

（三）"一村一品"产品同时入选全国乡村特色产品情况

截至2022年底，云南省入选全国乡村特色产品目录共有49个。将云南省140个全国"一村一品"产品与49个入选全国乡村特色产品目录进行数据关联分析，结果显示，有4个"一村一品"产品同时入选全国乡村特色产品目录，全部为果品类，分别为华坪芒果（丽江市）、蒙自石榴（红河州）、文山他披梨（文山州）、开远蜜桃（西双版纳州）。

（四）"一村一品"产品同时入选中国特色农产品优势区产品情况

截至2022年底，云南省入选中国特色农产品优势区共有11个。将云南省140个全国"一村一品"产品与11个入选中国特色农产品优势区的产品进行数据关联分析，结果显示，有5个"一村一品"产品同时为入选中国特色农产品优势区的产品，分别为漾濞核桃（大理州）、华坪芒果（丽江市）、宾川柑桔（大理州）、勐海普洱茶（西双版纳州）、临沧普洱茶（临沧市），包含果品类3个，茶叶类2个。

（五）"一村一品"产品同时入选中国农业品牌目录情况

截至2022年底，云南省入选中国农业品牌目录产品共有11个。将云南省140个全国"一村一品"产品与11个入选中国农业品牌目录产品进行数据关联分析，结果显示，有6个"一村一品"产品同时为入选中国农业品牌目录产品，分别为宾川红提葡萄（大理州）、华宁柑桔（玉溪市）、华坪芒果（丽江市）、罗平小黄姜（曲靖市）、昭通苹果（昭通市）、临沧普洱茶（临沧市），包含果品类4个，茶叶类1个，蔬菜类1个。

综上可见，与"一村一品"品牌关联度最高的产品是蒙自石榴、华坪芒果、华宁柑桔、昭通苹果，其中蒙自石榴既被认定为"一村一品"示范村镇产品，同时也入选农产品地理标志产品、全国名特优新农产品名录、全国乡村特色产品；华宁柑桔、昭通苹果既被认定为"一村一品"示范村镇产品，同时也入选农产品地理标志产品、全国名特优新农产品名录、中国农业品牌目录；华坪芒果既被认定为"一村一品"示范村镇产品，同时也入选全国乡村特色产品、中国特色农产品优势区产品、中国农业品牌目录。品牌关联度较高的产品有9个，其中有7个产品既被认定为"一村一品"示范村镇产品，同时也入选农产品地理标志产品、全国名特优新农产品名录，分别为绥江半边红李子、高良薏仁、麦地湾梨、巍山红雪梨、盐津乌骨鸡、云龙茶；有1个产品（文山他披梨）既被认定为"一村一品"示范村镇产品，同时也入农产品地理标志产品、全国乡村特色产品;有1个产品(临沧普洱茶)被认定为"一村一品"示范村镇产品,同时也入选中国特色农产品优势区产品、中国农业品牌目录。通过品牌数据关联分析可以看出,当前云南省"一村一品"品牌建设还比较薄弱,在140个"一村一品"示范村镇产品中,有15.71%获得农产品地理标志登记保护,有10%入选全国名特优新农产品名录,有2.86%入选全国乡村特色产品目录,有3.57%入选中国特色农产品优势区,有4.26%入选中国农业品牌目录,品牌效应不突出,产品的市场认可度低,竞争力不强,这将会影响"一村一品"产品的高质量发展。

四、云南省"一村一品"发展模式

近年来,云南省因地制宜大力发展高原特色农业产业为主导的"一村一品",也涌现出龙头企业带动型、服务组织带动型、政府引导支撑型等代表性的产业发展模式。

(一)龙头企业带动型

入选第三批全国"一村一品"示范乡镇的云南省华宁县华溪镇,围绕柑桔主导产业,充分发挥龙头企业作用,积极探索出"公司+基地+专业合作社(农民)"的发展模式,目前全镇有提供农资服务的公司30余家,采后果品分选加工包装企业22家,包装材料生产企业4家,省级农业龙头企业3家,产前、产中、产后系列社会化服务企业也得到大力发展,该发展模式有力带动了乡村振兴发展。入选第十二批全国"一村一品"示范村镇的曲靖市宣威市东山镇法着村,围绕肉牛产业,以市场为导向,通过采取"肉联企业+合作社+规模养殖场+农户"的发展模式,使肉牛养殖成为全村富民增收的主导产业,产值达到2 783万元,占全村生产总值的44%。

(二)服务组织推动型

入选第九批全国"一村一品"示范村镇的大理白族自治州祥云县刘厂镇松梅村,以蚕桑为主导产业,通过"党支部+合作社+土地流转"的发展模式,松梅村的桑蚕产业发展规模逐渐扩大,养蚕技术水平不断提高,收入水平呈良好态势。入选第十二批全国"一村一品"示范村镇的保山市腾冲市清水乡清水社区,以茶叶为主导产业,通过党组织带领协办合作社,社区全力推动"公司+专业合作社+农户+院士工作站+市场"发展模式,与村民共致富、谋发展。入选第十批全国"一村一品"示范村镇的曲靖市陆良县龙海乡雨古村,适时加大云南参特色产业发展力度,通过"党支部+合作社+公司+基地+农户"的合作新模式,雨古村零散的云南参种植发展得更有组织化、规模化。

(三)乡村旅游主导型

入选第十一批全国"一村一品"示范村镇的丽江市玉龙县白沙镇玉湖村,村集体与好好生活(丽江)旅游文化发展有限公司合作组建旅游开发公司,以闲置资产、集体土地等资源入股,推动"建设美丽村庄"向"经营美丽村庄"转变,形成"基层党组织+村集体合作社+企业+村民"的发展模式,推动农、文、旅三产融合发展,打造为以纳西族的民族文化为核心的小众高端旅游目的地,让玉湖村的乡村振兴变为现实。

(四)"新媒体+"

入选第八批全国"一村一品"示范村镇的石林县西街口镇,以人参果为主导产业,与云南电视台等省市媒体开展深度合作,探索"新媒体+专业化服务公司+合作社+专业大户"运营模式,进行线上线下销售,引进物流公司,以快捷的物流将新鲜的成熟人参果发往北上广深等城市,一步步打造高端产业市场;入选第六批全国"一村一品"示范村镇的大姚县三台乡,积极融入州、县"互联网+"行动,大力引导发展核桃产业电子商务,与企业合作建成县内领先的"拼多多合作社+村集体+脱贫户+基地"电商扶贫新模式,2022年末,全乡产量9 890吨、产值达1.38亿元。

五、云南省全国"一村一品"典型案例

(一)特色种植

1. 云南省昭通市昭阳区苏家院镇(昭通苹果)

昭通苹果已有近80年的种植历史,高海拔、低纬度、光照足、温差大、土壤富硒等得天独厚的自然条件,造就了昭通苹果早熟丰产、酸甜适度、果香浓郁、爽脆可口、色泽鲜艳的独特品质,深受消费者喜爱。近年来,昭通把苹果列为全市高原特色产业之一,2022年全市苹果种植面积达85万亩,实现综合产值110亿元,带动农户13.8万户52.7万余人增收。苏家院镇是昭通苹果种植最早的区域之一,2012年以来,苏家院镇党委、政府抓住机遇,充分发挥优势,认真贯彻上级政府提出的建立高原特色农业苹果示范园区要求,始终把苹果产业作为脱贫致富的支柱型产业,创建了东达、海升、昭通苹果庄园等30个苹果示范基地,苹果产业已成为众多果农脱贫致富奔小康的"绿色银行"。近年来,苏家院镇以苹果为主导产业获全国"一村一品"示范镇、中国苹果产业五十强县百强镇荣誉称号,在打造地方特色现代农业品牌的同时,有力推动了当地乡村经济发展。全镇苹果种植规模达到4.1万亩,年产量达5万吨,产值4.5亿元以上,从业人员1万余人,实现人均增收5 000元以上。高标准产业示范基地和合作社逐步壮大,累计流转土地3.2万余亩,引进海升、汉朔、东达等24家企业,创建25个高标准苹果示范基地,发展培育种植专业合作社达86个。

2. 云南省蒙自市新安所镇(蒙自石榴)

蒙自是我国盛产甜石榴最大的基地之一,是远近闻名的"石榴之乡"。当地果农在长期栽培实践中,培育出甜绿子、甜沙子、甜白花等3个优质蒙自甜石榴品种。其中,以甜绿子为最优,其个头大如碗,籽实饱满,肉厚核小,晶莹如珠,汁多蜜甜。近年来,蒙自市委、市政府按照"林果乡村·生态家园"目标,积极发展石榴产业,通过多年经营,"蒙自石榴"早已今非昔比。2017年蒙自石榴成为国家地理标志保护产品,2019年9月蒙自市被中国园艺学会石榴分会授予"中国石榴城"荣誉称号。目前,蒙自全市石榴种植面积达到14万亩,年产鲜果36.03万吨,年产值12.02亿元,全市2.16万农户从事以石榴为主的水果产业生产,直接或间接受益的人群超过10万人。蒙自甜石榴主产于新安所镇、大新寨乡一带。近年来,新安所镇依托历史名镇、"石榴之乡"的品牌优势,狠抓古镇保护、产业发展等方面的工作,同时新安所镇积极服务域内水果产销加工企业,向上争取配套项目落地,提升蒙自石榴品牌质量和影响力。2015年,新安所镇入选第五批全国"一村一品"示范村镇,石榴种植已成为新安所镇一张响亮的"名片",种植面积4.3万亩,100多年树龄的石榴树200亩,2021—2022年连续两年入选"全国乡村特色产业产值超十亿元镇"。

3. 云南省昆明市嵩明县杨桥街道大村子社区（花卉）

云南省昆明市嵩明县是闻名的"花灯之乡"和"龙狮之乡"，也是云南省重要的花卉产业园区。自1999年云南省花卉示范园区在嵩明建成以来，园区已有68家花卉苗木企业入驻，年产高档鲜花8.15亿枝、盆花1 000余万盆，年产值近14亿元，有力推动"云花"高质量发展。嵩明县杨桥街道大村子社区是国家级森林乡村，社区自然资源优越，青山环绕、弥水相伴、河谷芬芳，有多家花卉企业在此投产。近年来，杨桥街道大村子社区聚焦自身定位，立足特色资源，结合市场需求，大力打造花卉产业，目前引进企业13家，成立大花蕙兰协会，实现种植企业抱团发展；积极推进"政府扶龙头、龙头带基地、基地连农户"的产业化格局，全力打造"花乡杨桥"。上千村民实现家门口就业，群众收入和幸福感大幅提升。截至2023年，大村子社区辖区内花卉企业解决了300余人常年就业问题，1 000余人季节性就业问题，支付常年务工人员的薪酬在1 000万元左右，支付季节性务工人员的薪酬在500万元左右，从业人员年收入在3万~5万元，群众增收显著。下一步杨桥街道大村子社区将围绕花卉产业设施化、数字化、全链条布局的发展思路，推动花卉产业品种培优、品质提升、品牌打造和标准化生产，打造花卉研发、交易流通、示范性生产与文化旅游融合发展的"花乡杨桥"。2021年大村子社区大花蕙兰产业被评为昆明市"一村一品"产业，2022年大村子社区被评为第十二批全国"一村一品"示范村。

（二）特色养殖

1. 云南省南涧县小湾东镇岔江村（南涧无量山乌骨鸡）

无量山乌骨鸡是南涧县的一大特色产业，2011年被评为云南省"六大名鸡"之一，在云南美食界属优质口碑食材。为实行以奖代补扶持发展政策，支持"六个一"高原特色生态农业产业发展，南涧县委、县政府把无量山乌骨鸡产业列为重点产业扶持发展。围绕产业强县，立足南涧特色和优势，推动区域产业协同发展，实施无量山乌骨鸡实行分区养殖。历经多年的努力，取得巨大成果。截至2022年，实现无量山乌骨鸡存栏190万只、出栏350万只。无量山乌骨鸡是南涧县小湾东镇岔江村支柱产业，2017年，小湾东镇岔江村（南涧无量山乌骨鸡）入选第七批全国"一村一品"示范村镇名单。2022年小湾东镇岔江村村委会乌骨鸡出栏82 128羽，毛收入达到600万元左右，带动就业人口230人左右，助力农民增收，赋能乡村产业发展。小湾东镇岔江村立足县域畜牧区域特点和发展优势，坚持区域化布局，以发展高产、优质、生态、品牌畜牧业为目标，大力发展无量山乌骨鸡产业，做大做强优势产业板块，实施标准化生产、产业化经营、品牌化创建、科技化支撑，以"一只鸡"拉动产业发展，逐步形成了独具特色的产业优势和产业基础。

2. 云南省富源县大河镇（富源大河乌猪）

富源县大河镇是国家级地方品种大河乌猪的发祥地，具有资源优势、品牌优势、市场优势和专业技术人员优势。富源县大河乌猪是经国家级鉴定育成的新品种，其采用生长在富源大河一带的大河猪与"杜洛克"种公猪杂交，经过畜牧研究专家应用科技手段反复选育培育出来的。大河乌猪具有耐粗饲、抗逆性强、肉质细嫩、味道鲜美等特性，是云南地区腌制特色产品"云腿"的优质原料猪种。因此，大河乌猪具有"大河种猪甲滇东"之称。近年来，富源县不断推广养殖大河乌猪，努力使其成为千万消费者餐桌上的肉类首选。大河镇党委政府把大河乌猪养殖作为全镇的主导产业，每村建有专业合作社1个，入社农户占养殖农户的8%，与加工企业、销售组织、龙头企业完全对接。大河乌猪仔猪远销周边省市县，市场影响力大，农民增收效果显著，深受广大养殖户欢迎，肉猪及其产品深受广大消费者喜爱，可持续发展能力强。2015年，在原农业部第五批全国"一村一品"示范村镇申报评选中，大河镇（富源大河乌猪）榜上有名，被认定为全国306个"一村一品"示范村镇之一。近年来，在县委、县政府的支持下，县内的一家企业与42家规模养殖户联合成立富源县东恒大河乌猪养殖专业合作社，并在昆明、曲靖等地建立了大河乌猪肉专卖店。

（三）农产品加工及特色食品

云南省怒江傈僳族自治州泸水市老窝镇（老窝火腿）

老窝镇地处怒江州府六库东部，境内海拔在1 000米以上，气候条件特殊，适宜腌制火腿。老窝火腿的腌制已有1 000余年历史，腌制出的老窝火腿味香色美，深受消费者喜爱。近年来，随着"老窝火腿"品牌知名度的提升，已远销北京、上海、广州、河北、重庆、浙江等地。经过几年发展，老窝镇生猪养殖业和火腿产业已成为当地白族、汉族群众最大的增收致富产业。2022年，老窝镇出栏生猪5.5万头，腌制火腿5万只，火腿年产值高达4 000万元。脱贫攻坚以来，泸州市委以打好"峡谷"牌、造好"特色"品、建好"生态"业为思路，抓实特色老窝火腿产业发展，通过政府牵头、民间组织，泸水市已经成功举办三届老窝火腿文化节。2019年，农业农村部认定老窝镇为第九批全国"一村一品"示范村镇。老窝镇依托州市特色庄园规划，将重点围绕"老窝火腿庄园"等进行布局发展，结合"一村一品"和"一镇一品"主导优势产业，深入推进一二三产业融合发展，打造百年老窝火腿品牌。

（四）特色文化（如传统手工技艺、民俗文化等）

云南省临沧市临翔区博尚镇（土陶）

云南省临沧市临翔区博尚镇碗窑村，是一个土陶产品制作专业村，有着300余年悠久的制陶历史。村里的手工艺人采用本地特有的陶土，沿袭着传统技艺，制作造型古朴、实用性强的土陶系列产品，供应各地市场，不断传承土陶文化。目前碗窑村现存龙窑13条，大小作坊108间，共申报各级传承人16人，其中省级传承人3人、市级传承人1人、区级传承人12人；有登记在册制陶工艺人100多人。陶业收入成为碗窑村村民的主要经济来源，成为碗窑村乡村振兴的重要支柱产业。2022年产各类陶器约20万件，土陶产值达605.1万元，农民人均纯收入19 332元。碗窑村高位推动陶器产业发展，积极探索致富新路子，实现茶陶的融合发展，助力乡村振兴建设。2011年9月，碗窑村龙窑被公布为临沧市第三批市级文物保护单位；2012年，碗窑村被列入第一批中国传统村落；2013年，碗窑村陶器制作技艺被公布为云南省第三批省级非物质文化遗产名录，同年碗窑村被中国民间文艺家协会命名为"中国碗窑土陶文化之乡"；2019年，碗窑村被评选为云南省美丽村庄；2020年申报实施了碗窑土陶制作技艺打造提升世居少数民族文化精品项目，2021年碗窑村入选第十一批全国"一村一品"示范村镇公示名单。碗窑村坚持"脱贫攻坚，产业为先"的理念，结合当地实际，因地制宜，积极发展土窑特色产业,逐步形成"一村一品"的产业格局,助力脱贫攻坚建设。

(五) 新业态 (如休闲旅游、电子商务等)

1. 云南省丽江市玉龙县白沙镇玉湖村 (休闲旅游)

被称为"雪山脚下排名前列村"的玉湖村位于丽江市玉龙纳西族自治县白沙镇,是纳西族先民最早的聚居地之一,也是纳西族传统建筑风貌保存最完整的古村落之一。近年来,玉湖村坚持以"实现共同富裕"为出发点和落脚点,以构建"小康玉湖、生态玉湖、魅力玉湖、和谐玉湖"为目标,实施"生态立村、旅游富村、文化兴村"三大战略,创新发展机制,通过盘活旅游业和发展养殖业,带领全体村民走上致富道路。玉湖村经济收入从 2003 年的 234 万元增加到 2020 年的 1 600 万元,旅游总收入从 2003 年的 18 万元增加到 2021 年的逾 1 600 万元,村集体经济收入达 320 万元,农民人均可支配收入 2.16 万元。2022 年全村参与旅游服务人员接近 800 人,村集体经济收入达 202.5 万元,村民年人均可支配收入超过 2 万元。2019 年农业农村部推介玉湖村为 2019 年中国美丽休闲乡村。2020 年玉湖村入选第二批全国乡村旅游重点村名单。2021 年农业农村部认定玉湖村为第十一批全国"一村一品"示范村镇 (休闲旅游)。2022 年玉湖村文华自然村被评定为云南省 2022 年乡村振兴"百千万"工程美丽村庄。如今,玉湖村将坚持"生态优先、绿色发展"理念,把农旅融合作为乡村全面振兴的关键抓手,以农促旅、以旅兴农。让游客"进得来、留得下、记得住",让美丽乡村真正红火起来,推动乡村振兴,真正实现"生态美、产业兴、百姓富"的有机统一。

2. 云南省红河哈尼族彝族自治州弥勒市西三镇蚂蚁村 (休闲旅游)

蚂蚁村是彝族阿细支系的发源地,近年来,该村以国家级非物质文化遗产"阿细跳月""阿细先基"为依托,充分利用村内古木参天、森林覆盖率高及土特产众多等优势,以"民族文化+"为载体,通过文旅融合、农旅融合、产村融合,夯实乡村振兴"地基"。2021 年,蚂蚁村入选第十一批全国"一村一品"示范村镇。以优秀传统民俗文化为载体,蚂蚁村深入挖掘阿细祭火、阿细祭虎、阿细祭密枝山林等民俗,开展火把节、密枝节等民族节庆活动,在做好民族文化传承的同时,进一步提升该村的民族文化吸引力,争创美丽乡村建设示范村。2023 年 3 月,该村成功举办了以"传承优秀传统文化、促进乡村文化振兴"为主题的民族赛装节,吸引了国内外游客 1 万余人次到场观看。蚂蚁村以"文旅融合"为载体,让村民在家门口创业、就业,村里开办农家乐、民宿客栈 30 余家,全村人均纯收入从 2013 年的 5 600 元发展到现在的 20 000 多元。

参考文献

大姚县人民政府. 多举措延长核桃产业链条 [EB/OL]. (2023-04-10) [2023-08-25]. http://www.dayao.gov.cn/info/1286/48571.html.

侯虹, 2013. 广东省"一村一品"发展研究 [D]. 广州: 仲恺农业工程学院.

李欧. 云南陆良县: 着力打造特色产业助力乡村振兴 [EB/OL]. (2021-07-05) [2023-08-25]. https://yn.yunnan.cn/system/2021/07/05/031543076.shtml.

石林融媒.【走向我们的小康生活】小小人参果,致富"金果果"[EB/OL]. (2020-

11-12)[2023-08-25]. https：//www. thepaper. cn/newsDetail forward_9965587.

史雪艳，2018. 华宁柑桔香甜富农家［J］. 致富天地，231（3）：40-41.

田梦迪. 文化"活"起来 古村"火"起来［N/OL］. 中国妇女报，2023-03-03［2023-08-25］. https：//www. dangjian. com/shouye/dangjianwenhua/wenhuadaguan/202303/t20230306_6570028. shtml.

王开妍. 云南：农田专人管 增产又增收［N/OL］. 云南日报，2023-04-10［2023-08-25］. https：//www. 163. com/dy/article/I1UVPBUU0514R9NP. html.

宣威市融媒体中心. 曲靖唯一入选！宣威市东山镇入围第十二批全国"一村一品"示范村镇公示名单［EB/OL］.（2022-11-04）［2023-08-25］. https：//baijiahao. baidu. com/s？id=1748580679757629666.

杨静. 云南高原特色农业迈上新台阶［N/OL］. 经济参考报，2022-09-27［2023-08-25］. http：//www. jjckb. cn/2022-09-27/c_1310666083. html.

杨丽芳，2019. 松梅村蚕桑村的致富经［J］. 致富天地，249（9）：29.

杨艳鹏，李建国. 融合促发展 茶山变"金山"［N/OL］. 云南日报，2023-02-07［2023-08-25］. https：//new. qq. com/rain/a/20230207A00Y6300. html.

云南省人民政府. 云南省人民政府办公厅关于印发云南省农业现代化三年行动方案（2022—2024年）的通知［EB/OL］.（2022-06-21）［2023-08-25］. https：//www. yn. gov. cn/zwgk/zcwj/zxwj/202206/t20220621_243467. html.

云南省人民政府. 云南省人民政府关于创建"一县一业"示范县加快打造世界一流"绿色食品牌"的指导意见［EB/OL］.（2019-11-01）［2023-08-25］. https：//www. yn. gov. cn/zwgk/zcwj/zxwj/201911/t20191101_183872. html.

赵美琼，魏丹，杨琳，等，2018. 对"华宁柑桔"品牌建设现状的思考［J］. 中国果业信息，35（7）：11-13.

第六节 贵州省"一村一品"发展报告

贵州省地处中国西南内陆地区腹地，全省总面积17.62万平方千米，境内地势西高东低，自中部向北、东、南三面倾斜，平均海拔1 100米左右，高原山地居多，素有"八山一水一分田"之说，地貌可概括分为高原山地、丘陵和盆地三种基本类型，其中92.50%的面积为山地和丘陵，属亚热带季风气候，受大气环流及地形等影响，贵州气候呈多样性，"一山分四季，十里不同天"。贵州省北接四川省和重庆市、东毗湖南省、南邻广西壮族自治区、西连云南省，截至2023年3月，贵州省辖贵阳、遵义、六盘水、安顺、毕节、铜仁6个地级市，黔东南苗族侗族自治州（黔东南州）、黔南布依族苗族自治州（黔南州）、黔西南布依族苗族自治州（黔西南州）3个民族自治州，共9个地级政区；50个县、11个自治县、10个县级市、16个市辖区、1个特区，共88个县级政区；122个乡、192个民族乡、831个镇、365个街道，共1 510个乡级政区。至2022年末，贵州省常住人口3 856万人。

近年来，贵州立足优质资源禀赋，念好"山字经"，种好"摇钱树"，打好"特色牌"，深耕茶叶、食用菌、蔬菜、牛羊、特色林业、水果、生猪、中药材、刺梨、生态渔业、辣椒、生态家禽12大农业特色优势产业，布局6个千亿级农业支柱产业，大力推进现代山地特色高效农业强省，山地特色农业产业体系初步形成，农业特色优势产业加快发展，逐步从单一种养向一二三产业融合发展转变。种植业实现裂变式发展，茶叶、辣椒、刺梨、蓝莓、李子、太子参等种植面积全国第一，猕猴桃、火龙果、百香果等生产规模名列全国前茅，食用菌迈入全国生产第一梯队省份。2022年粮食产量1 114.64万吨，比上年增长1.80%；蔬菜产量3 275.97万吨，比上年增长2.30%；食用菌产量79.76万吨，比上年增长1.60%；茶叶产量26.62万吨，比上年增长8.30%；全年园林水果产量629.37万吨，比上年增长7.90%；年末全省猪存栏1 542.67万头，比上年末增长0.80%；牛存栏492.24万头，增长2.70%；家禽存栏12 246.12万羽，增长1.90%；全年猪出栏1 984.73万头，比上年增长7.3%；家禽出栏18 422.68万羽，增长4.20%；猪牛羊禽肉产量239.05万吨，比上年增长5.90%；禽蛋产量33.6万吨，增长21.20%；全省水产品产量26.84万吨，比上年增长2.40%，其中养殖水产品产量26.41万吨，增长2.70%，贵州山地特色农业基础能力的稳步提升为贵州"一村一品"的发展奠定了坚实的基础。

在加强山地特色农业基础能力建设的同时，贵州省大力实施品牌强农战略，集中力量打造一批全国知名的农产品区域公用品牌、农业企业品牌、农产品品牌，让"贵"字号农业品牌风行天下，贵州省已形成整体推进、多点突破的农业品牌发展格局，品牌数量快速增长、品牌效益日益提升，成为农业增效、农民增收的新动能。目前，贵州省在66个脱贫县建设农产品区域公用品牌149个，2023年7月，贵州省发布十强农产品区域公用品牌，贵州绿茶、都匀毛尖、兴仁薏仁米、遵义朝天椒、贵州黄牛、黔东南小香鸡、黔菌、修文猕猴桃、遵义红、镇宁蜂糖李等十个农产品区域公用品牌成为首批代表贵州优质农产品的区域公用品牌，截至2022年底，贵州省拥有地标产品累计达到154个，农产品品牌强农战略的实施为贵州省"一村一品"的创建创造了广阔的发展空间和前景。

一、贵州省"一村一品"发展的政策环境

完善、良好的政策环境是"一村一品"发展的重要支撑和保障，在推进"一村一品"发展的过程中，贵州省在"一村一品"政策环境建设方面持续发力，不断出台各种政策、措施，积极构建和完善政策体系，从战略层面为贵州"一村一品"发展做好政策顶层设计，2015年《贵州省人民政府关于加强传统村落保护发展的指导意见》提出，实施传统村落"一村一品、一乡一特"扶持计划，打造一批特色种养业基地、农副产品加工基地、休闲观光农业和农超对接基地，现代山地高效农业项目要向传统村落倾斜。2016年《贵州省山地特色新型城镇化规划（2016—2020年）》提出，实施贫困村"一村一品"产业推进行动，加快贫困村特色主导产业和贫困人口参与度高的乡镇特色农业基地建设。2017年《贵州省人民政府关于支持民族自治县和民族乡加快发展若干政策措施的意见》提出，支持民族自治县和民族乡编制特色农产品发展规划，优

先推进"一县一业""一乡一特""一村一品"产业扶贫。《贵州省贯彻落实〈西部大开发"十三五"规划〉实施方案》提出，推动贫困村"一村一品"产业发展，加快贫困村特色主导产业和贫困人口参与度高的乡镇特色农业基地建设。2018年《贵州省人民政府办公厅关于推进农村一二三产业融合发展的实施意见》提出，加强乡村生态环境和文化遗产保护，合理开发农业文化遗产，发展具有历史记忆、地域特点、民族风情的特色小镇，建设"一村一品、一村一景、一村一韵"的魅力村庄和宜游宜养的景区景点，扶持发展"一县一业、一村一品"，加快培育乡村手工艺品和农村土特产品品牌，推进农产品品牌建设。2021年发布的《贵州省国民经济和社会发展第十四个五年规划和2035年远景目标纲要》提出，积极推进"一村一品"，打造银饰村、刺绣村、蜡染村、芦笙村、农民画村等特色工艺品专业村。2022年出台的《贵州省"十四五"现代山地特色高效农业发展规划》指出，依托资源优势，坚持特色发展，加快'一村一品'示范村镇和农业产业强镇建设。

二、贵州省"一村一品"发展现状

（一）获批全国"一村一品"示范村镇数量情况

贵州省作为传统的农业大省和崛起中的农业强省，十分重视"一村一品"示范村镇建设工作，一直把"一村一品"示范村镇建设工作作为脱贫攻坚、乡村振兴和发展现代山地特色高效农业的重要抓手和载体。截至2022年底，131个村镇获批全国"一村一品"示范村镇认定，占全国总量的3.13%，位居全国第十六。其中，示范村102个，示范乡镇29个，分别占贵州省获批总数的77.86%、22.24%。2020—2022年，贵州省先后有16个示范村获评全国乡村特色产业亿元村（表3-26），占全国总数的2.32%；有2个示范镇获评全国乡村特色产业十亿元镇（表3-27），占全国总数的0.43%。贵州省将"一村一品"发展与农业多种功能开发紧密结合，将产业、生态、文化、人才、组织等统筹起来转化为农业农村发展优势，抓典型、推模式、创品牌，体现了区域优势特色、拓展了多种功能、延伸了产业链条，促进农村一二三产业融合发展以及农业专业化、规模化和产业化发展，增强了农业农村经济发展的动力和活力，有效助推乡村振兴战略的实施。

表3-26 贵州省获评全国乡村特色产业亿元村名单

序号	地区	亿元村名称	年份
1	安顺市	贵州省安顺市平坝区天龙镇高田村	2020
		贵州省安顺市平坝区天龙镇二官村	2020
		贵州省安顺市平坝区天龙镇二官村	2021
		贵州省安顺市平坝区天龙镇高田村	2021
		贵州省安顺市平坝区天龙镇高田村（蔬菜）	2022
		贵州省安顺市平坝区天龙镇二官村（蔬菜）	2022

(续表)

序号	地区	亿元村名称	年份
2	贵阳市	贵州省贵阳市修文县谷堡乡平滩村	2020
		贵州省贵阳市修文县谷堡镇平滩村	2021
		贵州省贵阳市修文县谷堡乡平滩村（猕猴桃）	2022
3	铜仁市	贵州省铜仁市思南县三道水乡周寨村	2021
		贵州省铜仁市思南县三道水乡周寨村（红薯）	2022
		贵州省铜仁市玉屏侗族自治县亚坪镇田冲村（稻米）	2022
4	遵义市	贵州省遵义市凤冈县永安镇田坝村	2020
		贵州省遵义市凤冈县永安镇田坝村	2021
		贵州省遵义市凤冈县永安镇田坝村（茶叶）	2022
5	黔东南苗族侗族自治州	贵州省黔东南苗族侗族自治州施秉县牛大场镇牛大场村	2020

表3-27 贵州省获评全国乡村特色产业十亿元镇名单

序号	地区	十亿元镇名称	年份
1	安顺市	贵州省安顺市镇宁布依族苗族自治县六马镇	2021
2	安顺市	贵州省安顺市镇宁布依族苗族自治县六马镇（李子）	2022

（二）贵州"一村一品"示范村镇空间分布情况

1. 州、市分布

贵州全省9个州、市均有全国"一村一品"示范村镇认定（图3-39），涉及11个市辖区，7个县级市，39个县，9个自治县。从各州、市认定数量分布来看，最多的是黔南布依族苗族自治州，认定数为21个，占全省的16.03%，各县市分布情况为龙里县4个，独山县3个，长顺县、福泉市、罗甸县、瓮安县、三都水族自治县各2个，荔波县、都匀市、惠水县、贵定县各1个；第二是遵义市和铜仁市，认定数均为18个，分别占全省的13.74%，遵义市"一村一品"示范村镇各县、市、区分布情况为湄潭县4个，绥阳县3个，赤水市、凤冈县、桐梓县各2个，余庆县、播州区、正安县、习水县、新蒲新区各1个，铜仁市"一村一品"示范村镇各县、区分布情况为印江土家族苗族自治县3个，万山区、松桃苗族自治县、德江县、沿河土家族自治县、石阡县、碧江区各2个，玉屏侗族自治县、江口县、思南县各1个；黔东南苗族侗族自治州"一村一品"示范村镇数量在贵州全省排第三，认定数为17个，占全省的12.98%，"一村一品"示范村镇各县、市分布情况为岑巩县3个，黎平县、凯里市、丹寨县、施秉县、剑河县各2个，锦屏县、从江县、黄平县、雷山县各1个；排在第四位的是安顺市，认定数为16个，占全省的12.21%，"一村一品"示范村各县、区镇分布情况为关岭布依族苗族自治县和普定县各4个，平坝区、紫云苗族布依族自治县、西秀区各2个，黄果树旅游区、镇宁布依族苗族自治县各1个；排在第五位的是贵阳市，认定数为14个，占全省的10.69%，"一村一品"示范村镇各县、市、区分布情况为息烽县5个、贵安新区、清镇市、修文县、乌当区各2个，白云区1个；排在第六位的是毕节市，认定数为12个，占全省的9.16%，"一村一品"示范村镇各县、市分布情况为金沙县4个、黔西市3个、威宁彝族回族苗族自治县2个、织金县、大方县、赫章县各1个。获批的州、市都有自己独特的地理、历史、文化和经济特点，因此在"一村一品"发展中也有着各自的侧重点和优势。例如，位于贵州省黔南布依族苗族自治州的示范村镇——瓮安县建中镇，利用当地得天独厚的气候、土壤资源和产业优势，发展了以茶叶为主导的产业；位于贵州省遵义市绥阳县的示范镇——小关乡，不断强化金银花标准化种植示范基地建设，延伸金银花产业链，实现金银花和金银花树叶就地收购、就地生产加工和就地销售，走出了一条以金银花为主导的"花繁叶茂"之路；位于贵州省黔东南苗族侗族自治州从江县的示范村镇——斗里镇马安村，当地绣娘们在传承传统苗族刺绣工艺的基础上，融入创新元素，将传统苗绣与现代元素巧妙结合，让苗族刺绣融入创造性和流行性，受到消费者青睐，走出来一条以苗绣为主导产业的康庄大道。从"一村一品"空间分布来看，贵州省的"一村一品"示范村镇呈现出"南多北少，东部、南部发展较好"的分布特点。

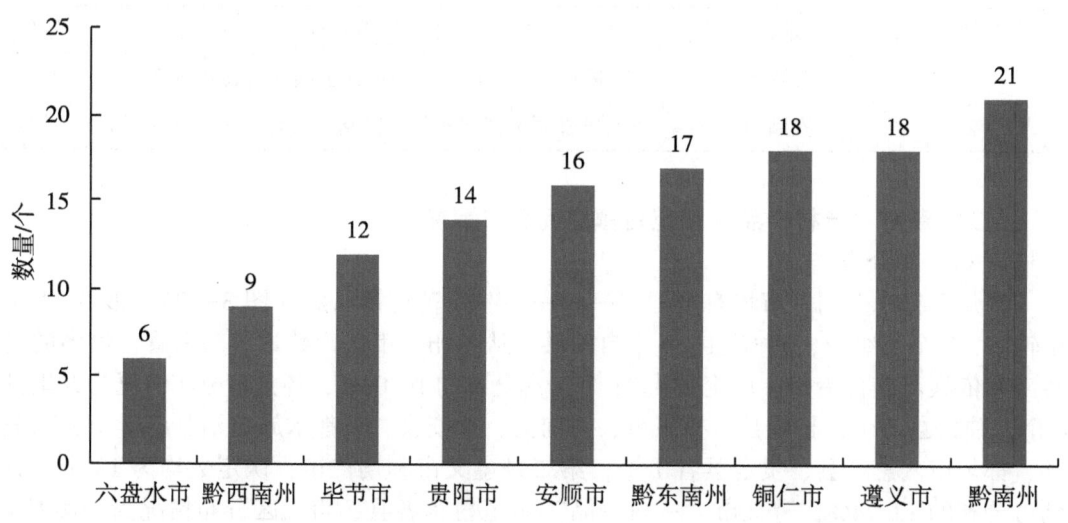

图 3-39 贵州省获全国"一村一品"示范村镇在各州、市的分布情况

2. 示范村镇分布

从示范村情况来看（图3-40），全省102个示范村在9个州、市均有分布。其中，认定示范村数量最多的是遵义市，有15个获批，占全省认定示范村总数的14.71%；位于第二的是铜仁市和黔东南苗族侗族自治州，各有14个，分别占全省认定示范村总数的13.73%；位于第三的是安顺市和贵阳市，各有13个，分别占全省认定示范村总数的12.75%；位于第四的是黔南布依族苗族自治州，获批12个，占全省认定示范村总数的11.76%；位于第五的是毕节市，获批9个，占全省认定示范村总数的8.82%；获批示

范村数量最少的为黔西南布依族苗族自治州和六盘水市,分别占全省认定示范村总数的 5.88%。

从示范镇情况来看(图 3-40),贵州全省 29 个全国"一村一品"示范镇主要分布在 8 个州、市,其中拥有"一村一品"示范镇数量最多的是黔南布依族苗族自治州,共有 9 个,占贵州全省示范镇总数的 31.03%;第二是铜仁市,共有 4 个,占贵州全省示范镇总数的 13.79%;排第三位的有遵义市、黔西南布依族苗族自治州、黔东南苗族侗族自治州、毕节市和安顺市,示范镇数量均为 3 个,分别占贵州全省示范镇总数的 10.34%。截至目前,贵州全省 9 个州、市中只有六盘水市未有乡镇获得"一村一品"认定。

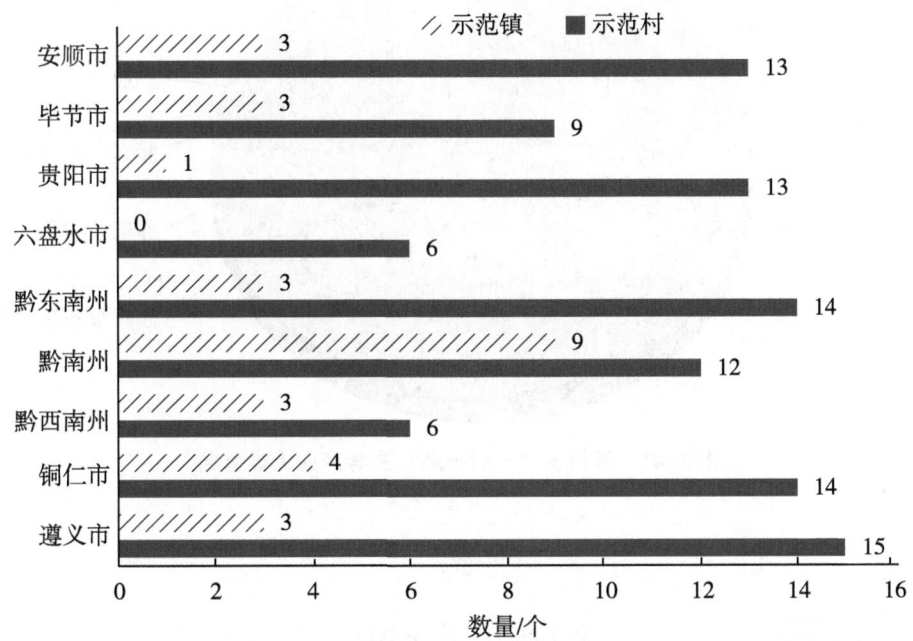

图 3-40 贵州省"一村一品"示范村及示范镇数量在各州、市的分布情况

(三)主导产业和产品类别情况

1. 产业大类

在贵州省"一村一品"示范村镇的建设中,各地积极发掘本地资源和优势产业,形成了一批具有代表性的特色产业和产品。从主导产业来看,贵州省"一村一品"示范村镇的主导产业大类涵盖种植业、林业、养殖业、非农产业、涉农服务业五大类(图 3-41)。其中,种植业占比最大,达到 78.63%,包含粮油作物、蔬菜、水果、茶叶、棉麻蚕桑等;林业位居第二,占比 10.69%,包含中草药材、坚果、调味品及香料等;养殖业位居第三,占比 6.87%,包含畜禽蛋奶、水产品等;非农服务业位居第四,占比 2.29%,包含传统文化、工艺品等;涉农产业最少,占比 1.53%,主要为休闲农业。从主导产业在示范村、示范镇的空间分布来看(图 3-42),种植业在示范村和示范镇的分布均是最多,第二是林业,第三是养殖业,而非农产业、涉农服务业仍有较大发

展空间。可以看出，近年来贵州省牢记习近平总书记要在乡村振兴上开新局的殷殷嘱托，认真贯彻落实中央一号文件，坚定不移围绕"新时代西部大开发上闯新路、乡村振兴上开新局、全力以赴在实施数字经济战略上抢新机、在生态文明建设上出新绩"，主攻"新型工业化、新型城镇化、农业现代化、旅游产业化"，以加快建设现代山地特色高效农业强省为引擎，全力推动农业现代化、全面推进乡村振兴，使贵州省现代山地特色高效农业中的种植业得到了长足发展，这也是贵州省种植业在"一村一品"示范村镇占据主导地位的根本原因。

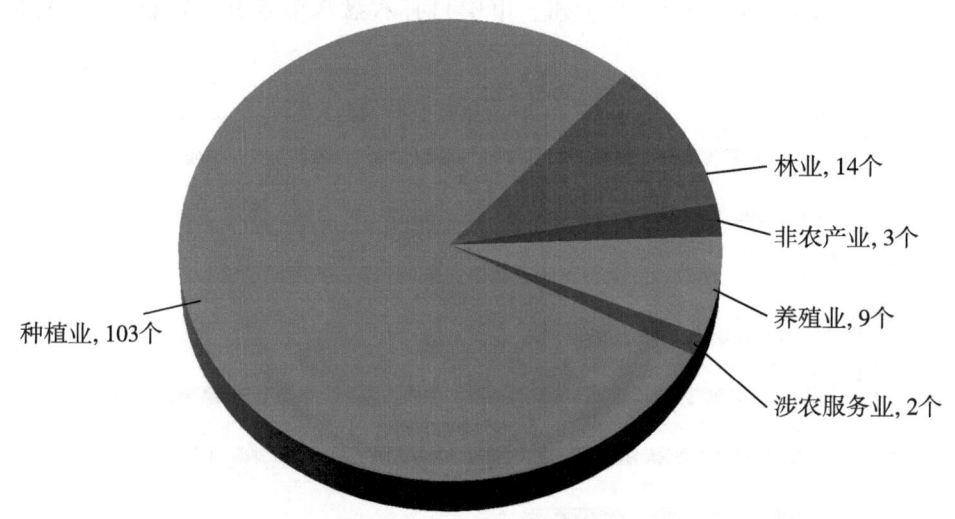

图3-41 贵州省"一村一品"主导产业大类情况

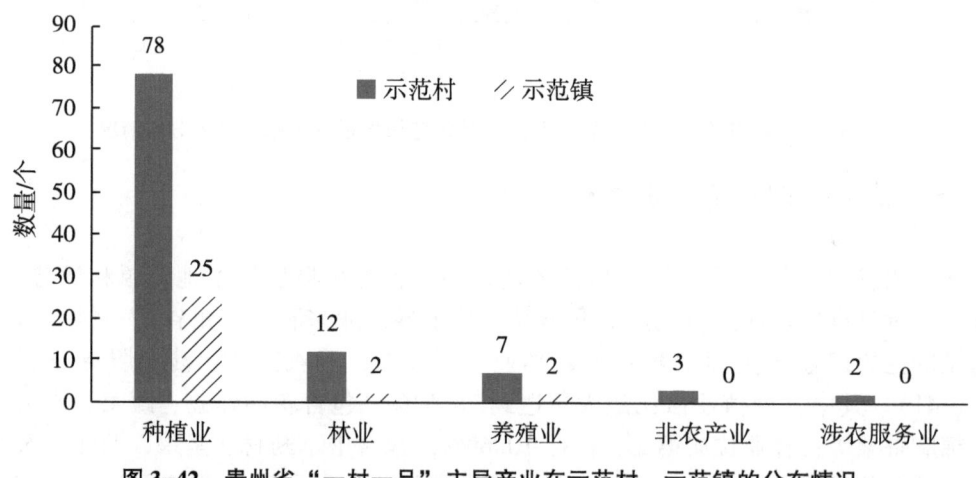

图3-42 贵州省"一村一品"主导产业在示范村、示范镇的分布情况

2. 产品类别

从产品类别来看，贵州省"一村一品"示范村镇的主导产品种类丰富，主要涉及

第三章 中国热区"一村一品"发展区域报告

果品类、蔬菜类、茶叶类、中草药材类、粮油类、畜禽蛋奶类、水产类、传统文化类、休闲农业类、工艺品类、棉麻蚕桑类、调味品及香料类等十二类（图3-43）。其中，果品类"一村一品"最多，获批42个（图3-44），占全省比重达32.06%，主要包含猕猴桃4个，刺梨3个，苹果、葡萄、水晶葡萄各2个等；蔬菜类居于第二位，有26个获批（表3-28），占比19.85%；茶叶类第三，有25个获批（表3-29），占比19.08%。在这些主导产业建立和产品打造中，贵州省各"一村一品"示范村镇因地制宜，积极发挥本地优势，通过品牌建设、推广营销等手段，进一步提升产品品质和附加值，推动了当地农村经济的发展。

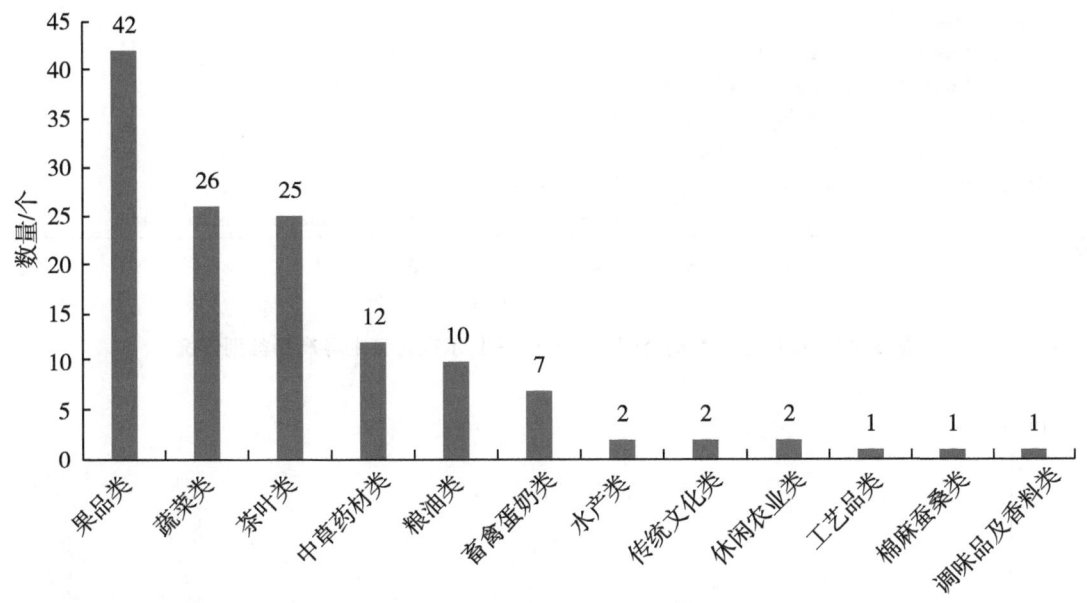

图3-43 贵州省获批全国"一村一品"示范村镇主导产品类别情况

3. 产业聚集度

从产业聚集度来看，42个果品类"一村一品"示范村镇分布在9个州、市（图3-45），主要集中于贵阳、黔南、黔东南、铜仁、安顺和六盘水等州、市，涉及4个市辖区，5个县级市，18个县，5个自治县，其中贵阳市的息烽县以猕猴桃为主导产业的"一村一品"示范村镇有3个，占全省果品总数的7.14%；26个蔬菜类"一村一品"示范村镇分布在7个州、市（表3-28），主要集中于安顺、黔南、毕节等州、市，涉及8个市辖区，3个县级市，9个县，3个自治县，其中安顺市的平坝区以蔬菜为主导产业、普定县以韭黄为主导产业和黔南州的龙里县以蔬菜为主导产业的"一村一品"示范村镇各有2个，分别占全省蔬菜总数的7.69%；25个茶叶类"一村一品"示范村镇分布在8个州、市（表3-29），主要集中于遵义、安顺、铜仁、黔南、毕节、黔西南等州、市，涉及1个市辖区，3个县级市，12个县，3个自治县，其中遵义市的湄潭县以茶叶为主导产业的"一村一品"示范村镇最多，有3个，占全省茶叶总数的12%；中草药材类"一村一品"示范村镇主要分布在毕节、黔东南、黔西南、遵义和铜仁等州、

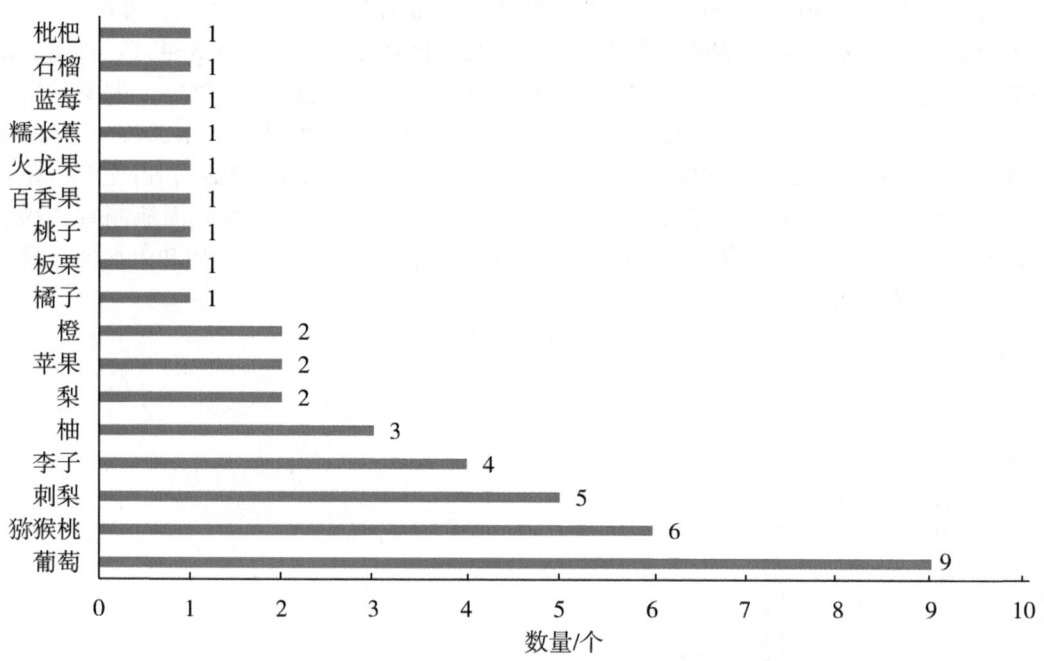

图 3-44　贵州省果品类全国"一村一品"示范村镇主导产品类别情况

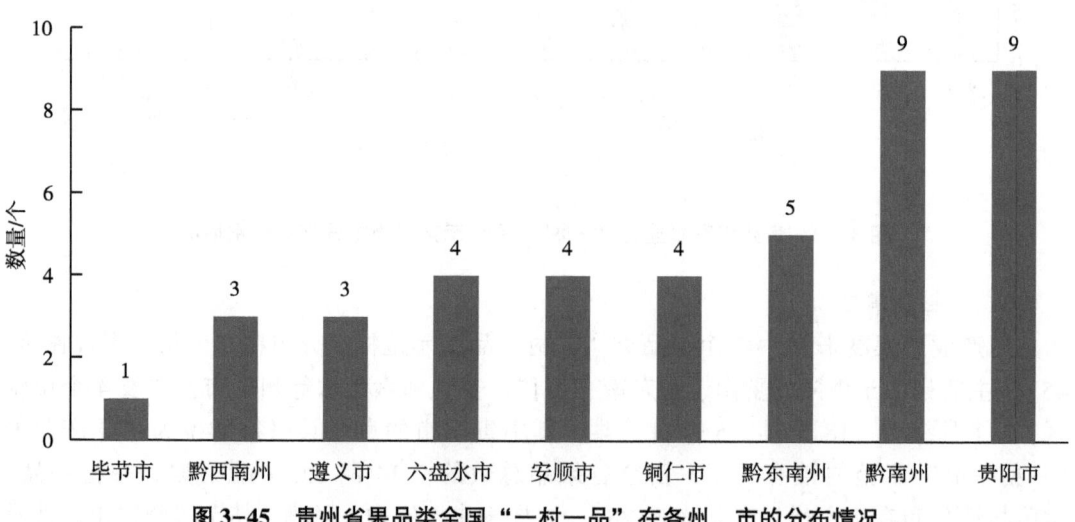

图 3-45　贵州省果品类全国"一村一品"在各州、市的分布情况

市；粮油类"一村一品"示范村镇主要分布在铜仁、遵义、黔东南、六盘水、贵阳和安顺等州、市；畜禽蛋奶类"一村一品"示范村镇主要分布在安顺、黔东南、黔南、铜仁和遵义等州、市；传统文化类"一村一品"示范村镇主要分布在毕节市和黔东南州；水产类"一村一品"示范村镇主要集中在遵义市。近年来，贵州省以休闲旅游为主导产业的"一村一品"示范村镇建设也逐渐起步，获批的 2 个主要分布在贵阳市和遵义市。以休闲旅游为主导产业的"一村一品"示范村镇建设充分证明了贵州省积极

发展新兴业态，丰富并拓展农业的多种功能，有利于农村生态文明建设的推进，并将极大地促进贵州广大农村的多元化繁荣发展。

表3-28 贵州省蔬菜类全国"一村一品"示范村镇名单

地区	示范村镇名称	所在地	批次	年份
安顺市（6个）	贵州省平坝区天龙镇二官村（蔬菜）	平坝区	第一批	2011
	贵州省普定县化处镇化新村（白旗韭黄）	普定县	第五批	2015
	贵州省关岭自治县坡贡镇凡化村（坡贡小黄姜）	关岭布依族苗族自治县	第六批	2016
	贵州省安顺市平坝区天龙镇高田村（蔬菜）	平坝区	第九批	2019
	贵州省安顺市普定县化处镇焦家村（韭黄）	普定县	第十一批	2021
	贵州省安顺市黄果树旅游区白水镇（小黄姜）	黄果树旅游区	第十二批	2022
毕节市（4个）	贵州省黔西县洪水镇新桥村（腾达食用菌）	黔西市	第五批	2015
	贵州省威宁县麻乍镇双胞塘村（辣椒）	威宁彝族回族苗族自治县	第六批	2016
	贵州省金沙县木孔镇湾子社区（湾子辣椒）	金沙县	第八批	2018
	贵州省毕节市大方县理化乡法乐村（辣椒）	大方县	第十批	2020
贵阳市（3个）	贵州省清镇市红枫湖镇大冲村（黔山番茄）	清镇市	第三批	2013
	贵州省贵阳市乌当区百宜镇洛坝村（百宜辣椒）	乌当区	第八批	2018
	贵州省贵安新区马场镇林卡村（林卡辣椒）	贵安新区	第四批	2014
黔东南州（2个）	贵州省黄平县旧州镇东门村（飞云崖蔬菜）	黄平县	第四批	2014
	贵州省黔东南苗族侗族自治州凯里市下司镇（蔬菜）	凯里市	第十二批	2022
黔南州（5个）	贵州省瓮安县猴场镇金竹村（猴场番茄）	瓮安县	第三批	2013
	贵州省罗甸县沫阳镇访里村（黔甸蔬菜）	罗甸县	第三批	2013
	贵州省龙里县湾滩河镇园区村（龙里豌豆尖）	龙里县	第七批	2017
	贵州省黔南布依族苗族自治州惠水县好花红镇（佛手瓜）	惠水县	第十批	2020
	贵州省黔南布依族苗族自治州龙里县湾滩河镇（蔬菜）	龙里县	第十二批	2022
铜仁市（3个）	贵州省铜仁市万山区敖寨乡中华山村（食用菌）	万山区	第八批	2018
	贵州省铜仁市印江县板溪镇凯塘村（食用菌）	印江土家族苗族自治县	第九批	2019
	贵州省铜仁市碧江区滑石乡白水村（香菇）	碧江区	第十批	2020

(续表)

地区	示范村镇名称	所在地	批次	年份
遵义市（3个）	贵州省遵义市虾子镇（辣椒）	播州区	第一批	2011
	贵州省遵义市新蒲新区永乐镇山堡村（辣椒）	新蒲新区	第十批	2020
	贵州省遵义市绥阳县郑场镇大楠村（韭黄）	绥阳县	第十一批	2021

表3-29 贵州省茶叶类全国"一村一品"示范村镇名单

地区	示范村镇名称	所在地	批次	年份
安顺市（4个）	贵州省普定县猫洞镇新民村（罩子山绿茶）	普定县	第二批	2012
	贵州省安顺市西秀区旧州镇罗官村（正维茶叶）	西秀区	第三批	2013
	贵州省普定县猫洞乡猫洞村（朵贝茶）	普定县	第七批	2017
	贵州省紫云县坝羊镇新山村（星秀山茶叶）	紫云苗族布依族自治县	第八批	2018
毕节市（3个）	贵州省金沙县清池镇园坪村（清水塘绿茶）	金沙县	第二批	2012
	贵州省毕节市金沙县岚头镇三桥社区（绿茶）	金沙县	第九批	2019
	贵州省毕节市织金县板桥镇白果村（茶叶）	织金县	第十一批	2021
六盘水市（1个）	贵州省六盘水市盘州市民主镇大厂荫村（绿茶）	盘州市	第九批	2019
黔东南州（2个）	贵州省黔东南苗族侗族自治州雷山县望丰乡望丰村（茶叶）	雷山县	第十批	2020
	贵州省黔东南苗族侗族自治州黎平县高屯街道高屯社区（茶）	黎平县	第十二批	2022
黔南州（4个）	贵州省都匀市摆忙乡坪阳村（都匀毛尖）	都匀市	第二批	2012
	贵州省独山县影山镇翁奇村（奎文阁茶叶）	独山县	第四批	2014
	贵州省贵定县云雾镇（贵定云雾贡茶）	贵定县	第四批	2014
	贵州省黔南布依族苗族自治州瓮安县建中镇（茶）	瓮安县	第十二批	2022
黔西南州（3个）	贵州省兴义市泥凼镇老寨村（苦丁茶）	兴义市	第六批	2016
	贵州省黔西南布依族苗族自治州兴义市七舍镇革上村（茶叶）	兴义市	第十一批	2021
	贵州省黔西南州望谟县郊纳镇（茶）	望谟县	第十二批	2022

第三章 中国热区"一村一品"发展区域报告

（续表）

地区	示范村镇名称	所在地	批次	年份
铜仁市（4个）	贵州省印江自治县缠溪镇湄坨村（梵净山茶）	印江土家族苗族自治县	第六批	2016
	贵州省石阡县聚凤仡佬族侗族乡指甲坪村（石阡苔茶）	石阡县	第六批	2016
	贵州省铜仁市印江县洋溪镇蒋家坝村（茶）	印江土家族苗族自治县	第十二批	2022
	贵州省铜仁市松桃县正大镇（茶）	松桃苗族自治县	第十二批	2022
遵义市（4个）	贵州省湄潭县湄江镇核桃坝村（茶叶）	湄潭县	第一批	2011
	贵州省凤冈县永安镇田坝村（茶叶）	凤冈县	第一批	2011
	贵州省湄潭县湄江镇金花村（遵义红绿茶）	湄潭县	第二批	2012
	贵州省湄潭县永兴镇马义村（星叶绿茶叶）	湄潭县	第七批	2017

（四）年度和获批批次情况

2011年，贵州省施秉县牛大场镇牛大场村以太子参为主导产业、贵州省平坝区天龙镇二官村以蔬菜为主导产业、贵州省荔波县玉屏镇拉岜村以樟江蜜柚为主导产业、贵州省松桃县太坪营乡永红村以紫色红薯、紫色马铃薯和蓝莓浆果为主导产业、贵州省湄潭县湄江镇核桃坝村以茶叶为主导产业、贵州省凤冈县永安镇田坝村以茶叶为主导产业、贵州省遵义市虾子镇以辣椒为主导产业入选了原农业部认定的第一批全国"一村一品"示范村镇，标志贵州省开始进入国家级"一村一品"示范村镇建设的起步阶段。此后，贵州省"一村一品"获批示范村镇呈现总体上增长、局部波动的态势。2011—2013年，贵州省全国"一村一品"示范村镇建设步入稳步发展期，共获得了28个示范村镇的称号，年均获批9个左右（图3-46）；2014—2017年，贵州省全国"一村一品"示范村镇建设进入波动期，共获得了32个示范村镇的称号，年均获批8个；2018—2022年，贵州省全国"一村一品"示范村镇建设步入快速发展期，共获得了71个示范村镇的称号，年均获批14个左右。全国已认定12批"一村一品"示范村镇，贵州省每一批均有入选的示范村镇，每批获批数在11个左右，其中，2022年第十二批入选数量最多，共有18个入选"一村一品"示范村镇，和广西壮族自治区、广东省、湖北省并列全国第五，仅落后四川省和山东省的24个、河南省的23个、河北省的20个以及湖南省和云南省的19个。

从州、市情况来看（图3-47），在2011—2022年全国已认定的12批"一村一品"示范村镇中，安顺市在每一批均有入选的示范村镇，入选批次总量位居贵州省第一。第二是黔南州，除2018年没有入选的示范村镇外，其余的11个年份均有入选。第三是贵阳市、黔东南州、铜仁市和遵义市，其中贵阳市除2011年第一批、2017年第七批和2020年第十批外，其余年份均有入选；黔东南州除2013年第三批、2017年第七批和2018年第八批外，其余年份均有入选；铜仁市除2012年第二批、2014年第四批和2015年第五批外，其余年份均有入选；遵义市除2014年第四批、2015年第五批外，2016年

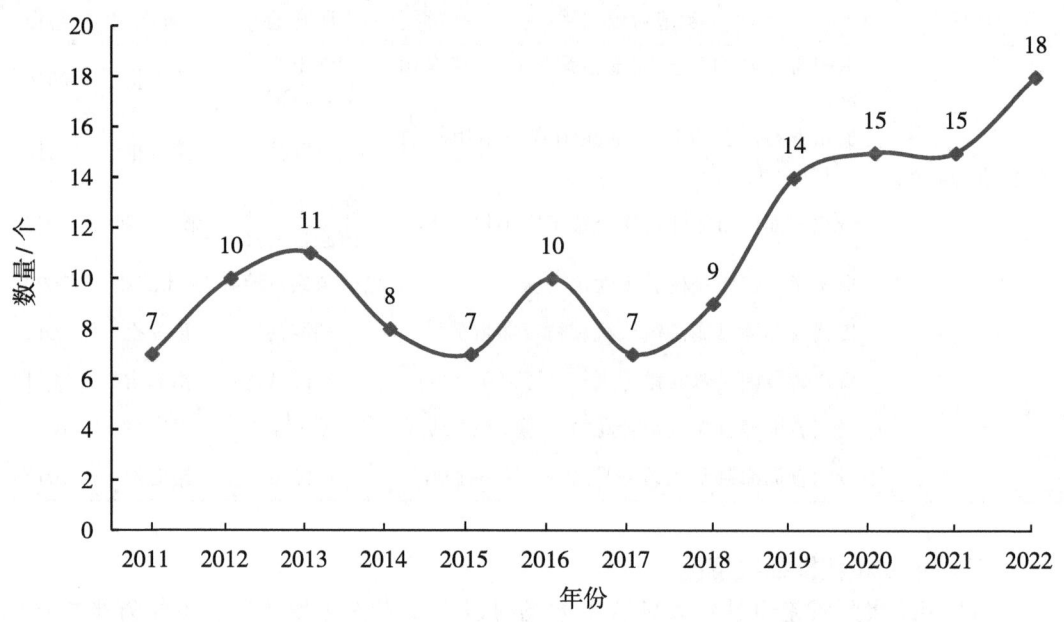

图 3-46　2011—2022 各年度贵州省获批全国"一村一品"示范村镇数量情况

第六批外，其余年份均有入选。入选批次最少的是六盘水市，只有 2015 年、2018 年、2019 年、2020 年、2021 年入选。

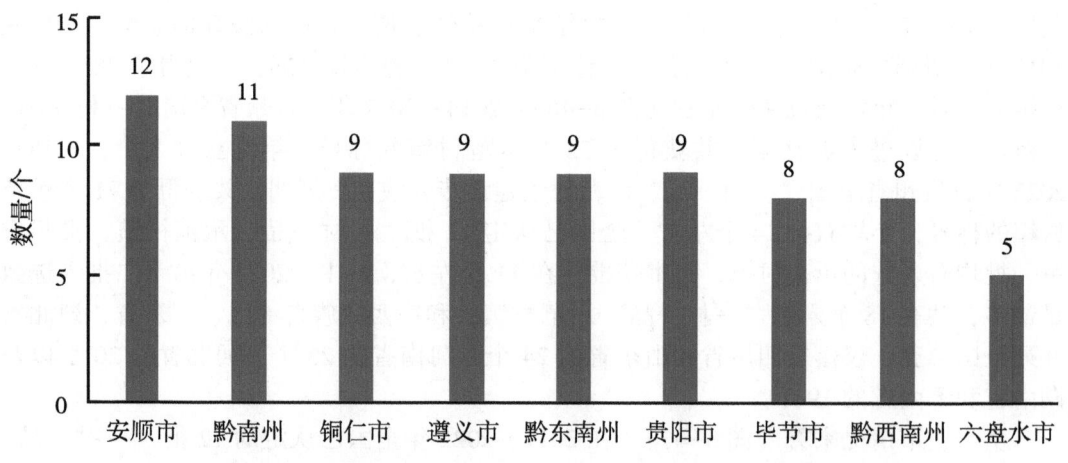

图 3-47　贵州省各州、市入选全国"一村一品"示范村镇批次数量情况

三、贵州省"一村一品"品牌关联分析

(一)"一村一品"产品同时是地理标志产品情况

截至 2022 年 3 月,贵州省获农业农村部批准登记保护的地理标志产品有 154 个。将贵州省 131 个全国"一村一品"产品与 154 个地理标志农产品进行数据关联分析,结果显示,有 31 个"一村一品"同时获得农产品地理标志登记保护,分别为安顺金刺梨、册亨糯米蕉、凯里水晶葡萄、龙里刺梨、晴隆脐橙、水城猕猴桃、威宁苹果、关岭火龙果、镇宁蜂糖李、修文猕猴桃、茅坪香桔、梵净山茶、贵定云雾贡茶、都匀毛尖、石阡苔茶、凤冈锌硒茶、湄潭翠芽、独山高寨茶、剑河白香猪、关岭牛、沿河白山羊、长顺绿壳鸡蛋、龙里豌豆尖、湾子辣椒、大方皱椒、遵义朝天椒、茅坝米、云红芯红薯、盘州小米、赤水金钗石斛、兴义山银花。从产品类别来看,果品类既是全国"一村一品"同时又是地理标志的产品最多,有 11 个;第二是茶叶类有 7 个;第三是畜禽蛋奶类、蔬菜类各 4 个;粮油类 3 个;中草药材类 2 个。从地区分布来看,从多到少依次为黔南布依族苗族自治州 6 个,遵义市、安顺市各 5 个,铜仁市、毕节市、黔东南苗族侗族自治州、黔西南布依族苗族自治州各 3 个,六盘水市 2 个,贵阳市 1 个。

(二)"一村一品"产品同时入选全国名特优新农产品名录情况

截至 2022 年底,贵州省有 85 个农产品入选全国名特优新农产品名录,与贵州省 131 个全国"一村一品"产品进行数据关联分析,结果显示,有 17 个"一村一品"产品同时入选全国名特优新农产品名录,分别为沙子空心李、凯里葡萄、荔波蜜柚、修文猕猴桃、盘州刺梨、晴隆脐橙、水城红心猕猴桃、镇宁蜂糖李、石阡苔茶、都匀毛尖、湄潭翠芽、遵义红茶、凤冈锌硒茶、湾子辣椒、遵义朝天椒、茅贡大米、紫云红芯红薯。从产品类别来看,果品类全国"一村一品"产品同时入选全国名特优新农产品名录最多,占到 8 个;第二是茶叶类,有 5 个;第三是蔬菜类、粮油类各 2 个。从地区分布来看,从多到少依次为遵义市 5 个,铜仁市、安顺市、六盘水市、黔南布依族苗族自治州各 2 个,毕节市、贵阳市、黔东南苗族侗族自治州、黔西南布依族苗族自治州各 1 个。

(三)"一村一品"产品同时入选全国乡村特色产品情况

截至 2022 年底,贵州省入选全国乡村特色产品目录共有 21 个。将贵州省 131 个全国"一村一品"产品与 21 个入选全国乡村特色产品目录进行数据关联分析,结果显示,有 9 个"一村一品"产品同时入选全国乡村特色产品目录,分别为沙子空心李、盘州刺梨、册亨糯米蕉、岑巩思州柚、镇宁蜂糖李、石阡苔茶、赤水金钗石斛、德江天麻、沿河白山羊。包含果品类 5 个,中草药材类 2 个,茶叶类、畜禽蛋奶类各 1 个。主要分布在铜仁市 4 个,安顺市、遵义市、六盘水市、黔西南布依族苗族自治州、黔东南苗族侗族自治州各 1 个。

(四)"一村一品"产品同时入选中国特色农产品优势区产品情况

截至 2022 年底,贵州省入选中国特色农产品优势区共有 11 个。将贵州省 131 个全国"一村一品"产品与 11 个入选中国特色农产品优势区的产品进行数据关联分析,结

果显示,有6个"一村一品"产品同时为入选中国特色农产品优势区的产品,分别为都匀毛尖、石阡苔茶、湄潭翠芽、盘州刺梨、水城红心猕猴桃、遵义朝天椒,包含茶叶类3个、果品类2个,蔬菜类1个。主要分布在遵义市、六盘水市各2个,黔南布依族苗族自治州和铜仁市各1个。

(五)"一村一品"产品同时入选中国农业品牌目录情况

截至2022年底,贵州省入选中国农业品牌目录产品共有7个。将贵州省131个全国"一村一品"产品与7个入选中国农业品牌目录产品进行数据关联分析,结果显示,有4个"一村一品"产品同时为入选中国农业品牌目录产品,分别为白旗韭黄、赤水金钗石斛、湄潭翠芽、镇宁蜂糖李,包含蔬菜类、中草药材类、果品类、茶叶类各1个,主要分布在安顺市、遵义市各2个。

综上分析,通过"一村一品"品牌关联度分析(表3-30)表明,关联度最高的是湄潭翠芽、石阡苔茶、镇宁蜂糖李,均获得以上6种品牌荣誉中的5种,其中湄潭翠芽既被认定为"一村一品"示范村镇产品、农产品地理标志产品,同时也入选全国名特优新农产品名录、中国农业品牌目录、中国特色农产品优势区;石阡苔茶被认定为"一村一品"示范村镇产品、农产品地理标志产品,同时也入选全国名特优新农产品名录、中国特色农产品优势区、全国乡村特色产品。此外,同时获得以上6种品牌荣誉中4种的产品有4种,分别为赤水金钗石斛、盘州刺梨、遵义朝天椒、都匀毛尖。获得以上6种品牌荣誉中3种的产品有沙子空心李、湾子辣椒、修文猕猴桃等。在贵州131个"一村一品"产品中,有23.66%获得农产品地理标志登记保护;有12.98%入选全国名特优新农产品名录;有6.87%入选全国乡村特色产品;有4.58%入选中国特色农产品优势区产品;有3.05%入选中国农业品牌目录。总体来看,贵州"一村一品"建设还有待加强。

表3-30 贵州"一村一品"产品品牌关联分析汇总

产品	全国"一村一品"示范村镇产品	中国农业品牌目录	地理标志产品	全国名特优新农产品	全国乡村特色产品	中国特色农产品优势区	合计次数
湄潭翠芽	1	1	1	1	0	1	5
石阡苔茶	1	0	1	1	1	1	5
镇宁蜂糖李	1	1	1	1	1	0	5
赤水金钗石斛	1	1	1	0	1	0	4
盘州刺梨	1	0	0	1	1	1	4
遵义朝天椒	1	0	1	1	0	1	4
都匀毛尖	1	0	1	1	0	1	4
沙子空心李	1	0	0	1	1	0	3
湾子辣椒	1	0	1	1	0	0	3
修文猕猴桃	1	0	1	1	0	0	3

四、贵州省"一村一品"发展模式

近年来，贵州省在充分发挥资源禀赋、地理优势和因地制宜大力推动以现代山地特色高效农业为主导的"一村一品"建设过程中，逐渐形成了党建引领型、服务组织推动型、龙头企业带动型等代表性的产业发展模式。

（一）党建引领型

入选第十二批全国"一村一品"示范镇的黔西南州晴隆县鸡场镇学官社区，依托区位优势和脐橙优势产业，按照"生态优、村庄美、产业特、农民富、集体强、乡风好"的目标要求，围绕"贵州省级乡村振兴示范村""贵州脐橙第一村""贵州山地高效农业产业示范村"的发展定位，采用"基层党建引领+合作社+农户"的组织方式，培育特色产业，打造"脐橙果园·布依家园·生态乐园"一体化发展，走出了一条属于自己的产业路。

入选第十二批全国"一村一品"示范村的遵义市习水县隆兴镇新光村，通过以党建引领人才培养，把党员干部培养成致富能人，突出能人带动，用知识、能力充实党支部，以组织振兴引领产业振兴，坚持党建引领，围绕"一村一品"葡萄主导产业，通过挖掘出产业"能人"，采取以"支部+股份经济合作社+合作社+能人大户"的组织方式，统一组织实施管理，致力发展集体经济，探索出新光乡村振兴发展新路径。

入选第十二批全国"一村一品"示范村的安顺市关岭县断桥镇戈尧村，在推动枇杷产业发展的进程中，把党建引领作为推进产业发展的驱动力，充分发挥了党员力量，以"党支部+村合作社+农户"的模式，从最初流转的430亩土地打造戈尧村精品水果种植基地开始，同时动员当地群众通过土地入股、参与务工、技术培训等方面参与基地工作并获益，经过这些年的发展，戈尧村从2017年全村精品水果面积不到400亩，发展至2022年的2 640亩，几乎实现了全村枇杷、柑橘产业全覆盖。

（二）服务组织推动型

入选第一批全国"一村一品"示范村的凤冈县永安镇田坝村，以茶叶为主导产业，成立秀姑茶业有限公司和专业合作社，采取"公司+合作社+农户+残疾人"模式，雇佣残疾人劳动力，联合合作社贫困残疾人入股分红，且优先收购残疾贫困户茶青，辐射带动茶农1 200余户，其中有360户残疾人。

入选第十二批全国"一村一品"示范村的贵阳市息烽县石硐镇中坝村，按照"公司+村集体+农户"的模式，支持企业贵阳河申农业科技有限公司在石硐镇中坝村种植猕猴桃230.2亩，优化农业产业结构调整，建设园区基础设施，基本形成标准化猕猴桃种植园区，并根据高品质种植标准进行种植。园区于2020年开始结果，2022年达到丰产，预计产值1 500万元，实现年利润1 000万元。

入选第十二批全国"一村一品"示范村的贵阳市息烽县养龙司镇灯塔村，始终以整合农村各类资源要素，激活农村发展动力为发展目标，致力于促进农业增效、农民增收、农村繁荣，切实增加农民收入。企业采取"企业+合作社+农户"模式，依托主体公司，以土地、劳动力、村集体办公楼等资产入股合作发展精品果类，建立并逐渐完善分红机制，截至目前，共计分红256.4万元，覆盖农户500余人。

（三）龙头企业带动型

入选第一批全国"一村一品"示范镇的遵义市播州区虾子镇，引进国家级农业产业化重点龙头企业贵州省贵三红食品有限公司。近年来，公司采取"龙头企业+合作社+农户"的模式，通过订单种植向农户签订协议，在全省发展辣椒订单种植生态基地30万亩，带动了20万农户增收。虾子镇持续做好辣椒的深加工，努力打造辣椒品牌，把农产品转为商品，进一步提高辣椒的附加值，更好地带动群众增收致富。

入选第六批全国"一村一品"示范村的印江自治县缠溪镇湄坨村，成立了村集体经济组织湄坨村综合开发专业合作社，在收购省级龙头企业银辉茶叶有限公司基础上，围绕"村企一体化"发展的理念，抓住"民心党建+'三社'融合促'三变'+春晖社"改革，发展村集体经济，促进产业转型升级，按照"龙头企业+合作社+农户"模式，实现产业发展利益联结，覆盖全镇种茶户3 000余户，以"300+"均衡带动全镇贫困人口5 000余人实现分红。

五、贵州省全国"一村一品"典型案例

（一）特色种植

1. 贵州省铜仁市玉屏侗族自治县田坪镇田冲村（稻米）

田冲村位于玉屏自治县田坪镇西南部，因种植的大米品质好，口感香甜，逐渐积累了不错口碑，成为市场畅销产品。2013年，玉屏县从湖南芷江引进资深粮食经营民企，建设种植、收购、生产、销售一体化全产业链公司，以粮食加工和销售为核心，走粮食生产市场化、产业化之路。近年来，在龙头企业示范带动下，田冲村成了全县大米加工交易集聚地，实现优质稻年交易量超16 000吨，交易额超5 000万元，疏通了全县大米生产销售堵点，玉屏大米卖到了全国各地。同时，田冲村鼓励和引导农户以资金、土地、劳动力等要素入股，参与稻米产业建设，以产权为纽带，实现农户与龙头企业利益联结紧密化。除此之外，还与周边村寨签订"绿色"优质稻种植收购协议，由公司统一发放稻种及规范种植、加工、生产等全过程，形成产、供、销一体化的品牌模式，全面提升稻米产销过程的专业化、规模化、标准化水平，成功带动农户3 000余户增收致富，受益群众户均增收1 200元左右，2022年，田冲村凭借水稻主导产业入选全国乡村特色产业产值超亿元村、全国"一村一品"示范村。

2. 贵州省贵阳市修文县谷堡乡平滩村（猕猴桃）

平滩村作为修文猕猴桃的发源地和核心产区，现有约30年的种植历史，是全县猕猴桃发展最早、种植规模最大的村子。平滩村猕猴桃口感软糯、酸甜适中，维生素C含量高，深受人们青睐。2015年，平滩村被评为第五批全国"一村一品"示范村。目前，平滩村共发展猕猴桃种植1.3万亩，覆盖全村94%的土地，依托猕猴桃产业全村年均产业收入1.5亿元，年人均收入3.6万元，已连续三年荣获全国乡村特色产业"亿元村"荣誉称号。除此之外，平滩村还将党组织嵌入到乡村振兴中，组织助推产业，党员带头示范，为提升猕猴桃品质，党员对农户开展"一对一"帮扶指导，利用开展技术培训，分享种植经验。平滩村把发展猕猴桃作为特色优势和富民支柱产业，重点培育"产业+旅游"为一体的5个猕猴桃园区，打造了平滩村现代高效农业园区，推动了旅

游资源向旅游产品快速转化，实现了乡村旅游有业态有品位，并以平滩村为切入点带动该镇每年接待游客量达 30 万人次，实现旅游收入 8 000 万左右。

3. 贵州省遵义市绥阳县小关乡（山银花）

山银花是小关乡的主导产业，也是该乡富民强乡的支柱产业。2019 年小关乡被评为第九批全国"一村一品"示范村镇。近年来，该乡以党建引领抓突破，着力在能人示范带动、领头雁排兵布阵、整合资源强保障上下功夫，紧盯山银花"一枝花"，做强一个产业，以"招""引""扶""培"多种方式强能人，成立山银花协会，完善山银花产业链条，鼓励党员率先带头，加大返乡农民工、退役军人创业就业支持，开办山银花育苗、种植、加工等多种技术培训，每年投入上百万资金支持产业路、加工厂设施设备改造等。截至 2022 年，该乡山银花种植面积突破 7.2 万亩，花农 4 519 户，配套加工厂达 34 间，每年产值 1.9 亿元，花农直接收入 1.5 亿元。此外，小关乡政府还从重庆、河南引进两家精深加工企业，研发生产山银花精深加工产品—绿原酸和精油，山银花附加值将大大提升，拉长了产业链条，给农业增效、群众增收带来新希望。

（二）特色养殖

贵州省赤水市两河口镇大荣村（竹叶鱼）

大荣村海拔 800 米的插腊沟，是两河口"冷水鱼"的发源地。2012 年，大荣村成立了生态鱼养殖农民专业合作社，2015 年注册"竹叶鱼"商标，一直秉承"只做原生态，只为真健康"的理念，把生态鱼养殖作为村民增收致富的主导产业，并开始向全村推广。以当地玉米、水稻、红薯、淡竹叶为原料养殖，凭借优良的品质，2018 荣获全国"一村一品"示范村镇称号，鲜活鱼远销泸州、重庆、遵义等地。同时，该村按照"协会引领、示范带动"的模式，以大荣村大瀑布竹叶鱼养殖协会辐射全镇生态水产，在大荣村建设竹叶鱼营销展示中心，负责全镇竹叶鱼养殖技术服务、竹叶鱼展示、推广、包装、销售等，以村为单位，建立养殖示范基地核心区，由村成立专业合作社经营管理，每个示范基地面积 50 亩以上，辐射带动全村竹叶鱼养殖，公司与养殖户签订养殖合同，实行订单养殖，保底收购，协会负责技术服务支撑，从而解决养殖户不懂技术、销路不畅等问题。

（三）农产品加工及特色食品

贵州省遵义市虾子镇（辣椒）

虾子镇已有 400 年的辣椒种植历史，因其独特的气候、土壤和光照条件等地理环境，出产的辣椒色泽鲜红、肉质饱满、品质优良、辣味纯正、香味绵长，是遵义市主要的辣椒生产基地之一，是中国闻名的辣椒主产区。早在 2011 年，虾子镇被评为第一批全国"一村一品"示范村镇。2022 年，世界辣椒联盟（WCA）授予贵州遵义市新蒲新区虾子镇"世界辣椒特色小镇"称号。目前虾子镇已成为全国最重要的干辣椒集散地、西南地区最大的辣椒交易中心。2022 年 1~8 月，辣椒交易量达 11 万吨，交易额达 27 亿元，带动辣椒城周边二级市场交易量约 22 万吨，交易额约 57.2 亿元。近年来，辣椒智慧产业园、辣椒物流园、辣椒加工园在虾子镇相继建成，辣椒培育种植、储存运输、深加工产业链逐渐形成。截至 2022 年，虾子镇有和辣椒产业有关的经营商户 210 余家，精深加工企业 17 家，辣椒贸易企业 50 余家，带动虾子镇和周边 1 万余人从事和辣椒有关的工作。虾子镇将在"世界辣椒特色小镇"这一荣誉的加持下，不断推进辣椒产业标准化、产业化、规模化发展，助力贵州辣椒文化向外推广。

（四）特色文化

1. 贵州省丹寨县龙泉镇卡拉村（鸟笼）

丹寨县龙泉镇卡拉村是现存为数不多的古老手工编制鸟笼专业村，被誉为"中国鸟笼文化艺术之乡""民族特色村寨"等。卡拉村的鸟笼编织技术十分有名，鸟笼主要以楠竹、金竹、雷竹等为原材料，生产工艺据说已经有 400 余年的历史。2009 年 9 月，由丹寨县申报的鸟笼制作技艺被贵州省人民政府列入省级非物质文化遗产代表性项目名录，卡拉村入选贵州第二批全省乡村旅游重点村，2014 年卡拉村被评为第四批全国"一村一品"示范村。卡拉村村民以鸟笼制作为第二产业，目前全村 168 户，其中做鸟笼的就有 100 余户。全村全年销售鸟笼 10 万余只，年产值达 650 万余元，鸟笼系列产品畅销省内外，远销日韩、东南亚及欧美等地。全村也因鸟笼办农家乐 28 家，农家乐产业年收入达 300 多万元，实现户均年收入约 24 万元。以卡拉村鸟笼制作全面创新为突破，当地政府将卡拉村作为重点旅游村寨打造，带动包括文化产业、创意产业、鸟笼文化修学产业、旅游休闲产业以及特色农业、种植业、养殖业等一二三产业的全面融合发展，让卡拉村的乡村旅游产业提质升级，实现高质量发展。

2. 贵州省毕节市黔西市化屋村（苗绣）

化屋村是黔西最具代表性的苗族聚居村落，全村 1 133 人，苗族占比 96.7%，当地通过建立民族传统手工艺品专项基金等措施，大力发展苗族刺绣、草编、蜡染等传统工艺产业发展，推动民族传统文化与技艺传承，古老苗绣已成为化屋村乡村产业振兴的重要助力。作为苗族民间传承的刺绣技艺，2006 年被列入中国第一批国家级非物质文化遗产名录，2021 年荣获"中国美丽休闲乡村""全国乡村治理示范村"等称号，并入选全国第十一批"一村一品"示范村。2021 年 2 月 3 日，习近平总书记在贵州黔西新仁苗族乡化屋村考察时指出，特色苗绣既传统又时尚，既是文化又是产业，不仅能够弘扬传统文化，而且能够推动乡村振兴，要把包括苗绣在内的民族传统文化传承好、发展好。2021 年，贵州省委、省政府印发《关于加快推进贵州苗绣产业高质量发展的行动方案》，提出推动苗绣实现产业化、时尚化、国际化、品牌化目标，化屋村更加坚定了做大做强苗绣产业的信心和决心。2022 年，化屋村返乡创业人数第一次超过外出打工人数，村民人均可支配收入达 2.5 万余元，截至 2023 年 3 月底，黔西市累计发展苗绣产业经营主体 65 家，从业人员 222 人。化屋村基本构建起以"化屋苗绣"公共品牌为引领，以"文丽蜡染刺绣""一平书垌""原色有染"等多个自主品牌共同发展的多元化品牌发展格局。

（五）新业态

1. 贵州省桐梓县大河镇七二村（休闲农业）

七二村（现七二社区）位于桐梓县城北面，距县城 19 千米，辖区内森林覆盖率高、气候凉爽、空气清新、雨量充沛、气候宜人，是避暑旅游的好去处。有着"神州第一弯"之称的七十二道弯穿境而过，引无数游客来此观赏景色和骑行打卡。2013 年七二村入选全国第三批"一村一品"示范村，2015年荣获"全国民主法治示范村"，2019年获得"全国基层治理示范村"称号，2021年成为市级乡村振兴集成示范点。七二村立足自然生态禀赋和民主法治文化，不断拓展乡村旅游经营范围，目前，现有55家乡村旅馆3 000多间床位，年可接待来自上海、武汉、四川、重庆、深圳等地旅客上万人，收入达900多万元；还有6个村民组文化广场、一个乡村旅游协会，不断发挥功能作用，为群众提供了多元化的选择。

2. 贵州省贵阳市白云区牛场布依族乡蓬莱村（休闲农业）

地处白云区牛场布依族乡的蓬莱村，位于贵阳市北郊，距贵阳市区10余千米，坐拥国家4A级景区蓬莱仙界，催生出农家乐、果园采摘等农旅经济。作为全国优秀农村科普示范基地、贵州省农业与乡村旅游示范点及全国休闲农业与乡村旅游示范点之一，被评为国家4A级蓬莱仙界大景区。2021年，入选贵州第三批省级乡村旅游重点村，逐渐成为市民近郊游、休闲游的热门目的地。近年来，蓬莱村集体通过"三变"改革模式，成立了蓬莱村经济发展公司、旅游开发公司等，党建引领带动村民发展致富。依托蓬莱仙界景区项目的不断建设升级，小山村变成了大景区，带动周边农家乐餐饮业、民宿业、零售业等30余家，通过土地入股、劳动务工等形式带动村民400余户，村集体经济收入近50万元。

参考文献

戴祥勤，丁云碧. 二十征程君行早 风景七二独好：大河镇乡村振兴巨变侧记 [EB/OL]. (2023-04-29) [2023-08-24]. https：//baijiahao. baidu. com/s？id = 1764474001991211955&wfr = spider&for = pc.

付加娣，刘燕萍，杨鸣熙. 玉屏聚焦"引赋融联"打造特色产业新品牌 [N/OL]. 铜仁日报，2023-03-15 (6).

光明网. 让古老苗绣"绣"出幸福美好新生活 [EB/OL]. (2023-05-05) [2023-08-24]. https：//baijiahao. baidu. com/s？id = 1764997853195022967&wfr = spider&for = pc.

贵州人大. 贵州省国民经济和社会发展第十四个五年规划和2035年远景目标纲要 [EB/OL]. (2021-02-27) [2023-08-24]. https：//www. gzrd. gov. cn/dbdhhy/gzsdssjrmdhdschyzt/ytjxs_5927690/sswghhe0swnyjmbgy/202102/t20210227_78122388. html.

贺文沣. 修文县谷堡镇平滩村："链上党建"聚合力 产业发展"破圈出彩" [EB/OL]. (2023-03-24) [2023-08-24]. http：//gz. people. com. cn/n2/2023/0324/c381251-40350564. html.

李允凤. 晴隆县鸡场镇学官社区乡村美民风淳 人心齐干劲足 [N/OL]. 贵州日报，2022-03-17 (9).

罗婷婷.《习水县隆兴镇新光村—集体经济激发乡村振兴活力》[N/OL]. 贵州日报，2022-05-29 (4).

瞿宏伦. 探访贵州遵义"世界辣椒特色小镇"：小辣椒"买卖全球" [EB/OL].

（2022-10-11）[2023-08-24]. http：//www.chinanews.com.cn/ cj/2022/10/11/9870917.shtml.

杨化芳. 关岭戈尧村："一村一品"推进特色农业产业发展 [EB/OL]. (2023-07-14) [2023-08-28]. http：//gz.people.com.cn/n2/2023/0714/c19-4849-40493720.html.

余光燕."和美乡村行"丹寨县卡拉村："旅游村"再升级 [EB/OL]. (2023-03-20) [2023-08-28]. https：//baijiahao.baidu.com/s? id=1760866601400080565&wfr=spider& for=pc.

张增启. 2022年贵州省农业农村发展概况 [EB/OL]. (2023-02-22) [2023-08-28]. http：//nynct.guizhou.gov.cn/zwgk/xxgkml/ghjh/202302/t20230222_78279702.html.

左禹华. 印江缠溪产业发展的"三个关键词" [N/OL]. 铜仁日报, 2021-04-14 (2).

第七节　四川省"一村一品"发展报告

四川省，简称"川"或"蜀"，位于中国西南腹地，地处长江上游，素有"天府之国"的美誉。全省辖区总面积48.6万平方千米，地处中国大陆地势三大阶梯中的第一级青藏高原和第三级长江中下游平原的过渡地带，高低悬殊，地势呈西高东低，由西北向东南倾斜。四川地貌复杂，以山地为主要特色，具有山地、丘陵、平原和高原4种地貌类型，分别占全省面积的74.2%、10.3%、8.2%、7.3%。北连陕西、甘肃、青海，南接云南、贵州，东邻重庆，西衔西藏，是承接华南、华中，连接西南、西北，沟通中亚、南亚、东南亚的重要交会点和交通走廊。四川省下辖成都、自贡、攀枝花、泸州、德阳、绵阳、广元、遂宁、内江、乐山、南充、眉山、宜宾、广安、达州、雅安、巴中、资阳18个地级市，阿坝藏族羌族自治州、甘孜藏族自治州、凉山彝族自治州3个自治州。其下管辖的市辖区55个、县级市19个、县105个、自治县4个，常住人口8 374万人。

四川省是农业大省，在全国农业生产版图中占有重要位置。成都市"大城市带大农村"的特征明显，近年来，成都抢抓成渝地区双城经济圈建设、国家城乡融合发展试验区建设等重大机遇，坚持农业现代化和农村现代化统筹谋划、一体推进，乡村振兴战略和新型城镇化战略协调联动，不断促进农业高质高效，农民富裕富足，探索走出一条超大城市农业农村现代化发展之路。聚焦"川字号"优势特色产业，四川推动三大产业高质量融合发展，积极发展川粮油、川猪、川茶、川菜、川酒、川竹、川果、川药、川牛羊、川鱼等特色产业。同时做好"土特产"，不仅孕育出悠久的农耕文明，也培育出丰富的农产品种类，除四川外，全国很难找出同时生产芒果、牦牛和荔枝的省份，全国每10头猪就有1头来自四川，每5千克菜籽油就有1千克来自四川，充分彰显了地域特点，优势特色产业发展成效明显。2022年粮食产量3 510.5万吨，比上年减少 2.00%，其中，夏粮产量增长 1.70%，秋粮产量减少 2.50%；油料产量 434.1 万吨，增长 4.20%；蔬菜及食用菌产量 5 198.7 万吨，增长 3.20%；茶叶产量 39.3 万吨，增长 4.80%；园林水果产量 1 238.4 万吨，增长 7.40%。2022 年生猪出栏 6 548.4 万头，比上年增长 3.70%；牛出栏 306.0 万头，增长 4.40%；羊出栏 1 792.7 万只，增长 1.50%；家禽出栏 78 087.1 万只，增长 0.80%。四川已建成和创建国家级农业产业园区 11 个，油菜、马铃薯、甘薯、泡菜、柠檬等 25 个种类的农产品产量位居全国首位。郫县豆瓣酱、峨眉山竹叶青茶、泸州老窖特曲、剑南春酒、五粮液、蒙山茶、苍溪猕猴桃、泸州糯红高粱、雅江松茸、会理石榴、雷波脐橙、攀枝花芒果、宜宾茵红李、护国柚等一大批"土"资源逐步进入大众视野。依托四川省自然资源、传统文化、生态和区位等优势，做强特色农产品，为四川省"一村一品"的发展奠定深厚基础，因地制宜建设和发展四川省"一村一品"，是助力现代农业发展、推进乡村产业振兴的重要途径。

一、四川省发展"一村一品"的政策环境

近年来，四川省委省政府、各州市县陆续出台相关政策文件以推进"一村一品"产业的发展。2008 年《四川省人民政府办公厅关于 2008 年农业增产增收的意见》提出，加大对示范村的扶持力度，加强技术指导和信息服务，发挥好示范作用，带动"一村一品"发展。2012 年《四川省人民政府办公厅关于加快林下经济发展的意见》提出，重点扶持一批龙头企业和农民林业专业合作社，逐步形成"一县一业、一村一品"的发展格局。2012 年《四川省商标战略（2011—2020 年）2012 年度实施计划》提出，深入实施"真情服务谋发展，贴心助农送商标""一村一品、一品一标""围绕三品、打造三标"为载体的 3 项"商标富农"工作。2012 年《四川省人民政府关于支持农业产业化龙头企业发展大力推进"两个带动"的意见》提出，实施"一村一品"强村富民工程。2016 年《推进农业供给侧结构性改革加快四川农业创新绿色发展行动方案》提出，大力发展"一县一品""一村一品"，推进省、市、县各级水产新农村示范片建设。2016 年《四川省人民政府办公厅关于推进农村一二三产业融合发展的实施意见》提出，扶持发展一乡（县）一业、一村一品，加快培育乡村手工艺品和农村土特产品品牌。2016 年《四川省人民政府关于创造良好市场环境进一步促进消费的意见》提出，支持"一村一品""一村一店"等农村电商平台发展，有效对接生产和流通。2017 年《关于激发重点群体活力带动城乡居民增收的实施办法》提出，支持"一村一品"专业村镇品牌创建，建立以龙头企业为牵引的"一村一品"发展体系。2017 年《四川省"十三五"脱贫攻坚规划》提出，培育壮大贫困地区特色优势产业，统筹谋划粮油、畜牧、经济作物、林竹、水产、农产品初加工及精深加工、休闲农业、乡村旅游等特色优势产业发展，形成"一村一品、一乡一业"的发展格局。2017 年《四川省人民政府关于贯彻落实"十三五"促进民族地区和人口较少民族发展规划的实施意见》提出，实施贫困村"一村一品"产业推进行动和"互联网+"产业扶贫、电商扶贫、乡村旅游扶贫等工程。2018 年四川省委办公厅、省政府办公厅印发《关于加快构建政策体系培育新型农业经营主体的实施意见》提出，支持新型农业经营主体建设"一村一

品、一乡一业"等特色优势产业，提升新型农业经营主体发展质量，深入推进"一村一品"示范村镇创建。2021年四川省人民政府印发《四川省"十四五"推进农业农村现代化规划》提出，围绕十大优势特色产业，培育一批"一村一品"示范村镇，争创国家级产业强镇75个，培育省级产业强镇200个。2022年四川省一号文件《关于做好2022年"三农"重点工作 全面推进乡村振兴的意见》提出，大力发展"一村一品""一乡一业""一县一特"，培育乡村特色产业亿元村、十亿元镇，支持创建一批国家农业产业强镇，加快建设优势特色产业集群、特色农产品优势区。

二、四川省"一村一品"发展现状

（一）获批全国"一村一品"示范村镇数量

四川省作为中国的重要农业大省，高度重视"一村一品"示范村镇建设工作。截至2022年末，共有220个村镇获批全国"一村一品"示范村镇认定，占全国总量的5.26%，位于全国第二。其中，示范村130个、示范镇90个，分别占四川省获批总数的59.09%、40.91%。2020—2022年，四川有53个示范村获评全国乡村特色产业亿元村（表3-31），占全国总数的7.67%；有15个示范镇获评全国乡村特色产业十亿元镇（表3-32），占全国总数的3.23%。"一村一品"的发展促进了农业专业化、规模化和产业化发展，增强了农业农村经济发展的动力和活力，有效助推乡村振兴战略的实施。

表3-31 四川省获评全国乡村特色产业亿元村名单

序号	地区	亿元村名称	年份
1	成都市	四川省成都市青白江区福洪镇杏花村	2020
		四川省成都市郫都区友爱镇农科村	2020
		四川省成都市邛崃市夹关镇龚店村	2020
		四川省成都市龙泉驿区柏合街道长松村	2021
		四川省成都市邛崃市夹关镇龚店村	2021
		四川省成都市郫都区友爱镇农科村	2021
		四川省成都市青白江区福洪镇杏花村	2021
		四川省成都市龙泉驿区柏合街道长松村（水蜜桃）	2022
		四川省成都市青白江区福洪镇杏花村（杏）	2022
		四川省成都市郫都区友爱镇农科村（花卉苗木）	2022
		四川省成都市都江堰市天马镇金胜社区（猕猴桃）	2022
		四川省成都市邛崃市夹关镇龚店村（黑茶）	2022

第三章 中国热区"一村一品"发展区域报告

(续表)

序号	地区	亿元村名称	年份
2	攀枝花市	四川省攀枝花市米易县草场乡龙华村	2020
		四川省攀枝花市盐边县桐子林镇金河社区	2021
		四川省攀枝花市米易县草场镇龙华社区	2021
		四川省攀枝花市米易县草场镇龙华村（枇杷）	2022
		四川省攀枝花市盐边县桐子林镇金河村（芒果）	2022
3	德阳市	四川省德阳市旌阳区东湖乡高槐村	2020
		四川省德阳市绵竹市孝德镇年画村（年画）	2022
4	眉山市	四川省眉山市彭山区观音镇果园村	2020
		四川省眉山市丹棱县双桥镇梅湾村	2020
		四川省眉山市洪雅县中山乡前锋村	2020
		四川省眉山市东坡区三苏镇鸭池村	2021
		四川省眉山市彭山区观音街道果园村	2021
		四川省眉山市丹棱县齐乐镇梅湾村	2021
		四川省眉山市洪雅县中山镇前锋村	2021
		四川省眉山市东坡区三苏镇鸭池村（柑橘）	2022
		四川省眉山市彭山区观音街道果园村（葡萄）	2022
		四川省眉山市洪雅县中山镇前锋村（雅雨露茶叶）	2022
		四川省眉山市丹棱县齐乐镇梅湾村（橘橙）	2022
5	宜宾市	四川省宜宾市高县大窝镇大屋村	2020
		四川省宜宾市筠连县巡司镇银星村	2020
		四川省宜宾市筠连县巡司镇银星村	2021
		四川省宜宾市高县来复镇大屋村	2021
		四川省宜宾市高县来复镇大屋村（茶叶）	2022
		四川省宜宾市筠连县巡司镇银星村（茶叶）	2022
6	资阳市	四川省资阳市安岳县龙台镇花果村	2020
		四川省资阳市安岳县龙台镇石笋村	2020
		四川省资阳市安岳县龙台镇花果村	2021
7	广元市	四川省广元市旺苍县木门镇三合村	2021
		四川省广元市旺苍县木门镇三合村（茶叶）	2022

(续表)

序号	地区	亿元村名称	年份
8	乐山市	四川省乐山市夹江县吴场镇三管村	2021
		四川省乐山市夹江县马村镇石堰村（手工造纸）	2022
		四川省乐山市夹江县吴场镇三管村（茶叶）	2022
9	巴中市	四川省巴中市平昌县土兴镇铁城村	2021
		四川省巴中市平昌县土兴镇铁城社区（花椒）	2022
10	广安市	四川省广安市邻水县柑子镇菜垭村	2021
		四川省广安市邻水县柑子镇菜垭村（葡萄）	2022
11	凉山州	四川省凉山彝族自治州雷波县五官乡青杠村	2020
		四川省凉山彝族自治州雷波县千万贯乡青杠村	2021
		四川省凉山彝族自治州会理县鹿厂镇铜矿村（石榴）	2022
		四川省凉山彝族自治州雷波县五官乡青杠村（脐橙）	2022
		四川省凉山彝族自治州雷波县金沙镇金沙村（脐橙）	2022

表3-32 四川省获评全国乡村特色产业十亿元镇名单

序号	地区	十亿元镇名称	年份
1	成都市	四川省成都市金堂县清江镇	2021
		四川省成都市金堂县官仓镇	2021
		四川省成都市简阳市贾家镇	2021
		四川省成都市金堂县官仓街道（蔬菜）	2022
		四川省成都市成都东部新区贾家街道（农阳桃）	2022
2	德阳市	四川省德阳市罗江区鄢家镇	2020
3	内江市	四川省内江市东兴区田家镇	2020
		四川省内江市东兴区田家镇	2021
		四川省内江市东兴区田家镇（紫皮大蒜）	2022
4	泸州市	四川省泸州市江阳区通滩镇	2021
		四川省泸州市江阳区通滩镇（高粱）	2022
5	乐山市	四川省乐山市峨眉山市双福镇（茶叶）	2022
6	眉山市	四川省眉山市丹棱县齐乐镇（柑橘）	2022
7	宜宾市	四川省宜宾市筠连县巡司镇（茶叶）	2022
8	凉山州	四川省凉山彝族自治州会理县彰冠镇（石榴）	2022

(二) 四川"一村一品"示范村镇空间分布情况

1. 州、市分布

从"一村一品"示范村镇的州、市分布情况来看，四川省21个州、市均有覆盖（图3-48），涉及34个市辖区，15个县级市，76个县，2个自治县。其中认定数量最多的是成都市，认定数为16个，占全省的7.72%，分布在金堂县3个，龙泉驿区、青白江区、都江堰市、邛崃市和郫都区各2个，崇州市、简阳市和蒲江县各1个。第二是广元市和绵阳市，认定数均为15个，分别占全省数量的6.82%，其中广元市主要分布在朝天区、昭化区和苍溪县各3个，青川县、旺苍县各2个，利州区和剑阁县各1个；绵阳市主要分布在江油市4个，涪城区、游仙区、三台县和梓潼县各2个，安州区、盐亭县和北川羌族自治县各1个。第三是自贡市和凉山彝族自治州，认定数均为13个，分别占全省数量的5.91%，其中自贡市主要分布在贡井区5个，荣县3个，富顺县2个，自流井区、沿滩区、大安区各1个；凉山州主要分布在金阳县、盐源县和雷波县各2个，西昌市、会理市、会理县、德昌县、越西县、宁南县和会东县各1个。第四是眉山市、南充市、内江市和宜宾市，认定数均为12个，占全省的5.45%，其中眉山市主要分布在青神县、丹棱县各3个，洪雅县、仁寿县各2个，彭山区和东坡区各1个；南充市主要分布在阆中市、南部县和蓬安县各2个，嘉陵区、高坪区、顺庆区、营山县、西充县和仪陇县各1个；内江市主要分布在资中县、威远县各3个，东兴区、市中区和隆昌市各2个；宜宾市主要分布在高县4个，筠连县3个，翠屏区、南溪区、江安县、屏山县和珙县各1个。第五是达州市和乐山市，认定数均为11个，占全省的5.00%，其中达州市主要分布在大竹县4个，万源市和达川区各2个，通川区、宣汉县和渠县各1个；乐山市主要分布在沐川县3个，夹江县和马边彝族自治县各2个，沙湾区、金口河区、峨眉山市和井研县各1个。获批的州、市都有自己独特的地理、历史、文化和经济特点，因此在"一村一品"发展中也有着各自的侧重点和优势。例如，位于宜宾市的示范村镇——巡司镇银星村，依托宜宾市得天独厚的气候和土壤资源，发展了以茶为主导的产业；位于成都市的示范村镇——青白江区福洪镇，则着力发展以果品为主导的产业；位于绵阳市北川羌族自治县的示范村镇——曲山镇石椅村，则以发展传统文化为主要发展方向。从空间分布来看，四川省的"一村一品"示范村镇呈现出"东北部多，西南部少"的分布特点。

2. 示范村镇分布

从示范村情况来看（图3-49），全省130个示范村分布在20个州、市。其中，认定示范村数量最多的是凉山彝族自治州，有10个获批，占全省认定示范村总数的7.69%；位于第二的有成都市、内江市和南充市，均有9个，均占示范村总数的6.92%；位于第三的有绵阳市、广元市、宜宾市、眉山市和阿坝藏族羌族自治州，有8个，均占总数的6.15%；位于第四位的是广安市，有7个获批。

从示范镇情况来看（图3-49），全省90个全国"一村一品"示范镇分布在20个州、市。数量最多的是自贡市，有13个，占全省示范镇总数的14.44%；第二是泸州市，有9个，占10.00%；排第三位的有成都市、绵阳市、广元市，示范镇数量均为7个，占7.78%。

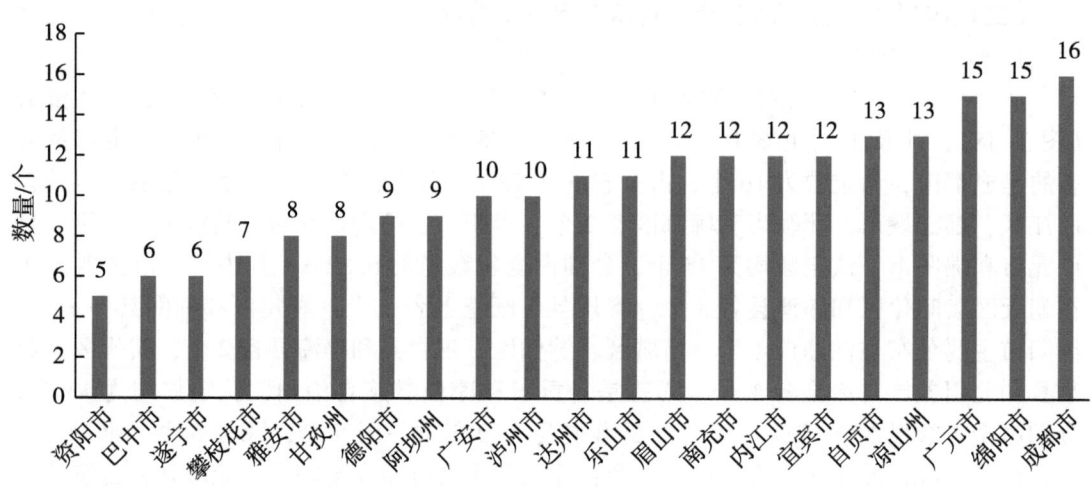

图 3-48 四川省获全国"一村一品"示范村镇在各州、市的分布情况

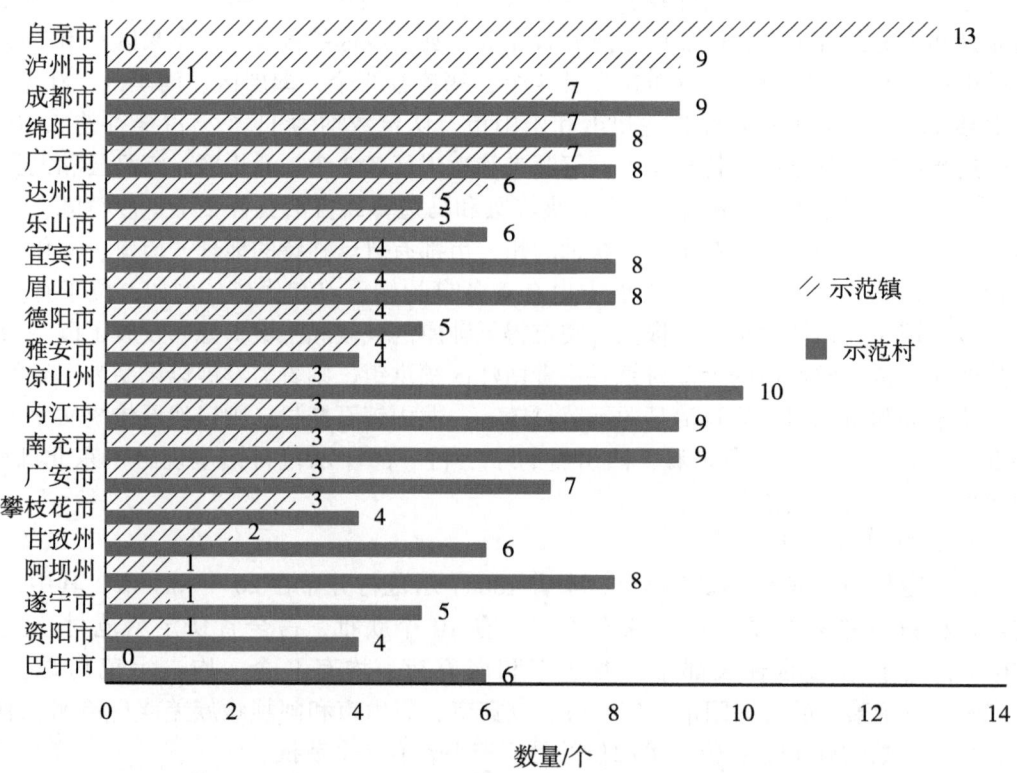

图 3-49 四川省"一村一品"示范村及示范镇数量在各州、市的分布情况

(三) 主导产业和产品类别情况

1. 产业大类

在四川省"一村一品"示范村镇的建设中，各地积极发掘本地资源和优势产业，形成了一批具有代表性的特色产业和产品。从主导产业来看，四川省"一村一品"示范村镇的主导产业大类涵盖种植业、林业、养殖业、涉农服务业、非农产业等（图3-50）。其中，种植业占比最大，达到76.36%，包含茶叶、水果、粮油作物、棉麻蚕桑、蔬菜等；林业位居第二，占比10.00%，包含调味品及香料、坚果、花卉苗木、中草药材等；养殖业第三，占比7.73%，包含畜禽蛋奶、水产品等；涉农服务业第四，占比3.18%，包含传统食品、酒、休闲旅游等；非农产业仅有6个，分别为绵阳市北川羌族自治县曲山镇石椅村羌族歌舞、眉山市青神县南城镇兰沟村青神竹编、德阳市绵竹市孝德镇年画村年画、乐山市夹江县马村镇石堰村手工造纸、自贡市自流井区仲权镇彩灯和广元市朝天区麻柳乡麻柳刺绣。从主导产业在示范村、示范镇的空间分布来看（图3-51），种植业在示范村和示范镇的分布均是最多，第二是林业，第三是养殖业。近年来四川省围绕乡村振兴战略决策部署，聚焦"川字号"优势特色产业，扎实推进"一村一品一主体"，着力推动农业增效、农民增收、农村发展，使该省"一村一品"示范村镇的区域产业发展中的种植业占据了主导地位。

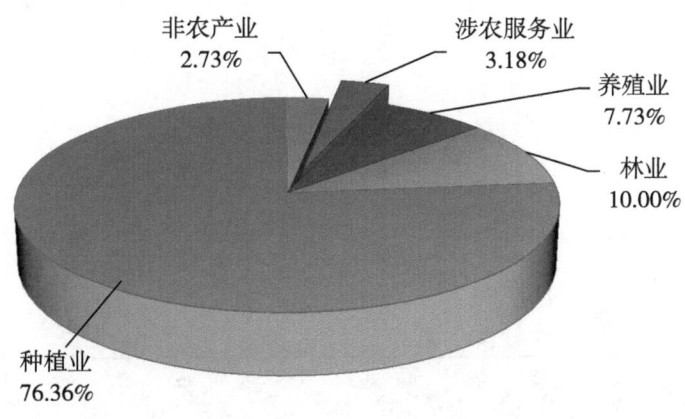

图3-50 四川省"一村一品"主导产业大类情况

2. 产品类别

从产品类别来看，四川省"一村一品"示范村镇的主导产品种类繁多，主要涉及果品类、茶叶类、瓜菜类、畜禽蛋奶类、中草药材类、调味品及香料类、粮油类、棉麻蚕桑类、水产类、工艺品类、休闲农业类、传统食品类、传统文化类、花卉苗木类、酒类、其他十六类（图3-52）。其中果品类"一村一品"最多，获批101个（图3-53），占全省比重达45.91%，主要包含柑橘类14个，橙类10个，猕猴桃9个，桃子8个，李子和柚子各7个，葡萄6个，苹果和枇杷各5个，梨、樱桃、柠檬、石榴各4个；茶叶类位于第二，共有28个获批（表3-33），占比12.73%；蔬菜类第三，共有26个获批（表3-34），占比11.82%。在这些主导产业和产品中，四川省"一村一品"示范村

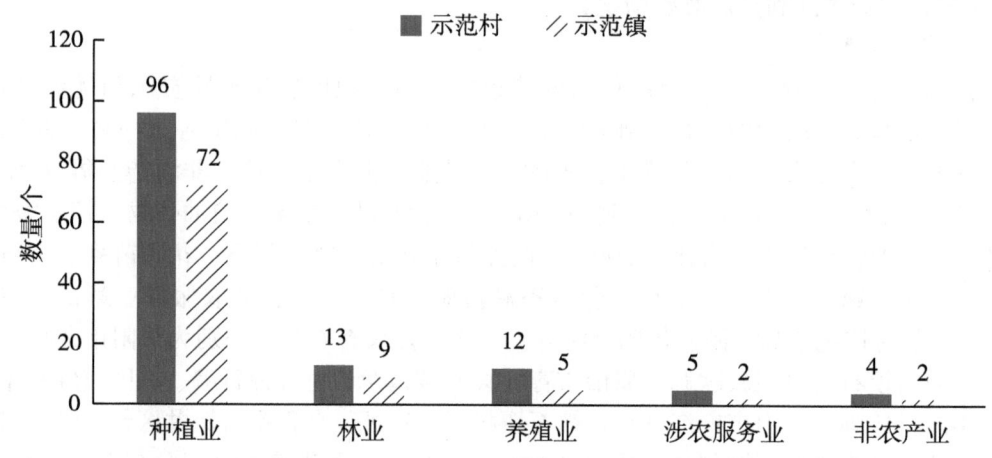

图3-51 四川省"一村一品"主导产业在示范村、示范镇的分布情况

镇积极发挥本地优势,通过品牌建设、推广营销等手段,进一步提升产品的品质和附加值,推动了当地农村经济的发展。

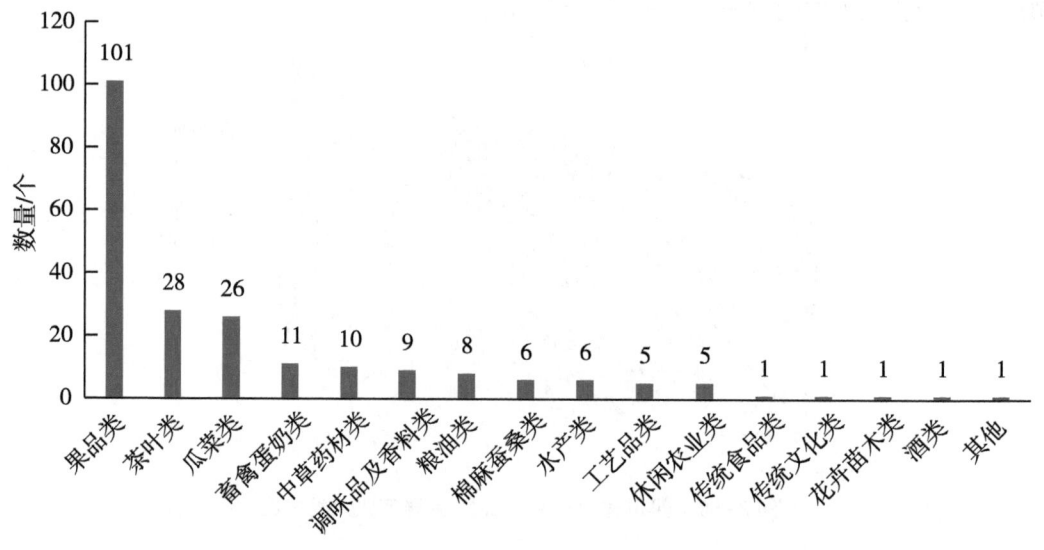

图3-52 四川省获批全国"一村一品"示范村镇主导产品类别情况

3. 产业集聚度

从产业聚集度来看,101个果品类"一村一品"分布在21个州、市(图3-54),主要集中于凉山、眉山、泸州、成都、广安等州、市,涉及15个市辖区,8个县级市,46个县。其中,宜宾市的安岳县以柠檬为主导产业的"一村一品"就占了4个,占全省果品总数的3.96%;28个茶叶类"一村一品"分布在13个州、市(表3-33),主要集中于乐山、宜宾、雅安、自贡、眉山等州、市,涉及3个市辖区,3个县级市,13个县,2个自治县,其中宜宾市的筠连县和高县、自贡市的荣县、眉山市的洪雅县、乐山

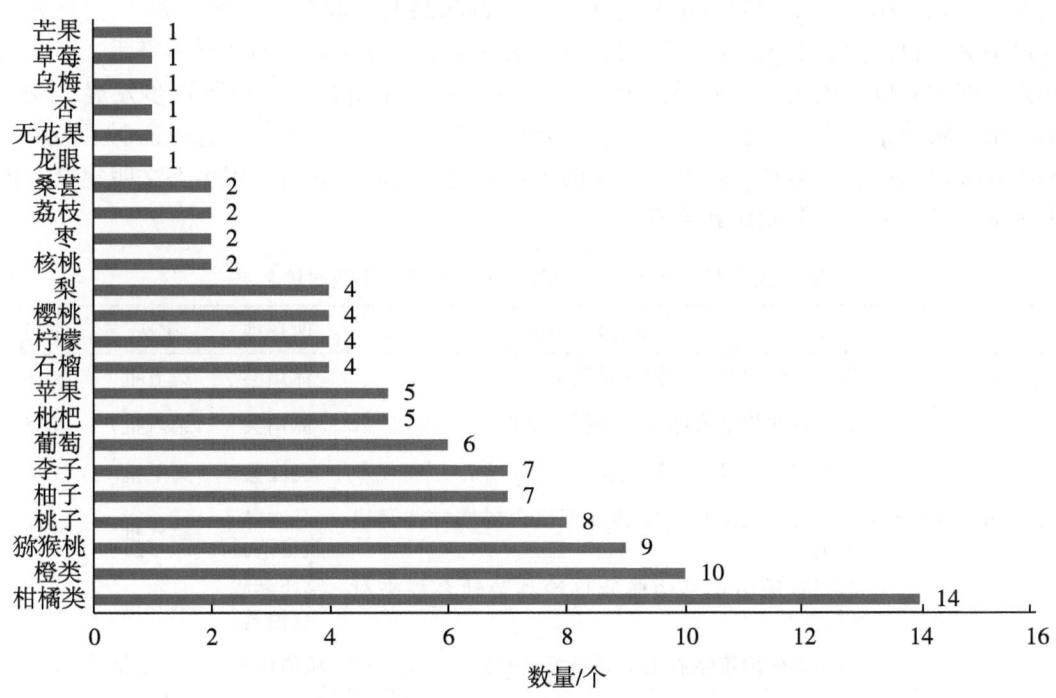

图3-53 四川省果品类全国"一村一品"示范村镇主导产品类别情况

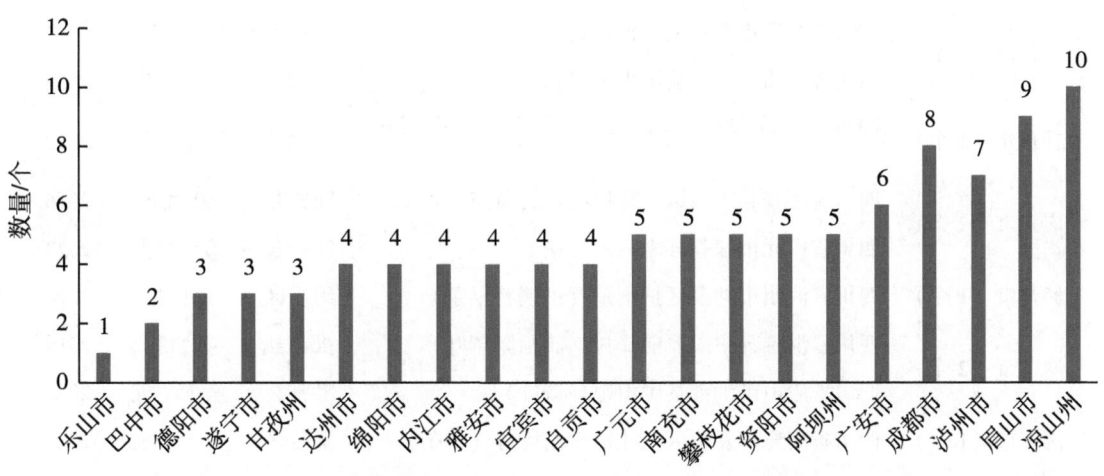

图3-54 四川省果品类全国"一村一品"在各州、市的分布情况

市的马边彝族自治县和沐川县、广元市的旺苍县以茶叶为主导产业的"一村一品"数量一样多,均有2个;26个瓜菜类"一村一品"分布在13个州、市(表3-34),主要集中于成都、广元、南充、自贡等州、市,涉及7个市辖区,4个县级市,11个县;畜禽蛋奶类"一村一品"主要分布在阿坝藏族羌族自治州和宜宾等州、市;中草药材类

— 177 —

主要集中在乐山和甘孜藏族自治州等州、市；调味品及香料类"一村一品"主要分布在凉山彝族自治州、绵阳、内江等州、市；粮油类主要分布在达州、绵阳等州、市。近年来，四川省以休闲农业为主导产业的"一村一品"示范村镇也得到逐步发展，获批的5个主要分布在广安、德阳、绵阳、广元和阿坝藏族羌族自治州，这也证明了四川省积极发展新兴业态，丰富并拓展了农业的多种功能，有利于农村开展生态文明建设，极大地促进了广大农村多元化繁荣发展。

表3-33 四川省茶叶类全国"一村一品"示范村镇名单

地区	示范村镇名称	所在地	批次	年份
乐山市（6个）	四川省沐川县利店镇（沐蕊茶叶）	沐川县	第五批	2015
	四川省沐川县炭库乡石碑村（茶叶）	沐川县	第六批	2016
	四川省夹江县三洞镇建新村（茶叶）	夹江县	第七批	2017
	四川省马边彝族自治县苏坝镇白杨槽村（马边绿茶）	马边彝族自治县	第八批	2018
	四川省乐山市马边彝族自治县劳动乡福来村（绿茶）	马边彝族自治县	第九批	2019
	四川省乐山市峨眉山市双福镇（茶）	峨眉山市	第十二批	2022
巴中市（1个）	四川省巴中市平昌县鹿鸣镇燕山村（绿茶）	平昌县	第九批	2019
成都市（2个）	四川省蒲江县成佳镇同心村（蒲江雀舌）	蒲江县	第六批	2016
	四川省邛崃市夹关镇龚店村（邛崃黑茶）	邛崃市	第七批	2017
达州市（2个）	四川省万源市青花镇（巴山雀舌）	万源市	第二批	2012
	四川省达州市大竹县团坝镇（白茶）	大竹县	第十二批	2022
甘孜州（1个）	四川省甘孜藏族自治州九龙县魁多镇里伍村（茶）	九龙县	第十二批	2022
广元市（2个）	四川省旺苍县木门镇三合村（广元黄茶）	旺苍县	第六批	2016
	四川省广元市旺苍县木门镇（茶）	旺苍县	第十二批	2022
泸州市（1个）	四川省泸州市纳溪区护国镇（纳溪特早茶）	纳溪区	第四批	2014
眉山市（2个）	四川省洪雅县中山乡前锋村（雅雨露茶叶）	洪雅县	第六批	2016
	四川省眉山市洪雅县中山镇（茶叶）	洪雅县	第十一批	2021
南充市（1个）	四川省南充市嘉陵区双桂镇三龙场村（桑茶）	嘉陵区	第十一批	2021
内江市（1个）	四川省内江市威远县越溪镇插旗村（绿茶）	威远县	第九批	2019
雅安市（3个）	四川省名山区茅河乡香水村（茶叶、茶苗）	名山区	第一批	2011
	四川省雅安市雨城区合江镇（雅安藏茶）	雨城区	第六批	2016
	四川省雅安市雨城区碧峰峡镇（茶叶）	雨城区	第十一批	2021

第三章 中国热区"一村一品"发展区域报告

（续表）

地区	示范村镇名称	所在地	批次	年份
宜宾市（4个）	四川省高县羊田乡（华早茶叶）	高县	第三批	2013
	四川省高县大窝镇大屋村（早白尖绿茶）	高县	第六批	2016
	四川省宜宾市筠连县巡司镇银星村（红茶、绿茶）	筠连县	第九批	2019
	四川省宜宾市筠连县巡司镇（茶）	筠连县	第十二批	2022
自贡市（2个）	四川省荣县双古镇（龙都绿茶）	荣县	第五批	2015
	四川省荣县来牟镇（牟芽青茶叶）	荣县	第八批	2018

表3-34 四川省瓜菜类全国"一村一品"示范村镇名单

地区	示范村镇名称	所在地	批次	年份
阿坝州（1个）	四川省马尔康市梭磨乡砍竹村（蔬菜）	马尔康市	第七批	2017
成都市（4个）	四川省金堂县清江镇（金乡姬菇）	金堂县	第八批	2018
	四川省成都市金堂县竹篙镇（食用菌）	金堂县	第十批	2020
	四川省金堂县官仓镇（官仓蔬菜）	金堂县	第三批	2013
	四川省郫都区唐元镇锦宁村（唐元韭黄）	郫都区	第四批	2014
达州市（1个）	四川省大竹县高明乡同心村（竹香姑食用菌）	达州市	第五批	2015
德阳市（2个）	四川省广汉市兴隆镇（欣竺灵蔬菜）	广汉市	第三批	2013
	四川省德阳市旌阳区和新镇（辣椒）	旌阳区	第九批	2019
甘孜州（1个）	四川省泸定县新兴乡堡子村（大白菜）	泸定县	第二批	2012
广元市（4个）	四川省青川县板桥镇红旗村（黑木耳）	青川县	第八批	2018
	四川省广元市利州区白朝乡徐家村（食用菌）	利州区	第十批	2020
	四川省广元市朝天区平溪乡（曾家山蔬菜）	朝天区	第二批	2012
	四川省广元市朝天区李家乡（蔬菜）	朝天区	第九批	2019
绵阳市（2个）	四川省江油市九岭镇（九禾蔬菜）	江油市	第二批	2012
	四川省绵阳市游仙区凤凰乡木龙村（木龙观胡萝卜）	游仙区	第六批	2016
南充市（3个）	四川省南充市仪陇县马鞍镇险岩村（香菇）	仪陇县	第九批	2019
	四川省南充市顺庆区委芦溪镇猫儿沟村（寸金黄瓜）	顺庆区	第三批	2013
	四川省阆中市方山镇雪洞村（雪洞生姜）	阆中市	第六批	2016

(续表)

地区	示范村镇名称	所在地	批次	年份
内江市（2个）	四川省威远县向义镇（向义蔬菜）	威远县	第二批	2012
	四川省内江市东兴区田家镇（紫皮大蒜）	东兴区	第六批	2016
攀枝花市（1个）	四川省米易县丙谷镇（米易早春蔬菜）	米易县	第二批	2012
遂宁市（1个）	四川省遂宁市蓬溪县天福镇（杏鲍菇、虫草花）	蓬溪县	第十二批	2022
雅安市（1个）	四川省雅安市天全县仁义镇禾林村（山药）	天全县	第十批	2020
自贡市（3个）	四川省自贡市贡井区龙潭镇（川龙潭蔬菜）	贡井区	第二批	2012
	四川省荣县古文镇（忆天香蔬菜）	荣县	第四批	2014
	四川省自贡市贡井区成佳镇（大头菜）	贡井区	第十二批	2022

（四）年度和获批批次情况

2011年，四川省资中县公民镇高石坝子村以生猪为主导产业、四川省苍溪县歧坪镇盐井村以猕猴桃为主导产业、四川省郫都区友爱镇农科村以花卉苗木、乡村旅游为主导产业、四川省名山区茅河乡香水村以茶为主导产业入选了原农业部认定的第一批全国"一村一品"示范村镇，标志四川省开始进入国家级"一村一品"示范村镇建设的起步阶段。此后，四川省"一村一品"呈波动增长的态势。2013—2018年，四川省全国"一村一品"示范村镇建设步入快速发展期，共获得了101个示范村镇的称号；2019—2022年，进入了稳定发展期，共获得了95个示范村镇的称号，年均获批24个左右（图3-55）。在全国已认定的12批"一村一品"示范村镇中，四川省在每一批均有入选的示范村镇，每批获批数在18个左右。最多是2020年第十批，入选25个示范村镇，最少是2011年第一批和2012年第二批，各入选12个村镇。

图3-55 2011—2022各年度四川省获批全国"一村一品"示范村镇数量情况

从州、市情况来看（图 3-56），在 2011—2022 年全国已认定的 12 批"一村一品"示范村镇中，眉山市在每一批均有入选的示范村镇，入选批次总量位居四川省第一；第二是自贡市、广元市和绵阳市，自贡市除 2011 年、广元市和绵阳市除 2013 年没有入选的示范村镇外，其余的 11 个年份均有入选；第三是内江市和凉山州，内江市除 2020 年和 2022 年、凉山州除 2012 年和 2017 年两年没有入选的示范村镇外，其余的 10 个年份均有入选；入选批次最少的是资阳市，仅有 2011 年、2012 年、2014 年、2019 年、2020 年入选。

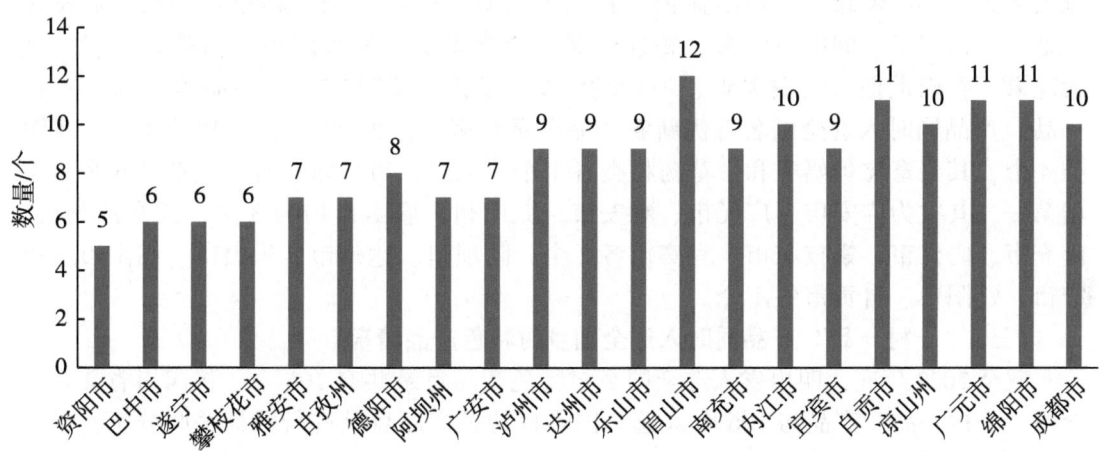

图 3-56　四川省各州、市入选全国"一村一品"示范村镇批次数量情况

三、四川省"一村一品"品牌关联分析

（一）"一村一品"产品同时是地理标志产品情况

截至 2022 年 3 月，四川省获农业农村部批准登记保护的地理标志产品有 202 个。将四川省 220 个全国"一村一品"产品与 202 个地理标志农产品进行数据关联分析，结果显示，有 32 个"一村一品"产品同时获得农产品地理标志登记保护，分别为西充充国香桃、大竹苎麻、都江堰猕猴桃、贡井龙都早香柚、罗江贵妃枣、马边绿茶、纳溪特早茶、蓬溪仙桃、石棉黄果柑、汶川甜樱桃、盐边桑葚、三台崭山米枣、中江柚、资中血橙、丹棱橘橙、邻水脐橙、阆中川明参、攀枝花芒果、雷波脐橙、越西苹果、沐川猕猴桃、攀枝花枇杷、金堂姬菇、大田石榴、石棉枇杷、合江真龙柚、汉源樱桃、三元油桃、邛崃猕猴桃、丹棱脆红李、西昌葡萄、会理石榴。从产品类别来看，果品类全国"一村一品"同时是地理标志产品最多，占到 27 个，其中橙类最多，有 4 个，桃类、柚子、猕猴桃各有 3 个；第二是茶叶类，有 2 个；第三是棉麻蚕桑类和蔬菜类、中草药材类各有 1 个。从州、市分布来看，凉山州、成都市、攀枝花市最多，各有 4 个；第二是雅安市，有 3 个；第三为德阳市、乐山市、眉山市、南充市、泸州市，各有 2 个，其他阿坝州、广安市、绵阳市、内江市、遂宁市、达州市、自贡市各 1 个。

（二）"一村一品"产品同时入选全国名特优新农产品名录情况

截至 2022 年底，四川省有 245 个农产品入选全国名特优新农产品名录，与四川省 220 个全国"一村一品"产品进行数据关联分析，结果显示，有 38 个"一村一品"产品同时入选全国名特优新农产品名录，分别为安居黄金梨、安岳柠檬、万源巴山雀舌、苍溪雪梨、西充充国香桃、丹棱橘橙、都江堰猕猴桃、青白江福洪杏、广安蜜梨、广元黄茶、合江真龙柚、广安龙安柚、马边绿茶、木龙观胡萝卜、纳溪特早茶、蒲江雀舌、青神椪柑、邛崃黑茶、石棉黄果柑、唐元韭黄、汶川甜樱桃、雅安藏茶、早白尖绿茶、资中血橙、青川黑木耳、会理石榴、攀枝花芒果、攀枝花枇杷、越西苹果、阆中川明参、筠连红茶、金堂姬菇、邻水脐橙、西昌葡萄、威远无花果、石棉枇杷、大安肉鸡、丹棱脆红李。从产品类别来看，果品类全国"一村一品"产品同时入选全国名特优新农产品名录最多，占到 23 个，茶叶类 9 个，蔬菜类 4 个，其余畜禽蛋奶类和中草药材类各 1 个。从州、市分布来看，成都市 6 个，位居第一，其次为广安市、广元市、雅安市、凉山州，眉山市均为 3 个，其余泸州市、南充市、内江市、攀枝花市、宜宾市各 2 个，阿坝州、达州市、乐山市、绵阳市、遂宁市、资阳市、自贡市各 1 个。

（三）"一村一品"产品同时入选全国乡村特色产品情况

截至 2022 年底，四川省入选全国乡村特色产品目录共有 106 个。将四川省 220 个全国"一村一品"产品与 106 个入选全国乡村特色产品目录进行数据关联分析，结果显示，有 13 个"一村一品"产品同时入选全国乡村特色产品目录，分别为大竹苎麻、都江堰猕猴桃、福洪杏、广安蜜梨、龙安柚、罗江贵妃枣、会理石榴、马边绿茶、蒲江雀舌、邛崃黑茶、攀枝花芒果、筠连红茶、攀枝花枇杷。从产品类别来看，果品类全国"一村一品"产品同时入选全国乡村特色农产品名录最多，占到 8 个，茶类 4 个，棉麻蚕桑类 1 个。从州、市分布来看，成都市 4 个，位居第一，其次为广安市和攀枝花市，均为 2 个，其余达州市、德阳市、乐山市、凉山州、宜宾市各 1 个。

（四）"一村一品"产品同时入选中国特色农产品优势区产品情况

截至 2022 年底，四川省入选中国特色农产品优势区共有 17 个。将四川省 220 个全国"一村一品"产品与 17 个入选中国特色农产品优势区的产品进行数据关联分析，结果显示，有 9 个"一村一品"产品同时为入选中国特色农产品优势区的产品，分别为安岳柠檬、苍溪猕猴桃、攀枝花芒果、涪城麦冬、资中血橙、合江荔枝、广安龙安柚、威远无花果、会理石榴。其中，果品类 8 个，中草药材类 1 个。

（五）"一村一品"产品同时入选中国农业品牌目录情况

截至 2022 年底，四川省入选中国农业品牌目录产品共有 11 个。将四川省 220 个全国"一村一品"产品与 11 个入选中国农业品牌目录进行数据关联分析，结果显示，有 6 个"一村一品"产品同时为入选中国农业品牌目录产品，分别为青川黑木耳、安岳柠檬、都江堰猕猴桃、丹棱橘橙、筠连红茶、南江黄羊。其中，果品类 3 个，蔬菜类、茶叶类、畜禽蛋奶类各 1 个。

由上可见，与"一村一品"品牌关联度最高的产品是都江堰猕猴桃、攀枝花芒果、会理石榴，都江堰猕猴桃既被认定为"一村一品"示范村镇产品、农产品地理标志产品，同时也入选全国名特优新农产品名录、全国乡村特色产品、中国农业品牌目录；而攀枝花芒果、会理石榴既被认定为"一村一品"示范村镇产品、农产品地理标志产品，同时也入选全国名特优新农产品名录、全国乡村特色产品。此外，有19个产品既被认定为"一村一品"示范村镇产品、农产品地理标志产品，同时也入选全国名特优新农产品名录，分别为西充充国香桃、都江堰猕猴桃、马边绿茶、纳溪特早茶、石棉黄果柑、汶川甜樱桃、资中血橙、丹棱橘橙、邻水脐橙、阆中川明参、攀枝花芒果、越西苹果、攀枝花枇杷、金堂姬菇、石棉枇杷、合江真龙柚、丹棱翠红李、西昌葡萄、会理石榴；有7个产品既被认定为"一村一品"示范村镇产品、农产品地理标志产品，同时也入选全国乡村特色产品，分别为大竹苎麻、都江堰猕猴桃、罗江贵妃枣、马边绿茶、攀枝花芒果、攀枝花枇杷、会理石榴。通过品牌数据关联分析可以看出，当前四川省"一村一品"品牌建设虽然发展态势较好但仍比较薄弱，在220个"一村一品"示范村镇产品中，仅有14.55%获得农产品地理标志登记保护，有17.27%入选全国名特优新农产品名录，有5.91%入选全国乡村特色产品目录，有4.09%入选中国特色农产品优势区，有2.73%入选中国农业品牌目录，品牌效应不突出，产品的市场认可度低和竞争力不强，这将会影响"一村一品"产品的高质量发展。

四、四川省"一村一品"发展模式

近年来，四川省聚焦发展以"川字号"优势特色产业为主导的"一村一品"，也涌现出党建引领型、服务组织推动型、龙头企业带动型、政产学研模式等代表性的产业发展模式。

（一）党建引领型

入选第九批全国"一村一品"示范镇的宜宾市筠连县巡司镇银星村，该村党总支围绕茶叶主导产业，依托"川红小镇"核心区优势，紧跟市场需求，在做大、做强、做精茶叶产业发展上下功夫，引进筠连县瑞鑫茶业有限责任公司，构建"村党组织+村集体经济联合社+镇属国企+企业+村民"的集体经济发展模式，合资组建筠连县绿兰茶业有限公司，把党的组织领导、政策引导、发动群众等方面的优势同茶叶企业在技术、信息、市场、资金上的优势有机结合起来，形成带领农民增收致富、增加村集体经济收入和提升农村党建工作水平的三赢局面。入选第十二批全国"一村一品"示范镇的宜宾市屏山县锦屏镇，以茵红李为主导产业，采用"党支部+农户"进行推动产业规范化，将"无职党员"设岗定责向产业链延伸，率先垂范带动农户按"七统一"模式规范化管理茵红李，打造"党建引领 全域示范"基地19个8 000余亩，组建党员农业技术服务队，为农户提供种养技术服务，通过党员的宣传、引导、服务、示范和带动，现已建成茵红李种植基地10万余亩，并获评市级现代农业园区。

（二）服务组织推动型

入选第十一批全国"一村一品"示范村的夹江县马村镇石堰村。近年来，该镇用活用好国家级非物质文化遗产"夹江手工造纸"传承地资源，全村书画纸产业产值达2亿元，占全镇书画纸行业总产值的60.60%。马村镇坚持联农带农共享发展，成立村股份经济合作社，同民宿、家庭农场、书画纸厂等企业签订合作发展协议，辐射带动全镇村从事纸文化产业约 1 000 余人，形成以天成文化、墨韵书画纸、华济纸业为主的书画纸电商销售体系。入选第十二批全国"一村一品"示范镇的眉山市丹棱县齐乐镇，是丹棱桔橙种植的先行区和主产区。该镇在桔橙发展上秉承品种、品牌、品效的发展理念，成立"眉山市枝叶情水果专业合作社"，实施统一施肥、统一管理、统一溯源、统一销售的理念，积极探索一条产、供、销的完整产业链。入选第十二批全国"一村一品"示范镇的遂宁市蓬溪县天福镇，以杏鲍菇和虫草花为主导产业，采取"公司+农户"模式推进产业的发展。四川琪英菌业股份有限公司是该镇生产杏鲍菇和虫草花的主导企业，公司日产杏鲍菇 120 吨、鲜蛹虫草 50 吨、鹿茸菇 15 吨左右，杏鲍菇产量占全国的 1/6。天福镇现已建成全国最大的单体杏鲍菇生产基地和全国最大的工厂化生产虫草花基地，为该镇乡村振兴注入了发展活力。

（三）龙头企业带动型

入选第十一批全国"一村一品"示范镇的自贡市富顺县狮市镇，以柑橘为主导产业，采取"农投公司+产业联盟+合作社（家庭农场）+农民"的利益联结机制，组建健全的柑橘产业化联合体，以规模经营为依托，以利益联结为纽带，以农投公司为牵头人，联结龙头企业、家庭农场和农民等新型农业经营主体分工协作，通过建基地、合同订单、二次返利等形式的利益联结机制，实行生产、加工、销售一体化经营，推动资源变资本、资金变股金、农民变股东，让农户享受现代农业发展红利。入选第十批全国"一村一品"示范村的南充市阆中市五马镇游柿垭村，近年来结合村情，大力发展川明参、白芍、金丝皇菊、葛根等中药材，中药材种植面积 2 020 亩，该村先后引进了省级产业化龙头企业——四川木兰郡生物科技有限公司以及道地、昌凌、鸿兴 3 家省级示范专业合作社、2 家家庭农场，开发川明参茶、川明参礼品、川明参酒、川明参泥、川明参药膳等系列产品，采取"龙头企业+合作社+基地+农户""农民入股+保底收益+按股分红"等利益联结机制，带动了 302 个农户加入 3 个专业合作社，带领该村农户走出一条产业升级、产业增收的新路子。

（四）政产学研模式

入选第六批全国"一村一品"示范村的旺苍县木门镇三合村，采取"政府引导、业主带动、科技支撑、品牌创建"模式，大力引进黄茶种植，巩固提升绿茶。2022 年，三合村茶叶产业规模达到 5 000 亩，产值 1.6 亿，木门镇茶产业规模 2.9 万亩，产值 4.5 亿元，当年木门镇也上榜全省"现代农业十亿元镇"。入选第十二批全国"一村一品"示范镇的涪城区杨家镇，以蚕桑为主导产业，采取"政府主导+龙头企业+服务主体+生产主体"的模式推动产业发展，该模式是政府引导龙头企业将栽桑养蚕作为第一车间，统一打造高标准桑园，直接参与桑园建设、蚕茧生产，龙头企业统一集中、连片流转土地，再将桑园返包给农户管护和养蚕，通过让利收购吸引农户加入养蚕队伍中。同时，杨家镇开发桑林鸡、桑叶茶等 8 个蚕桑主导产业链延伸产品，打造"千鹤桑田"蚕桑文化农业主题公园，构建起了农、科、文、旅、商深度融合发展格局。

五、四川省全国"一村一品"典型案例

(一) 特色种植

1. 四川省内江市东兴区田家镇(紫皮大蒜)

田家镇隶属于"中国天冬之乡"四川内江市东兴区,田家镇独特的气候条件和肥沃优质的土壤为紫皮大蒜提供了优越的生长环境,使其具有质脆、味浓、蒜香、大蒜素含量高等特点,不仅品质好,而且宜久存,因此被誉为"蒜大王",田家镇也因此入选全国第六批"一村一品"示范镇。近年来,为了保证紫皮大蒜的品质,田家镇始终坚持以绿色高质量发展为主题,充分利用地理、气候、土壤等优势,因地制宜大力发展田家紫皮大蒜种植,通过村集体带头种植、引进新技术,提高紫皮大蒜品质,调动村民种植紫皮大蒜的积极性,推动小蒜头做成大产业,助力村民增收致富。除了满足内江本地消费者的需求外,田家紫皮大蒜作为国家地理标志产品已从东兴走向全国,成为一张亮丽"名片"。

2. 四川省攀枝花市盐边县桐子林镇金河村(芒果)

攀枝花市盐边县桐子林镇金河村,属南亚热带干热河谷气候,得天独厚的气候条件造就了芒果生长成熟的沃土,金河村芒果种植已有23年历史。近年来,金河村坚持绿色发展,推进精品化、规模化、基地化发展。以建设省级现代农业园区为抓手,着力壮大晚熟芒果等主导产业,把小芒果做成了大产业,成为全国晚熟芒果产业的示范样板。2019年获得了"四川省首批出口基地"认证,通过了欧洲GAP认证,成为国家级出口芒果质量安全示范区,2020年获评第十批全国"一村一品"示范村。全村80%以上的农户加入专业合作社,有国家级农业龙头企业1家、省级农业龙头企业1家,省级专业合作社示范社1家。

3. 四川省凉山彝族自治州雷波县金沙镇金沙村(脐橙)

雷波脐橙是四川省凉山彝族自治州雷波县果品支柱产业。金沙村是雷波县金沙镇下辖村,是雷波脐橙的核心产区。金沙村有效依托"中国优质脐橙第一县"的美誉,持续在脐橙品牌打造上发力,大力发展农村经济合作组织,成立村供销合作社,实行统一的科学管理、统一的农资供应和统一的集中销售,全村组建13个专业合作社,通过"致富带头人先行+村产业合作社推动+电商销售"的模式帮助村民致富增收,人均可支配收入达5万元以上。2022年,金沙村脐橙种植规模达到10 000余亩,实现年产值达1.2亿元以上,也成功入选全国第十二批"一村一品"示范村。金沙村计划依托中国优质脐橙种植基地,打造农文旅精品路线,推动"产区变景区",把金沙村打造成乡村旅游精品村、示范村。

4. 四川省宜宾市筠连县巡司镇银星村(红茶)

四川红茶看宜宾,川红故里在筠连。筠连县银星村坚持"二产带动,一二三产联动"工作思路,将全面深化改革与"三茶"统筹有机融合,整合利用好产业优势、茶叶文化、科学技术等多方资源,着力打造乡村振兴茶产业改革区域样板。2022年,银星村全村茶叶种植面积2.2万亩,2023年,第十六届中国·宜宾早茶节开园采茶活动在筠连县巡司镇银星村启动。银星村立足首批省级茶叶国际贸易高质量发展基地,持续

推进稳量提质行动，整合乡村振兴示范区、特色小镇等专项资金 2 000 万元，实施有机肥替代化肥、"猪—沼—茶"种养循环系统等建设，打造茶园绿色防控示范区 1.8 万亩。同时扶持凤鸣、银峰、绿筠轩、玉壶、嘉木、迎兴、鹏晨、老香等 12 家茶企升级改造，促进茶企提质扩能，建成村集体茶厂、乡村振兴培训中心，成功培育省级龙头企业 1 家、市级龙头企业 4 家，国家级示范专合社 1 个、省级示范专合社 1 个，8 家企业获得 SC 认证，工业产值超 2 亿元。筠连县还加大科技投入，采用"5G+AICDE"高新技术，打造集气象、土壤、温度、湿度、虫情监测和喷灌滴灌、茶园监控、茶叶加工监控等功能于一体的智慧茶园，形成种植—加工—销售全过程可追溯系统，严格茶叶质量管控。推动银星村与四川省农业科学院茶叶研究所、宜宾学院（川茶学院）、宜宾市茶产业研究院等科研院所合作，组建专家工作站，加速成果转化。此外，银星村立足川红故里核心区和主产区优势，深度挖掘川红工夫文化、筠连红茶文化、南丝绸之路文化、茶马古道文化、贡茶文化、茶艺文化等茶文化资源，编纂出版《中国川红》《筠连茶人在路上》等茶文化书籍，加强川红工夫制艺、筠连红茶制艺等非物质文化遗产保护和传承，大力讲好茶故事、传播茶文化，以创建国家级特色小镇为突破口，持续推进川红特色小镇、南丝绸之路不夜城、川红特色小镇陈列馆、茶文化主题公园等茶农旅融合项目建设，全力打响"川红故里""川红特色小镇"茶文化旅游品牌。银星村先后被评为全国"一村一品"示范村、2020 年全国乡村特色产业亿元村、"川红工夫"起源地和主产区、四川省实施乡村振兴战略示范村、四川省幸福美丽新村、2022 年全国乡村特色产业产值超亿元村。

（二）特色养殖

1. 四川省阿坝藏族羌族自治州红原县邛溪镇（牦牛）

红原县是阿坝藏族羌族自治州唯一的纯牧区县，畜牧业是当地经济发展的重要支撑。邛溪镇是红原县下辖镇，通过建立以牦牛为主导产业的现代农业园区，大力推动集良种繁育、牧草种植、标准养殖、精深加工、市场销售、展览展示于一体的牦牛养殖，建成麦洼牦牛产业基地 6 个，集中连片牧草生产基地 5.8 万亩，家庭生态牧场 126 个，合作社 29 个，配套建有川甘青最大的牦牛活畜交易市场 1 个，年生产 1.5 万吨有机肥加工厂 1 个，年处理 1.5 万吨畜禽粪污无害化处理厂 1 个，以及牦牛肉奶现代化精深加工生产线 6 条。2022 年邛溪镇成功入选全国第十二批"一村一品"示范村。在红原模式影响下，邛溪镇红原县牦牛农业园区将加快实现牧草种植、牦牛养殖、畜产品加工、市场服务业"三产融合"的新格局，生态、生产、生活"三生融合"的新体系，通过以园促面，示范带动，积极探索实践出具有红原特点、牧区特色的经营模式，有效促进草原增绿、牧业增效、牧民增收。

2. 四川省巴中市平昌县涵水镇幸福村（江口青鳙）

江口青鳙产自四川省巴中市平昌县，是平昌县涵水镇幸福村的支柱水产养殖业。江口青鳙营养丰富，肉质坚实脆嫩、十分鲜美，鱼肉中含有丰富的微量元素和较高的粗蛋白，深受消费者喜爱。2021 年幸福村入选全国第十一批"一村一品"示范村。为进一步激活农村资源要素，为乡村振兴注入源头活水，平昌县在幸福村建立江口青鳙现代渔业产业园，并充分考量区位优势和自然条件，采取"企业+合作社+农户"抱团发展、一二三产联动发展模式,依托公司养鱼技术、人才资金、市场资源等优势,发展规模化、标准化、品牌化生态养鱼。截至2023年4月,整个产业园区有75口塘,最大的塘有80多亩,养殖各种规格的江口青鳙400万尾,存塘总量12.5万千克,按每千克160元算,预计总产值2 000万元。此外,幸福村还以"江口青鳙"园区建设为主导,探索省级现代农业园区、田园风光景区、新型基层社区协同发展的思路。

3. 四川省宁南县新村乡碧窝村(南丝路蚕茧)

2021年2月17日,宁南县蚕桑现代农业园区被四川省人民政府命名为四川省五星级现代农业园区,这是四川省第一个也是唯一一个蚕桑产业五星级现代农业园区。2019年以来,宁南县立足蚕桑产业优势,按照"桑园变公园,园区变景区"理念,大力推进蚕桑现代农业园区建设。在核心区建设高标准桑园1.2万亩,配套建设智能小蚕共育工厂、高标准蚕茧生产车间、文化主题公园、蚕桑科技园、良种试验示范园、特色民宿蚕事体验园等,高标准农田占比达到81%、机械化率达到95%。宁南县推进蚕桑资源综合开发,积极发展以蚕桑文化为主题的乡村旅游,实现蚕桑产业全链条融合发展。建立省级院士专家工作站和省级企业技术中心,培育国家级重点龙头企业1户,省级重点龙头企业1户,州级龙头企业3户,成立专业合作社1家,培育蚕桑家庭农场11家,建成蚕桑良繁基地1个,鲜茧交易中心2个。2020年,园区产值达到1.64亿元,带动1 015户4 030人贫困人口直接增收1 890万元,户均增收13 281元,荣获全国"一村一品"、省级万亩蚕桑示范基地等称号,为脱贫攻坚、乡村振兴发挥了重要产业支撑作用。

(三)农产品加工及特色食品

1. 四川省中江县杰兴镇觉慧村(中江挂面)

位于四川德阳的中江县东北镇觉慧村是"中国挂面第一村",以"中江手工挂面"传统制作工艺闻名。2018年觉慧村被评为第八批全国"一村一品"示范村、省级"四好村","中江手工挂面制作技术"进入四川省第一批非物质文化遗产保护名录。近年来,觉慧村坚持党建引领,依托独特的自然风光和历史文化底蕴,聚焦"挂面资源",进行顶层设计,吸引社会资本,采用"村集体经济+公司+专合社+农户"的合作模式,不断健全挂面生产、销售、非遗传承、旅游接待全产业链,将集体资源优势转化为发展优势。2021年中江挂面直接出口美国和日本。除此之外,觉慧村还结合挂面非遗文化开展赏花节活动,节会期间,日均接纳游客约1.5万人次,村民通过销售挂面,收入较平时增加了两倍以上。

2. 四川省广安市前锋区虎城镇(青花椒)

虎城镇是广安市前锋区广安青花椒核心产区之一,2017年虎城镇入选第七批全国"一村一品"示范镇。虎城镇突出重点产业全链发展、持续精准发力,引领"广安青花椒"产业优化升级,打通品种培育、产业基地、精深加工和品牌创建产业链各环节,培育以青花椒为核心的农业产业强镇。虎城镇下辖紫龙村是"广安青花椒现代农业园区"核心区,紫龙村推进花椒园区建设,形成了以广安青花椒为主导的产业园区1 800余亩,产业覆盖率达90%,建立起"土地入股+保底收益+返利分红+务工收入"的利益联结机制,带动全村2 000余人次参与园区务工,人年均增收500余元,土地流转收入达10.919万元。近年来,由四川农业大学、省林科院专家团队和国家级林业龙头企业和诚林业联合攻关,历经多年研发培育出的特色品种"无刺广安青花椒"嫁接虎城镇改良地,年培育无刺广安青花椒种苗75万株,年产值1 500余万元,辐射贵州、福建、重庆等8省份发展100万亩。

(四) 特色文化(如传统手工技艺、民俗文化等)

1. 四川省德阳市绵竹市孝德镇年画村(年画)

绵竹市孝德镇年画村,是国家级非物质文化遗产——绵竹年画的发源地。2021年年画村入选第十一批全国"一村一品"示范村。近年来,年画村突出党建引领,通过党建引领树品牌、抱团发展强产业、创收增效促发展,成功探索"五干一分"模式,推动集体经济从弱到强嬗变跃升。年画村通过搭建多元化的联盟平台,建立"公司+村民+订单"的生产合作机制,实现公司降成本、增效益和村民居家灵活就业、增收致富的"双赢"。2022年,年画村接待游客118万人次,综合旅游收入实现6.7亿元,年画生产从业者人均月增收2 000余元,村集体经济收入101万元,较2021年增长237%。同时,还成立了年乡画里集体资产公司,通过观光旅游服务、主题产品生产销售、非遗研学体验等,把有"看点"的建设成果转化为有"卖点"的发展效益,通过"艺人拿手艺换股份,村民拿积分换股份"的收益共享模式,带动全村2 400余人参与年画产业链生产制作,真正让"农忙扛锄头,农闲握笔头"成为现实,更让传统文化以新姿态融入群众生活。

2. 四川省北川羌族县曲山镇石椅村(羌族歌舞)

北川羌族县曲山镇村子海拔从600米到2 200米,被称为"云朵上的山寨"。作为"5·12"汶川特大地震灾后重建村,石椅村近年来荣获"全国文明村镇""中国乡村旅游示范村""天府旅游名村"等称号,已成为乡村旅游的一面旗帜。2021年石椅村以羌族歌舞为主导产业入选第十一批全国"一村一品"示范村。石椅村作为全国少数民族特色村寨,羌文化浓郁,保存有传统羌寨碉楼、祭祀台,羌族人口占比60%,乡村旅游依托优秀乡土文化、优美自然生态和诗意生活方式,在经济社会发展中的独特优势和综合效益不断突显。2022年,该村接待游客20万人,村民人均收入超过4万元。石椅村还锚定"文旅兴村"目标,采取一三产业互动模式,形成了集观光、体验、康养为一体的少数民族特色村寨。现有农文旅产业经营户92户,培育旅游接待经营户23户,建成枇杷基地1 200亩,间种精品苔子茶、桐子李800亩。

3. 四川省广元市朝天区麻柳乡(麻柳刺绣)

朝天区麻柳乡是国家非物质文化遗产"麻柳刺绣"的起源地,是中国民间文化艺术之乡。麻柳乡2015年组建成立了虞美人麻柳刺绣协会,2016年在场镇中心建成麻柳刺绣传习所。在12位国家、省市、区级传承人的带领下,带动周边留守妇女加入麻柳刺绣专合社。2021年,麻柳乡共有麻柳刺绣作品成品9 000余件,年产值3 000余万元,当年麻柳乡入选全国第十一批"一村一品"示范村镇。此外,该乡以麻柳刺绣品牌为推手,带动乡内特色农产品销售2 200余万元,占全乡生产总值的36.66%。截至2022年,麻柳刺绣现有区级以上传承人12人,其中还有一个国家级传承人、一个省级传承人。专合社成员达50余人,遍及全乡5个村(社区)及周边乡镇、村社,在专合社的拉动下，各专合社成员家庭仅刺绣收入近 4.5 万元。麻柳乡还积极探索以刺绣文化为主要内涵的"农旅文"融合发展新路径。通过做大做强麻柳刺绣，示范带动核桃、花生、食用菌等土特产销售，努力助农，持续增收。

（五）新业态（如休闲旅游、电子商务等）

四川省广安市岳池县白庙镇郑家村（休闲旅游）

郑家村自 2016 年以来，借助诗人陆游，用好系列政策脱贫攻坚，在建强班子、明确方向、健全机制上下功夫，闯出了一条农文旅融合发展路径。截至 2021 年，村集体经济总收入 105.6 万元，成功创建为国家 AAAA 级旅游景区旅游区，获得中国美丽休闲乡村、全国乡村旅游重点村、全国"一村一品"示范村、全国乡村治理示范村、四川省（5A）先进村党组织、首批天府旅游名村等荣誉称号。郑家村为打造郑家特色农文旅品牌，通过"县引村用、岗编分离"模式，引进文化旅游等乡村振兴人才 3 人，分别担任村第一书记、村民委员会主任助理和村集体企业郑家文化传媒有限公司总经理等职务。郑家村还采用"村集体经济组织+企业+村民"模式，带动本村村民年均增收 6 000 余元。组建婚俗仪仗队、农家舞蹈队等民间队伍，通过村村合作、连片发展，带动从事土特产销售、农家特色餐饮店、民宿客栈等休闲农业经营主体达 82 家，带动周边约 1 200 人就业，周边老百姓增加收入约 3 000 余元，真正发挥了农文旅融合发展示范带动作用，激发了乡村振兴动力，让农村成为安居乐业的美丽家园。

参考文献

陈俊吉．平昌县涵水镇幸福村：移风易俗 焕发乡风文明新气象［EB/OL］.（2023-04-27）［2023-08-29］. http：//scbz.wenming.cn/sxbz/202304/t20230427_8074029.html.

程洁，刘恪生．四川自贡贡井打造"一村一品一主播""乡村直播间"带火当地土特产［EB/OL］.（2023-06-17）［2023-08-27］. https：//news.ifeng.com/c/8Qh6OomueCR.

陈春燕，邵周玲，刘远利，等，2023．四川省"一村一品"特色产业发展现状与对策研究［J］．四川农业与农机，（2）：9-11，20．

广元市朝天区人民政府．麻柳乡：多措施做好麻柳刺绣传承工作［EB/OL］.（2022-05-27）［2023-09-12］. http：//www.gyct.gov.cn/gongkai/show/20220527113608570.html.

韩金雨．德阳中江：借力"花经济""中江挂面"焕发新生机［EB/OL］.（2022-03-08）［2023-09-06］. http：//www.sc.chinanews.com.cn/bwbd/2022-03-08/163590.html.

冷宇．我们的家园 四川红原：加快畜牧产业转型 开拓牧旅融合新道路［EB/OL］.（2023-07-21）［2023-09-09］. https：//baijiahao.baidu.com/s?id=17720319285813912178wfr=spider&for=pc.

杨宗友．习近平总书记关心的石椅村：2022 年接待游客 20 万人 村民人均收入超 4 万元［EB/OL］.（2023-01-20）［2023-09-11］. https：//baijiahao.baidu.com/s?

id=1755510372261876032&wfr=spider&for=pc.

盐边县融媒体中心. 全国超亿元村！盐边金河村上榜！［EB/OL］.（2023-04-14）［2023-09-05］. https://www.sohu.com/a/666835216_121123820.

张永凯, 陈润羊. 2012. 新农村特色产业发展模式研究：基于日本大分县"一村一品"和四川丹棱县"一县四品"的分析［J］. 资源开发与市场, 28（10）: 913-916.

第八节　重庆市"一村一品"发展报告

重庆市位于中国西南部、长江上游地区，面积8.24万平方千米，地势由南北向长江河谷逐级降低，西北部和中部以丘陵、低山为主，东南部靠大巴山和武陵山两座大山脉，坡地较多，是一座独具特色的"山城、江城"，地貌以丘陵、山地为主，其中山地占76%；长江横贯全境，流程691千米，与嘉陵江、乌江等河流交汇。总的地势是东南部、东北部高，中部和西部低，由南北向长江河谷逐级降低。重庆市地貌结构复杂，呈现出四大特点：一是地势起伏大，二是地貌类型多样，三是地貌形态组合的地区分异明显，四是喀斯特地貌分布广泛。气候特点是：冬暖春早，四季分明、降水丰沛，日照时间短。重庆是中国唯一辖有民族自治地方的直辖市，下辖26个区、8个县、4个自治县，另外1个万盛经济技术开发区（万盛区）隶属重庆市直管机构，1个享受民族自治地方优惠政策的区（黔江区），14个民族乡，常住人口3 213.3万人。

近年来，因重庆市的地形地貌、气候条件的特殊性，重庆相关部门坚持探索一条具有重庆特色的城乡融合推动山区库区现代化和"三农"高质量发展新路子。近5年来，粮食产量每年都稳定在105亿千克以上，油菜产量实现了"15连增"，去年农村居民人均可支配收入达到19 313元、同比增长6.70%。全年猪肉产量149.96万吨，增长5.60%。生猪出栏1 904.43万头，增长5.40%。年末生猪存栏1 197.14万头，增长1.50%。目前，重庆农产品加工业总产值3 819.10元，累计获批创建农业现代化示范区7个、国家现代农业产业园10个、全国优势特色产业集群7个。近年来，重庆市农业农村委大力实施"智慧农业·数字乡村"建设工程，形成了"一平台（三农大数据平台）、7个单品大数据（生猪、柑橘、柠檬、榨菜、脆李、茶叶、黑山羊）、农业产业数字化地图（水稻、玉米、油菜和柑橘4大作物及8大特色经济作物）"大数据资源基础，先后获批建设生猪、蛋鸡、柑橘和渔业4个国家数字农业创新应用基地项目，大力发展"品牌引领+标准支撑+直播带货+数据赋能"的农产品电商，数字技术赋能农业生产，成功打造出了多种数字农业新模式，为重庆市"一村一品"的发展提供了夯实的数据支撑。

一、重庆市"一村一品"发展的政策环境

近年来，重庆充分挖掘和发挥地方独有的地域、资源环境等优势，积极培育具有鲜明特色和市场竞争力的主导产业和产品，也出台了一些政策加大对"一村一品"的扶

持力度，如 2016—2017 年先后出台的《重庆市人民政府办公厅关于促进农产品电子商务加快发展的实施意见》《重庆市深化实施电子商务扶贫行动方案》提到，结合"一村一品、一乡一业、一县一特"，引导农户参与农产品电子商务产业链条建设，开展农产品电子商务出村试点，引导农产品主产地在第三方电子商务平台开设地方特色馆，促进"一村一品"等农产品上网销售，更多分享产业链增值收益。2018 年《重庆市传统工艺振兴计划》提出，鼓励区县、乡镇（街道）依托非物质文化遗产，结合精准扶贫，培育"一村一品""一镇多品"手工艺特色村镇和具有一定规模的手工技艺企业。2019 年《重庆市智慧农业发展实施方案（试行）》提出，围绕农业特色产业和环境因素，结合特色农产品优势区、"一村一品"示范乡镇建设，通过信息进村入户，将现代信息技术充分融合农村生产、生活、生态，建设具有明确产业定位、文化内涵、旅游特征和社区功能的农业特色"互联网"示范小镇。2020 年《重庆市人民政府关于促进乡村产业振兴的实施意见》提出，以实施乡村产业"十百千"工程为抓手，以特色产业集群、特色产业强区（县）、特色产业强镇、"一村一品"示范村镇（以下统称"三特一品"）创建行动为重点，以建设现代农业产业园为平台，以农村一二三产业融合发展为路径，推动形成城乡融合发展格局，为农业农村现代化奠定坚实基础，促进"一村一品"示范带动。作好村规划，发挥"一村一品"示范带动作用。2021 年《重庆市人民政府办公厅关于继续大力实施消费帮扶巩固拓展脱贫攻坚成果的实施意见》提出，推动渝东南武陵山区城镇群建设山地生态特色农业走廊，培育一批"一村一品"示范镇村。同年，出台的《重庆市巩固拓展脱贫攻坚成果同乡村振兴有效衔接"十四五"规划（2021—2025 年）》《重庆市商务发展"十四五"规划》《重庆市推进农业农村现代化"十四五"规划（2021—2025 年）》3 项规划均提及要培育一批"一村一品"示范村镇。另外，重庆市财政局、农业农村委员会、乡村振兴局等 6 部门联合制定《重庆市财政衔接推进乡村振兴补助资金管理实施办法》，为支持农业品种培优、品牌打造等项目，逐年提高资金占比培育和壮大欠发达地区特色优势产业，并补齐少数民族和民族地区发展短板，主要支持发展少数民族特色村建设、少数民族特色产业发展、少数民族手工艺品传承创新等。以此可看出，在这一系列政策利好的背景下，更多的资源、资金和惠农政策也将为农民实现增收保驾护航，为"一村一品"的发展提供更多的支持。

二、重庆市"一村一品"发展现状

（一）获批全国"一村一品"示范村镇数量情况

重庆市立足实际、突出优势、因地制宜大力发展现代山地特色高效农业，通过着力打造特色优势产业集群，促进"一村一品"示范村镇建设工作。截至 2022 年末，共有 138 个村镇获批全国"一村一品"示范村镇认定，占全国总量的 3.30%，位于全国第十三。其中示范村 98 个、示范镇 40 个，分别占重庆获批总数的 71.01%、28.99%。2020—2022 年，重庆先后有 20 个示范村获评全国乡村特色产业亿元村（表 3-35），占全国总数的 2.89%。

表 3-35 重庆获评全国乡村特色产业亿元村名单

序号	地区	亿元村名称	年份
1	江津区（6个）	重庆市江津区石门镇李家村	2020
		重庆市江津区石门镇李家村	2021
		重庆市江津区石门镇李家村（晚熟柑橘）	2022
		重庆市江津区吴滩镇现龙村	2020
		重庆市江津区吴滩镇现龙村	2021
		重庆市江津区吴滩镇现龙村（花椒）	2022
2	梁平区（3个）	重庆市梁平区礼让镇川西村	2020
		重庆市梁平区礼让镇川西村	2021
		重庆市梁平区礼让镇川西村（康乐黄颡鱼）	2022
3	荣昌区（2个）	重庆市荣昌区吴家镇双流村	2021
		重庆市荣昌区吴家镇双流村（蔬菜）	2022
4	永川区（4个）	重庆市永川区何埂镇狮子村（食用菌）	2022
		重庆市永川区南大街街道黄瓜山村	2020
		重庆市永川区南大街街道黄瓜山村	2021
		重庆市永川区南大街街道黄瓜山村（梨）	2022
5	奉节县（5个）	重庆市奉节县安坪乡三沱村（脐橙）	2022
		重庆市奉节县安坪镇三沱村	2021
		重庆市奉节县永乐镇大坝村	2020
		重庆市奉节县永乐镇大坝村	2021
		重庆市奉节县永乐镇大坝村（柑橘）	2022

（二）重庆"一村一品"示范村镇空间分布情况

1. 区、县分布

从"一村一品"示范村镇的区、县分布情况来看（图 3-57），重庆25个区、8个县和4个自治县均有覆盖，仅江北区无"一村一品"示范村镇分布。其中被认定数量最多的"一村一品"示范村镇有5个区，分别是渝北区、万州区、南川区、梁平区和合川区，认定数均为6个，占全市的4%；第二是武隆区、綦江区、江津区和涪陵区4个区、云阳和奉节2个县和石柱、彭水2个自治县，认定数均为5个；被认定"一村一品"示范村镇数量排在第三位的是万盛区、长寿区、开州区、璧山区、巫溪县、垫江县和城口等7个区、县，认定数均为4个；排在第四位的是7个区和2个县，认定数均为3个，分别为永川区、潼南区、铜梁区、荣昌区、大足区、北碚区和巴南区，忠县和丰都县；第五位有3个区、1个县和自治县，分别为沙坪坝区、南岸区和九龙坡区、巫山县及秀山土家族苗族自治县，认定数均为2个；认定"一村一品"示范村镇数量最少的是酉阳土家族苗族自治县、黔江区和大渡口区，认定数均只有1个。从空间分布来看，重庆的"一村一品"示范村镇呈现出"南北均衡，东南部发展偏弱"的分布特点。

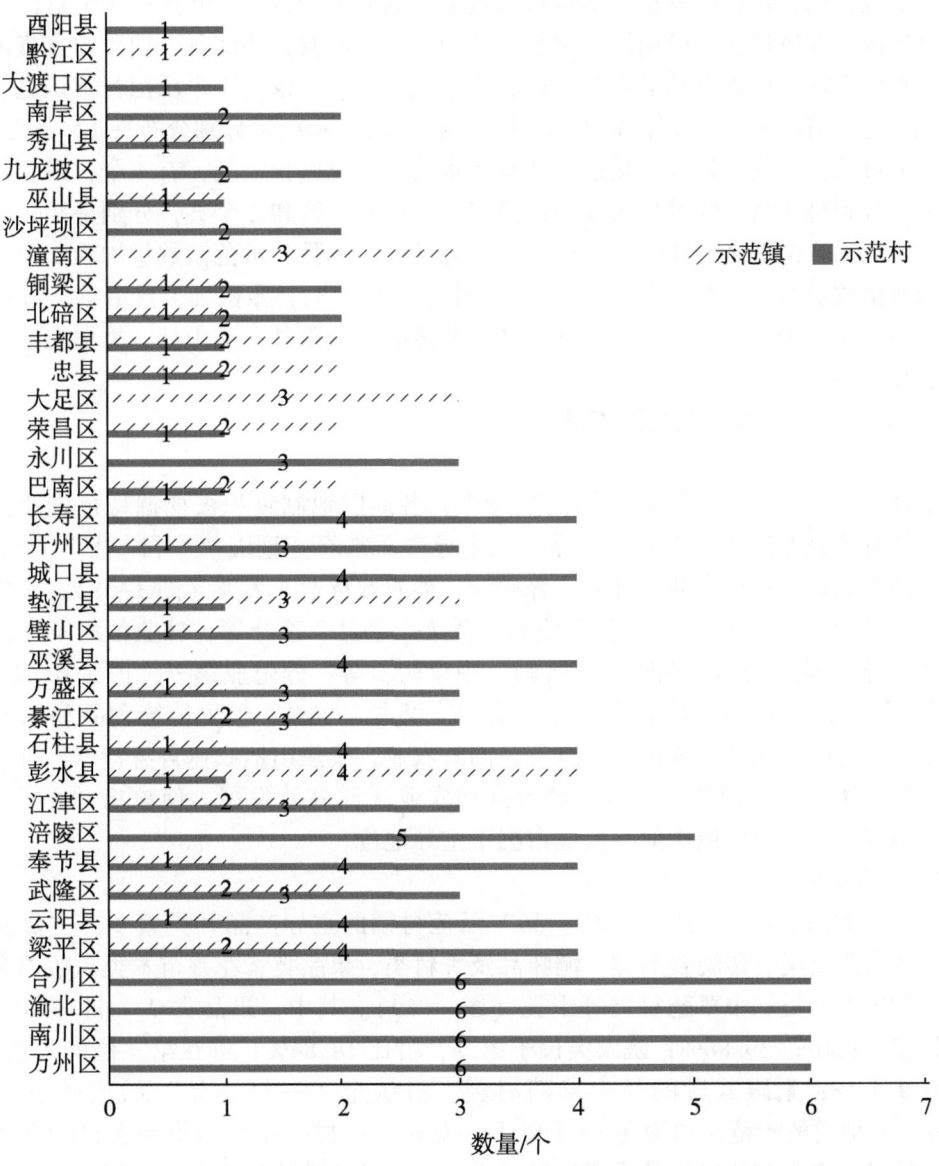

图3-57 重庆市获全国"一村一品"示范村镇在各区、县的分布情况

2. 示范村镇分布

从示范村情况来看（图3-57），全市98个示范村分别分布在22个区，8个县和4个自治县。其中认定示范村数量最多的是渝北区、万州区、南川区和合川区，均有6个，占全省认定示范村总数的6.12%；位于第二的是涪陵区，占示范村总数的5.10%；

并列第三位的有2个区,4个县及1个自治县,分别是长寿区、梁平区、云阳县、巫溪县、奉节县、城口县和石柱土家族自治县,均有4个,占总数的4.08%;并列第四位的有永川区、武隆区、綦江区、开州区、江津区和璧山区6个辖区及市直管万盛区,均有3个获批;并列第五位的有铜梁区、沙坪坝区、南岸区、九龙坡区和北碚区5个区,均有2个示范村被认定;而获批的示范村数量最少的有3个区、4个县和3个自治县,分别是荣昌区、大渡口、巴南区、忠县、巫山县、丰都县、垫江县、酉阳土家族苗族自治县、秀山土家族苗族自治县和彭水苗族土家族自治县,仅有1个示范村被认定。

从示范镇情况来看,全市40个全国"一村一品"示范镇分别分布在14个区、6个县和3个自治县。其中认定数量最多的是彭水苗族土家族自治县,有4个;第二是潼南区、大足区和垫江县,数量均为6个;第三位的有6个区和2个县,分别是武隆区、荣昌区、綦江区、梁平区、江津区、巴南区、忠县和丰都县,示范镇数量均为2个;而获批的示范镇数量最少的有1个市直管区、5个下辖区、3个县和2个自治县,分别是万盛区、铜梁区、黔江区、开州区、璧山区、北碚区、云阳县、巫山县、秀山土家族苗族自治县和石柱土家族自治县。

(三) 主导产业和产品类别情况

1. 产业大类

在重庆"一村一品"示范村镇的建设中,各地因地制宜积极挖掘特色产业,形成了一批具有代表性的特色产业和产品。从主导产业来看,重庆"一村一品"示范村镇的主导产业大类涵盖种植业、林业、养殖业、涉农服务业4大类(图3-58)。其中,种植业占比最大,达到73.19%,包含粮油、蔬菜、果品、茶叶等;林业位居第二,占比17.39%,包含花卉苗木、调味品及香料、中草药材等;养殖业第三,占比6.52%,包含畜禽蛋奶和水产品等;涉农服务业排第四,仅占2.90%,包含传统食品和休闲农业类。近年来重庆市大力发展现代山地特色高效农业,聚焦山地农业自身特点,打造特色产业集群,做好"土特产"文章,着力推动农业高质高效发展,使该市"一村一品"示范村镇的区域产业发展中的种植业占据了主导地位。

2. 产品类别

从产品类别来看,重庆"一村一品"示范村镇的主导产品种类繁多,主要涉及茶叶类、畜禽蛋奶类、传统食品类、调味品及香料类、果品类、花卉苗木类、粮油类、蔬菜类、休闲农业类和中草药材类等十类(图3-59)。其中,果品类"一村一品"示范村镇最多,占比达39.86%;蔬菜类位于第二,占比18.84%;排在第三位的是粮油类,占比是9.42%;紧跟其后的是中草药材类,占认定"一村一品"示范村镇总数的7.97%;其他类的示范村镇均在10个以下。发展"一村一品"是推动乡村特色产业集聚化、标准化和品牌化发展的重要途径,重庆市通过独具特色的产业发展,基本形成了"一村一品"的特色产业发展格局。

3. 产业聚集度

从产业聚集度来看,55个果品类"一村一品"示范村镇分别分布在22个区、7个县和3个自治县(表3-36),主要集中于合川、江津、开州、渝北、长寿、云阳、奉节等7个区/县;26个蔬菜类"一村一品"示范村镇分别分布在12个区、5个县和1个自

第三章 中国热区"一村一品"发展区域报告

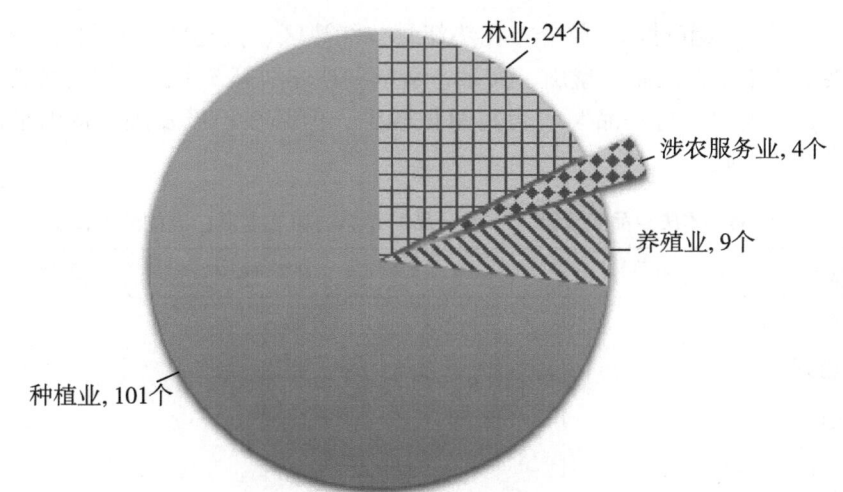

图 3-58 重庆"一村一品"示范村镇的主导产业大类情况

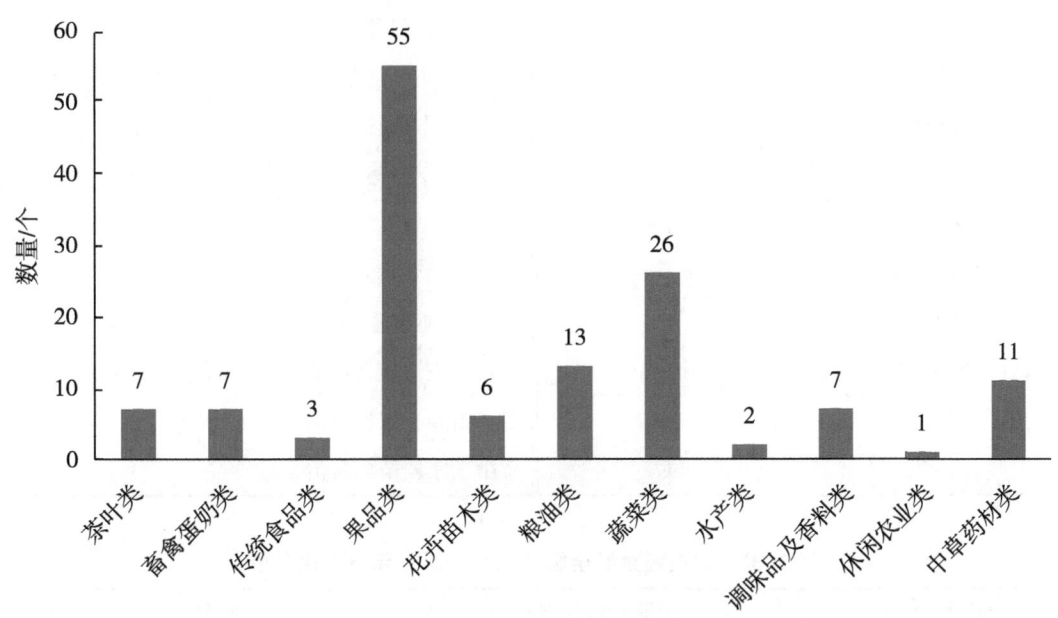

图 3-59 重庆获批全国"一村一品"示范村镇主导产品类别情况

治县（表3-37），主要集中于綦江、璧山、涪陵、合川、渝北、荣昌等区及石柱土家族自治县；13个粮油类"一村一品"示范村镇分别分布在7个区、1个县及2个自治县（表3-38），主要集中于彭水苗族土家族自治县和綦江区；中草药材类"一村一品"示范村镇主要分布在巴南区、涪陵区、开州区、南川区、潼南区、奉节县、巫山县、云阳县、石柱土家族自治县及秀山土家族苗族自治县；茶叶类"一村一品"示范村镇主要分布在万州、巴南、南川、万盛、武隆和永川等6个区；畜禽蛋奶类"一村一品"示范村镇主要分布在南川区、万州区、武隆区、城口县和石柱土家族自治县；调味品及香料类"一村一品"示范村镇主要分布在垫江县、江津区、大足区、九龙坡区和丰都县；花卉苗木类主要集中在北碚、璧山、大足、南岸和沙坪坝等 5 个区；而传统食品类、水产类及休闲农业类"一村一品"示范村镇虽较少，但都在积极发展，特别是休闲农业类，等于是零的突破。

表 3-36 重庆果品类全国"一村一品"示范村镇在各区、县的分布情况

地区	数量（个）	地区	数量（个）
巴南区	1	万盛区	2
璧山区	1	万州区	2
大渡口区	1	武隆区	1
大足区	1	渝北区	3
涪陵区	2	长寿区	3
合川区	3	永川区	1
江津区	3	云阳县	3
九龙坡区	1	垫江县	1
开州区	3	丰都县	2
梁平区	2	奉节县	3
南岸区	1	忠县	2
南川区	1	巫山县	1
黔江区	1	巫溪县	2
沙坪坝区	1	石柱土家族自治县	1
铜梁区	2	彭水苗族土家族自治县	1
潼南区	1	秀山土家族苗族自治县	1

表 3-37 重庆蔬菜类全国"一村一品"示范村镇名单

地区	示范村镇名称	批次	年份
璧山区（2 个）	重庆市璧山区七塘镇四合村（蔬菜）	第九批	2019
	重庆市璧山区七塘镇（璧北蔬菜）	第四批	2014
涪陵区（2 个）	重庆市涪陵区南沱镇治坪村（竹笋）	第七批	2017
	重庆市涪陵区珍溪镇西桥村（榨菜）	第一批	2011
合川区（2 个）	重庆市合川区太和镇米市村（鲜源苦瓜）	第四批	2014
	重庆市合川区渭沱镇七星村（涪江绿蔬菜）	第三批	2013
铜梁区（1 个）	重庆市铜梁区平滩镇（蔬菜）	第十一批	2021

第三章 中国热区"一村一品"发展区域报告

（续表）

地区	示范村镇名称	批次	年份
梁平区（1个）	重庆市梁平区云龙镇三清村（殷佳坝萝卜）	第五批	2015
綦江区（3个）	重庆市綦江区赶水镇（赶水草蔸萝卜）	第三批	2013
	重庆市綦江区隆盛镇中桥村（正浩蔬菜）	第五批	2015
	重庆市綦江区赶水镇石房村（萝卜）	第一批	2011
荣昌区（2个）	重庆市荣昌区吴家镇双流村（蔬菜）	第八批	2018
	重庆市荣昌区盘龙镇长岭社区（生姜）	第一批	2011
潼南区（1个）	重庆市潼南区桂林街道（镇）（蔬菜）	第一批	2011
万盛区（1个）	重庆市万盛经开区丛林镇绿水村（金针菇、舞茸）	第十二批	2022
武隆区（1个）	重庆市武隆区双河乡（武隆高山蔬菜）	第三批	2013
永川区（1个）	重庆市永川区何埂镇狮子村（秀珍菇、香菇）	第十二批	2022
渝北区（2个）	重庆市渝北区茨竹镇大面坡村（青椒）	第六批	2016
	重庆市渝北区大盛镇天险洞村（天险洞蘑菇）	第五批	2015
城口县（1个）	重庆市城口县沿河乡联坪村（花菇）	第九批	2019
垫江县（1个）	重庆市垫江县坪山镇人民政府（涪地特榨菜）	第七批	2017
奉节县（1个）	重庆市奉节县龙桥土家族乡（蔬菜）	第十二批	2022
云阳县（1个）	重庆市云阳县泥溪镇胜利村（黑木耳）	第八批	2018
忠县（1个）	重庆市忠县马灌镇（笋竹）	第十批	2020
石柱土家族自治县（2个）	重庆市石柱县冷水镇八龙村（福吉利莼菜）	第二批	2012
	重庆市石柱县龙沙镇永丰村（石柱红辣椒）	第六批	2016

表3-38 重庆粮油类全国"一村一品"示范村镇名单

地区	示范村镇名称	批次	年份
北碚区（1个）	重庆市北碚区静观镇中华村（中华糯小米）	第七批	2017
合川区（1个）	重庆市合川区小沔镇盛泉村（小米花生）	第七批	2017
梁平区（1个）	重庆市梁平区蟠龙镇扈槽村（水稻）	第十一批	2021
南川区（1个）	重庆市南川区三泉镇窑湾村（水稻）	第十批	2020
綦江区（2个）	重庆市綦江区石壕镇（花坝糯玉米）	第七批	2017
	重庆市綦江区石壕镇万隆村（花坝糯玉米）	第六批	2016
万州区（1个）	重庆市万州区太安镇凤凰村（茶乡香米）	第四批	2014
长寿区（1个）	重庆市长寿区云台镇八字村（水稻）	第九批	2019
巫溪县（1个）	重庆市巫溪县塘坊镇梓树村（脱毒马铃薯）	第一批	2011

(续表)

地区	示范村镇名称	批次	年份
彭水苗族土家族自治县（3个）	重庆市彭水苗族土家族自治县新田镇（红薯）	第五批	2015
	重庆市彭水苗族土家族自治县郁山镇钟鼓村（红薯）	第九批	2019
	重庆市彭水县鞍子镇（苗妹香香大米）	第四批	2014
酉阳土家族苗族自治县（1个）	重庆市酉阳土家族苗族自治县花田乡何家岩村（酉阳贡米）	第七批	2017

（四）年度和获批批次情况

2011年，重庆市涪陵区珍溪镇西桥村以榨菜、重庆市江津区吴滩镇现龙村以花椒、重庆市綦江区赶水镇石房村以萝卜、重庆市荣昌区盘龙镇长岭社区以生姜、重庆市潼南区桂林街道（镇）以蔬菜、重庆市巫溪县塘坊镇梓树村以脱毒马铃薯、重庆市石柱县枫木乡以黄连等产业入选了原农业部认定的第一批全国"一村一品"示范村镇，从那时起重庆就开启了"一村一品"示范村镇的建设，并以此为基础，积极发展优势特色产业，持续加强"一村一品"示范村的建设，以此带动农民增收增效。由图3-60可知，2011—2013年，重庆"一村一品"示范村镇处于平稳起步期；随后2014—2019年呈波动持续增长态势，共有80个村镇被认定，占认定总数的57.97%；2019年，示范村镇数量达到最高峰；2020—2022年处于回落调整并趋于平稳期。目前在全国已认定的12批"一村一品"示范村镇中，重庆均有入选的示范村镇。

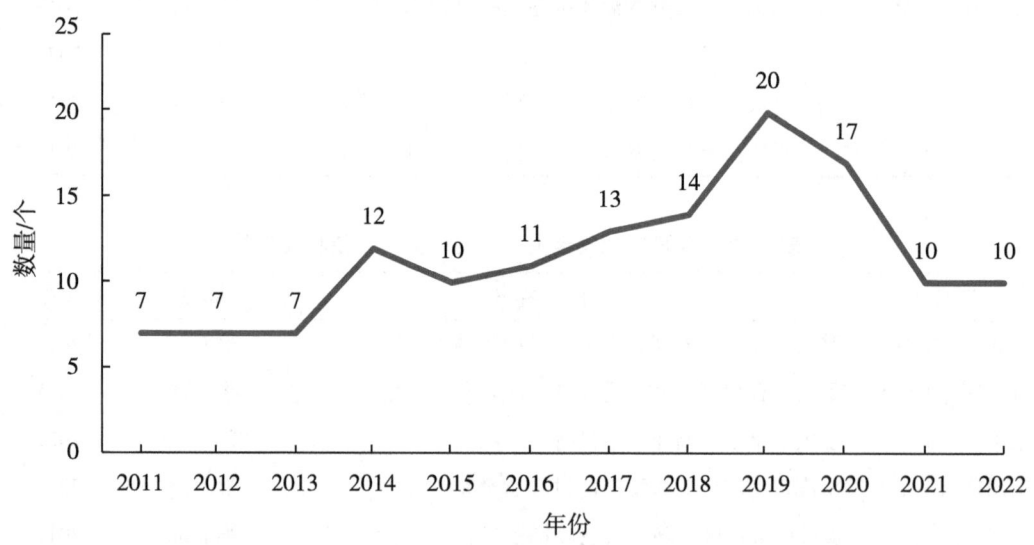

图3-60　2011—2022各年度重庆获批全国"一村一品"示范村镇数量情况

从区、县情况来看（图3-61），在2011—2022年全国已认定的12批"一村一品"示范村镇中，渝北、万州、南川、梁平和合川5个区的村镇分别在6个批次中获批"一村一品"示范村镇，入选批次总量位居重庆并列第一；第二是云阳县、武隆区、石柱土家族自治县、綦江区、彭水苗族土家族自治县、江津区、涪陵区和奉节县等区、县的村镇，分别在 5 个批次中获批；第三是长寿区、巫溪县、万盛区、开州区、垫江县、城口县和璧山区等区、县的村镇，分别在 4 个批次中获批；第四是忠县、永川区、潼南区、铜梁区、荣昌区、丰都县、大足区、北碚区和巴南区等区、县的村镇，分别在 3 个批次中获批；第五是秀山土家族苗族自治县、巫山县、沙坪坝区、南岸区和九龙坡区等区、县的村镇，分别在 2 个批次中获批；而酉阳土家族苗族自治县、黔江区和大渡口区，均只有 1 个批次有村镇被认定为"一村一品"示范村镇。

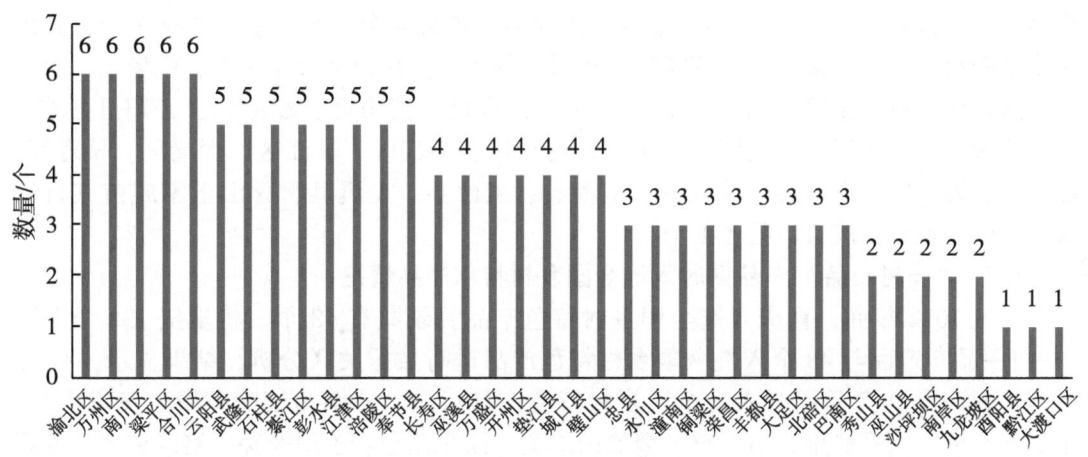

图 3-61 重庆区、县入选全国"一村一品"示范村镇批次数量情况

三、重庆市"一村一品"品牌关联分析

（一）"一村一品"产品同时是地理标志产品情况

截至 2022 年 3 月，重庆获农业农村部批准登记保护的地理标志产品有 70 个。将重庆 138 个全国"一村一品"产品与其地理标志农产品进行数据关联分析，有 26 个"一村一品"产品同时获得农产品地理标志登记保护，分别为城口山地鸡、白马蜂蜜、南川鸡、放牛坪香梨、奉节脐橙、黄瓜山梨、开县锦橙、梁平柚子、垫江白柚、巫山脆李、太和黄桃、黔江猕猴桃、渝北歪嘴李、巴南乌皮樱桃、云阳红橙、江津广柑、石柱红辣椒、山儿菜、涪陵榨菜、石柱莼菜、云阳泥溪黑木耳、南川大树茶、秀山茶叶、南川米、秀山金银花、江津花椒。从产品类别来看，果品类既是全国"一村一品"同时又是地理标志的产品最多，有 13 个；第二是蔬菜类，有 5 个；第三是畜禽蛋奶类，有 3 个；其余为茶叶类 2 个，中草药材类、粮油类、调味品及香料类各 1 个。从地区分布来看，渝北区 4 个，南川区 3 个，江津区、云阳县、城石柱土家族自治县、秀山土家族苗族自治县各 2 个，城口县、武隆区、奉节县、永川区、开州区、梁平区、垫江县、巫山县、巴南区、璧山区、涪陵区各 1 个。

（二）"一村一品"产品同时入选全国名特优新农产品名录情况

截至 2022 年底，重庆有 161 个农产品入选全国名特优新农产品名录，与重庆 138

个全国"一村一品"产品进行数据关联分析，结果显示，有 38 个"一村一品"产品同时入选全国名特优新农产品名录，分别为璧山葡萄、放牛坪香梨、奉节脐橙、涪陵龙眼、黄瓜山梨、黔江猕猴桃、开县春橙、梁平柚子、巴南乌皮樱桃、江津柑桔、巫山脆李、潼南柠檬、巫溪香脆李、武隆脆桃、渝北歪嘴李、云阳红橙、云阳纽荷尔脐橙、太和黄桃、铜梁樱桃、长寿沙田柚、万州柠檬、丰都红心柚、古楼枇杷、城口山地鸡、白马蜂蜜、石柱蜂蜜、赶水草蔸萝卜、璧山儿菜、永川香菇、石柱红辣椒、南川大树茶、永川秀芽、巴南银针茶、武隆高山茶、酉阳贡米、石柱黄连、江津花椒、秀山金银花。从产品类别来看，果品类既是全国"一村一品"同时也入选全国名特优新农产品名录产品最多，占到 23 个；其次是蔬菜类和茶叶类，各有 4 个；畜禽蛋奶类有 3 个；其余为中草药材类 2 个，粮油类、调味品及香料类各 1 个。从地区分布来看，武隆区、永川区、渝北区、石柱土家族自治县各有 3 个，巴南区、璧山区、江津区、云阳县各有 2 个，涪陵区、合川区、开州区、梁平区、南川区、綦江区、黔江区、铜梁区、长寿区、潼南区、万州区、奉节县、城口县、丰都县、巫山县、巫溪县、秀山土家族苗族自治县、酉阳土家族苗族自治县各 1 个。

（三）"一村一品"产品同时入选全国乡村特色产品情况

截至 2022 年底，重庆入选全国乡村特色产品目录共有 48 个。将重庆 138 个全国"一村一品"产品与 48 个入选全国乡村特色产品进行数据关联分析，结果显示，有 12 个"一村一品"产品同时入选全国乡村特色产品目录，分别为涪陵龙眼、黄瓜山梨、丰都红心柚、白马蜂蜜、南川鸡、金佛山蜂蜜、江津花椒、永川秀芽、涪陵榨菜、静观腊梅、石柱黄连、石柱辣椒。从产品类别来看，果品类和畜禽蛋奶类各有 3 个；蔬菜类有 2 个；茶叶类、中草药材类、调味品及香料类、花卉苗木类各 1 个。从地区分布来看，南川区、涪陵区、永川区和石柱土家族自治县各 2 个，武隆区、江津区、丰都县、北碚区各 1 个。

（四）"一村一品"示范村镇同时是中国特色农产品优势区情况

截至 2022 年底，重庆入选中国特色农产品优势区共有 11 个。将重庆 138 个全国"一村一品"产品与 11 个入选中国特色农产品优势区的产品进行数据关联分析，结果显示，有 8 个"一村一品"产品同时为入选中国特色农产品优势区的产品，分别为奉节脐橙、石柱黄连、江津花椒、潼南柠檬、巫山脆李、永川秀芽、万州玫瑰香橙、石柱莼菜。其中果品类 4 个；其余茶叶类、蔬菜类、中草药材类、调味品及香料类各 1 个。主要分布在奉节县、石柱土家族自治县、江津区、潼南区、巫山县、永川区和万州区，其中石柱土家族自治县有 2 个。

（五）"一村一品"产品同时入选 2019 年中国农业品牌目录情况

重庆有 11 个产品入选 2019 年中国农业品牌目录。将重庆 138 个全国"一村一品"产品与 11 个入选全国乡村特色产品进行数据关联分析，结果显示，有 7 个"一村一品"产品同时入选中国农业品牌目录，分别为城口山地鸡、忠县柑橘、梁平柚子、黔江猕猴桃、巫山脆李、江津花椒、永川秀芽。其中，4 个为果品类；其余茶叶类、调味品及香料类、畜禽蛋奶类各 1 个。主要分布在城口县、忠县、梁平区、黔江区、巫山县、江津区和永川区。

综上分析,通过"一村一品"品牌关联度分析(表3-39),关联度最高的是江津花椒,均获得以上6种品牌荣誉。同时获得以上6种品牌荣誉中5种的产品分别为巫山脆李和永川秀芽。获得以上6种品牌荣誉中4种的产品分别是城口山地鸡、白马蜂蜜、奉节脐橙、黄瓜山梨、梁平柚子、黔江猕猴桃、石柱红辣椒和石柱黄连。此外,获得以上6种品牌荣誉中3种的产品有12个,分别是南川鸡、放牛坪香梨、太和黄桃、渝北歪嘴李、云阳红橙、涪陵榨菜、石柱莼菜、南川大树茶、秀山金银花、丰都红心柚、潼南柠檬和涪陵龙眼,其中南川鸡和涪陵榨菜既被认定为"一村一品"示范村镇产品、农产品地理标志产品,同时也入选全国乡村特色产品;放牛坪香梨、太和黄桃、渝北歪嘴李、云阳红橙、南川大树茶和秀山金银花既被认定为"一村一品"示范村镇产品、农产品地理标志产品,同时也入选全国名特优新农产品名录;涪陵龙眼和丰都红心柚既被认定为"一村一品"示范村镇产品,同时也入选全国名特优新农产品名录和全国乡村特色产品;潼南柠檬既被认定为"一村一品"示范村镇产品,同时也入选全国名特优新农产品名录和中国特色农产品优势区产品。在重庆138个"一村一品"产品中,有18.84%获得农产品地理标志登记保护;有27.54%入选全国名特优新农产品名录;有8.69%入选全国乡村特色产品;有5.79%入选中国特色农产品优势区产品;有5.07%入选中国农业品牌目录。总体来看,重庆"一村一品"建设还有待加强。

表3-39 重庆"一村一品"产品品牌关联分析汇总

产品	全国"一村一品"示范村镇产品	中国农业品牌目录	地理标志产品	全国名特优新农产品	全国乡村特色产品	中国特色农产品优势区	合计次数
江津花椒	1	1	1	1	1	1	6
巫山脆李	1	1	1	1	0	1	5
永川秀芽	1	1	0	1	1	1	5
城口山地鸡	1	1	1	1	0	0	4
白马蜂蜜	1	0	1	1	1	0	4
奉节脐橙	1	0	1	1	1	0	4
黄瓜山梨	1	0	1	1	1	0	4
梁平柚子	1	1	1	1	0	0	4
黔江猕猴桃	1	1	1	1	0	0	4
石柱红辣椒	1	0	1	1	1	0	4
石柱黄连	1	0	0	1	1	1	4

四、重庆"一村一品"发展模式

(一) 党建引领型

入选第十批全国"一村一品"示范村镇的垫江县杠家镇，推行"党支部+集体经济组织+农户"等合作方式发展垫江晚熟柚增加集体收入，实现集体经济收入1万元以上8个、5万元以上5个，切实走出了一条特色产业助农增收之路。目前该镇发展垫江晚熟柚13 000余亩、晚熟李5 000余亩、优质柚类5 000亩、中药材7 000余亩，并培育了新型经营主体22家，专业合作社达36个，市、县级农业龙头企业6家，提高了农业集约化水平和组织化程度。除此之外，杠家镇通过"互联网+基地""互联网+产品"和"互联网+渠道"的融合发展模式，开设电商主体4个，年销售额达120余万元，增强了村集体经济的自身"造血"功能，有效助推乡村振兴。入选第九批全国"一村一品"示范村的南岸区南山街道双龙村，按照"支部+合作社+基地"的产业发展模式成立了花木产业党小组，鼓励党员示范户和产业带头人领办专业产业合作社，带动更多村民投入盆景产业。如今，全村1 157名村民中，就有350多人以盆景为业，苗木种植面积达2 000余亩，年产值2 000多万元。双龙村已培育出三代市级盆景艺术大师5人、花卉园艺师12人、盆景技艺非遗传承人30人，花木盆景种植户150户。充分用好自身的资源禀赋并持续发扬光大，双龙村"扭住"盆景这一传统产业谋发展，其间不断求新求变，走出了一条致富之路。

(二) 服务组织推动型

入选第十二批全国"一村一品"示范村镇的奉节县龙桥土家族乡，采取"企业+基地+农户"发展模式，不断扩大规模、延伸产业链，为老百姓打造了一条独有且可持续的致富之路。新建蔬菜大棚50亩，发展1 000亩以上规模蔬菜产业基地3个，带动农户种植蔬菜5 000余亩，全乡蔬菜年产量达1.7余万吨，同比增长6%。以"鑫桥蔬菜"为主打造"奉节龙桥竹笋""龙桥河"高山优质蔬菜品牌，联合"猪小妹""斗斗"等本土网红，开展线上直播促销活动，产品远销广州、武汉等城市，年销售5 000吨、销售额达1 500万元。

(三) 龙头企业带动型

入选第十一批全国"一村一品"示范村镇的黔江区中塘镇兴泉社区，为实现产业增收、带贫致富，黔江区引进三磊田甜大力发展猕猴桃产业，取得较好的经济效益、生态效益和社会效益。重庆三磊田甜农业开发有限公司（以下简称三磊田甜）是一家专业从事以优质猕猴桃种植为主，兼具猕猴桃品种研发、推广、冷链物流、销售和深加工的重点市级农业产业化龙头企业。三磊田甜通过"公司+基地+农户"模式，与农户建立利益联动机制，带动兴泉社区和中塘社区1 000余农户近2 000人就地务工，其中贫困户128户410人，户均务工收入约20 000元。除此之外，三磊田甜探索创新多模式合作，在园区内积极探索"公司+合作社"和"公司+农户"的发展模式，引导农户发展猕猴桃种植，提高产业收入。

入选第十批全国"一村一品"示范村镇的丰都县湛普镇白水社区，白水社区作为湛普镇最早种植花椒的社区，通过不断发展壮大，镇域内现已建成白水、春安、马安等多个花椒示范园,花椒种植面积达 10 200 余亩,种植面积占耕地面积的 82%;覆盖农户1 620 户,覆盖率 77.7%。全镇形成以花椒为骨干的"一镇一品"产业体系。为了抱团发展,白水社区通过创新和实施"科技+市场+龙头企业+基地+协会+农户"的联动机制,在辖区内推广"矮化密植"技术,种植九叶青花椒 5 000 多亩。目前,这些花椒树80%进入盛果期,年销售额达到 2 000 余万元,带动全社区 90%以上农户不同程度增收。湛普镇还成功引进国家农业重点龙头企业华裕农科落户世坪村,建设西南地区最大、设备很先进的种蛋鸡养殖基地。

五、重庆全国"一村一品"典型案例

(一)特色种植

1. 重庆市万盛经开区丛林镇绿水村(金针菇、舞茸)

绿水村,隶属于重庆市万盛经开区丛林镇,地处重庆三环高速公路和大黑山景区旅游通道重要节点,因绿水青山环抱而得名。这里风光秀丽、绿水环绕,森林覆盖率达56%,遍布超百种植物,有特色花木和各类经果林 3 000 余亩,拥有发展菌菇特色产业的天然环境。丛林镇党委政府按照"丛林菌谷·绿水人家"发展定位,因地制宜,在绿水村大力发展菌菇特色产业,推动乡村特色产业集聚化、标准化、规模化、品牌化发展,提高农特产品附加值,拓宽农民增收渠道。2021 年,丛林镇整合 4 个村涉农产业发展资金,以"公司+合作社+农户"的模式开展种植工作。2022 年,村级集体经营性收入超过 100 万元,村民人均可支配收入近 3 万元,全村 75%的劳动力实现就地就近就业,生活水平上了大台阶。截至目前,绿水村共有 6 家从事食用菌生产的经营主体,专门开发金针菇、舞茸、猪肚菇等 8 种食用菌,实现年产食用菌 6 万吨、年产值 5 亿元,解决周边富余劳动力就业 600 余人次。围绕菌这一特色产业,该村顺势推出"蘑菇总动员"游乐园、菌宴等,成为远近闻名的网红打卡地,带热乡村旅游。绿水村依托农业资源和自然生态优势,通过政策扶持等举措,走出了一条独具特色的产业发展之路,基本形成了"一村一品"的特色产业发展格局,为乡村振兴开启了"新引擎",激发了"新动能"。

2. 重庆市奉节县安坪镇三沱村(脐橙)

奉节脐橙的果皮中厚、脆而易剥,肉质细嫩化渣、无核少络,酸甜适度,汁多爽口,余味清香,深受消费者喜爱。奉节县是奉节脐橙的发源地,奉节地处三峡库区腹心,具有"无台风、无冻害、无检疫性病虫害"等三大脐橙种植生态优势,是中国优质脐橙的核心产区之一。目前,全县种植脐橙 37.5 万亩,年产量 40.5 万吨,年产值超40.6 亿元,脐橙产业从业人员达 30 万。三沱村隶属于重庆市奉节县安坪镇,是奉节脐橙的核心产区,依托奉节脐橙产业,2021 年安坪镇三沱村入选农业农村部公布第十一批全国"一村一品"示范村。在重庆市奉节县政府,三峡集团从脐橙种植、销售等多方入手,助力安坪镇脐橙产业发展驶入快车道。2022 年,通过三峡集团实施的"水驿三沱"乡村振兴示范项目的助力,三沱村 12 户村民利用自家闲置的房屋建立民宿,并改善基础设施,修建 2.8 千米长的临江脐橙采摘步道、总面积近千平方米的 4 个脐橙分选平台、整体形象打造的电商一条街,带动了三沱村脐橙产业的发展,实现三沱村今年的脐橙产量达到 1.4 万吨，成为了"全国乡村特色产业亿元村"。伴随脐橙的品质提升，三沱村脐橙的销售价格还较去年每千克高出 1 元左右，预计增加村民收入超 700 万元。除此之外，三沱村还探索农文旅融合发展的路子，建立三峡移民精神传承馆，为三峡库区乡村旅游线路再增添一个红色旅游景点。

3. 重庆市合川区太和镇亭子村（黄桃）

重庆市合川区太和镇，作为全国重点镇、重庆市中心镇和重庆经济百强镇，经济社会发展所取得的成就吸引了全国人民的目光。太和镇种植出来的黄桃因为生长周期长，光合作用充足，营养物质积累雄厚，相比其他产区，黄桃香味更浓郁，味道更甜美，深受人们青睐。截至 2022 年，太和黄桃核心区域种植面积近万亩，亩产量 1 吨，年产量 1 万余吨。亭子村是太和镇的下辖村，太和黄桃核心产区之一，2020 年，亭子村被评为第十批全国"一村一品"示范村。10 余年前，亭子村党支部牵头成立了黄桃种植专业合作社，黄桃种植户从最初的四五十户增长到现在的近 500 户，成立了合川区"姚大叔"太和黄桃专业合作社，注册了"姚大叔"太和黄桃品牌，年产黄桃 3 800 吨，产值达 6 000 万元，黄桃已经成为亭子村最大的支柱产业。除此之外，亭子村开展"相约太和·最美时节"太和桃花节，每年吸引 10 余万名游客前来赏桃花、尝美食、品美酒，年旅游收入达到 600 余万元。近年来，亭子村还将持续深化党建引领乡村振兴，着力在抓党建促产业发展上精准施策，绘就乡村振兴新画卷，为打造乡村振兴"升级版"提供坚强保证。

（二）特色养殖

1. 重庆市梁平区礼让镇川西村（康乐黄桑鱼）

川西村隶属于重庆市梁平区礼让镇，是梁平渔业的核心区域，国家星火计划核心示范基地、西南大学和上海海洋大学教学科研实习基地、重庆市规模集中度最大的商品鱼生产基地和全市唯一一个以渔业生产为主的渔业科技园区。2014 年，川西村入选第四批全国"一村一品"示范村。如今，川西村成为集渔产业、渔文化展示以及技术培训、悠闲观光、餐饮住宿等功能于一体的综合休闲、生态旅游观光型景区，面积达 11 000 余亩，年孵化各类鱼苗 10 亿尾，生产水产品 1.5 万吨，实现渔业经济总产值超过 2 亿元，连续三年获评"全国乡村特色产业亿元村"。川西村所在的川西渔村也成为了 3A 级旅游景区，辖区内的"渔米路"也入选 2020 年度"十大最美农村路"，推动川西村渔文旅产业融合发展。目前，川西村村民大多不从事耕种活动流转土地，而是通过从事养鱼和豆棒加工，提升生活质量。2022 年川西村全村总产值超过 3.7 亿元，人均可支配收入超过 3 万元。礼让镇正倾力建设梁平郊区精品城镇，全力打造梁平"城市后花园"，积极融入梁平全域旅游发展大局，建立"最美川西渔村"的形象。

2. 重庆市万州区龙驹镇梧桐村（芦花鸡）

梧桐村隶属于重庆市万州区龙驹镇。2020 年，梧桐村入选第十批全国"一村一品"示范村。龙驹镇山林坡地多、平地少，这样的地形地貌比较适合发展林下养殖。2018 年，借助鲁渝协作平台，具有较高经济价值的芦花鸡从山东省济宁市汶上县引进到梧桐村。2019 年，引进汶上芦花鸡的第一年，梧桐村饲养的 6 000 余只芦花鸡上市，收入 60 多万元，村集体首次实现了分红。梧桐村继续扩大芦花鸡养殖规模，调动农户参与养殖的积极性。如今,已经打造出集育雏、养殖、加工、开发、营销为一体的芦花鸡全产业链,年产值上亿元。在梧桐村的芦花鸡生态养殖基地,新增 120 个鸡棚,每年新增出栏芦花鸡 7 万多只,鲁渝农牧科技重庆有限公司养殖的芦花鸡出栏量能达到 20 万只,农户养殖的芦花鸡大约有 30 万只,年出栏量有 50 万只,并建立了芦花鸡西南繁育中心,实现可以向四川、贵州、云南、湖北等地提供 500 万只鸡苗。除此之外,万州以龙驹镇梧桐村为原点,带动了区内 10 多个乡镇养殖芦花鸡。鲁渝农牧科技重庆有限公司还准备建设大数据中心,建立芦花鸡的保种繁育、养殖等的全产业链大数据中心,通过全面的数据分析,实时掌握社会消费的动态,能做到以销定产。

(三) 农产品加工及特色食品

1. 重庆市荣昌区河包镇 (粉条)

河包镇隶属于重庆市荣昌区,重庆市级乡村振兴示范镇,有"中国粉条第一镇"的称号。2021 年河包镇入选第十一批全国"一村一品"示范村。河包镇立足本地实际,发挥地域优势,将红薯粉条产业作为富民产业,有力推动乡村产业结构优化。河包镇通过建立红薯产业完整的产业链,解决红薯加工问题,减少种植户的担忧,为当地群众带来家门口就业机会,实现门口就业 提升人民幸福度。为了延伸产业链,促进一二产业融合发展,河包镇积极推进高淀粉红薯基地建设,先后投入 200 余万元,精选了 4 个品种的高淀粉红薯,在全镇 6 个村(社区)推广种植;引导粉条产业协会与农户签订收购协议,以高于市场价的标准定向收购红薯淀粉。截至 2021 年,河包镇有 24 家粉条生产企业,年产量 6 万吨,年收益达 7 亿元,直接带动农户 800 人实现稳定就业增收。如今,河包镇已成为全国火锅粉条和酸辣粉条的主要生产基地,是名副其实的"中国粉条第一镇"。粉条产业壮大的同时也带动荣昌区粉条产业发展,全区粉条年产量超 8 万吨、产值超 10 亿元,产品远销新西兰、韩国等国家和地区,深受国内外消费者喜爱。河包镇以河包粉条为优势,稳抓特色产业体系,有效促进了一二三产业融合发展,走出了一条适合自己的特色产业致富路。

2. 重庆市南川区德隆乡银杏村 (金佛山蜂蜜)

银杏村隶属于重庆市南川区德隆乡。2015 年,银杏村入选第五批全国"一村一品"示范村。银杏村海拔 1 200 米,有得天独厚的养蜂条件。银杏村紧扣乡村振兴总要求,坚持因地制宜,围绕独具本土特色,实施全域规划、全域设计、全域整治,激活资产多赢发展。截至 2022 年,全村依托专业合作社平台,发展培育本地养殖大户,以大户带动散户发展中蜂产业,现在银杏村中蜂有 800 箱。除此之外,银杏村由于海拔高、自然景色优美,成为夏季避暑的好地方。近年来,随着乡村旅游升级,村里的基础设施和环境得到极大的改善,依山傍水的优美环境吸引了不少游客。2022 年 7 月到 10 月,银杏村 7 家民宿旅游收入近 70 万元,全镇避暑纳凉经济收入达 550 万元。

(四) 特色文化 (如传统手工技艺、民俗文化等)

重庆市南岸区南山街道双龙村 (盆景)

双龙村隶属于重庆市南岸区南山街道,被誉为"中国南山杜鹃盆景之乡"。2019 年,双龙村入选第九批全国"一村一品"示范村。双龙村地处海拔 300~800 米的南山风景区腹地,毗邻南山植物园、重庆抗战遗址博物馆,森林覆盖率达 85%。山丘地貌、酸性土壤、深厚土层、充足日照、丰沛水源等优越条件，让这里成为众多花卉苗木的理想生长地。有超过三成的村民从事盆景产业。随着时间的推移，蜡梅、罗汉松、三角枫等数十个品种的"南山盆景"渐渐有了知名度。如今，全村1 157名村民中，就有350多人以盆景为业，苗木种植面积达2 000余亩，年产值2 000余万元。经过30余年发展，杜鹃盆景从规模和产值上看，均已占到全村盆景产业比重的85%以上。双龙村已培育出三代市级盆景艺术大师5人、花卉园艺师12人、盆景技艺非遗传承人30人，花木盆景种植户150户。2022年，双龙村人均收入超过4万元，其中蟠扎工匠每天收入至少500元，著名工匠则可高达每天2 000元。除此之外，南山区将以南岸区建设城乡融合发展先行示范区为契机，分三期打造双龙村盆景文化艺术产业园，逐步将这个产业园建设成为集制作、展销、教培、研学、观光旅游、绿化服务等多功能于一体的综合性产业园，让"山城花冠"和"中国南山杜鹃盆景之乡"的名号越叫越响。

（五）新业态（如休闲旅游、电子商务等）

重庆市巴南区二圣镇（休闲旅游）

入选第十一批全国"一村一品"示范村镇的巴南区二圣镇，积极探索"政府+公司+基地+专业合作社+农户"的多元化发展模式，带动全镇3 600户种植茶叶，并探索"茶康养+旅游"模式，持续举办采茶节，形成以茶促旅，以旅带茶发展格局，茶产业成为全镇主导产业之一。此外，二圣镇还建立渔产渔游、花海花香产业体系，已形成茶、梨、渔、花"四个万亩"产业格局，通过一二三产融合发展，带动全镇居民增收致富，年接待游客110余万人次，实现旅游增收2.3亿元。二圣镇还围绕"生态优先、产业打底、科技赋能、康养提质、旅游增收"的发展思路，持续深化农文旅融合，积极推动产业转型升级。

参考文献

城乡统筹发展网．重庆南山双龙村：杜鹃花开"钱"景红［EB/QL］．（2020-05-19）［2023-08-23］．http：//www.zgcxtc.cn/news/210957.html．

重庆日报．合川：赏桃花、逛市集、品美食"相约太和·最美时节"太和桃花节开幕［EB/QL］．（2023-03-11）［2023-08-23］．https://baijiahao.baidu.com/s?id=1760042388101447517&wfr=spider&for=pc．

重庆市梁平区人民政府．礼让镇：乡村振兴绘就美丽新画卷［EB/QL］．（2023-03-08）［2023-08-23］．http：//www.cqlp.gov.cn/zwxx_178/bmjz/202303/t20230328_11819239.html．

重庆市民族宗教委员会．龙桥土家族乡做好"三品"文章，推动民族乡高质量发展［EB/QL］．（2023-02-17）［2023-08-23］．http：//mzzjw.cq.gov.cn/sy_188/qxdt/202302/t20230217_11620521.html．

重庆市农业农村委员会．巴南区二圣镇：打造"茶、梨、渔、花"万亩产业推动一二三产业融合发展［EB/QL］．（2022-06-13）［2023-08-23］．https：//nyncw.cq.gov.cn/ztzl_161/rdzt/xczx/gzdt_249775/xczx_251963/202206/t20220613_10806256.html．

重庆市统计局. 2022年重庆市国民经济和社会发展统计公报［EB/OL］.（2023-03-17）［2023-08-23］. http：//tjj. cq. gov. cn/zwgk_233/fdzdgknr/tjxx/sjzl_55471/tjgb_55472/202303/t20230317_11775723_wap. html.

重庆市乡村振兴局. 龙头企业创新利益联结　猕猴桃产业助农增收见实效［EB/QL］.（2020-10-15）［2023-08-23］. http：//fpb. cq. gov. cn/zxgz_231/cyfz/202010/t20201015_7997668. html.

川渝本地消息. 到万盛，探秘丛林菌谷，邂逅山花烂漫［EB/QL］.（2023-03-11）［2023-08-23］. https：//www. sohu. com/a/652659518_121106884.

冯梅，2021. 现代农业背景下重庆柑橘产业发展问题与对策研究［D］. 重庆：重庆三峡学院.

共产党员网. 石盘村的乡村振兴"美丽"之路［EB/QL］.（2022-09-30）［2023-08-23］. https：//tougao. 12371. cn/gaojian. php？tid=4830325.

广西北海市人民政府. 宜居宜业乡村振兴正当时　重庆市荣昌区：多产齐下拓宽致富路［EB/QL］.（2022-09-15）［2023-08-23］. http：//www. beihai. gov. cn/xxgkbm/bhsxczxhskymgzj/gzxx/t16026448. shtml.

华龙网. 垫江杠家镇：强产业壮品牌　助农增收添活力［EB/QL］.（2022-02-11）［2023-08-23］. http：//cq. cqnews. net/cqqx/html/2022-02/11/content_941727437273010176. html.

刘贵忠，2023. 以党的二十大精神为引领　为加快建设农业强国贡献重庆力量［J］. 重庆行政，24（2）：18-21.

南川发布. 媒体看南川　山水林田湖草合力唱响乡村振兴"田园歌"［EB/QL］.（2022-10-15）［2023-08-23］. https：//mp. weixin. qq. com/s？__biz=MzAwNjY-1Mzc5OQ==&mid=2651175966&idx=4&sn=82826e70ac88dd38a722c8a4422ab788-&chksm=80fb0e16b78c8700610a8ba9c5367eedf53b9090a090ae653f78cacb4ab6ba62-0b1860655bcd&scene=27.

人民网. "一镇一品"产业体系　丰都特色产业助农增收［EB/QL］.（2022-04-07）［2023-08-23］. http：//cq. people. com. cn/n2/2022/0407/c367652-35212055. html.

上游新闻. 全村350多人以盆景为业，未来年产值将达3 000多万元，双龙村盆景成了"聚宝盆"［EB/QL］.（2023-06-25）［2023-08-23］. https：//www. cqcb. com/yunongpengyouquan/xiaokanggushi/2023-06-25/5299626_pc. html.

万盛日报. 特色产业提速发展　丛林镇绿水村上榜全国"一村一品"名单［EB/QL］.（2023-03-28）［2023-08-23］. http：//ws. cq. gov. cn/zwxx_165/wsdt/202303/t20230328_11818775. html.

新华网. 南川区德隆镇银杏村养蜂人曾顺江：大山里酿出"甜蜜事业"［EB/QL］.（2022-03-14）［2023-08-23］. http：//www. cq. xinhuanet. com/2022-03/14/c_1128468216. html.

颜安，2023. "三农"工作找准重庆定位　农业强国贡献重庆力量［N］. 重庆日报.

中国三峡集团．一颗橙子和30万人的故事［EB/QL］．（2023-05-22）［2023-08-23］．https：//www.thepaper.cn/newsDetail_forward_23176997．

第九节　湖南省"一村一品"发展报告

湖南省，位于中国华中地区南部、长江中游。全省国土总面积21.18万平方千米，占全国国土面积的2.2%，在全国各省市区中居第十位。地势呈现东、南、西三面环山，中部丘岗起伏，北部湖盆平原展开，沃野千里，是朝东北开口的不对称马蹄形地形。湖南省以山地和丘陵地貌为主，合占总面积的66.62%，总的地貌特征大体上是"七山二水一分田"。东临江西省，西接重庆市、贵州省，南毗广东省、广西壮族自治区，北连湖北省。湖南省辖长沙、株洲、湘潭、衡阳、邵阳、岳阳、常德、张家界、益阳、郴州、永州、怀化、娄底13个地级市、湘西土家族苗族自治州1个自治州，共14个地级行政区划。其下辖67个县（其中7个自治县）、19个县级市、36个市辖区，共122个县级行政区划；辖422个街道办事处、1 134个镇、388个乡（其中83个民族乡），共1 944个乡级行政区划，常住人口6 604.0万人。

湖南省是我国重要的粮食生产基地。近年来，湖南省锚定建设农业强省目标，积极探索具有湖湘特色的乡村振兴路子，持续打造湘米、湘油、湘菜、湘茶、湘猪、菜果工程，打造农业优势特色千亿产业，进一步发挥优质稻米、猪肉、食用植物油等产业优势，促进特色农业高质高效发展，调整优化农业生产力布局。因地制宜发展蔬菜、玉米、棉花、油料、苎麻、烤烟以及猪肉、牛羊肉、乳制品、大豆、禽蛋、水产品等重要农产品。2022年粮食总产量3 018.0万吨，减少56.3万吨，减产1.8%；棉花产量8.2万吨，增产2.3%；油料277.0万吨，增产5.3%；烤烟19.5万吨，增产5.8%；茶叶26.5万吨，增产2.6%。全年猪、牛、羊、禽肉类总产量577.3万吨，比上年增长3.1%；其中，猪肉产量457.9万吨，增长3.3%。湖南省被誉为"鱼米之乡"，特色农产品种类丰富，水稻、油菜面积均稳居全国第一位，油茶面积占全国的40%，粮食、湘莲、苎麻、茶叶、柑橘等产量位居全国前列，杉木林、楠竹的面积占全国的1/3，随着"优质湘猪工程"推进，生猪出栏量位居全国前列。十大农业优势特色千亿产业蓬勃发展，"一县一特、一特一片"基本成型，全产业链产值达到1.24万亿元。全链条打造粮食、畜禽、蔬菜、茶叶、油菜、油茶、水产、水果、中药材、竹木等10个优势特色千亿产业和一批百亿现代农业产业园、十亿农业产业强镇，构建链条完整、功能多样、业态丰富、利益联结紧密的乡村产业体系。

一、湖南省"一村一品"发展的政策环境

近年来，湖南省陆续出台相关政策文件以推进"一村一品"产业的发展。2008年《关于深入开展"万企联村、共同发展"活动的意见》提出，"万企联村、共同发展"活动可重点开发"一村一品"项目。2021年《湖南省"十四五"数字农业农村发展规划》中提到，要积极发展"一村一品"，培育一批示范村镇，形成一村带数

村、多村连成片的发展格局。2022年《推进县域经济高质量发展实施方案（2022—2025年）》提出，围绕产业基础，梳理确定最具优势、最具发展潜力的产业，聚力突破。充分发挥国家级现代化示范园辐射带动作用，建设一批主业突出的现代产业园、科技园、特色小镇、产业强镇、"一村一品"重点村。同年，《中共湖南省委湖南省人民政府关于做好2022年"三农"工作扎实推进乡村振兴的意见》提出，建立农业优势特色产业"链长制"，打造一批绿色精细高效生产基地，创建国家农业现代化示范区，建设一批现代农业产业园、农业科技园、特色产业小镇、农业产业强镇、"一村一品"重点村。《湖南省人民政府办公厅关于加快农村寄递物流体系建设的实施意见》也提出，加快发展面向农村、农业和农民的寄递物流，完善农产品上行渠道，大力开展"一村一品""一县一特"寄递服务，促进农产品出村进城。2023年《中共湖南省委湖南省人民政府 关于锚定建设农业强省目标扎实做好2023年全面推进乡村振兴重点工作的意见》提出，建设现代化乡村产业体系，推动农业优势特色产业全链条升级。做好"土特产"文章，推进优势特色千亿产业发展，打造生产、加工、流通等一体的产业集群，建设一批现代农业产业园、农业产业强镇、"一村一品"示范村镇。

二、湖南省"一村一品"发展现状

（一）获批全国"一村一品"示范村镇数量情况

湖南省作为中国的重要农业大省，高度重视"一村一品"示范村镇建设工作，不断打造以精细农业为特色的优质农副产品。截至2022年末，有135个村镇获批全国"一村一品"示范村镇认定，占全国总量的3.23%，位于全国第十四。其中，示范村82个、示范镇53个，分别占湖南省获批总数的60.74%、39.26%。2020—2022年，湖南省先后有17个示范村获评全国乡村特色产业亿元村（表3-40），占全国总数的2.46%；有12个示范镇获评全国乡村特色产业十亿元镇（表3-41），占全国总数的2.59%。"一村一品"的发展促进了农业专业化、规模化和产业化发展，增强了农业农村经济发展的动力和活力，有效助推乡村振兴战略的实施。

表3-40 湖南省获评全国乡村特色产业亿元村名单

序号	地区	亿元村名称	年份
1	常德市	湖南省常德市鼎城区十美堂镇同兴村	2021
		湖南省常德市鼎城区十美堂镇同兴村（甲鱼）	2022
2	郴州市	湖南省郴州市临武县舜峰镇贝溪村	2021
		湖南省郴州市临武县舜峰镇贝溪村（香芋）	2022
		湖南省郴州市苏仙区良田镇堆上村（食用菌）	2022

(续表)

序号	地区	亿元村名称	年份
3	衡阳市	湖南省衡阳市衡东县霞流镇李花村	2021
		湖南省衡阳市衡东县霞流镇李花村（禽蛋）	2022
		湖南省衡阳市衡阳县台源镇东湖寺村	2021
		湖南省衡阳市衡阳县台源镇东湖寺村（乌莲）	2022
4	湘潭市	湖南省湘潭市湘潭县锦石乡碧泉村（稻米）	2022
5	湘西州	湖南省湘西土家族苗族自治州古丈县默戎镇牛角山村	2020
		湖南省湘西土家族苗族自治州古丈县默戎镇牛角山村（黄金茶）	2022
6	益阳市	湖南省益阳市安化县田庄乡高马二溪村	2021
7	岳阳市	湖南省岳阳市湘阴县樟树镇文谊新村	2021
		湖南省岳阳市湘阴县樟树镇文谊新村（辣椒）	2022
8	长沙市	湖南省长沙市长沙县金井镇湘丰村	2020
		湖南省长沙市长沙县金井镇湘丰村（茶叶）	2022

表3-41　湖南省获评全国乡村特色产业十亿元镇名单

序号	地区	十亿元镇名称	年份
1	常德市	湖南省常德市桃源县茶庵铺镇	2020
		湖南省常德市桃源县茶庵铺镇	2021
		湖南省常德市桃源县茶庵铺镇（茶叶）	2022
2	湘潭市	湖南省湘潭市湘潭县花石镇	2020
		湖南省湘潭市湘潭县花石镇	2021
		湖南省湘潭市湘潭县花石镇（湘莲）	2022
		湖南省湘潭市湘潭县茶恩寺镇	2021
		湖南省湘潭市湘潭县茶恩寺镇（竹木制品）	2022
3	岳阳市	湖南省岳阳市临湘市羊楼司镇	2020
		湖南省岳阳市临湘市羊楼司镇	2021
		湖南省岳阳市临湘市羊楼司镇（竹制品）	2022
4	长沙市	湖南省长沙市长沙县金井镇	2020

第三章 中国热区"一村一品"发展区域报告

(二)湖南"一村一品"示范村镇空间分布情况

1. 州、市分布

从"一村一品"示范村镇的州、市分布情况来看,湖南全省14个州、市均有覆盖(图3-62),涉及25个市辖区,25县级市,79个县,6个自治县。其中认定数量最多的是湘西土家族苗族自治州,简称湘西州,认定数为15个,占全省的11.11%,分布在龙山县、永顺县各5个,保靖县4个,古丈县1个;湘西州辖1个县级市,7个县,"一村一品"认定范围在湘西州分布较为集中。第二是岳阳市、长沙市,其中岳阳市认定数11个,占全省的8.15%,分布在湘阴县3个,君山区、岳阳县各2个,临湘市、汨罗市、华容县、平江县均1个;长沙市认定数量11个,占全省的8.15%,分布在浏阳市7个,长沙县2个,望城区、宁乡市各1个,长沙市"一村一品"认定范围分布较为集中。第三是常德市、衡阳市、怀化市、益阳市、永州市、株洲市6市,认定数均为10个,分别占全省数量的7.41%,其中常德市主要分布在澧县3个,鼎城区、桃源县、汉寿县各2个,津市市1个;衡阳市主要分布在衡东县、衡山县、衡阳县各2个,常宁市、蒸湘区、衡南县、祁东县各1个;怀化市主要分布在沅陵县3个,麻阳苗族自治县2个,洪江市、通道侗族自治县、靖州苗族侗族自治县、中方县、溆浦县各1个;益阳市主要分布在沅江市、大通湖区、桃江县、安化县各2个,赫山区和南县各1个;永州市主要分布在沅江市零陵区、江华瑶族自治县各2个,其他认定地区为冷水滩区、蓝山县、道县、江永县、新田县、双牌县,各1个;株洲市主要认定的地区有醴陵市、株洲县、茶陵县各2个,其他地区有渌口区、芦淞区、荷塘区、炎陵县,各1个。获批的州、市都有自己独特的产业种类,因此在"一村一品"发展中也有着各自的侧重点和优势。例如,位于湘西州的龙山县,依托龙山县得天独厚的气候和土壤环境,发展了以

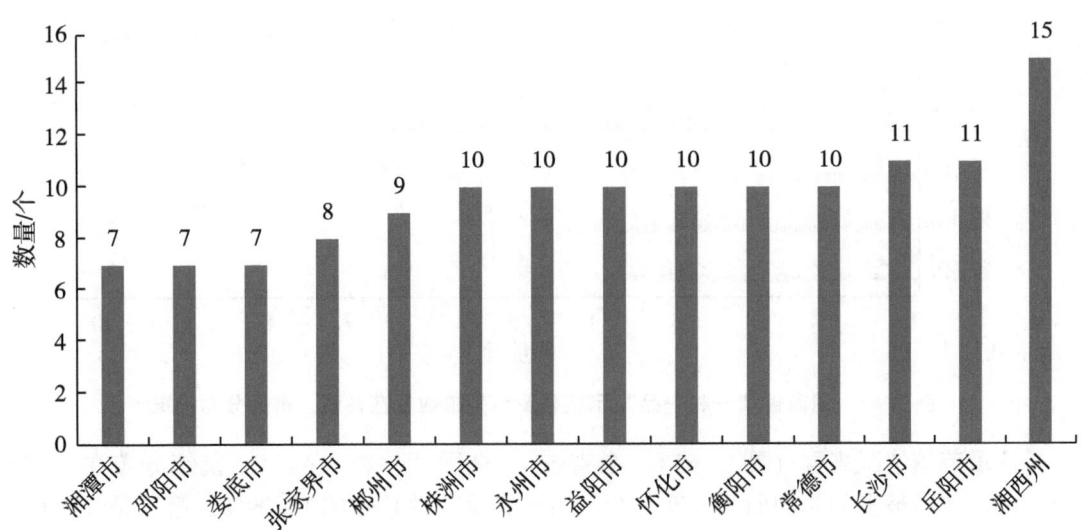

图3-62 湖南省获全国"一村一品"示范村镇在各州、市的分布情况

优质百合为主导的产业；位于岳阳市湘阴县樟树镇的示范村文谊新村，小镇依托樟树港地理环境优势与"樟树港辣椒"国家地理标志的影响力，打造辣椒产业特色小镇；位于长沙市长沙县的春华镇，是全省主要水稻、蔬菜制种基地，则以水稻、蔬菜种子产业为主要发展方向，打造种业小镇。从空间分布来看，湖南省的"一村一品"示范村镇呈现出"四周多中间少"的分布特点。

2. 示范村镇分布

从示范村情况来看（图3-63），全省82个示范村在14个州、市均有分布。其中认定示范村数量最多的是株洲市，有9个获批，各占全省认定示范村总数的10.98%；并列第二的是衡阳市、永州市，各有8个，占全省示范村的9.76%；第三的是湘西州、长沙市，均有7个，各占全省示范村总数的8.54%；并列第四的是常德市、益阳市，均有6个，占比7.32%；第五位有郴州市、娄底市、邵阳市、岳阳市、张家界市，均有5个获批；目前获批的示范村数量最少的有湘潭市、怀化市，数量均为3个。

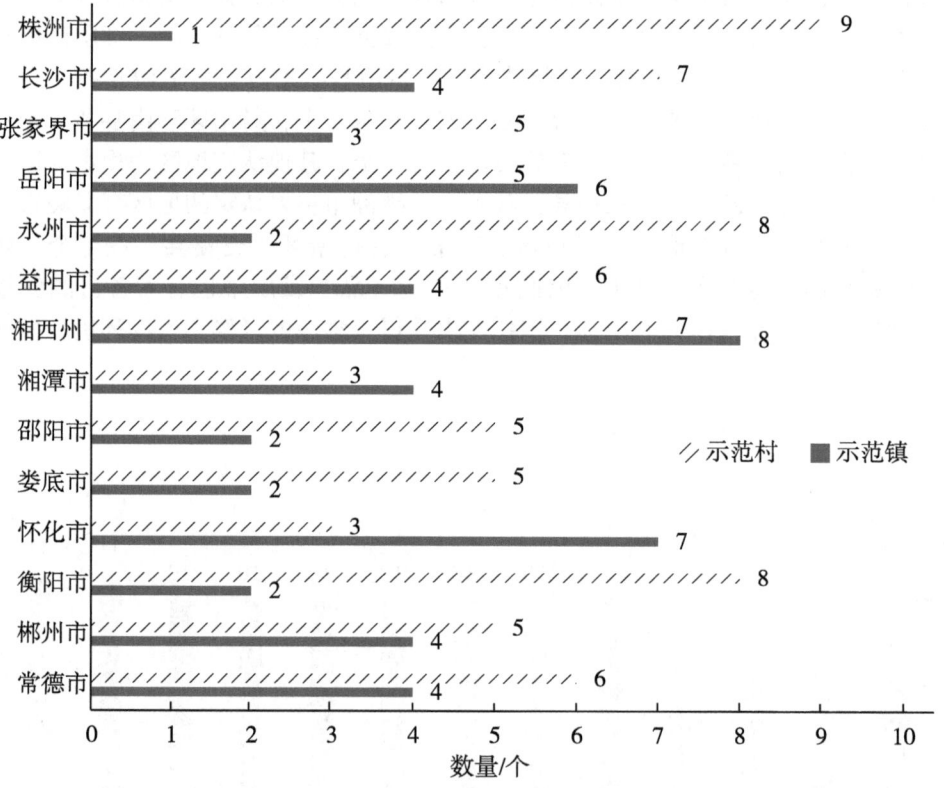

图3-63 湖南省"一村一品"示范村及示范镇数量在各州、市的分布情况

从示范镇情况来看（图3-63），全省53个全国"一村一品"示范镇分布在14个州、市。数量最多的是湘西州，有8个，占全省示范镇总数的15.09%；第二是怀化市，数量为7个，占13.21%；第三是岳阳市，示范镇数量为6个，占11.32%；目前株洲市仅有1个乡镇获得"一村一品"认定。

(三) 主导产业和产品类别情况

1. 产业大类

在湖南省"一村一品"示范村镇的建设中，各地积极发展本地资源和优势产业，形成了一批具有代表性的特色产业和基地。从主导产业来看，湖南省"一村一品"示范村镇的主导产业大类涵盖种植业、林业、养殖业、涉农服务业、非农产业（图3-64）。其中，种植业占比最大，达到74.81%，包含果品类、蔬菜类、茶叶类和粮油类；林业和养殖业并列第二，占比均为8.89%，其中林业包含花卉苗木、中草药材、调味品及香料类，养殖业主要包含水产类、畜禽蛋奶类；涉农服务业第三，占比5.19%，包含休闲农业类、传统食品类；非农产业仅有3个，为湖南省最少产业，包含竹木制品、席草、草席、林乡竹业制品。

从主导产业在示范村、示范镇的空间分布来看（图3-65），种植业在示范村和示范镇的分布均是最多，且示范村种植业多于示范镇；林业在示范村数量排名第二，而养殖业在示范镇的数量排名第二；非农产业在示范村和示范镇的排名最低。由此分析，近年来湖南省围绕乡村振兴战略决策部署，立足特色农业资源禀赋，聚焦重点产业，扎实推进"一村一品"主体；着力推动农业增效、农民增收、农村发展，使该省"一村一品"示范村和示范镇的区域产业集中在种植业。种植业成为了湖南省"一村一品"主导产业，是实现乡村振兴的主要抓手。

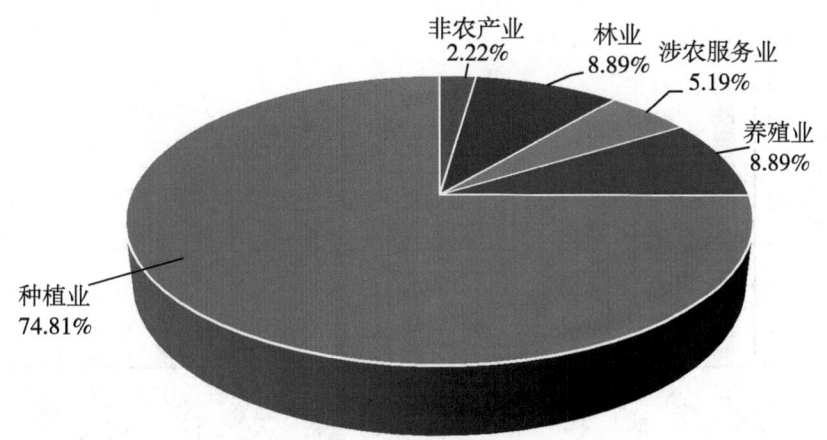

图3-64　湖南省"一村一品"主导产业大类

2. 产品类别

从产品类别来看，湖南省"一村一品"示范村镇的主导产品种类繁多，主要涉及果品类、蔬菜类、茶叶类、粮油类、水产类、中草药材类、休闲农业类、畜禽蛋奶类、传统食品类、工艺品类、花卉苗木类、调味品及香料类十二类（图3-66）。其中，果品类"一村一品"最多，获批36个，占全省26.67%，主要包含柑桔3个，柑橘、黄桃、葡萄、脐橙各2个，其他果品各1个（图3-67）。果品类各个品种呈现多样化，重复果品种类的较少，仍有发展空间。蔬菜类位于第二，有31个获批，占比22.96%；茶叶类

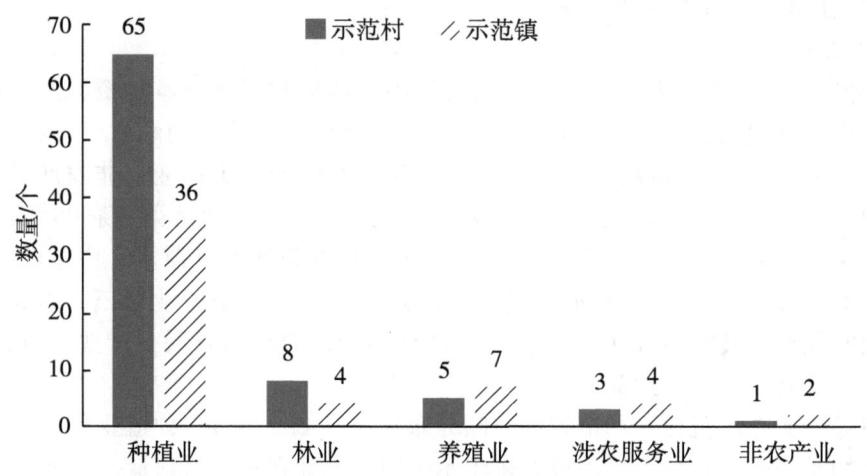

图 3-65　湖南省"一村一品"主导产业在示范村、示范镇的分布情况

第三，有 24 个获批，占比 17.78%。在这些主导产业和产品中，湖南省"一村一品"示范村镇积极发挥本地优势，通过品牌建设、推广营销等手段，进一步提升产品的品质和附加值，推动了当地果品类、蔬菜类、茶叶类为主导农业经济的发展。

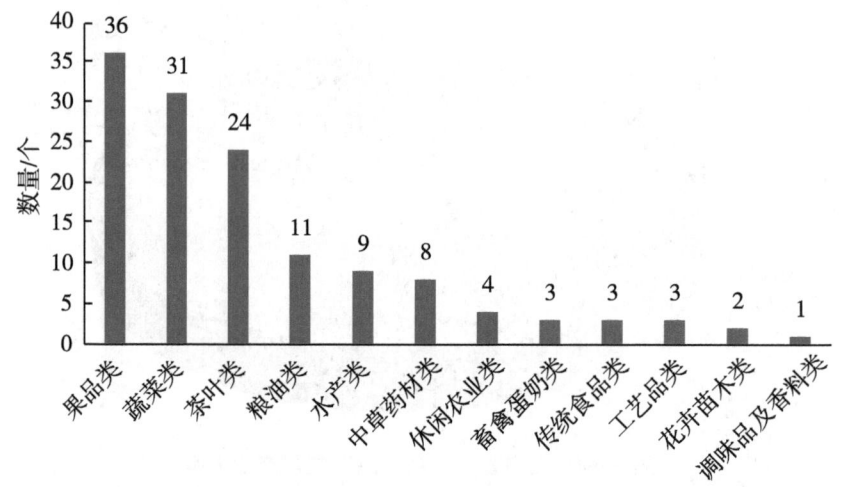

图 3-66　湖南省获批全国"一村一品"示范村镇主导产品类别情况

3. 产业聚集度

结合湖南省主导产品类别排名情况，以湖南省果品类、蔬菜类、茶叶类为例，分析湖南省主导产业聚集度。以果品类来看，36 个果品类在 11 个市、1 个自治州有分布（图 3-68），还有 3 个市未发展果品类产业。果品类主要分布在永州、怀化、湘西、娄底、邵阳等州、市，涉及 5 个市辖区，7 个县级市，20 个县，3 个自治县，其中娄底市冷水江市、湘西州永顺县各有 3 个果品产业。31 个蔬菜类"一村一品"分布在 11 个市

— 214 —

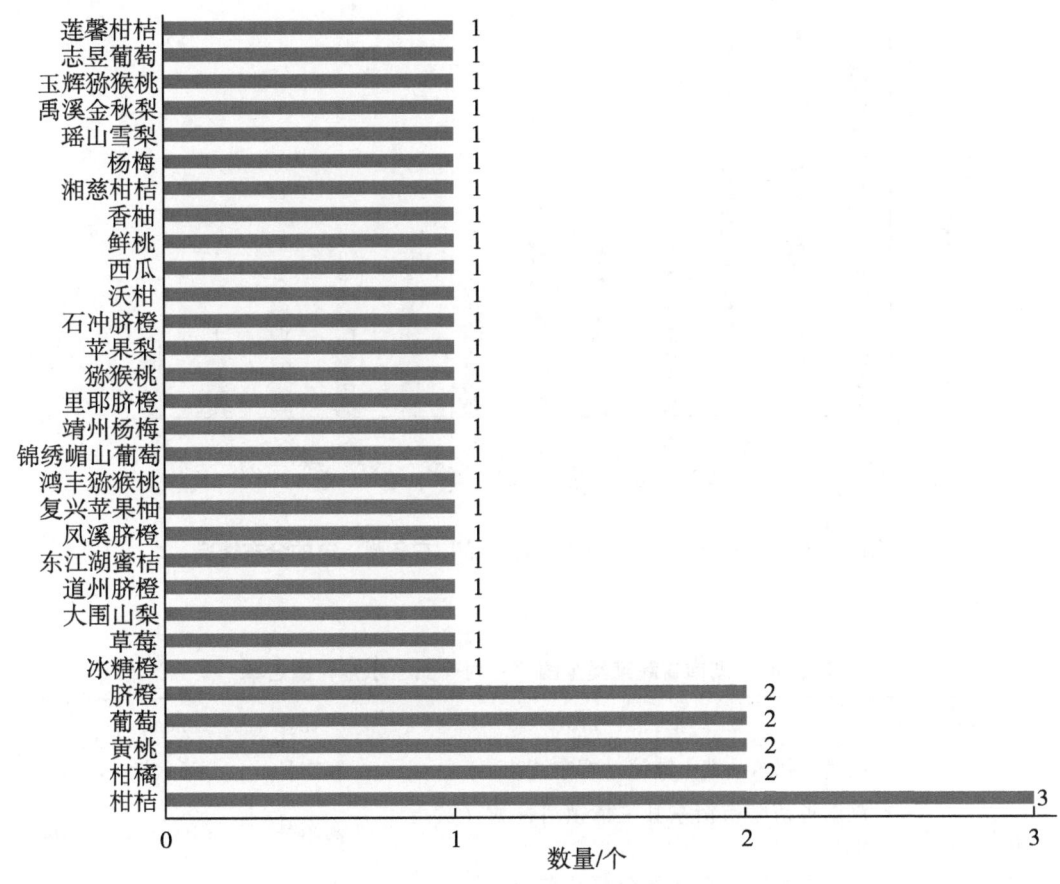

图 3-67 湖南省果品类全国"一村一品"示范村镇主导产品类别情况

（表 3-42），主要集中于岳阳市的君山区和湘阴县，株洲市的株洲县、醴陵市、渌口区和芦淞区，以及衡阳市、益阳市、永州市等地，涉及 9 个市辖区、4 个县级市、17 个县，其中岳阳市以辣椒和蔬菜为主导产业的"一村一品"最多，各有 2 个。24 个茶叶类"一村一品"分布在 11 个市、1 个自治州（表 3-43），主要集中在湘西州、张家界市、怀化市等地，涉及 1 个市辖区、3 个县级市、12 个县、2 个自治县，其中以湘西州的茶叶种类最多，湘西州保靖县认定品种最多。11 个粮油类"一村一品"分布在 6 个市、1 个自治州，主要集中于长沙、郴州、株洲等州、市，涉及个 1 市辖区、3 个县级市、6 个县。水产类"一村一品"主要分布在益阳、常德等市。中草药材类主要分布在湘西州。近年来，湖南省以休闲旅游为主导产业的"一村一品"示范村镇也得到逐步发展，目前获批的 4 个主要分布在湘潭、长沙、张家界、衡阳。这也证明了湖南省积极发展新兴业态，丰富并拓展了农业的多种功能，有利于农村开展生态文明建设，极大地促进了广大农村多元化繁荣发展。

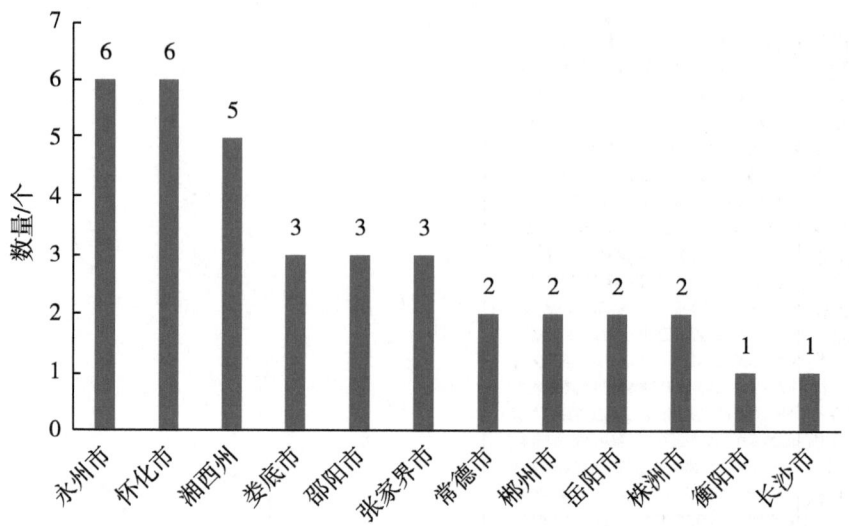

图 3-68 湖南省果品类全国"一村一品"在各州、市的分布情况

表 3-42 湖南省蔬菜类全国"一村一品"示范村镇名单

地区	示范村镇名称	所在地	批次	年份
衡阳市（3个）	湖南省祁东县黄土铺镇（祁东黄花菜）	祁东县	第六批	2016
	湖南省衡阳市衡东县三樟镇塔冲村（黄贡椒）	衡东县	第十一批	2021
	湖南省衡阳市衡阳县台源镇东湖寺村（乌莲）	衡阳县	第十一批	2021
益阳市（3个）	湖南省沅江市草尾镇民主村（洋蒜苗）	沅江市	第六批	2016
	湖南省桃江县马迹塘镇京华村（桃江竹笋）	桃江县	第八批	2018
	湖南省益阳市桃江县马迹塘镇南山村（竹笋）	桃江县	第十二批	2022
常德市（3个）	湖南省汉寿县龙阳镇席家咀村（时令蔬菜）	汉寿县龙阳镇	第一批	2011
	湖南省津市市白衣镇会云村（田家山蕌头）	津市市	第二批	2012
	湖南省常德市鼎城区十美堂镇（油菜）	鼎城区	第十一批	2021
张家界市（1个）	湖南省张家界市慈利县洞溪乡洞溪村（辣椒）	慈利县	第十二批	2022
永州市（3个）	湖南省新田县陶岭镇仁岗村（三味辣椒）	新田县	第八批	2018
	湖南省永州市零陵区南津渡街道香零山村（蔬菜）	零陵区	第十批	2020
	湖南省永州市双牌县上梧江瑶族乡（生姜）	双牌县	第十批	2020

(续表)

地区	示范村镇名称	所在地	批次	年份
郴州市（2个）	湖南省临武县贝溪村（舜溪香芋）	临武县	第四批	2014
	湖南省郴州市苏仙区良田镇堆上村（食用菌）	苏仙区	第十一批	2021
邵阳市（2个）	湖南省邵阳市大祥区檀江乡茶元村（蔬菜）	大祥区	第一批	2011
	湖南省洞口县水东镇高新村（食用菌）	洞口县	第六批	2016
湘潭市（2个）	湖南省湘潭县花石镇（宏兴隆、粒粒珍湘莲）	湘潭县	第二批	2012
	湖南省湘潭市雨湖区姜畲镇泉塘子村（鸡枞菌）	雨湖区	第十二批	2022
株洲市（5个）	湖南省株洲县朱亭镇塘改村（湘春蕨菜）	株洲县	第四批	2014
	湖南省株洲县龙门镇李家村（蔬菜）	株洲县	第六批	2016
	湖南省株洲市醴陵市明月镇云岩社区（醴陵玻璃椒）	醴陵市	第九批	2019
	湖南省株洲市渌口区龙船镇河包村（黄辣椒）	渌口区	第十批	2020
	湖南省株洲市芦淞区白关镇卦石村（白关丝瓜）	芦淞区	第十一批	2021
岳阳市（5个）	湖南省岳阳市君山区广兴洲镇（蔬菜）	君山区	第一批	2011
	湖南省岳阳市君山区钱粮湖镇马颈河村（三封辣椒）	君山区	第七批	2017
	湖南省湘阴县樟树镇文谊新村（樟树港辣椒）	湘阴县	第七批	2017
	湖南省岳阳市湘阴县杨林寨乡（蔬菜）	湘阴县	第九批	2019
	湖南省岳阳市湘阴县三塘镇（藠头）	湘阴县	第十一批	2021
郴州市（2个）	湖南省浏阳市高坪镇高坪社区（茄子）	浏阳市	第七批	2017
	湖南省长沙市浏阳市沿溪镇沙龙村（南瓜、莴笋）	浏阳市	第九批	2019

表3-43 湖南省茶叶类全国"一村一品"示范村镇名单

地区	示范村镇名称	所在地	批次	年份
常德市（2个）	湖南省桃源县茶庵铺镇（桃源野茶王）	桃源县	第六批	2016
	湖南省常德市桃源县杨溪桥镇（茶叶）	桃源县	第十一批	2021
益阳市（2个）	湖南省益阳市安化县田庄乡高马二溪村（茶叶）	安化县	第十一批	2021
	湖南省益阳市安化县马路镇（茶叶）	安化县	第十一批	2021

(续表)

地区	示范村镇名称	所在地	批次	年份
郴州市（1个）	湖南省资兴市汤市乡（狗脑贡茶）	资兴市	第一批	2011
怀化市（3个）	湖南省沅陵县官庄镇（碣滩官庄茶叶）	沅陵县	第四批	2014
	湖南省怀化市沅陵县马底驿乡（茶叶）	沅陵县	第十一批	2021
	湖南省怀化市通道侗族自治县独坡镇上岩村（茶）	通道侗族自治县	第十二批	2022
湘西州（6个）	湖南省古丈县默戎镇毛坪村（古丈毛尖）	古丈县	第四批	2014
	湖南省保靖县葫芦镇枫香村（保靖黄金茶）	保靖县	第六批	2016
	湖南省保靖县清水坪镇客寨村（保靖黄金茶）	保靖县	第七批	2017
	湖南省湘西土家族苗族自治州保靖县洞山镇黄金村（绿茶）	保靖县	第九批	2019
	湖南省湘西州永顺县毛坝乡（莓茶）	永顺县	第十批	2020
	湖南省湘西土家族苗族自治州龙山县红岩溪镇肖家坪村（黄金茶）	龙山县	第十二批	2022
张家界市（3个）	湖南省张家界市永定区罗塔坪乡长寿村（莓茶）	永定区	第九批	2019
	湖南省张家界市永定区罗塔坪乡长寿村（莓茶）	慈利县	第十批	2020
	湖南省张家界市永定区罗塔坪乡长寿村（莓茶）	永定区	第十二批	2022
长沙市（2个）	湖南省宁乡县沩山镇八角溪村（茶叶）	宁乡县	第一批	2011
	湖南省长沙县金井镇湘丰村（湘丰绿茶）	长沙县	第七批	2017
衡阳市（1个）	湖南省常宁市塔山瑶族乡（塔山山岚茶）	常宁市	第八批	2018
娄底市（1个）	湖南省新化县奉家镇渠江源村（茶叶）	新化县	第八批	2018
湘潭市（1个）	湖南省湘乡市毛田镇（香露红茶叶）	湘乡市	第八批	2018
邵阳市（1个）	湖南省邵阳市洞口县古楼乡（绿茶、红茶）	洞口县	第九批	2019
永州市（1个）	湖南省永州市江华瑶族自治县小圩壮族乡崇江村（苦茶）	江华瑶族自治县	第十二批	2022

（四）年度和获批批次情况

2011年，湖南省11个州、市，以蔬菜类、果品类、茶叶类、工艺品类、花卉苗木类及中草药类为主导产业，入选了原农业部认定的第一批全国"一村一品"示范村镇，标志湖南省开始进入国家级"一村一品"示范村镇建设的起步阶段。此后，湖南省"一村一品"呈波动增长的态势（图3-69）。2014—2016年，湖南省全国"一村一品"示范村镇建设步入快速发展期，截至2016年，全省共获得了41个示范村镇的称号；2016—2018年，进入了稳定发展期，期间获得了33个示范村镇的称号，年均稳定获批

11 个；2018—2020 年，又进入了一波新的增长，期间获得 46 个示范村镇；2020 年以后以年均 18 个以上的速度发展。目前在全国已认定的 12 批次"一村一品"示范村镇，湖南省除第五批次中未认定外，在每一批次均有入选的示范村镇。湖南省起步较高，第一批次认定村镇数量为 11；较多认定数量为第十批、十一批、十二批，分别认定数量为 19、18、19 个，最少是 2014 年第四批，入选 5 个村镇。

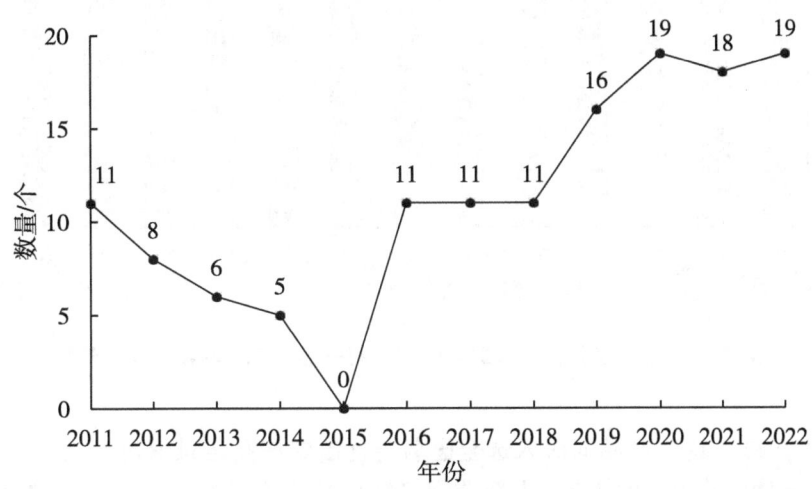

图 3-69　2011—2022 各年度湖南省获批全国"一村一品"示范村镇数量情况

从州、市获批批次数量情况来看（图 3-70），2011—2022 年全国有 12 批"一村一品"示范村镇认定。其中，郴州市、怀化市、湘西州、永州市、长沙市在 9 年中均有入选"一村一品"的示范村镇，入选批次总量并列位居湖南省第一；第二是常德市、岳阳市、株洲市，有 8 个批次入选；其余州、市获批批次数量位居第三，有 7 个年份入选。整体来看，湖南省 14 州、市入选批次数量情况差距不大，除 2015 年第五批次无入选之外，其余年份均有入选"一村一品"示范村镇。

三、湖南省"一村一品"品牌关联分析

（一）"一村一品"产品同时是地理标志产品情况

截至 2022 年 3 月，湖南省获农业农村部批准登记保护的地理标志产品有 128 个。将湖南省 135 个全国"一村一品"产品与 128 个地理标志农产品进行数据关联分析，结果显示，有 15 个"一村一品"同时获得农产品地理标志登记保护，分别为白关丝瓜、保靖黄金茶、大围山梨、东江湖蜜桔、复兴苹果柚、汉寿甲鱼、壶天石羊、江永香柚、靖州杨梅、醴陵玻璃椒、龙山百合、茅岩莓茶、桃江竹笋、瑶山雪梨、樟树港辣椒。从产品类别来看，果品类全国"一村一品"同时是地理标志产品最多，有 6 个，其中柚子类有 2 个，梨果有 2 个；第二是蔬菜类，有 5 个，辣椒类有 2 个；第三是茶类，有 2 个；第四是畜禽奶类和水产类，各 1 个。从州、市分布来看，15 个产品分布在 11 州、市，常德市、湘西州、永州市、株洲市均有 2 个，其余市各 1 个既是"一村一品"又是地理标志的产品。

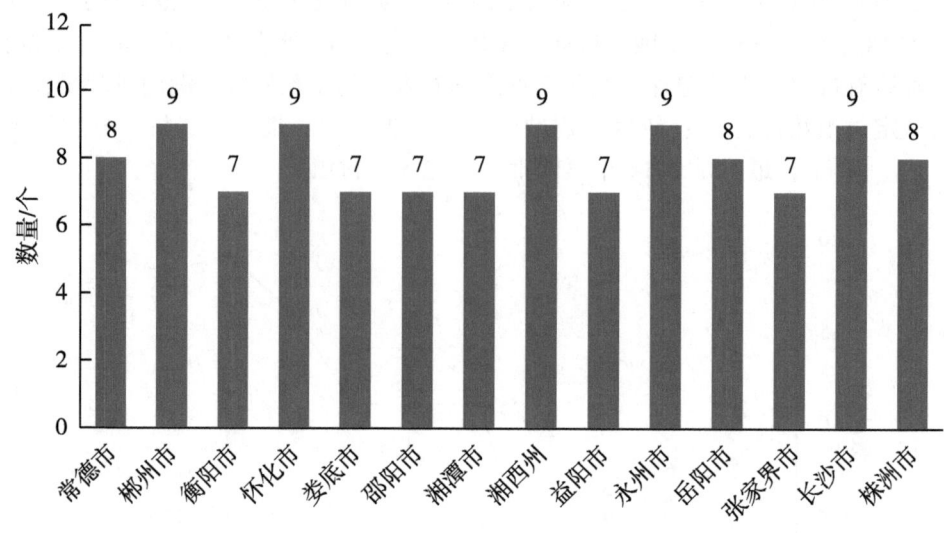

图 3-70 湖南省各州、市入选全国"一村一品"示范村镇批次数量情况

(二)"一村一品"产品同时入选全国名特优新农产品名录情况

目前,湖南省有 94 个农产品入选全国名特优新农产品名录,与湖南省 135 个全国"一村一品"产品进行数据关联分析,结果显示,有 9 个"一村一品"产品同时入选全国名特优新农产品名录,分别为樟树港辣椒、瑶山雪梨、龙山百合、靖州杨梅、古丈毛尖、复兴苹果柚、保靖黄金茶、江华苦茶、江永香柚。从产品类别来看,果品类入选"一村一品"又入选全国名特优新农产品名录最多,有 4 个,茶叶类排名第二,有 3 个,其余蔬菜类和中草药材类各 1 个。从州、市分布来看,湘西州、永州市 3 个,位居第一,常德市、怀化市、岳阳市各 1 个;"一村一品"产品同时入选全国名优特产名录主要分布在 4 个市、1 个自治州,还有较大发展空间。

(三)"一村一品"产品同时入选全国乡村特色产品情况

目前,湖南省入选全国乡村特色产品目录共有 62 个。将湖南省 135 个全国"一村一品"产品与 62 个入选全国乡村特色产品目录进行数据关联分析,结果显示,有 5 个"一村一品"产品同时入选全国乡村特色产品目录,分别为樟树港辣椒、祁东黄花菜、古丈毛尖、复兴苹果柚、大围山梨,包含蔬菜类 2 个,果品类 2 个,茶叶类 1 个。

(四)"一村一品"产品同时入选中国特色农产品优势区产品情况

目前,湖南省入选中国特色农产品优势区共有 11 个。将湖南省 135 个全国"一村一品"与 11 个入选中国特色农产品优势区的产品进行数据关联分析,结果显示,有 4 个"一村一品"产品同时入选中国特色农产品优势区的产品,分别为安化黑茶、湘潭湘莲、保靖黄金茶、炎陵黄桃,包含茶叶类 2 个,蔬菜类 1 个,果品类 1 个。

(五)"一村一品"产品同时入选中国农业品牌目录情况

目前,湖南省入选中国农业品牌目录产品共有 11 个。将湖南省 135 个全国"一村一品"与 11 个入选中国农业品牌目录产品进行数据关联分析,结果显示,有 2 个"一村一品"产品同时为入选中国农业品牌目录产品,分别是安化黑茶、炎陵黄桃。

综上可见,与"一村一品"品牌关联度最高的产品是樟树港辣椒、复兴苹果柚、保靖黄金茶,其中樟树港辣椒、复兴苹果柚即被认定为"一村一品"示范村镇产品、农产品地理标志产品,同时也入选全国名特优新农产品名录、全国乡村特色产品;保靖黄金茶既是"一村一品"示范村镇产品,又是地理标志、全国名特优新农产品名录和中国特色农产品优势区的产品。既是"一村一品"示范村镇产品,又是地理标志和全国名特优新农产品名录的产品有7个,分别有樟树港辣椒、瑶山雪梨、龙山百合、靖州杨梅、复兴苹果柚、保靖黄金茶、江永香柚。安化黑茶、炎陵黄桃既是"一村一品"示范村镇产品,又入选了特色农产品优势区和中国农业品牌目录。通过品牌数据关联分析可以看出,当前湖南省"一村一品"品牌建设还比较薄弱,在135个"一村一品"示范村镇产品中,仅有11.11%获得农产品地理标志登记保护,仅有6.67%入选全国名特优新农产品名录,仅有3.70%入选全国乡村特色产品目录,4.44%入选中国特色农产品优势区,入选中国农业品牌目录的一村一品产品更少,仅占1.48%,由此可见,品牌效应不突出,产品的市场认可度低和竞争力不强,这将会影响"一村一品"产品的高质量发展,"一村一品"应结合以上认证,积极打造知名度,助力乡村振兴。

四、湖南省"一村一品"发展模式

近年来,湖南省因地制宜大力发展特色农业产业为主导的"一村一品",涌现出党建引领型、服务组织推动型、龙头企业带动型、政产学研支持型等的产业发展模式。

(一)党建引领型

衡阳市衡东县霞流镇李花村入选第十批全国"一村一品"示范村,以"党总支+合作社+村民入股分红"的模式带动村民增收致富,2022年全村禽蛋产业年产值超过2亿元,村级集体经济收入突破1 000万元,被评为"全国特色产业亿元村""一村一品全国示范村"。入选第十批全国"一村一品"示范村镇的岳阳市岳阳县杨林街镇,不断突出抓党建,促进乡村振兴示范创建,发挥本土资源优势,高标准打造杨林街镇鸽产业发展示范片区。找准发展定位,促进鸽产业提档升级,引领示范片区村级集体经济发展。并规划创建"小鸽大爱"党建品牌,把党支部建在产业链和产业示范片区上,大力扶持壮大鸽产业,形成"党支部+示范片区"的基层党组织体系。2022年,肉鸽产业为片区村集体经济收入分红增加12万元,周边辐射明显,带动省内外5 000多家专业户进行养殖。入选第十一批全国"一村一品"示范村镇的岳阳市湘阴县三塘镇,藠头是该镇传统优势产业,也是支撑三塘镇主体产业。三塘镇聚焦打造藠头特色小镇,按照以"党支部+公司+协会+基地+农户"发展模式,由国家级龙头企业湖南海日食品党支部与全镇8个村(社区)党组织"握手"共建,村企结对为藠头产业安装发展新"引擎"。2022年全镇藠头种植面积达1.3万亩,产量2.75万吨,村集体经济不断发展壮大。

(二)服务组织推动型

桃江县马迹塘镇京华村入选第八批全国"一村一品"示范村,以桃江竹笋为主导产业,全村笋竹林面积20 793亩,年竹笋产量(鲜笋)6 000~8 000吨,产值2 650

万元，竹笋产业收入占全村农业经济总收入的比例高达65.5%，是全县"培育百万亩优质竹林，打造百亿元竹业产值"的核心基地。为推进竹笋产业发展，成立了"桃江县京华竹笋专业合作社"，全村以各种形式加入合作社的农户达385户，入社农户占总户数的45.5%。同时积极对接位于本镇的竹笋龙头企业——桃江县竹缘林科开发有限公司，采用"公司+基地+农户"的模式，依托资源优势发展竹笋生产。入选第十一批全国"一村一品"示范村的衡阳县台源镇东湖寺村，为了延伸"荷花经济"产业链，该村通过"公司+基地+农户"的模式，引进湖南安发原生态旅游开发有限公司，形成了乌莲种植、加工、销售"一条龙"产业，产品成功销售到中南、华南等地区，塑造了"台源乌莲"品牌。其传统加工技艺目前已被列为市级非遗保护名录，并通过农业农村部专家评审，成为衡阳县有史以来第一个国家农产品地理标志保护产品。入选第十二批全国"一村一品"示范村的株洲市醴陵市板杉镇擂鼓桥村，采取"公司+基地+农户"的模式，已发展油茶种植面积1.3万亩，并成功注册"湘醴"牌油茶商标，全年发放工资400多万元，带领全村的老百姓致富，并且辐射到周边村镇农业规模化集约化发展。入选第十二批全国"一村一品"示范村镇的永州市双牌县上梧江瑶族乡，通过大力发展生姜种植合作社，实行"合作社+基地+农户"的运行模式，采取订单销售，与姜农利益共享，风险共担。近5年，双牌虎爪姜种植面积保持在2万亩以上，总产量达4万余吨。合作社社员有52户，实现人均增收4 500元，解决20人贫困劳动力的就业问题。

（三）龙头企业带动型

益阳市南县三仙湖镇入选第七批全国"一村一品"示范镇，围绕稻虾主导产业，以小龙虾、稻虾米加工为重点，采取"公司+合作社+品牌+互联网+农户"的产供销模式，培育一批农业龙头企业、专业合作社、家庭农场和专业大户。目前，全镇拥有稻虾米加工农业产业化省级龙头企业2家，县级龙头企业2家，稻虾种养专业合作社13家，家庭农场21家。企业以订单生产、农民入股分红、贫困户保底收购为主要契约形式，形成种养、加工、库藏、销售各环节的有效融合和产业利益的紧密联结，镇域农民人均可支配收入水平达到2.08万元。入选第十二批全国"一村一品"示范镇的资兴市汤溪镇，有"贡茶之都"美称，近年来大力发展茶叶种植产业，除狗脑贡茶厂外，还涌现出银毫茶厂、神农制茶厂、金指仙茶厂等一大批茶叶加工企业，狗脑贡茶还被认定为中国驰名商标。该镇实施"品牌+龙头企业+基地+茶农"集约经营模式，外接市场、内连基地、带动农户，大力引导茶叶龙头企业与茶农结成利益共享、风险共担的利益共同体，逐渐把分散在各家各户的茶园联成企业的生产基地，加速汤溪茶产业产供销"一条龙"，贸工农一体化的形成。入选第十二批全国"一村一品"示范村的凌云县加尤镇百陇村，以黄金茶的种植和加工作为自己的主导产业，以村辖内的龙山县天一茶业开发有限公司为州级农业产业化龙头企业依托，采取"公司+基地+农户"的模式，推进黄金茶的种植、生产、加工、销售、科研、茶文化旅游等一二三产业融合发展。截至目前，该村共种植黄金茶1 000亩，涉及全村77%农户，全村400余名村民从中受益。

(四) 政产学研支持型

长沙县金井镇湘丰村入选第七批全国"一村一品"示范村。湘丰村现有良种生态茶园4 500亩，茶产业为全村70%劳动力提供了就业岗位，孕育了国家级农业产业化龙头企业——湘丰茶叶集团，并通过市场化运作，整合茶企资源，建设有机品牌认证茶园，推动茶产业链条向种植、加工、销售布局，年产值超过10亿元。以"农业+种养加销""农业+科教文旅""农业+创意创新"的新思路，加快推动茶产业与工艺展示、伴手礼品、观光旅游、亲子体验、绿色膳食等融合发展。湘丰村始终注重科技创新与研发推广，已与湖南农业大学共同创建湖南省园艺产业研究生培养创新基地、湖南农业大学校外教学实习基地；与中国茶叶研究所联合研制智能茶叶生产线，提升生产效率和产品品质；与湖南省茶叶研究所开展良种茶苗培育合作，建成亿株良种茶园繁育基地。

五、湖南省全国"一村一品"典型案例

(一) 特色种植

1. 湖南省湘西土家族苗族自治州古丈县默戎镇牛角山村（黄金茶）

默戎镇牛角山村（黄金茶），2022年入选全国乡村特色产业产值超亿元村名单。牛角山村是远近闻名的全国乡村旅游示范村、民俗保护村、百佳茶叶村、农民合作示范村、"一村一品"示范村。茶产业是古丈县的优势产业，也是牛角山村的"绿色名片"。在村党总支的引领下，产业支部带领村民开始实施退耕还"茶"，实施"产业兴村、文化活村、旅游富村、经济强村"工程，采用"村支两委+公司+合作社+科研院校+基地+农民"运作模式，让村民以土地、房屋、劳动力、资金等形式入股村办企业，通过土地租金、务工工资、盈余分配、二次返利、分红等方式获取收益。牛角山村目前共种植茶叶1.38万亩，年产值1.1亿元。除此之外，牛角山村还以茶为媒、以茶促旅、茶旅融合，搞苗寨旅游和苗族餐饮开发。2022年，村里夯吾苗寨、夯吾戎寨接待游客83万人次，实现营业收入2.3亿元，茶文旅融合的牛角山村固定就业1 350人，带动就业2 000余人，惠及周边5 000余农户。牛角山村通过种下万亩茶园，发展茶叶深加工业，成为全国乡村特色亿元村。

2. 湖南省湘潭市湘潭县花石镇（湘莲）

2021年花石镇入选农业农村部第十一批全国"一村一品"示范村镇，是知名的"莲乡"，湘潭县立足资源优势，不断做大做强绿色湘莲产业，走出了一条"莲味"十足的特色发展之路。目前，湘潭县内常年种植湘莲稳定在10万亩，总产量超过万吨，从业人数10万人以上，湘莲产业综合产值近100亿元。花石镇是湘潭县下辖镇，是湘莲核心产区。花石镇因湘莲产业而兴，是有名的"万亩湘莲基地"，现已成为全国最大的湘莲生产集散基地。得益于优越的自然条件和先进的种植技术，花石镇建有面积400亩的莲中珍品"中国寸三莲"原种场。全镇湘莲种植面积2万余亩，从事湘莲种植、加工、贸易的企业及个体户900余家，从业人员达2万余人。除此之外，花石镇采用湘莲综合种养方式，将湘莲种植与水稻种植、鱼虾养殖等结合起来，带动了更多农民致富增收。

3. 湖南省桂阳县莲塘镇（莲塘中药材）

2018年花石镇入选农业农村部第八批全国"一村一品"示范村镇，该镇中药材料资源丰富。多年来，全镇大力推动中药材产业的发展，发展各类中药材产业7 000余亩，逐步建立本地中药材品牌优势，不断打造玉竹、白茨、苦参、百合、黄精等传统中药材生产基地。目前，在全国常用中药材363种，莲塘占126种。莲塘镇坚持用地域优势让适合种植中药材的村集体抱团发展，并要求强化技术服务，不断增强科技服务志愿者团队力量，深入中药材基地开展调研，摸清家底，对能够形成品牌效益的产品、企业进行精准帮扶，推动桂阳县中药材产业更好更快发展。

4. 湖南省湘阴县樟树镇文谊新村（樟树港辣椒）

樟树港辣椒是湖南独特的辣椒品种，被称为辣椒中的"爱马仕"。其味道香软微辣、皮肉不分离、清爽可口，所含辣红素和维生素C，辣椒素、辣红素比其他辣椒高30%~50%，深受国内外消费者的欢迎，已被评为湖南省区域农业品牌产品，市场前景广阔，开发潜力巨大。目前，樟树镇有樟树港辣椒标准化种植面积万余亩，全镇从事辣椒种植产业人口达1万余人，农户参与率81.5%，在种植、运输、加工、销售过程中，提供就业岗位约6 000个。2022年樟树港辣椒产值超过5亿元。在樟树港辣椒主导产业的带动下，樟树镇先后获得岳阳市农业产业化特色小镇，湖南省农业产业化特色小镇等荣誉。樟树镇文谊新村更是获评2021年全国乡村特色产业亿元村、2017年农业部第七批"一村一品"示范村。樟树港辣椒获评"国家地理标志产品"和"国家农业部名特优新农产品目录"国字号荣誉称号。

（二）特色养殖

1. 湖南省常德市汉寿县龙阳街道王海坪社区（汉寿甲鱼）

2019年汉寿县入选农业农村部第九批全国"一村一品"示范村镇。汉寿县是中国龟鳖产业"启航地"，1974年开始人工养殖甲鱼，在1998年养殖面积达到了5万亩、年产量1 800吨、产值3.2亿元。到19世纪90年代，汉寿甲鱼产业已成为汉寿县农村经济的支柱产业，甲鱼畅销国内外。目前，在全国最大的甲鱼批发市场汉寿县甲鱼综合市场，一天就有1.5万余千克的甲鱼从这里发往全国各地，全国甲鱼的年产量在35万吨左右，汉寿县占总产量的十分之一。近年来，汉寿县不断夯实甲鱼种苗繁育基础，大力推广生态养殖，汉寿甲鱼以品质和品牌赢得国内外市场。现有甲鱼养殖面积15万亩，2022年，汉寿甲鱼产值达60亿元，出口量同比增长5.6倍。汉寿甲鱼，也成为餐桌上越来越常见的"主角"大菜。

2. 湖南省湘潭市湘乡市翻江镇（壶天石羊）

壶天石羊是湘乡市优良地方种，养殖历史悠久，距今已有1 800多年的历史。"壶天石羊"是珍稀历史遗传资源，据《湘乡县志》记载，壶天石羊有1 900余年养殖历史。主产区位于湘乡市翻江镇、壶天镇。该羊毛色以黑色为主，四肢短小，善爬石山峻岭，其肉质优良，肉味细嫩香甜膻味少，营养价值高，是难得的美食风味。近年来市委市政府高度重视"壶天石羊"的保护、研究与推广。2021年"壶天石羊"成功获批地理标志证明商标、国家农产品地理标志认证，是第一批入选"一村一品"示范镇的产品。截至目前，湘乡市壶天石羊养殖协会成员达100多户，其中规模养殖大户过半，年存栏量达 5 万只以上，产品远销北上深杭和香港等 10 余个大中城市，年产值约 1.2 亿元。

(三) 农产品加工及特色食品

1. *湖南省长沙市浏阳市关口街道道源湖村（粽子）*

2022 年，道源湖村入选全国"一村一品"示范村。道源湖村制作的粽子因选材规范，营养价值高，不添加防腐剂，纯手工制作而深受消费者喜爱。2023 年 1 月，道源湖粽子制作技艺成功申报为第九批浏阳市非物质文化遗产代表性项目。为发展粽子产业，壮大集体经济，2020 年道源湖村成立了湖南道源湖农业发展有限公司，注册了"湘情原"粽子品牌，形成以三家食品公司为生产龙头，200 余户农户分散加工的点面结合粽子生产模式，将制作粽子的村民整合起来抱团发展，建成一条集生产、加工、销售为一体的粽子产业链。如今，道源湖镇的工厂化生产和散户式加工，线上 2 万余个网点覆盖 26 个省，线下销售打入了 8 个省的市场，全村有 200 多户 800 余人从事粽子产业。2021 年，道源湖粽子卖出 3 200 万个，2022 年卖出 5 000 万个，2023 年道源湖村粽子订单至今突破了 6 000 万个，产值预计将突破 1.3 个亿，集体经济收入估计将突破 60 万元。道源湖粽子制作技艺成功申报非物质文化遗产，知名度将越来越高，粽子也从季节美食变成四季食品。

2. *湖南省娄底市新化县白溪镇（豆腐）*

2022 年白溪镇入选第十二批全国"一村一品"示范镇。白溪镇依托白溪河，生产加工白溪豆腐，主推产品有霉豆腐和香干。出产的霉豆腐香辣爽口，有"东方奶酪"之美称，香干采用纯柴火烟熏，外黄内白，柔软清香。白溪豆腐产业已初具规模，注册了国家地理商标，通过了"湖南老字号"认证，拥有"曾姐""富溪""刘克明""苗妞"等规模企业 8 家，另有小作坊近 200 家，年产值达 4 亿元，其中市级龙头企业 2 家。特别是 2021 年以来，白溪豆腐产业发展乡村振兴农户入股分红规模企业 8 家，入股农民 5 000 人，每人年均分红 800 元。为进一步延伸豆腐产业链，白溪镇还组织农户、合作社扩大大豆种植面积和豆腐生产规模。在创业增收的同时，企业和大中型作坊提供了一部分就业岗位，积极吸纳周边困难群众就业，与农户特别是困难户签订原料种植加工协议，对困难户送来的洋姜、黄豆、豆角、辣椒、姜等农产品以高于市场价格的 5% 予以收购，帮助其增加收入、共同致富。

(四) 特色文化（如传统手工技艺、民俗文化等）

1. *湖南省湘潭县茶恩寺镇（竹木制品）*

茶恩寺镇，是竹林资源大镇，是第一批全国"一村一品"示范镇。茶恩寺镇全镇总面积 13 677 平方千米，森林覆盖率 68%，是湖南省 38 个"速生丰产竹"基地之一，竹林资源丰富。茶恩寺镇依托丰富的楠竹资源，发展竹木加工业，形成一定规模的竹木制品市场，竹木加工产业从业人员有 7 000 余人。2022 年，茶恩寺镇工业总产值 1.3 亿元，其中竹产业 1.1 亿元。近年来，茶恩寺镇积极推进竹木资源向规模化、集约化、科学化经营管理，支持鼓励"企业+合作社+农户"经营模式，充分发挥"竹优势"，做大做强"竹经济"，带动群众增收，助力乡村振兴，预计到 2025 年，竹产业总产值达 20 亿元，规模企业力争达 10 家。

2. 湖南省衡山县店门镇石门村（席草、草席）

石门村位于衡山县店门镇西北部，有山林面积 1 200 亩，水田面积 620 亩。店门镇享有"席草之乡"之美誉，是第一批全国"一村一品"示范镇。石门村广种席草，是店门镇万亩连片席草种植基地的重要组成部分。2000 年来，衡山县委、县政府把发展草席确定为全县农业产业化重点项目之一，重点扶持草席加工企业，进行品质改良和规模生产，制定了规范化无公害席草生产标准，指导农民种植；并高价引进日本优质品种蔺草，这种席草与传统的宁波席草相比，不仅抗虫抗病、色泽均匀、织出的草席柔软，而且产量高。目前衡阳市是全国最大的席草生产基地，占全国席草市场份额的 60%，席草种植、加工历史悠久。店门镇草席已出口到美国、日本、泰国、韩国等 16 个国家，出口草席 1 100 多万条，成为我国最大的草席出口基地之一。

（五）新业态（如休闲旅游、电子商务等）

1. 湖南省湘潭市韶山市韶山乡韶山村（休闲农业）

2019 年，韶山村入选全国第九批全国"一村一品"示范村。韶山村的产业以一条红色文旅产业链为架构，吸引了五湖四海的游客，带动文创产品、研学培训、民宿餐饮等业态持续发展。并建设一条"绿色观光"之路，推进着农业供给侧改革，有效实行田园综合体。韶山村通过流转农田土地，以整体打包的形式流转给企业，盘活"韶山村"全类保护商标，并将部分商标类别外租委托经营，鼓励村民将部分年终福利入股村合作社，将闲散资金集中用于旅游资源开发，韶山村把农民变成了股东，实现收入不断增加。2021 年，韶山村人均收入达 3.5 万元，村集体经济收入 1 100 万元，较 10 年前分别增长 113.8%、266.7%。韶山村深挖红色旅游资源，打造系列韶山村旅游纪念品、韶山村矿泉水、毛家食品等旅游文创产品 30 余款；开发"毛泽东求学之路"红色研学线路，创办兴乡红色研学基地，红色研学项目风生水起；发展村级合作社近 10 家，打造无花果、湘莲、祖田米、黄桃、茶叶等农产品种植基地 5 个，标有韶山村出品、"毛家特色"的农特产品在"云端"市场和大型商超卖得火热。目前，韶山村村民参与旅游业比例达 70%，开设民宿 36 户、餐饮门店 80 余家、旅行社 6 家，大部分村民吃上"旅游饭"。除此之外，村集体将收入 70% 花在了村民身上。4 800 名村民实行合作医疗，个人不交钱，全由村里出；村集体每年给 900 余名老人发放 600~900 元不等养老金；村民子女考入大学，分别给予 4 000~6 000 元奖励；每年为烈士军属、困难村民发放额外补助。

2. 湖南省衡阳市衡阳县西渡镇梅花村（休闲旅游）

2022 年，梅花村入选全国第十二批全国"一村一品"示范村。近年来，梅花村依托美丽的田园风光和区位优势，把做强产业放在第一位，大力发展"梅花"品牌建设，因地制宜打造农事科普体验区、特色瓜果采摘区、生态蔬菜种植区、乡村休闲美食区、梅花文化康养区五大农旅融合功能区。2021 年 2 月 14 日，梅花村建立完成"梅花乐园"并揭牌营业，半个月营业收入 283 万元。3 年来，梅花村共接待游客逾 20 万人次，旅游收入达 2 000 余万元。2022 年，梅花村集体经济突破 150 万元。村民也享受到了乡村游带来的福利。此外，梅花村还建设了特色瓜果采摘区，引导村民栽培美国脆柿、三红柚、黄桃、酥脆枣等 10 余种特色果树，打造四季果园，使游客可以享受休闲有园、游览有花、采摘有果的乡村生态体验。如今，梅花村带动周边产业及农产品迅速发展，乡村旅游带动村民就业 130 人，研学 15 万人次，人均年收入增加 1 000 元以上。弘扬文明乡风，打造诚信乡村，梅花村成了远近闻名的全国乡村治理示范村、省级美丽乡村建设示范村、省级文明村。

参考文献

陈红军. 在希望的田野上——郴州市桂阳县莲塘镇推进乡村振兴侧记［N/OL］. 郴州日报，2023-03-20［2023-08-22］. https：//rmh. pdnews. cn/Pc/ArtInfoApi/article？id=34570350.

丁春雨. 全国两会精神看落实 | 湖南牛角山村：茶旅融合助力乡村振兴［N/OL］. 新华社，2023-04-05［2023-08-22］. https：//baijiahao. baidu. com/s？id=1762329154115473295&wfr=spider&for=pc.

郭玲，王佳琳. 从一双竹筷的诞生 见证湘潭县茶恩寺产业发展蓝图［EB/OL］. 湘潭县融媒体中心，（2023-05-09）［2023-08-22］https：//www. xtxnews. cn/content/646749/91/12635351. html.

贺文兵. 浏阳道源湖村：小粽子包出大幸福［N/OL］. 长沙晚报，2023-06-20［2023-08-22］. https：//so. icswb. com/h/151/20230620/819061_m. html.

湖南省民政厅. 湖南省行政区划统计表（截至 2022 年 12 月 31 日）. ［EB/OL］. （2023-01-19）［2023-08-22］. http：//mzt. hunan. gov. cn/mzt/xxgk/tjsj/202301/t20230119_29188593. html.

湖南省人民政府. 关于加快农村寄递物流体系建设的实施意见［EB/OL］. （2022-06-15）［2023-08-22］. http：//www. hunan. gov. cn/szf/hnzb_18/2022/202211/szfbgtwj_98720_88_1qqcuhkgvehermhkrrgnckumddvqssemgdhcscguemrbsvtvegft/202206/t20220615_26263223. html.

湖南省人民政府. 关于锚定建设农业强省目标扎实做好 2023 年全面推进乡村振兴重点工作的意见［EB/OL］. （2023-03-08）［2023-08-22］. http：//www. hunan. gov. cn/hnyw/sy/hnyw1/202302/t20230228_29258000. html.

湖南省人民政府. 关于深入开展"万企联村、共同发展"活动的意见［EB/OL］. （2008-10-22）［2023-08-22］. http：//www. hunan. gov. cn/xxgk/wjk/swszfbgt/200903/t20090305_4825795. html.

湖南省人民政府. 湖南省"十四五"数字农业农村发展规划［EB/OL］. （2021-10-25）［2023-08-22］. http：//www. hunan. gov. cn/hnszf/xxgk/wjk/szfbgt/202110/t20211021_20836452. html.

湖南省人民政府. 推进县域经济高质量发展实施方案（2022—2025 年）［EB/OL］. （2022-07-14）［2023-08-22］. http：//www. hunan. gov. cn/hnszf/hnyw/zwdt/202207/t20220714_27557254. html.

湖南省人民政府. 中共湖南省委湖南省人民政府关于做好 2022 年"三农"工作扎实推进乡村振兴的意见［EB/OL］. （2022-03-08）［2023-08-22］. http：//

www.hunan.gov.cn/hnszf/hnyw/sy/hnyw1/202203/t20220308_22497840.html.

湖南省统计局,国家统计局湖南调查总队. 湖南省2022年国民经济和社会发展统计公报［EB/OL］.（2021-10-09）［2023-08-22］. http://www.hunan.gov.cn/zfsj/tjgb/202303/t20230323_29297460.html.

蒋睿. 韶山市：韶山村,集体经济因"红"而强［EB/OL］.（2022-07-29）［2023-08-22］. https://baijiahao.baidu.com/s?id=1739650804122171515&wfr=spider&for=pc.

康承贵. 刘玲. 新化白溪镇（豆腐）入选全国"一村一品"示范村镇［EB/OL］.（2023-03-22）［2023-08-22］. https://baijiahao.baidu.com/s?id=1761052512696355317&wfr=spider&for=pc.

李芳森. 走进园区看企业丨湘潭：一双筷子挑起一个企业［EB/OL］.（2023-05-12）［2023-08-22］. https://www.163.com/dy/article/I4HA7B360514R9NP.html.

陆宇航. 梅花村的"美丽经济"密码［N/OL］. 金融时报, 2023-07-05［2023-08-22］. https://www.financialnews.com.cn/gc/ch/202307/t20230705_274256.html.

王杨,张必闻. 寻找中国式现代化村庄模样 韶山乡韶山村：是红色旅游圣地 更是宜居宜业的和美家乡［EB/OL］.（2022-11-14）［2023-08-22］. https://baijiahao.baidu.com/s?id=1749454370872916067&wfr=spider&for=pc.

杨载田,袁开国,2004. 湖南区域特色农业发展研究［J］. 热带地理（1）：33-36.

曾广录,秦小珊,2022. 湖南乡村产业振兴模式与农村资源的耦合［J］. 湖湘论坛,35（2）：94-106.

张颐佳,曹娴. 跑好乡村振兴"第一棒"：精准扶贫首倡地湘西州党建引领乡村振兴生动实践［EB/OL］.（2023-04-02）［2023-08-22］. https://baijiahao.baidu.com/s?id=1762032092784795352&wfr=spider&for=pc.

张珍. 新化县白溪镇："小豆腐""大产业"乡村振兴谱新篇［EB/OL］.（2023-07-05）［2023-08-22］. https://mp.weixin.qq.com/s/x7J2vLqUmtwAwSXJqTyWQQ.

周亚明,刘林翔. 湘潭县：一颗莲子的产业经［N/OL］. 新湘评论,2023-04-11［2023-08-22］. https://baijiahao.baidu.com/s?id=1762849881045043708&wfr=spider&for=pc.

第十节 西藏自治区"一村一品"发展报告

西藏自治区,简称"藏",是中国五个少数民族自治区之一,位于中华人民共和国西南地区,青藏高原西南部,地处北纬26°50′至36°53′,东经78°25′至99°06′之间,平均海拔在4 000米以上,素有"世界屋脊"之称。北邻新疆维吾尔自治区,东连四川省,东北紧靠青海省,东南连接云南省,南与缅甸、印度、不丹、尼泊尔等国家毗邻。

第三章 中国热区"一村一品"发展区域报告

全区陆地总面积120.28万平方千米。截至2022年10月，西藏自治区下辖6个地级市、1个地区，8个市辖区、64个县、2个县级市。2022年西藏自治区人口364万人。西藏的气候独特而复杂多样，由于地形复杂，有多种多样的区域气候及明显的垂直气候带，具有西北严寒、东南温暖湿润的特点。

西藏农业资源丰富，拥有广阔的耕地和丰富的水资源，以及高原特有的草原和牧场。适宜种植的农作物包括小麦、青稞、油菜、蔬菜等。西藏牧业发达，牧场资源广阔，主要畜牧种类包括牛、羊、马、猪等，畜牧业是当地居民的重要收入来源。独特的地理环境和气候条件孕育了一系列优质的农畜产品。藏羚羊绒、瞪羚绒、藏香猪、高原蔬菜等都享有很高的知名度和市场价值。近年来，西藏立足资源禀赋，着力发展青稞、牦牛、藏羊、蔬菜、奶业、饲草、藏猪、藏鸡、茶叶、葡萄十大高原特色农牧产业，通过申报认定龙头企业、开展农牧民合作社规范提升行动、实施家庭农牧场示范培育等工作，促进新型农业经营主体蓬勃发展。据统计，2022年西藏自治区全年粮食总产量107.34万吨，比上年增长1.1%。其中，青稞产量83.23万吨，增长3.90%。油菜籽产量4.67万吨，增长2.40%。蔬菜产量81.58万吨，下降8.80%。年末牲畜存栏总数1 678.95万头（只、匹），比上年末减少13.57万头（只、匹）。其中，牛663.00万头，增加5.94万头；羊940.05万只，减少2.27万只。全年猪牛羊肉产量达28.29万吨，比上年增长5%，生牛奶产量53.34万吨，增长9.20%。西藏聚焦青稞、牦牛、藏羊、藏猪、藏鸡、藏药材等特色资源，依托涉农产业园培育壮大龙头企业，打造一批亮点示范，实施一批"智慧农牧业"试点，建设了青稞、牦牛、藏羊等10个高原特色农畜产品基地，累计落实各类特色产业基础设施建设资金168.28亿元。2022年，西藏自治区拥有农业产业化龙头企业165家、农牧民专业合作社12 015家、家庭农牧场9 264家；累计获批创建优势特色产业集群4个、国家现代农业产业园7个、农业产业强镇18个、农业现代化示范区5个；发布西藏第一个自治区级农业区域公用品牌"西藏青稞"；探索开展西藏有机农产品生产认证工作，"三品一标"农产品总数达1 315个，新增301个，为西藏自治区"一村一品"的发展奠定了深厚的基础。

一、西藏自治区"一村一品"发展现状

（一）获批全国"一村一品"示范村镇数量情况

近年来，西藏按照"一村一品"产业发展思路，大力发展藏香、藏药材、牦牛、绵羊、卡垫等产业，推进把优势变为特色、变成品牌，把资源优势转变为产业优势，把产业优势转变为经济优势，使得特色农牧业、优势农牧业成为发展农牧业的良好渠道，带动当地经济发展，赋能乡村全面振兴。截至2022年底，共有54个村镇获得全国"一村一品"示范村镇认定（表3-44），其中示范镇11个，示范村43个。其中，包括以葡萄为主导产业的芒康县纳西民族乡纳西村、以藏药材为主导产业的曲松县曲松镇琼嘎村、以阿旺绵羊为主导产业贡觉县阿旺乡等，这些示范村镇建设有力推进了乡村振兴战略的实施。

表 3-44 西藏自治区获批的全国"一村一品"示范村镇名单

地区	"一村一品"示范村镇名称	主导产业	认定年份	获批批次
昌都市	西藏自治区昌都县柴维乡翁达岗村	佛像制作	2012	第二批
	西藏自治区昌都市卡若区噶玛乡	唐卡	2022	第十二批
	西藏自治区左贡县旺达镇木龙村	古琼藏香	2016	第六批
	西藏自治区贡觉县阿旺乡	阿旺绵羊	2012	第二批
	西藏自治区贡觉县莫洛镇幸福村	昌都阿旺绵羊	2017	第七批
	西藏自治区芒康县纳西民族乡纳西村	葡萄	2012	第二批
	西藏自治区昌都市芒康县纳西民族乡	葡萄	2021	第十一批
	西藏自治区八宿县拉根乡拉根村	荞麦	2018	第八批
	西藏自治区昌都市洛隆县孜托镇格亚村	青稞	2019	第九批
拉萨市	西藏自治区达孜县雪乡扎西岗村	"布塑"面具	2016	第六批
	西藏自治区尼木县吞巴乡吞达村	吞弥圣香藏香	2014	第四批
	西藏自治区堆龙德庆县乃琼镇岗德林村	蔬菜、花卉	2011	第一批
	西藏自治区拉萨市堆龙德区古荣镇加入村	花卉	2021	第十一批
	西藏自治区堆龙德庆县古荣乡巴热村	巴热糌粑	2015	第五批
	西藏自治区拉萨市堆龙德庆区柳梧新区达东村	休闲旅游	2021	第十一批
	西藏自治区堆龙德庆县古荣乡嘎冲村	堆龙藏鸡	2015	第五批
	西藏自治区拉萨市当雄县龙仁乡	牦牛	2021	第十一批
	西藏自治区拉萨市城关区夺底乡	树莓	2018	第八批
	西藏自治区曲水县才纳乡才纳村	朗杰岗青稞	2013	第三批
	西藏自治区曲水县达嘎乡	艾玛岗土豆	2018	第八批
	西藏自治区拉萨市堆龙德庆区东嘎街道桑木社区	罗萨梅朵	2021	第十一批
	西藏自治区拉萨市蔡公堂乡白定村	果蔬	2016	第六批
	西藏自治区拉萨市曲水县南木乡	瓜果	2021	第十一批
林芝市	西藏自治区工布江达县错高镇错高村	藏香猪	2011	第一批
	西藏自治区林芝县布久乡甲日卡村	苹果	2015	第五批
	西藏自治区林芝市巴宜区更章门巴民族乡久巴村	草莓	2017	第七批
	西藏自治区察隅县下察隅镇	察隅香米	2013	第三批
	西藏自治区朗县洞嘎镇滚村	郎敦红辣椒	2013	第三批

（续表）

地区	"一村一品"示范村镇名称	主导产业	认定年份	获批批次
那曲市	西藏自治区聂荣县色庆乡帕玉村	奶制品	2018	第八批
	西藏自治区那曲市聂荣县帕玉村	奶制品	2019	第九批
	西藏自治区那曲市班戈县佳琼镇热卡努玛村	畜产品加工销售	2019	第九批
	西藏自治区那曲市聂荣县尼玛乡铜龙村	休闲农业	2020	第十批
	西藏自治区那曲市色尼区罗玛镇	畜产品	2016	第六批
日喀则市	西藏自治区日喀则市江孜县车仁乡玉西村	藏香	2020	第十批
	西藏自治区白朗县嘎东镇贵热村	罗旦糌粑	2011	第一批
	西藏自治区仲巴县霍尔巴乡玉来村	霍尔巴绵羊	2014	第四批
	西藏自治区岗巴县直克乡乃村	岗巴羊	2015	第五批
	西藏自治区日喀则市定结县琼孜乡牧村	羊毛加工	2019	第九批
	西藏自治区日喀则市亚东县下司马社区	鲑鱼	2020	第十批
	西藏自治区南木林县艾玛乡山巴村	艾玛土豆	2011	第一批
	西藏自治区江孜县江热乡白伦村	江孜大蒜	2012	第二批
	西藏自治区日喀则市江孜县堆乡萨培村	卡垫	2019	第九批
	西藏自治区日喀则市白朗县旺丹乡桑巴村	皮制品	2022	第十二批
山南市	西藏自治区扎囊县扎其乡申藏村	木雕工艺品	2016	第六批
	西藏自治区山南市加查县冷达乡共康村	核桃	2020	第十批
	西藏自治区曲松县曲松镇琼嘎村	藏药材	2017	第七批
	西藏自治区隆子县隆子镇	隆子黑青稞糌粑	2017	第七批
	西藏自治区隆子县隆子镇扎果村	聂雄奶牛	2014	第四批
	西藏自治区琼结县加麻乡白松村	半细绵羊	2016	第六批
	西藏自治区山南市浪卡子县伦布雪乡苏格村	苏格绵羊	2019	第九批
	西藏自治区加查县冷达乡嘎玛吉塘村	蓝莓	2016	第六批
	西藏自治区山南市乃东区结巴乡多若村	春梅草莓	2018	第八批
	西藏自治区山南市桑日县桑日镇塔木村	葡萄	2020	第十批
阿里地区	西藏自治区日土县热帮乡龙门卡村	绒山羊	2011	第一批

（二）"一村一品"示范村镇空间分布情况

从西藏下辖的6个地级市及1个地区来看，均有获批认定全国"一村一品"示范村镇（图3-71）。其中，拉萨市数量最多，获批14个，占全区总数的25.93%，其中9个为示范村、5个为示范镇，分别占全区的20.93%、45.45%；第二是日喀则市、山南市，均获批 10 个，各占全区总数的 18.52%，且均为 9 个示范村 1 个示范镇认定；第三是昌都市，获批 9 个，占比为 16.67%，其中示范村 6 个，示范镇 3 个；第四是林芝市和那曲市，均有 5 个获批，其中林芝市为 4 个示范村 1 个示范镇，那曲市 5 个全为示范村。在县区中，获得认定数量最多的县区是堆龙德庆区，有 6 个村镇获得认定；位居第二的是江孜县、曲水县、聂荣县，各有 3 个村镇获得认定。目前仍有比如县、索县、双湖县等 28 个县区还没有获得全国"一村一品"示范村镇认定。

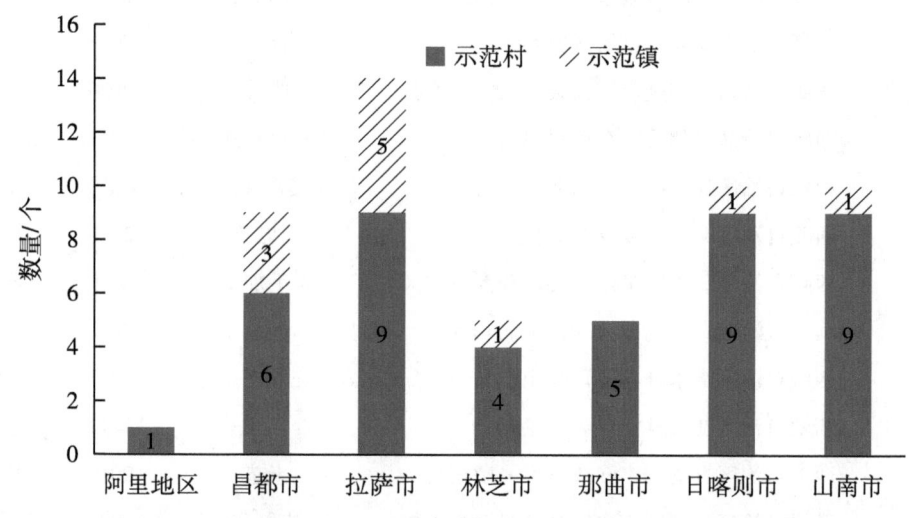

图 3-71 西藏各地级市、区获批全国"一村一品"示范村镇认定情况

（三）年度和获批批次情况

在 2011 年我国首批全国第一批"一村一品"示范村镇中，西藏自治区就有 5 个村镇入选，分别为以蔬菜花卉为主导产业的堆龙德庆县乃琼镇岗德林村、以绒山羊为主导产业的日土县热帮乡龙门卡村、以藏香猪为主导产业的工布江达县错高镇错高村、以罗旦糌粑为主导产业的白朗县嘎东镇贵热村、以艾玛土豆为主导产业的南木林县艾玛乡山巴村。此后，各年份西藏"一村一品"示范村镇获批数呈波动发展的态势（图 3-72）。至 2022 年底，在全国已认定十二批"一村一品"示范村镇中，西藏每年均有全国"一村一品"示范村镇获得认定，每年获批数量在 2~4 个波动，其中 2016 年最多，有 7 个获批，达到近年峰值。

（四）主导产业和产品类别情况

1. 产业大类

从主导产业来看，西藏自治区"一村一品"主导产业涵盖了种植业、养殖业、林业、涉农服务业、非农产业等五大类（图 3-73），其中种植业最多，占比为 35.19%，主要包含果品、瓜菜、粮油、茶叶等产业；养殖业占比为 25.93%，涉及畜禽养殖、水产养殖等产业；林业占比 12.96%，包含花卉苗木、中草药材等；此外还包含涉农服务业 14.81% 和非农产业 11.11%。西藏自治区"一村一品"产业类型在各地级市、区的分布情况如表 3-45 所示。

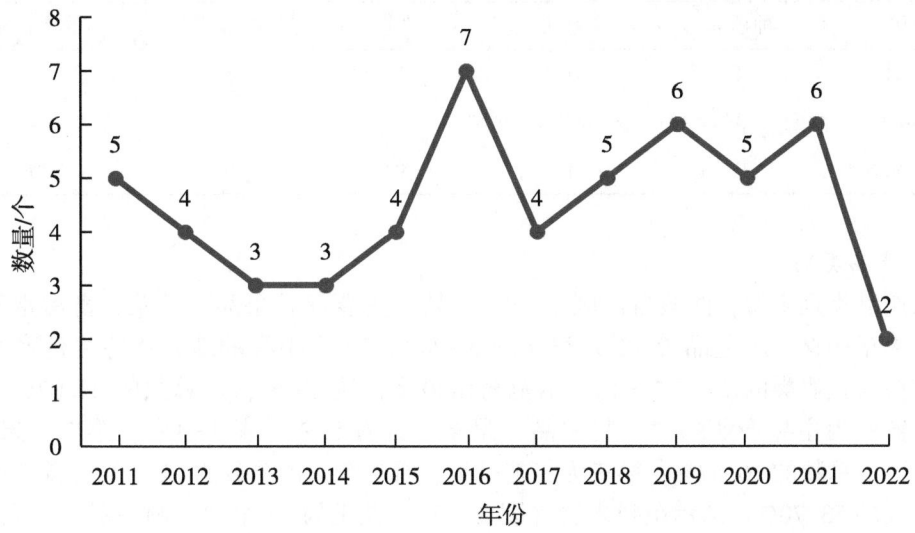

图 3-72 2011—2022 各年度西藏自治区获批全国"一村一品"示范村镇数

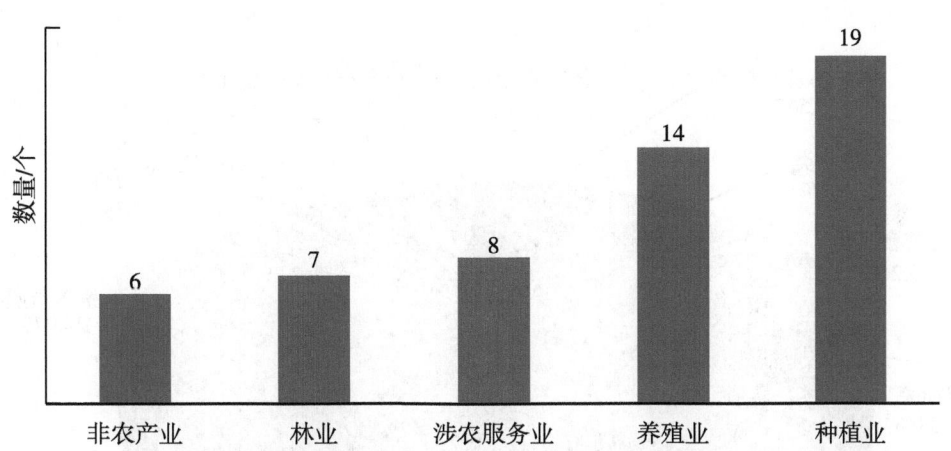

图 3-73 西藏自治区获批的全国"一村一品"示范村镇主导产业大类数量情况

表 3-45 全国"一村一品"示范村镇主导产业在各地级市、区分布情况

地区	种植业	养殖业	林业	涉农服务业	非农产业
昌都市	4	2	1	0	2
拉萨市	6	2	3	2	1
林芝市	4	1	0	0	0
那曲市	0	1	0	0	4

(续表)

地区	种植业	养殖业	林业	涉农服务业	非农产业
日喀则市	4	2	1	1	2
山南市	3	3	2	1	1
阿里地区	0	1	0	0	0

2. 产品类别

从产品类别来看，西藏自治区"一村一品"主要涵盖果品、瓜菜、畜禽蛋奶、水产品、中草药材、工艺品等12大类（图3-74）、32个小类的地方优势特色产品。其中，以畜禽蛋奶类的"一村一品"示范村镇最多，达13个，占总数的24.07%，当中以羊类养殖为主导产业的"一村一品"最多，共有8个（表3-46）；第二为果品类，有9个，占总数的16.67%；第三为工艺品类，有7个，占总数的12.96%，前三类占比就占总数的53.70%。从示范村来看（图3-75），获批的43个"一村一品"示范村中，畜禽蛋奶类最多，有11个，占比25.58%；第二是果品类，占比16.28%；第三是工艺品类，占比11.63%。从示范镇来看（图3-75），获批的11个"一村一品"示范镇中，粮油类、果品类、工艺品类、粮油类各有2个，传统食品类、蔬菜类、水产类各有1个。

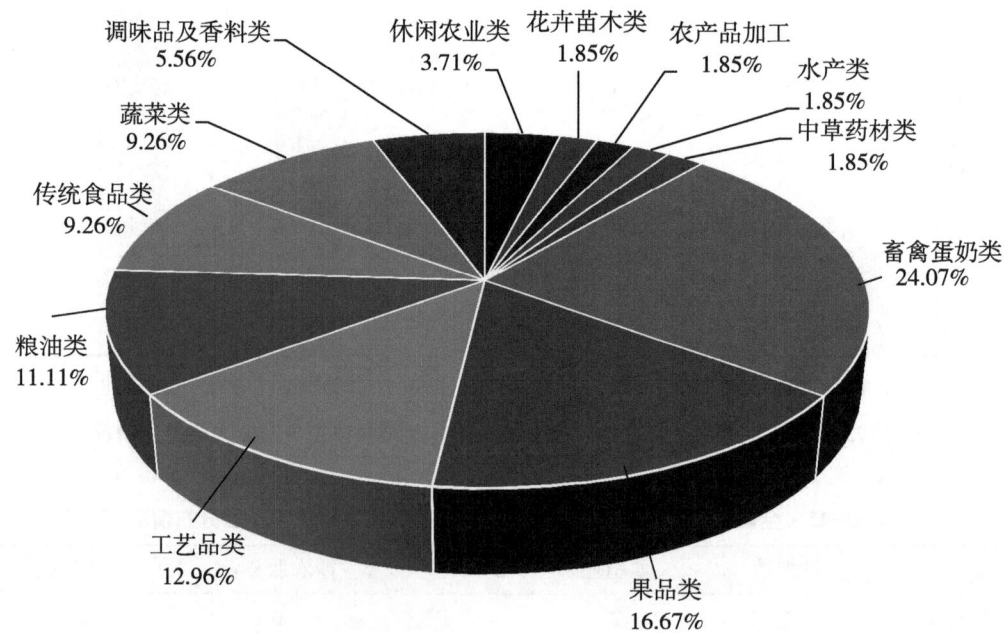

图 3-74 西藏自治区获批全国"一村一品"示范村镇产品类别占比情况

第三章 中国热区"一村一品"发展区域报告

表 3-46 西藏以羊为主导产业的全国"一村一品"示范村镇情况

示范村镇名称	产业	批次	年份
西藏自治区日土县热帮乡龙门卡村	绒山羊	第一批	2011
西藏自治区贡觉县阿旺乡	阿旺绵羊	第二批	2012
西藏自治区仲巴县霍尔巴乡玉来村	霍尔巴绵羊	第四批	2014
西藏自治区岗巴县直克乡乃村	岗巴羊	第五批	2015
西藏自治区琼结县加麻乡白松村	半细绵羊	第六批	2016
西藏自治区贡觉县莫洛镇幸福村	昌都阿旺绵羊	第七批	2017
西藏自治区山南市浪卡子县伦布雪乡苏格村	苏格绵羊	第九批	2019
西藏自治区日喀则市定结县琼孜乡牧村	羊毛加工	第九批	2019

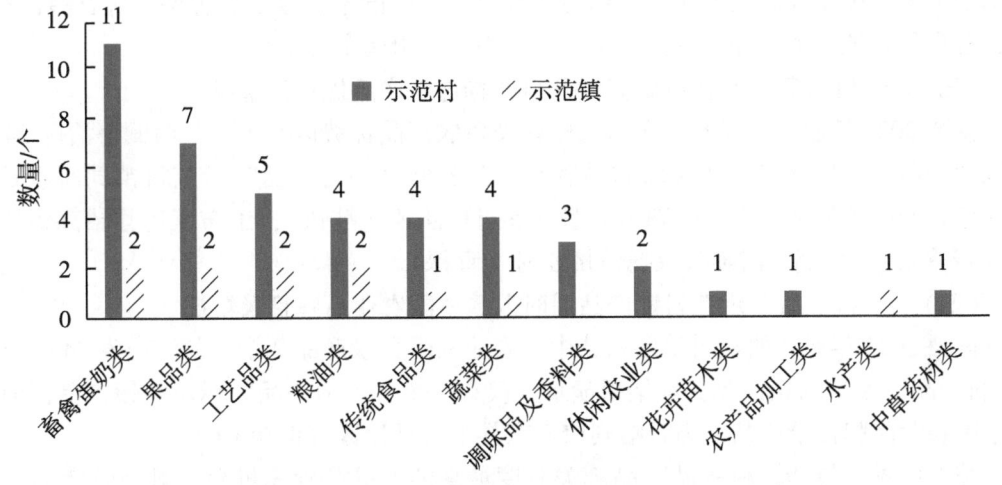

图 3-75 全国"一村一品"示范村、示范镇产品类别的分布情况

3. 产业聚集度

从产业聚集度来看,获批的 13 个畜禽蛋奶类全国"一村一品"示范村镇在 7 个地级市、区均有分布,其中日喀则市和山南市各 3 个;其次为拉萨市和昌都市,各有 2 个;其余的林芝市,那曲市以及阿里地区分别为 1 个。获批的 9 个果品类全国"一村一品"示范村镇分布在 4 个地级市、区,依次为山南市 4 个、林芝市和昌都市各 2 个、拉萨市 1 个。获批的 7 个粮油类全国"一村一品"示范村镇分布在拉萨市 3 个、昌都市 2 个、林芝市 1 个、日喀则市 1 个。获批的 6 个工艺品类全国"一村一品"示范村镇分布在昌都市和日喀则市,各 2 个,拉萨市和山南市各 1 个。

二、西藏自治区"一村一品"品牌关联分析

(一)"一村一品"示范村镇产品同时是地理标志产品情况

截至 2022 年 3 月,西藏自治区获农业农村部批准登记保护的地理标志产品有 35 个。将西藏自治区 54 个全国"一村一品"产品与 35 个地理标志农产品进行数据关联分析,结果显示,有亚东鲑鱼、日土白绒山羊、芒康葡萄、隆子黑青稞、林芝苹果、朗县辣椒、加查核桃、岗巴羊、八宿荞麦、阿旺绵羊 10 个"一村一品"产品同时获得农产品地理标志登记保护。其中,果品类、畜禽蛋奶类各 3 个,粮油类 2 个,蔬菜类、水产类各 1 个。主要分布在昌都市 3 个,林芝市、日喀则市、山南市各 2 个,阿里地区 1 个。

(二)"一村一品"产品同时入选全国名特优新农产品名录情况

截至 2022 年底,西藏有 13 个农产品入选全国名特优新农产品名录,与西藏 54 个全国"一村一品"产品进行数据关联分析,结果显示,有 3 个"一村一品"产品同时入选全国名特优新农产品名录,分别为艾玛土豆、岗巴羊、隆子黑青稞,包含粮油类 2 个,畜禽蛋奶类 1 个,分布在拉萨市、日喀则市、山南市各 1 个。

(三)"一村一品"示范村镇同时是中国特色农产品优势区情况

截至 2022 年底,西藏自治区入选中国特色农产品优势区 5 个,与西藏自治区 54 个全国"一村一品"示范村镇关联结果显示,有 3 个"一村一品"示范村镇同时也是中国特色农产品优势区,为日喀则市亚东县下司马社区(鲑鱼),工布江达县错高镇错高村(藏香猪),昌都市洛隆县孜托镇格亚村(青稞)。

(四)"一村一品"示范村镇产品同时入选中国农业品牌目录情况

截至 2022 年底,西藏自治区入选中国农业品牌目录产品 2 个,与海南省 54 个全国"一村一品"示范村镇产品关联结果显示,仅有 1 个"一村一品"示范村镇产品同时入选中国农业品牌目录产品,为日喀则市亚东县下司马社区(鲑鱼)

综上可见,与"一村一品"品牌关联度最高的产品是亚东鲑鱼,既被认定为"一村一品"示范村镇产品、农产品地理标志产品,同时也入选中国特色农产品优势区产品、中国农业品牌目录产品。此外,关联度较高的有岗巴羊、隆子黑青稞,两个产品既被认定为"一村一品"示范村镇产品、农产品地理标志产品,同时也入选全国名特优新农产品名录。通过品牌数据关联分析可以看出,在西藏 54 个"一村一品"示范村镇产品中,仅有 18.51% 获得农产品地理标志登记保护,有 5.56% 分别入选全国名特优新农产品名录和中国特色农产品优势区,有 1.85% 入选中国农业品牌目录,"一村一品"品牌建设程度较低。

三、西藏自治区"一村一品"发展模式

近年来,在各级政府和相关部门大力推动下,西藏自治区"一村一品"产业发展不断向好,各地积极探索产业发展模式,涌现出龙头企业带动型、合作社组织引领型、政府引导支撑型等代表性的"一村一品"产业发展模式。

(一) 龙头企业带动型

在"一村一品"发展中,有些村镇通过引入龙头企业来推动"一村一品"的发展。如入选第二批全国"一村一品"示范村镇的贡觉县阿旺乡,以阿旺绵羊为主导产业,通过龙头企业藏东生物科技开发有限公司带动,以"公司+基地+合作社+农户"运营模式,建成阿旺绵羊产业体系,建设阿旺绵羊繁育场、饲料厂和有机肥厂等项目。阿旺绵羊由最初的年存栏9 000只,年出栏1 300只发展到2022年的年存栏4.29万只,年出栏12 800只。现已建立了龙头企业2家、合作社52家、阿旺绵羊养殖基地2个、人工种植饲草基地25个(面积341公顷),以4个核心群为骨干、24个基础群为枢纽、649户扩繁群养殖户羊群、广大农牧民家庭散养为基础的四级"金字塔形"扩繁育肥体系,打造昌都阿旺绵羊龙头品牌,带动阿旺绵羊养殖农牧民增收致富。

(二) 合作社组织引领型

合作社是"一村一品"发展最主要的经营主体,在西藏部分村镇,农民通过自发的方式组建合作性组织,整合在种植或者养殖方面的优势及各方面资源,充分发挥组织的纽带作用。如入选第七批全国"一村一品"示范村的曲松县曲松镇琼嘎村,建立山南德诺农林产业开发有限责任公司旗下的曲松镇琼嘎村藏药材种植加工专业合作社,藏药材种植基地面积达500余亩,并致力以"公司+合作社+基地+农户"模式运营,坚持"贫困户跟着能人走、能人跟着项目走、项目跟着产业走、产业跟着市场走"的思路,促进特色新兴种植业发展。公司投资近1 600余万元,建设藏药材种植基地达500余亩,覆盖了琼嘎村、下洛村、东嘎三个村,有190户665人加入了合作社,户均增收5 000余元。同时,合作社还带动了30余名贫困群众人均增收5 645.2元,帮助他们顺利脱贫。入选第六批全国"一村一品"示范村的蔡公堂乡白定村,登记成立蔡公堂乡白定村合作社,从事温室大棚蔬菜种植工作,以"公司+合作社+农户"为运行模式,提高当地种植户的种植积极性。合作社温室大棚共有471栋,给予150元/栋/月分红,并在蔬菜种植上给予充分的技术支持。合作社在不断完善发展的同时,也为合作社成员及当地农牧民群众提供农业生产信息,在产前、产中、产后服务中发挥了积极和有效的作用,深受农牧民群众欢迎,为当地农牧民群众脱贫致富奔小康起到了良好的带头和示范作用。

(三) 政府引导支撑型

该模式是由政府发起,各农业相关部门积极参与,发挥资源比较优势,推动"一村一品"产业发展。如入选第六批全国"一村一品"示范村的琼结县加麻乡白松村,驻白松村工作队以党建带村建、带民建工作思路和模式,以改善民生为重点,以保证全村建档立卡贫困户如期脱贫为目标,以"合作社+党支部+双联户+贫困户"形式,因地制宜发展特色产业,坚持宜农则农、宜游则游、宜商则商,大力发展特色优势产业和养殖业,培育主导产品,提高特色产业开发力度,成立白松绵羊短期育肥合作社。实现彭波半细毛羊养殖规模已经达到800只,为贫困户3户3人提供了就业岗位,月工资稳定保持在1 500元,为集体创收9万元,每2~3年为全村177户每户分红1 000元。

四、西藏自治区全国"一村一品"典型案例

(一) 特色种植

1. 西藏自治区昌都市芒康县纳西民族乡（葡萄）

纳西民族乡属于干热河谷，适合葡萄生长，种出来的玫瑰蜜葡萄色泽暗红，粒大味甜，葡萄中的花色素苷、酚类物质、可溶性固形物等都相对较高，酿造出的葡萄酒品质高，有着"西藏红酒故乡"之美称。2021年，纳西民族乡入选第十一批全国"一村一品"示范镇。纳西民族乡的群众几乎户户种植葡萄，家家都会酿制葡萄酒，在纳西民族乡政府的优惠政策下，通过"企业+协会+基地+农户"的模式，当地的芒康县藏东珍宝酒业有限公司带动群众种植葡萄，目前种植户140余家，户均增收超8 000余元。为实现"产业兴旺"持续向乡村振兴"造血输送"，纳西民族乡立足"西藏红酒之乡"优势，把葡萄酒产业作为支柱产业进行培育，扶持红酒加工企业，在解决群众就业、带动增收方面发挥了积极作用。通过实地勘察，成立葡萄种植协会，采用"农户+基地+企业+协会"的模式，形成"产—供—销"的良性运转，有效规避了市场风险，增强了竞争力。近年来，由于葡萄酒消费的快速增长，给纳西村葡萄酒产业带来了前所未有的发展空间。

2. 西藏自治区拉萨市堆龙德庆区东嘎街道桑木社区（罗萨梅朵）

"罗萨美朵"也就是藏年花，在藏语里，"罗萨"是藏历新年，"美朵"是鲜花的意思。每年的藏历新年，家家户户的切玛盒里都要插上"罗萨美朵"，寓意着来年有一个美满、丰收的幸福年。对于藏族群众来说，"罗萨美朵"是西藏冬季最美的花，是专门为一年中最重要的节日——藏历新年而盛开的。东嘎街道桑木社区拥有良好的气候环境和土壤优势，盛产藏年花。2021年，桑木社区入选第十一批全国"一村一品"示范镇。桑木社区作为藏年花（罗萨美朵）的故里，该产品占全区市场份额高达95%，其"罗萨美朵染色技艺"更是于2018年列入拉萨市级非物质文化遗产名录。为传承和发展桑木社区制作"罗萨美朵"传统技艺，堆龙德庆区委组织部争取"321"项目资金80万元来提供资金保障。截至2022年，桑木社区五组有133户群众种植"罗萨美朵"，并在每年农历12月前夕，对"罗萨美朵"进行染色，拿到拉萨市场上售卖，每户每年收益能达到8万元。近年来，桑木社区立足实际，通过挖掘藏年花的文化底蕴，借助现有的"藏年花"文化产业基础，充分利用资源空间，积极建设符合自身需求且具有民族特色的藏年花（罗萨美朵）文化体验馆，实现打造桑木藏年花文化品牌的目的。除此之外，桑木社区还结合桑木购物中心和扶贫产业三期综合体商场的运营，通过两个综合商业体的启用，带动效益，带动就业，促进增收，助推村集体经济发展壮大。

(二) 特色养殖

山南市浪卡子县伦布雪乡苏格村（苏格绵羊）

苏格村是苏格绵羊的主要产区，凭借优质畜牧产品苏格绵羊，2019年苏格村入选第九批全国"一村一品"示范村。苏格绵羊不仅颜值高，而且口感好，营养足，养殖在海拔4 500米以上的浪卡子县的苏格绵羊，就是口碑极好的富硒羊。近年来，山南市浪卡子县按照"产业兴旺、生态宜居、乡风文明、治理有效、生活富裕"的总要求，

坚持农牧业和农村优先发展，为促进特色养殖业发展，狠抓特色产业。浪卡子县整合资金，通过"基地+村集体+农户"的方式，进一步提升苏格村农牧民群众的生活质量。苏格村集体经济项目——苏格绵羊养殖基地建成并投入使用。现经营模式为"村委会主导+贫困户参与分红"，采取利润分配、年度分红的形式，保证产业项目运转、壮大集体经济收入和带动群众增收。在苏格村，越来越多的农牧民实现了"不离乡、不离土"就业增收，依靠着"一村一品"，群众的积极性、创造力进一步调动起来，产业"造血"能力不断增强，为乡村振兴插上了腾飞的翅膀。

（三）农产品加工及特色食品

西藏自治区堆龙德庆县古荣乡巴热村（巴热糌粑）

糌粑是西藏自治区的一种特色小吃，也是藏族牧民传统主食之一，同酥油、茶叶、牛羊肉一起并称为西藏"饮食四宝"。历史上的古荣乡就是以加工糌粑而出名，尤其是古荣巴热村、朗孜村出产的优质脱皮水磨糌粑，在西藏享有很高的声誉。相传几百年前，古荣糌粑是历代西藏地方政府的贡品。目前，拉萨市场上销售的95%以上的糌粑均来自古荣乡，大多以"古荣糌粑""古荣巴热糌粑""古荣朗孜糌粑"等命名。2014年原国家质检总局批准对"古荣糌粑"实施地理标志产品保护。2015堆龙德庆县古荣乡巴热村（巴热糌粑）入选第五批全国"一村一品"示范村镇。堆龙德庆区古荣镇巴热村的古荣糌粑，已成为全区家喻户晓的品牌。这几年，随着生产规模不断扩大，一天能生产10 000千克糌粑，带动了家家户户参与到糌粑加工与销售当中，整个古荣乡的糌粑也打响了名声，巴热村人均收入达到了21 000元，实现了村美人富产业兴。

（四）特色文化（如传统手工技艺、民俗文化等）

西藏自治区昌都市卡若区嘎玛乡（唐卡）

嘎玛乡有着"中国民间文化艺术之乡"。唐卡作为藏族文化中一种独具特色的绘画艺术形式，被联合国教科文组织列为非物质文化遗产。卡若区一带主要流行两大画派，嘎玛嘎赤画派和康·勉萨画派，这两大画派先后入选了国家级非物质文化遗产。嘎玛村是嘎玛嘎赤画派最早的传承地，现在从事唐卡绘制的有73户共202人，重要的非遗传承人有嘎玛德勒、平措伦珠、桑珠罗布、其美次仁、洛珠巴松等画师，他们传习唐卡的主要方式是家传和拜师，各自培养弟子几十到几百人不等。但家庭中的传习不是封闭的，而是通过姻亲、邻里、乡亲构成的熟人社会缔结师徒关系，形成一定地域的文化传承脉络。正是依附各地独特的习俗传统和地域文化，非遗千百年来得以在民间、在乡村生生不息、代代相传。近年来，卡若区认真落实党中央关于实施乡村振兴战略的重大决策部署，坚持文化引领、产业带动，农民主体、多方参与，政府引导、市场运作，不仅让精美的唐卡传承了优秀的传统艺术，更让它走出了深山乡村，为当地群众拓宽了致富路。2022年入选第十二批全国"一村一品"示范镇，唐卡产业迅速发展壮大，让卡若区走出了一条"指尖神韵"助力乡村振兴的新路子，从学人员达到1 200余人，实现了年收入2 000多万元，带动了上千群众增收致富。

（五）新业态（如休闲旅游、电子商务等）

西藏自治区那曲市聂荣县尼玛乡铜龙村（休闲农业）

在西藏那曲市聂荣县尼玛乡铜龙村，有世界上海拔最高的地热温泉之一"玉泽温泉"，聂荣县尼玛乡铜龙村通过开发当地温泉，建立起牧民生态旅游股份合作组织，使铜龙村温泉旅游产业迎来发展的春天。铜龙村立足资源禀赋，以奋力推进西藏高质量发展示范村为目标，把休闲农业振兴作为乡村振兴的重要组成部分，扎实做好产业项目建设管理，最大限度发挥项目带贫益贫效益，帮助群众持续稳定增收。铜龙村通过发展村集体旅游产业，建立兴起"一村一合"附属温泉旅游产业，有效促进持续休闲农业增产和群众宜居宜业。目前铜龙村玉泽温泉合作组织服务项目包括大型泳池、温泉治疗房、餐饮、住宿、商店等内容。2020 年，合作社收益达 169 万元，除去支出、预留发展资金，为全村参与合作社的 75 户、358 人发放分红 90 万元，平均每户 1.2 万元；发放劳务工资 20 万元，2020 年铜龙村成功入选全国第十批"一村一品"示范村镇。

参考文献

常邦丽. "罗萨美朵"：冬季里最美的花［N/OL］. 西藏日报，2021-12-08［2023-08-28］. https：//www.tibet3.com/news/zangqu/xz/2021-12-08/249170.html.

春拉，柳新勇. 我要去西藏"：旅游业带动雪域乡村融入市场大潮［EB/OL］. （2021-05-10）［2023-08-28］. http：//xz.people.com.cn/n2/2021/0510/c138901-34717621.html.

冯莉，王素珍，张志勇，等. 传承老手艺 激活新动力［N/OL］. 光明日报，2023-06-22［2023-08-28］. https：//news.gmw.cn/2023/06/22/content_36645976.html.

贡秋曲措. 西藏红酒故乡"芒康县纳西民族乡：甜蜜事业让百姓生活越来越甜［N/OL］. 西藏日报，2023-05-10［2023-08-28］. http：//lyfzt.xizang.gov.cn/ztzl_69/lytpgj/202305/t20230510_354453.html.

李梅英. 西藏山南市曲松镇琼嘎村种植藏药材引领脱贫路［N/OL］. 西藏日报，2019-08-20［2023-08-28］. http：//ttt.tibet.cn/cn/fp/201908/t20190820_6666226.html.

刘枫，胡荣国，扎巴旺青，等. 山南市浪卡子县：产业"颜值"双提升 幸福指数节节高［EB/OL］. （2022-12-14）［2023-08-28］. http：//www.tibet.cn/cn/news/zx/202212/t20221214_7326891.html.

瑞阳. "一村一品"赋能乡村振兴［N/OL］. 西藏日报，2021-11-22［2023-08-28］. http：//epaper.chinatibetnews.com/xzrb/202111/22/content_112239.html.

谭瑞华. 西藏自治区九大高原特色生物产业基地建设顺利开展［N/OL］. 中国西藏新闻网—西藏商报，2021-04-26［2023-08-28］. http：//xz.people.com.cn/n2/2021/0426/c138901-34695900.html.

万惠. 西藏芒康县纳西民族乡村村有产业、户户有项目、人人有干劲："擦卡洛"的红火日子［N/OL］. 西藏日报，2023-6-25［2023-08-28］. http：//lyfzt.xizang.gov.cn/ztzl_69/lytpgj/202306/t20230625_362454.html.

万慧，贡秋曲措. 昌都市卡若区："指尖神韵"绘出乡村振兴新图景［EB/OL］. （2023-4-12）［2023-08-28］. https：//finance.sina.com.cn/jjxw/2023-04-15/

doc-imyqmpwr2535817. shtml.

闫锦源,2023. 藏昌都市贡觉县阿旺绵羊产业发展现状、存在问题及对策分析[J]. 西藏农业科技,45(1):89-92.

央宗. 琼结县加麻乡白松村工作队扶贫:用实干赢得信任 [EB/OL]. (2019-08-15) [2023-08-28]. https://www.al.gov.cn/info/1034/19358.html.